Dr. med. Max Otto Bruker

Kleinschrift
Nr. 1

Unser täglich Brot und der Fabrikzucker als Hauptursache für die modernen Zivilisationskrankheiten

ernährung • medizin • umwelt

emu verlag

Unser täglich Brot und der Fabrikzucker als Hauptursache für die modernen Zivilisationskrankheiten

Dr. med. M. O. Bruker

Krank aus Unwissenheit

Die täglichen Gespräche des Arztes mit Kranken und ihren Angehörigen zeigen, dass eine erschreckende Unkenntnis über die wahren Ursachen der Krankheiten besteht. Selbst Kranke, die schon Jahrzehnte an chronischen Störungen der Verdauungsorgane leiden, haben nicht die geringste Ahnung, dass es sich dabei um einen ernährungsbedingten Zivilisationsschaden handelt. Sie wissen oft nicht einmal, dass es überhaupt Krankheiten gibt, die durch Fehler in der Ernährung verursacht sind, geschweige denn, dass sie darüber aufgeklärt wären, dass sehr viele moderne Krankheiten ernährungsbedingte Zivilisationsschäden sind. **Fehlendes Wissen und daraus entstehende falsche Vorstellungen sind die Quelle vieler Gesundheitsstörungen.**

Keine Krankheit kommt von selbst

Jede Krankheit hat ihre Ursachen. Dieser Satz gilt auch für Krankheiten, deren Ursachen noch nicht bekannt sind. Die Voraussetzung einer erfolgreichen und sinnvollen Behandlung jeder Erkrankung ist aber die Kenntnis der Ursachen. Sonst besteht die Gefahr, dass die Behandlung in einer oberflächlichen Linderung der Beschwerden stecken bleibt. Noch wichtiger ist das Wissen um Ursachen für die Vorbeugung; **denn nur derjenige, der die Ursachen der Zivilisationskrankheiten kennt, kann sie vermeiden.**

Gefühle und Vorurteile ersetzen kein Wissen

Zum Verständnis aller Fragen, die etwa mit der Beziehung zwischen Krankheit und Ernährung zu tun haben, ist daher exaktes Wissen unerlässlich. In ganz besonderem Maße gilt dies für das Problem „Zucker“, da dieser infolge seiner Zwitterstellung als Nahrungsmittel und zugleich Genussmittel in besonderer Weise die Gemüter bewegt. Denn Diskussionen um Genussmittel (Tabak, Alkohol, Kaffee) werden nur selten objektiv auf dem Boden exakten Wissens geführt. Private Meinungen, die auf gefühlsbetonten Einstellungen, Vorurteilen und mangelnder Fachkenntnis beruhen, werden gerade auf diesem Gebiet mit Leidenschaft verfochten.

Zucker soll krank machen?

Jeder Kranke ist erstaunt, wenn er z. B. hört, dass der Zucker Schuld an der Entstehung zahlreicher Krankheiten tragen soll. Sitzt doch noch jedem der alte Werbespruch der Zuckerindustrie in den Ohren: „Zucker sparen grundverkehrt, der Körper braucht ihn, Zucker nährt", so dass ihm der Gedanke, Zucker könne gesundheitsschädlich sein, völlig abwegig erscheint. Und doch hat die Nahrungsforschung seit längerer Zeit einwandfreie Beweise erbracht, dass der Fabrikzucker ernste Gesundheitsschäden hervorrufen kann. Um verstehen zu können, auf welche Weise dies zustande kommt, ist es notwendig, kurz auf die herkömmliche Ernährungslehre einzugehen.

Alte Ernährungslehre

Viele Ansichten, die man heute bei uns über Ernährungsfragen zu hören bekommt, sind noch der Ausdruck der veralteten klassischen (orthodoxen) Ernährungslehre. Sie vertrat den Standpunkt, dass die Nahrung des Menschen ausreichend sei, wenn sie die drei Grundnährstoffe Eiweiß, Fett und Kohlenhydrate jeweils in ausreichender Menge enthalte. Als Maßstab für die Menge wurde die Wärmeeinheit, die Kalorie, angesehen. Man errechnete demnach den Wert einer Kost nach ihrem Kaloriengehalt. Je mehr Kalorien ein Nahrungsmittel pro Gewichtseinheit enthielt, als umso wertvoller wurde es betrachtet. Die zwangsläufige Folge dieser Anschauung war, dass man bestrebt war, möglichst konzentriert, die Nährstoffe künstlich herzustellen. Alle Nahrungsbestandteile, die nicht aus einem der drei Grundnährstoffe Eiweiß, Fett oder Kohlenhydrate bestanden, wurden nicht nur als wertlos, sondern sogar als nachteiliger „Ballast" angesehen. Da außerdem bekannt war, dass alle Kohlenhydrate bei der Verdauung im menschlichen Körper in Zucker umgewandelt werden, erschien es ganz folgerichtig, möglichst viel Zucker zu essen, um dem Körper einen möglichst leicht verdaulichen und zugleich konzentrierten Nährstoff zuzuführen. Die Errichtung von Zuckerfabriken wurde von den Vertretern der alten Ernährungslehre daher als wichtiger Fortschritt angesehen, und die Reklame für reichlichen Verbrauch von Zucker stützte sich auf die damaligen Ansichten dieser Wissenschaftler.

Ein böser Irrtum

Eine **radikale Wandlung in der Ernährungslehre** trat mit der **Entdeckung der Vitamine** ein. Man erkannte, dass es ein böser Irrtum war anzunehmen, dass die drei Grundnährstoffe Eiweiß, Fett und Kohlenhydrate ausreichen würden, um die Gesundheit zu erhalten.

Moderne Ernährungslehre

In den letzten Jahrzehnten wurden in den Lebensmitteln ständig neue Stoffe gefunden, die sich als unerlässlich für die Erhaltung der Gesundheit herausstellten; sie werden heute mit der Bezeichnung **„Vitalstoffe"** zusammengefasst. Außer den Vitaminen im engeren Sinne versteht man darunter die Mineralstoffe, Spurenelemente, Fermente (Enzyme), die ungesättigten Fettsäuren, die Aromastoffe und die Faserstoffe (sog. Ballaststoffe).

Die neue Ernährungslehre besagt demnach, dass der Wert einer Nahrung nicht mehr allein an ihrem Gehalt an Nährstoffen, berechnet nach Kalorien, abgelesen werden kann, sondern dass er auch von dem Gehalt an **Vitalstoffen** abhängig ist. Die Gesundheit ist nur garantiert, wenn diese Vitalstoffe **in einem ausgeglichenen richtigen Verhältnis zueinander** vorhanden sind. In dieser Erkenntnis der neuen Ernährungslehre, die durch unzählige wissenschaftliche Versuche gesichert ist, liegt zugleich **die Erklärung für die krankmachende Wirkung isolierter Nährstoffe,** wie sie z. B. der Fabrikzucker und die Auszugsmehlprodukte darstellen.

Pflicht der Bekanntmachung

Nachdem die Wissenschaft die unumstößlichen Tatsachen erarbeitet hat, dass die Nährstoffe Eiweiß, Fett und Kohlenhydrate, die mehr die statische Rolle der Kalorienspender spielen, zu ihrer Verarbeitung die dynamischen Substanzen und Systeme der Vitalstoffe nötig haben, müssten eigentlich aus diesen Erkenntnissen der neuen dynamischen Ernährungslehre mit Notwendigkeit die praktischen Schlussfolgerungen gezogen werden. Zunächst erwächst daraus für die Verantwortlichen die Pflicht, dieses Wissen unermüdlich in das Volk zu tragen, und kein Berufsstand ist dazu so berufen wie der des Lehrers.

Warum setzt sich das Richtige so langsam durch?

Max Planck sagt:
„Irrlehren der Wissenschaft brauchen 50 Jahre, bis sie durch neue Erkenntnisse abgelöst werden, weil nicht nur die alten Professoren, sondern auch deren Schüler aussterben müssen."

Der Nobelpreisträger Professor Virtanen kennzeichnet die Situation treffend mit folgenden Worten: „Falls wir uns nach der klassischen Ernährungslehre ernährt hätten, wären wir alle gestorben. Zum Glück hat sich keiner von uns so ernährt, sondern gebräuchliche vielfältige Nahrungsmittel zu den berechneten Kalorien genossen."

Die praktische Schlussfolgerung aus der neuen Ernährungslehre lautet: **Bevorzugung naturbelassener Nahrung,** welche die Versorgung mit allen Vitalstoffen garantiert, und Abwendung von den Industrienahrungsmitteln.

Die Totengräber der zivilisierten Menschheit

Betrachten wir die Verhältnisse im Einzelnen, so zeigt sich, dass es nur zwei Nahrungsmittel sind, die von der Technik zu einem vitalstoffarmen bzw. -freien Nährstoff umgewandelt und zugleich im Riesenausmaß verzehrt werden. **Die Auszugsmehle und der Fabrikzucker.** Durch den Massenkonsum werden sie zu den Totengräbern der zivilisierten Menschheit. Alle anderen Nahrungsmittel, die ebenfalls in größeren Mengen genossen werden, wie Gemüse, Fleisch und Fleischprodukte, Kartoffeln, Milch und Milchprodukte, Obst und Ähnliches werden nicht in einem solchen Grade von der Industrie verarbeitet. Es geschehen zwar auch bei diesen Nahrungsmitteln gewisse Eingriffe zur Konservierung und mechanischen Zerteilung (sogenannte „Teilnahrungsmittel" wie etwa Säfte), aber im Vergleich zu den beiden Massenkonsumartikeln des Auszugsmehls und des Fabrikzuckers spielen diese für die Entstehung ernährungsbedingter Zivilisationskrankheiten eine zweitrangige Rolle. Vor 100 Jahren aßen die Menschen vorwiegend die Naturprodukte, die der Bauer erzeugte. Heute aber hat sich zwischen den Bauern und den Verbraucher die Nahrungsmittelindustrie eingeschaltet.

Alle „isolierten" Zucker: weißer und brauner Zucker, Traubenzucker, Fruchtzucker usw. machen uns krank

Der in der Fabrik hergestellte Zucker ist das beste Modellbeispiel, an dem das Grundsätzliche aller Ernährungsprobleme in klassischer Form erläutert werden kann. Der Fabrik- und Industriezucker, also der Verbrauchszucker, den wir täglich benützen, ist Rohrzucker, der aus der Zuckerrübe oder dem Zuckerrohr durch chemische Verfahren gewonnen wird. Rohrzucker ist eine chemische Bezeichnung, unabhängig davon, ob er aus dem Zuckerrohr oder der Zuckerrübe gewonnen ist. Er hat die chemische Formel $C_{12}H_{22}O_{11}$ und wird im Körper beim Abbau in Fruchtzucker und Traubenzucker gespalten. Dabei besteht kein wesentlicher Unterschied zwischen braunem und weißem Zucker. Dieser Hinweis ist besonders wichtig, da in reformerischen Kreisen noch oft die alte Ansicht zu hören ist, dass der braune Zucker besser sei als der weiße. Selbstverständlich rechnet auch der chemisch industriell gewonnene **Traubenzucker** und **Fruchtzucker** zu der Gruppe der Fabrikzucker sowie andere Zuckerkonzentrate.

Lebensmittel ohne Leben sind Krankheitsmittel

Die Gefährlichkeit aller dieser isolierten Zuckerarten liegt allein schon darin, dass sie vollständig frei von Vitalstoffen (= Lebensstoffen) sind, was sonst bei keinem Nahrungsmittel der Fall ist.

Der Fabrikzucker als Vitamin-Räuber

Die weit größere Gefahr liegt aber noch in einem anderen Punkt, zu dessen Verständnis kurz auf wesentliche Vorgänge des Kohlenhydratstoffwechsels eingegangen werden muss. Rohrzucker und Traubenzucker werden im menschlichen und tierischen Organismus über verschiedene Zwischenstufen bis zu Kohlendioxid und Wasser abgebaut. Diese Zwischenprodukte dienen im Zusammenwirken mit Zwischenprodukten des Fett- und Eiweißstoffwechsels zum Aufbau von wichtigen Körpersubstanzen. **Für alle diese Reaktionen wird das Vitamin B1 benötigt.** Daraus ergibt sich zwangsläufig, dass die Zufuhr von Vitamin B1 umso höher sein muss, je mehr vitalstoff-freier Fabrikzucker genossen wird. Der isolierte Zucker ist daher ein Vitamin-B1-Verbraucher ersten Ranges. Die große Gefährlichkeit des Fabrikzuckers liegt also nicht nur darin, dass er selbst frei ist von allen Vitalstoffen, also auch von Vitamin B1, sondern dass er ein Vitamin B1-Räuber ist. Die dadurch auftretende Gefahr könnte gebannt werden, wenn in der übrigen Nahrung genügend Vitamin B1 vorhanden wäre. Und hier zeigt sich nun die verhängnisvolle Rolle, die die Auszugsmehlprodukte, das Graubrot (in Süddeutschland Schwarzbrot genannt), das Weißbrot und die sogenannten Teigwaren im Zusammenhang mit dem Fabrikzucker spielen. Der Hauptlieferant von Vitamin B1 in unserer Nahrung ist nämlich der Getreidekeim. Der Bedarf des Menschen an Vitamin B1 kann daher nur gedeckt werden, wenn der Getreidekeim mitgenossen wird. Aber nur das Vollkornmehl enthält die vitalstoffhaltigen äußeren Schichten des Korns und den Keim.

Unser täglich Brot genauso krankmachend wie der Fabrikzucker

Im Bäckerbrot, **genauso im sog. Landbrot, Bauernbrot, Holzofenbrot usw.** und Weißbrot, die aus Auszugsmehlen hergestellt sind, ist daher nicht mehr genügend B1 enthalten. **Auch das Auszugsmehl, das vorwiegend aus Stärke besteht, ist wie der Fabrikzucker ein konzentriertes Kohlenhydrat, es durchläuft beim Abbau auch die Zuckerstufe und benötigt deshalb ebenfalls Vitamin B1.** Die Beseitigung des Getreidekeims bei der Herstellung des Auszugsmehls wurde zu einer Zeit gefordert, als die Vitamine noch nicht entdeckt waren und man von der Bedeutung der Vitalstoffe noch nichts wusste. Da der Getreidekeim ölhaltig ist, verdirbt das Vollkornmehl, bei dem der Keim mitgemahlen wird, durch Ranzigwerden in wenigen Wochen. **Das Auszugsmehl jedoch ist** durch die Entfernung des Keims haltbar, oder, anders ausgedrückt, **eine tote Konserve geworden.** Für die Vorratswirtschaft zur Versorgung der Großstädte und aus militärischen Gründen erschien nach der alten Ernährungslehre diese Mehlkonserve eine große Errungenschaft.

Die Geburtsstunde der ernährungsbedingten Zivilisationskrankheiten

Dieser technische Fortschritt, der die Möglichkeit zur fabrikatorischen Herstellung einer Mehlkonserve und des Nahrungskonzentrats Zucker schaffte, war aber zugleich die Geburtsstunde der ernährungsbedingten Zivilisationskrankheiten.

So kam es, dass die **Nahrung aller zivilisierten Menschen durch einen dauernden Vitamin-B1-Mangel** gekennzeichnet ist. Der Vitamin-B1-Gehalt der Nahrung breiter Volksmassen in Europa liegt bei etwa 0,8 mg pro Tag, während die Weltgesundheitsorganisation den täglichen Mindestbedarf auf 1,5 mg festgesetzt hat. Wenn dieser an und für sich schon gefährliche Mangelzustand noch durch den Genuss des Vitamin-B1-Räubers Fabrikzucker verstärkt wird, so kommt es zu den katastrophalen Verhältnissen, die heute die Kost des zivilisierten Menschen kennzeichnen und die Hauptursache für die ernährungsbedingten Zivilisationskrankheiten darstellen.

Vitamin-B1-Mangel kann jede Stoffwechselkrankheit erzeugen. Kettenreaktion von Störungen im gesamten Stoffwechsel

Schon allein die wissenschaftlichen Ergebnisse der Vitamin-B1-Forschung bringen einen unumstößlichen Beweis dafür, dass der Mangel an diesem Vitamin imstande ist, praktisch jede Stoffwechselkrankheit zu erzeugen, da ein gestörter Ablauf des Kohlenhydratstoffwechsels infolge der innigen Verflechtung mit dem Eiweiß- und Fettstoffwechsel eine Art Kettenreaktion von Störungen im gesamten Stoffwechsel hervorbringen muss.

Ernährungsbedingte Zivilisationskrankheiten

Es sollen nun die wichtigsten Zivilisationskrankheiten genannt werden, von denen sichere Nachweise darüber vorliegen, dass sie ernährungsbedingt sind.

1. **Die drei großen Gebisskrankheiten**
   a) Zahnkaries (Zahnfäule), 98 % der zivilisierten Menschen sind von ihr befallen
   b) Kiefermissbildungen und Zahnfehlstellungen (heute schon zu 70 % bei der Jugend verbreitet)
   c) DIe Parodontose (Zahnbettschwund), die zum Verlust von noch mehr Zähnen führt als die Zahnkaries.

   Die wissenschaftliche Forschung lässt keinen Zweifel offen, dass es ohne Auszugsmehl und Fabrikzucker keine Zahnkaries gibt. Einen besonders eindrucksvollen Beweis liefert der Schweizer Zahnarzt Dr. Roos in seinem klassischen Buch „Kulturzerfall und Zahnverderbnis".

   Ebenso überzeugend sind die in der ganzen Welt durchgeführten Forschungen des amerikanischen Zahnarztes Dr. Price, wie sie Albert von Haller in

dem Buch „Gefährdete Menschheit" glänzend schildert.
Der katastrophale Gebissverfall ist zugleich der beste Gradmesser für das Ausmaß der Zivilisationsschäden der Völker und des Einzelnen. Dass die Süßigkeiten und das Feingebäck die Hauptursachen der Zahnfäule sind, ist schon lange bekannt. Die Mütter wussten dies schon immer. Hier spielen außer den geschilderten Vorgängen des Stoffwechsels auch die örtlichen Verhältnisse in der Mundhöhle eine wichtige Rolle. Besonders zerstörend wirken die klebrigen süßen Nahrungsmittel wie Kuchen und süße Gebäcke, die länger zwischen den Zähnen haften, und die konzentrierten Süßigkeiten in Form von Bonbons, Schokolade usw. Die stärkste zahnzerstörende Wirkung haben Pfefferminzbonbons, weil die Schädlichkeit des Zuckers durch das Pfefferminzöl noch wesentlich gesteigert wird. (Alle Pfefferminzbonbons, auch wenn sie nicht süß schmecken, enthalten Zucker! Alle die bekannten Husten-, Hals- und Rachenbonbons enthalten Pfefferminz und Zucker).

2. Die nächste Gruppe sind die **Krankheiten der Verdauungsorgane,** in erster Linie der Leber und der **Gallenblase** und die Störungen der **Darmtätigkeit.** Mindestens 80 % der **Stuhlverstopfungen** gehören hierher. Sie sind durch Richtigstellung der Nahrung **innerhalb weniger Tage heilbar,** ein einfacher Beweis dafür, dass die Darmträgheit zum größten Teil ernährungsbedingt ist. Diese Störungen sind ihrerseits wieder Wegbereiter von **Stoffwechselkrankheiten.** Jeder zweite leidet daran. Das häufigste Zeichen ist der vermehrte Fettansatz. Und gerade bei der **Fettsucht** zeigt sich, wie wenig aufgeklärt diese Kranken über die wahren Ursachen sind. Der verbreitete Spruch F.d.H. bestärkt den Dicken in der falschen Vorstellung, dass die Ursache der Fettsucht in zu üppigem und zu reichlichem oder gar in zu fettem Essen liege. In Wirklichkeit handelt es sich bei der Fettsucht um das Gegenteil, nämlich um eine **echte Mangelkrankheit,** bei der die Hauptursachen bei den Auszugsmehlen, dem Fabrikzucker und einer ungenügenden Zufuhr von Frischgemüsen und naturbelassenen Fetten liegen. Deshalb sind diese Erkrankungen nicht durch Nahrungseinschränkung, sondern nur durch Beseitigung der Ernährungsfehler zu heilen. **Wer sich richtig ernährt, kann sich ohne Schaden satt essen.** An keinem Beispiel ist dies so deutlich zu demonstrieren wie an der Fettsucht. An Tausenden von Kranken konnte ich dies in der Klinik unter Beweis stellen. (Ausführlicher darüber in Kleinschrift Nr. 2 „Schlankwerden ohne Hungerkur".)
3. Die dritte Gruppe sind die **Herz- und Kreislaufkrankheiten.** Sie stellen die meisten Todesfälle im mittleren Alter. Jeder dritte zivilisierte Mensch stirbt daran. Die lange Zeit bestehende Ansicht, dass die **Arteriosklerose** und der **Herzinfarkt** hauptsächlich ein Fettproblem seien, hat sich in dieser Einfachheit nicht bestätigt. Es liegen heute genug Beweise vor, dass die isolierten Kohlenhydrate, vor allem wieder die Auszugsmehle und der Fabrikzucker, bei der Entstehung der Arteriosklerose und des Herzinfarkts eine wesentliche Rolle spielen. Der englische Forscher Prof. Yudkin hat auf den Zusammenhang zwischen Zuckergenuss und diesen Erkrankungen hingewiesen. (Ausführlicher darüber in Kleinschrift Nr. 3.)
4. Bei den **Erkrankungen des Nervensystems** spielt der Vitamin-B1-Mangel eine führende Rolle, da die Nervenzellen besonders viel von diesem Vitamin benötigen. Von hochinteressanten Zusammenhängen zwischen Zuckerge-

nuss und Kinderlähmung berichtet Dr. Sandler in seinem Buch „Vollwerternährung verhütet Kinderlähmung und andere Viruserkrankungen«, emu-Verlag, 56112 Lahnstein.

Ohne Fabrikzucker entsteht keine Kinderlähmung

Dr. Sandler konnte nachweisen, dass ohne Zuckergenuss keine Kinderlähmung entsteht. **Fabrikzuckerfreie Ernährung bietet also eine sichere Garantie für Verhütung der Kinderlähmung.** Ähnliches gilt auch für andere **Virusinfektionen,** die Virusgrippe und die Leberentzündung. Etwa ein Drittel aller **Migränen** sind ernährungsbedingt und verschwinden nach Zuckerentzug und gleichzeitiger Zulage von vitalstoffreicher Kost.

5. Schließlich gehören die **Erkrankungen des Bewegungs- und Bindegewebsapparates, alle sogenannten rheumatischen Erkrankungen, Bandscheiben- und Wirbelsäulenschäden zu den ernährungsbedingten Zivilisationskrankheiten.** Hier war es vor allem Professor Kollath, der in gründlichen Tierfütterungsversuchen sichere Beweise für diese Zusammenhänge gebracht hat. Der japanische Forscher Prof. Katase hat in sorgfältigen Fütterungsversuchen an jungen Kaninchen gezeigt, dass der Fabrikzucker auch als **Kalkräuber** wirkt. Bei Zuckermengen, die nur einer Tagesmenge von 40-60 g für ein Kind von 20-30 kg Körpergewicht entsprachen, kam es zu schweren Veränderungen des ganzen Knochensystems.
   Damit sind wohl auch die heute allgemein üblichen **„Haltungsschäden"** und die Neigung zu **Knochenbrüchen** erklärt.

Natürlich sind für das Zustandekommen der genannten Krankheiten auch noch andere Faktoren von Bedeutung. Der Einbruch der Technik in den Nahrungsmittelbereich hat es mit sich gebracht, dass zahlreiche Nahrungsmittel in konservierter und präparierter Form verzehrt werden und außerdem nachteilige Fremdstoffe enthalten. Wegen des Massenkonsums und der besonderen geschilderten Verhältnisse spielen aber der Fabrikzucker und die Auszugsmehle die wichtigste Rolle.

Fabrikzucker stört die Verträglichkeit von Vollwertnahrung

Schließlich bewirkt der Fabrikzucker bei Magen-, Darm- und Gallenkranken eine Unverträglichkeit von Frischkost und Vollkornbrot. Da aber gerade diese Kranken zur Genesung vitalstoffreiche Lebensmittel wie Frischkost und Vollkornbrot besonders benötigen, verhindert er indirekt die Durchführung einer Heilkost. Dabei spielt auch die Beeinträchtigung der Darmflora eine Rolle. So ist der Fabrikzucker nicht nur an der Entstehung dieser Zivilisationskrankheiten beteiligt, sondern verhindert auch ihre Heilung.

Die Verschleierung der Gefahr durch den Zeitfaktor

Das Heimtückische bei den ernährungsbedingten Zivilisationsschäden ist der Zeitfaktor. Zur Entstehung sind lange Zeiträume nötig. **Die Fehler, die in der Jugend gemacht werden, zeigen sich erst nach Jahrzehnten. So kommt es, dass fälschlicherweise fast alle Zivilisationskrankheiten als „Verschleiß-, Abnützungs- oder Alterskrankheiten" bezeichnet und betrachtet werden, während die wahre Ursache, nämlich der jahrzehntelange Vitalstoffmangel nicht erkannt wird.** Dazu kommt, dass der gesundheitliche Schaden durch den Genuss von reichlich Süßigkeiten um so tiefgreifender ist, je jünger der Mensch ist. Der im Aufbau befindliche Organismus reagiert verständlicherweise auf Vitalstoffmangel empfindlicher als der fertige Organismus des Erwachsenen. Damit erklärt sich, dass die Generation, die heute 80 Jahre alt ist, meist ein besseres Gebiss und einen besseren Gesundheitszustand hat als die 20- bis 30-Jährigen, da jene in ihrer frühesten Jugend noch kein Graubrot und kaum Süßigkeiten genossen haben.

Man weiß genau, woher die modernen Krankheiten kommen

Die Ansicht, dass „man" immer noch nicht wisse, woher die modernen Krankheiten kämen, beruht also lediglich auf Unkenntnis wissenschaftlich erwiesener Tatsachen. Ihr weiteres Verschweigen wäre unverantwortlich.

Sie werden garantiert alle krank werden

Hier aber beginnt das Problem erst. Zahlreiche Fragen drängen sich auf. Die brennendste darunter ist: **Warum geschieht nichts, das Volk aufzuklären?** Am krassesten kommt die Problematik vielleicht in dem Titel eines aufrüttelnden und anklagenden Flugblattes zum Ausdruck, das vom gemeinnützigen Schutzdienst für Volksgesundheit herausgegeben wurde: **„Mit welchem Recht zerstört man die Gesundheit der heranwachsenden Jugend?"** Den Wissenden ergreift tiefe Trauer gerade darüber, **dass die scheinbar noch blühende Jugend lediglich durch Unwissenheit mit garantierter Sicherheit verurteilt ist, früher oder später krank zu werden.**

Rezept für Frischkornbrei

Er wird aus einer einzelnen Getreideart oder aus einer Mischung (z. B. Weizen, Roggen, Hafer, Gerste) hergestellt. Drei Esslöffel Getreide werden durch eine Kaffeemühle oder Getreidemühle grob geschrotet. Das Mahlen muss jedesmal frisch vor der Zubereitung vorgenommen werden. Dabei spielt es keine Rolle, ob die Getreidemühle mit Mahlsteinen oder einem Stahlmahlwerk arbeitet.
Nicht auf Vorrat mahlen!
Das gemahlene Getreide wird mit ungekochtem, kaltem Leitungswasser zu einem Brei gerührt und mehrere Stunden (bis zu zwölf) stehengelassen. Die Wassermenge wird so berechnet, dass nach der Quellung nichts weggegossen zu werden braucht.

Nach etwa fünf bis zwölf Stunden wird dieser Brei genussfähig gemacht durch Zusatz von frischem Obst (je nach Jahreszeit), Zitronensaft, 1 Esslöffel Sahne, geriebenen Nüssen, nach Art des Bircher-Benner-Müslis.
Solange verfügbar, sollte man immer einen Apfel hineinreiben und sogleich untermischen.
Der geriebene Apfel macht den Frischkornbrei besonders luftig und wohlschmeckend.
Diese Zubereitungsart bekommt jedem, auch dem Magen-Darm-Empfindlichen. Es ist ohne Belang, zu welcher Tageszeit dieser Brei genossen wird.

Was kann man tun, um den Vitamin-B1-Mangel zu beheben und gesund zu bleiben?

Das Wichtigste neben Vollkornprodukten und Zuckereinschränkung ist der tägliche Frischkornbrei. Da hier alle Vitalstoffe voll erhalten bleiben, während sie beim Backen verloren gehen, ist er noch wertvoller als Vollkornbrot.

Weitere Fragen

1. **Womit soll man süßen?**
   Am häufigsten wird die Frage gestellt, **womit man nun anstelle des Fabrikzuckers süßen soll und welche Mengen Fabrikzucker noch unschädlich sind.** Am besten stellt man zunächst eine Gegenfrage: „Was wollen Sie noch süßen, wenn die Auszugsmehlprodukte sowieso einzuschränken sind“? Ein beträchtlicher Teil der Nahrungsmittel, die künstlich gesüßt werden, fällt damit weg. Die anderen Nahrungsmittel, denen gewöhnlich Fabrikzucker zugesetzt wird, z. B. Getränke und gekochtes Obst, können mit **Honig** gesüßt werden. Das Süßigkeitsbedürfnis soll wieder mehr, wie früher, **mit natürlichen Früchten** befriedigt werden. Es taucht auch immer wieder die ängstliche Frage auf, ob der Körper bei Weglassen des künstlichen Zuckers noch genügend Kohlenhydrate bekomme. **Die Natur hat uns im Obst, in Vollkornprodukten, Kartoffeln, Wurzeln und Blattgemüsen eine Fülle von Kohlenhydraten geschenkt, womit vor der Entstehung der Nahrungsmittelindustrie die Menschen mit natürlichen Lebensmitteln ausreichend versorgt waren.**
2. **Warum keine Zucker-Ersatzstoffe?**
   Nach dem Dargestellten bleibt eigentlich kein Fall übrig, der die Anwendung von Zuckerersatzstoffen erforderlich machte. Der Nachteil der Süßstoffe liegt besonders darin, dass sie die Gewöhnung an die süße Geschmacksrichtung aufrecht erhalten.
3. **Aber der Milchzucker ist doch wertvoll?**
   Auch der Milchzucker ist ein isoliertes Konzentrat und würde bei regelmäßigem Gebrauch genauso nachteilig wirken wie andere Zuckerarten. Deshalb darf man nicht einfach an die Stelle des gewöhnlichen Küchenzuckers den ebenfalls süßen Milchzucker setzen.
4. **Der Fruchtzucker, den die Diabetiker essen, kann doch nicht schädlich sein?**
   Grundsätzlich gilt für den Fruchtzucker dasselbe wie für jede andere Zuckerart, falls er in isolierter Form verwendet wird. Würde in der Bundesrepublik statt der drei Millionen Tonnen Rohrzucker dieselbe Menge Fruchtzucker verzehrt werden, wäre der Schaden nicht geringer. Es ist auch ein weitverbreiteter Irrtum, dass der Zuckerkranke ohne Nachteil unbegrenzt Fruchtzucker verwenden kann; selbst die Menge des fruchtzuckerhaltigen Obstes ist bei jedem Zuckerkranken gesondert festzulegen.
5. **Traubenzucker ist kein Heilmittel**
   Da der gewöhnliche Zucker (Rohrzucker) bei der Verdauung im menschlichen Körper in Traubenzucker und Fruchtzucker aufgespalten wird, bringt der isolierte Traubenzucker grundsätzlich dieselben Schädigungen wie der Alltagszucker. In Wirklichkeit ist er aber doppelt so schädlich wie der gewöhnliche Zucker, da man wegen seiner geringen Süßkraft von ihm die doppelte Menge benötigt, um denselben Süßigkeitsgrad zu erzielen. Da die krankheitserzeugende Wirkung der isolierten Kohlenhydrate auch unter den Ärzten noch nicht genügend bekannt ist, verwundert es nicht, wenn

im Krankheitsfall der Traubenzucker noch in so großem Ansehen steht. Denn ein Kranker kommt nie auf den Gedanken, dass gerade sein vermeintliches Heilmittel dasjenige ist, was den Heilungsprozess unmöglich macht.

6. **Honig und Trockenfrüchte**
Honig und Trockenfrüchte sind zwar gesundheitlich wertvoll, sie können jedoch an den Zähnen durch die Zuckerkonzentration Karies hervorrufen, besonders wenn der Honig nicht gelöst, sondern in klebriger Form genossen wird, etwa als Honigbrot. Nach dem Verzehr muss man daher die Zähne putzen. Auch bei Leber-, Galle-, Magen-, Darm- und Bauchspeicheldrüsenkranken können Honig und Trockenfrüchte Beschwerden hervorrufen. Trockenfrüchte sollte man nur eingeweicht essen und nur als Notbehelf, wenn frische Früchte nicht zur Verfügung stehen.
7. **Zuckerkonzentrate**
Für alle Zuckerkonzentrate gilt dasselbe wie für den isolierten Fabrikzucker. Dazu gehören Ahornsirup, Rübensirup, Birnendicksaft, Apfeldicksaft, Melasse, Sucanat, Vollrohrzucker-Präparate, Ur-Zucker, Ur-Süße, Maltodextrin u.a. Ihr Gehalt an Mineralstoffen rechtfertigt ihre Empfehlung nicht. Bei Empfindlichen treten durch den Verzehr dieselben Unverträglichkeiten auf wie beim Fabrikzucker.

Streng zwischen isoliertem Zucker und süßen Lebensmitteln unterscheiden

Eine scharfe Unterscheidung zwischen dem isolierten Konzentrat „Fabrikzucker“ und dem Sammelbegriff „Kohlenhydrate“ ist unerlässlich, um Missverständnisse zu vermeiden. Es wird wohl auch kaum jemandem einfallen, den biologischen Wert einer Kartoffel mit der reinen Stärke, die aus der Kartoffel gewonnen werden kann, gleichzusetzen, obwohl beide zu den Kohlenhydraten gehören.

Die Gier auf Süßes verschwindet, sobald die übrige Nahrung vollwertig ist!

Es ist auch wichtig zu wissen, dass ein übermäßiges Süßigkeitsbedürfnis kein Beweis dafür ist, dass dem Menschen die Süßigkeiten fehlen; sondern das übermäßige Verlangen ist im Gegenteil ein Hinweis auf einen Mangel an Vitalstoffen. Die Gier auf Süßes verschwindet, sobald die übrige Nahrung vollwertig ist.

Gibt es ein „natürliches Verlangen nach Zucker?“

Wie streng nun die Einschränkung bzw. die Vermeidung des Fabrikzuckers gehandhabt wird, ist natürlich abhängig von dem mehr oder weniger großen Bestreben des Einzelnen, gesund zu bleiben oder zu werden. Am wichtigsten ist die Einschränkung für die Kinder, da der im Aufbau und Wachstum begriffene Körper mehr geschädigt wird als der fertige Organismus. Das Verlangen nach Süßem, das man besonders bei Kindern beobachten kann, wird sehr häufig falsch gedeutet. Man hört immer wieder, dass es ein natürliches Verlangen der Kinder nach Zucker gäbe, woraus dann der ebenso falsche Schluss gezogen wird, dass man den Kindern möglichst viel Süßes geben soll, weil der Körper es verlange. Hier liegt ein verhängnisvoller Irrtum vor. **Die Gier nach Süßigkeiten ist bereits ein Symptom, dass dem Kind etwas fehlt; allerdings fehlt ihm nicht der Fabrikzucker, sondern andere Zusatzstoffe, vor allem Vitamin B1. Die Zuckergier der Kinder ist ein klassisches Zeichen des Vitalstoffmangels und dafür, dass bereits eine Abhängigkeit (Sucht) besteht.**

Die Probe aufs Exempel ist leicht zu

machen: Gibt man diesen Kindern süße Früchte anstelle der mit Fabrikzucker gesüßten Nahrungsmittel und versorgt man sie durch Vollkornprodukte (Frischkornbrei) anstelle von Grau- und Weißmehl und durch tägliche Beilage von Frischkost ausreichend mit Vitalstoffen, dann dauert es nur wenige Tage, bis der ganze Spuk des „natürlichen Verlangens nach Zucker" verschwunden ist. Mit dem Weglassen des Fabrikzuckers kehrt auch der **Appetit** zurück, der bei diesen Kindern immer schlecht ist. Gerade diese Beobachtungen, die jeder leicht nachprüfen kann, zeigen, dass im Fabrikzucker nicht nur ein „Ernährungsproblem", sondern noch viel mehr ein psychologisches Problem steckt.

Echte Sucht

Dass es beim Fabrikzucker im Gegensatz z. B. zum Obst zu einem immer größeren Verlangen kommt, je mehr man davon isst, stellt ihn auf dieselbe Stufe mit den anderen Genussmitteln Alkohol, Kaffee und Tabak. Wer in den Teufelskreis der Genussmittel kommt, ist in Gefahr, darin hängenzubleiben. So ist tatsächlich der Fabrikzucker imstande, echte Sucht wie die Genussmittel zu erzeugen, nicht zu verwechseln mit dem gewöhnlichen Verlangen nach dem gut schmeckenden Süßen. **Eine echte Sucht entsteht nur bei chemischen Stoffen wie Nikotin, Alkohol, Morphium, Cocain usw., nie aber bei Nahrungsmitteln.** Dass es bei dem Fabrikzucker aber zu echten Suchterscheinungen kommen kann, ist ein weiterer indirekter Beweis dafür, dass ein isolierter Zucker wie ein chemischer Stoff wirkt und sich in seiner physiologischen Wirkung von süßen Lebensmitteln grundsätzlich unterscheidet. Das unwiderstehliche Verlangen nach Süßem wird durch den Genuss von reinem Zucker nicht gestillt, sondern gesteigert. Die Eltern, die diese Erscheinungen nicht als Sucht erkennen, ziehen aus dem Verlangen nach Süßem den falschen Schluss, dass das Kind noch mehr Zucker nötig habe. Auf diese Weise entsteht der verhängnisvolle Teufelskreis, so dass man sagen kann, dass Fabrikzucker im Kindesalter wie „Gift" wirkt.

Das gefährlichste Genussmittel

Die offene und getarnte Reklame für alle Genussmittel ist der heimtückische Erzieher und Verzieher. **Dabei ist es den meisten nicht bewusst, dass der Fabrikzucker ein vielleicht noch gefährlicheres Genussmittel als Alkohol und Tabak ist. Jedermann weiß, dass Alkohol und Tabak Genussmittel sind, und ihre Gefahren sind bekannt; vom Fabrikzucker fehlt dieses Wissen.**

„Ersatzbefriedigung"

Bei manchem Erwachsenen spielt der Zucker die dem Psychologen wohlbekannte Rolle der „Ersatzbefriedigung". Unbefriedigt sein in manchen Lebensbereichen, in der Liebe oder auf dem Gebiet des Geltungs- und Besitzstrebens führt manchen dazu, dass er sich durch den leicht zu erreichenden Genuss von Süßem einen billigen Ausgleich verschafft. Wie der eine seine Enttäuschung und seinen Ärger im Leben durch **Alkohol** zu lindern sucht, und der andere behauptet, wenn er nicht mehr **rauchen** dürfe, so habe er nichts mehr vom Leben, so sucht der Dritte den ebenso billigen wie fruchtlosen Ersatz im **Kuchen.**

Süßigkeiten in der Erziehung

Das Zuckerproblem beginnt als Erziehungsproblem in der Jugend und hat im Erwachsenenalter seine Bedeutung nicht verloren. Wenn Goethe sagt, wir könnten erzogene Kinder gebären, wenn wir erzogene Eltern hätten, so zeigt sich daran ganz deutlich, dass in der Genusssucht steckende Erwachsene wenig geeignet sind, Vorbilder für die Jugend zu sein. Denn die Süßigkeiten sind die Genussmittel der Kinder. Ihre Duldung legt den Grund für das spätere Verhalten anderen Genussmitteln gegenüber. Professor Wilhelm Brockhaus sagt in „Biologischer Unterricht in unserer Zeit“: **„Die bewusste Abschirmung von den überflutenden Einflüssen der technischen Zivilisation stellt sich heute als ein Maß für die erreichte Reife der Persönlichkeit dar.** Eine solche ‚Askese‘ wird somit zu einem ganz modernen Erziehungsziel.“

Das dringendste Gebot

Es ist ganz selbstverständlich, dass eine völlige Verbannung des Fabrikzuckers aus den heutigen Lebensgewohnheiten kaum möglich ist. Ebenso sicher ist auch, dass geringe Mengen Zucker bei einer sonst vollwertigen Nahrung, die Vollkornprodukte, Frischgemüse, rohes Obst und naturbelassene Fette enthält, ohne Schaden ab und zu genossen werden können. Angesichts des Massenkonsums von Fabrikzucker, der sich in Westdeutschland auf drei Mill. Tonnen im Jahr beläuft, ist aber eine Aufklärung über die Gesundheitsschäden des Fabrikzuckers unerlässlich. In welchem Maße dann der Einzelne aus den Erkenntnissen der modernen Ernährungswissenschaft für sich selbst Folgerungen zieht, wird jedem selbst überlassen bleiben. Mit Zwang und staatlicher Verordnung wird hier nichts zu erreichen sein. **Das dringendste Gebot ist eine unermüdliche Aufklärung,** die bei der Jugend beginnen und von wissenden und verantwortlichen Erwachsenen im Beispiel vorgelebt werden muss.

Oft wird der Einwand gemacht, dass Menschen von ihren lieben Gewohnheiten doch nicht lassen werden, auch wenn sie über die Schädlichkeit aufgeklärt sind. **Die praktische Erfahrung zeigt aber, dass es doch eine große Zahl von Menschen gibt, die gerne gesund leben würden, wenn sie nur wüssten, wie sie es machen müssen.** Schon diesen Menschen zuliebe ist eine Aufklärung über die Gesundheitsschäden durch Fabrikzucker ein Gebot der Stunde.

Für Kranke gilt dies natürlich in verstärktem Maße. Man könnte als **grobe Regel** aufstellen: **Je kränker der Mensch ist, umso strenger ist die Vermeidung des Fabrikzuckers und immer zugleich auch der Auszugsmehle zu raten.** Jedem Leber-, Gallen-, Magen-, Darm- und Bauchspeicheldrüsenkranken ist anfangs eine mehrwöchige strenge Enthaltung zu raten. Wieviel fabrikzuckerhaltige Speisen er später zu sich nehmen kann, richtet sich nach dem Grad seiner Empfindlichkeit und nach der Stärke seines Gesundungswillens. **Für Menschen mit sogenanntem robusten Magen, die also alles vertragen können, bringt dieses fehlende Warnsystem andere Nachteile. Sie können scheinbar ungestraft lange Zeit große Mengen Fabrikzucker genießen, ohne zu merken, dass sich im Stillen ein Schaden an den Gefäßen als Arteriosklerose oder am Bindegewebe als Gelenkerkrankung vorbereitet.**

Getarnte Reklame

Als Gegengewicht gegen die raffiniert aufgemachte Reklame für den Zucker, die in der Bevölkerung ständig Verwirrungen stiftet, muss diese Aufklärung laufend über lange Zeiträume immer wieder stattfinden. **Das Wissen in Ernährungsfragen, das uns die moderne Ernährungswissenschaft vermittelt, muss so gründlich sein und so unermüdlich in die Bevölkerung getragen werden, dass jedermann imstande ist, Reklame als solche zu erkennen, auch wenn sie noch so verbrämt ist.** Es gibt heute noch wenig Menschen, die wissen, dass die Sprüche: „Zucker sparen – grundverkehrt, der Körper braucht ihn, Zucker nährt" und „Zucker zaubert, nimm deshalb mehr" Werbesprüche der Zuckerindustrie sind. Diese Werbung ist meist so gut getarnt, dass sie nicht als solche erkennbar ist. Sie tritt auch oft im Gewand von Ratschlägen für die Gesundheit auf. Es muss daher mit besonderem Nachdruck auf die ganz große Gefahr hingewiesen werden, die durch den Missbrauch entsteht, der mit der Ahnungslosigkeit und Unwissenheit der gesamten Bevölkerung in der Werbung getrieben wird. **Der gesetzliche Schutz der Verbraucher steht hier leider noch aus.**

Vorbilder

Verbot von Süßigkeiten bei Kindern ohne Aufklärung über die Gründe und ohne Vorbild durch die Erwachsenen wird wenig Erfolg bringen. Immerhin haben wir in diesem Bemühen schon gute Vorbilder: In **Schweden** haben die Behörden angeordnet, dass in einem bestimmten Umkreis von Schulen, Spiel- und Sportplätzen keine Kioske und ähnliche Verkaufsstände stehen dürfen. Auch aus der **Schweiz** wird gemeldet, dass Rektoren von Schulen den Süßwarenverkauf im Schulhaus verboten haben. Auch in der Bundesrepublik gibt es bereits Schulen, an denen der Verkauf von Süßigkeiten und die entsprechenden Automaten abgeschafft wurden.

Wirtschaftliche Interessen

Es darf nicht Wunder nehmen, dass die Nahrungsmittelindustrie, die auf den Fundamenten der herkömmlichen Ernährungsphysiologie aufgebaut ist, auch heute noch ihre hartnäckigste Verteidigerin ist. Ihre Interessen liegen auf wirtschaftlichem Gebiet und nicht auf gesundheitlichem. Dass auf dem Ernährungssektor wirtschaftliche und gesundheitliche Interessen sich sogar diametral entgegenstehen, erklärt es, **weshalb auch der Staat einer Entscheidung in diesen Fragen ausweicht.**

Mit besserem Wissen gewappnet

Wenn Sie nun morgen in der Tagespresse, in einer Illustrierten, im Rundfunk oder im Fernsehen genau das Gegenteil lesen oder hören, nämlich, dass Zucker zaubert oder ein hervorragender Energiespender und für die Erhaltung der Gesundheit besonders wichtig sei, so werden Sie nun, mit besserem Wissen gewappnet, hoffentlich erkennen, dass es sich hier entweder um Reklame handelt oder um überholte Ansichten aus der veralteten Ernährungslehre. Helfen Sie alle mit, dass die neuen Erkenntnisse auf dem Gebiet der Ernährungsforschung zum Wohle der Menschen eine rasche Verbreitung finden!

Bis 1992 kassierte der Staat übrigens über 120 Mio. DM Zuckersteuer. Zum 1. Januar 1993 wurde diese abgeschaft.

Ausführliche Literatur:
Dr. M. O. Bruker
Unsere Nahrung – unser Schicksal
459 S., ISBN 978-3-89189-003-5

Weitere Kleinschriften von Dr. med Max Otto Bruker

1. Unser täglich Brot und der Zucker als Hauptursache für die modernen Zivilisationskrankheiten
2. Schlank werden ohne Hungerkur
3. Herzinfarkt, Asteriosklerose und Gallensteine sind verhütbar
4. Wie beugt man den ernährungsbedingten Zivilisationskrankheiten vor?
5. Ernährungsbehandlung der Leber-, Galle, Magen-, Darm- und Bauchspeicheldrüsenerkrankungen
6. Butter – ein hochwertiges Lebensmittel?
7. Vom Kaffee und seinen Wirkungen
8. Ärztliches Memorandum zur industriellen Nutzung der Atomenergie
9. Über den Unwert der heutigen Milch
10. Gesund durch richtige Ernährung (LVA-Schrift)
11. Die Story von den 2 »richtigen« Ernährungen
12. Ursachen der ernährungsbedingten Zivilisationskrankheiten (Mörder bekannt – kein Kläger)
13. Fett macht nicht fett (Fett)
14. Bakterien im Frischkornbrei
15. Sie vertragen Vollkornbrot nicht?
16. Krankheiten durch Fabrikzucker
17. Unser täglich Brot – eine tote Nahrung?
18. Wieviel und was soll man täglich trinken
19. Ballaststoffe sind kein Ballast
20. Scheinursachen verschleiern Zusammenhänge
21. Die Ernährung des älteren Menschen
22. Die Deckung des Eiweißbedarfs
23. Vitamin B12
24. Wissenswertes über Säfte
25. Rheuma – ernährungsbedingte Zivilisationskrankheit
26. Zöliakie
27. Das Allergie-Problem
28. Die Zuckerkrankheit –Verhütung und Behandlung
29. Gebissverfall
30. Weil du beim Reaktor wohnst
31. Die Ernährung des Kindes
32. Neurodermitis
33. Der Darmpilzrummel – Fehldiagnose Candida albicans –

Auch komplett als Sammelmappe zum Sonderpreis erhältlich!

Dr. med. Max Otto Bruker

Kleinschrift
Nr. 2

Schlank werden ohne Hungerkur

emu verlag

ernährung • medizin • umwelt

Schlank werden ohne Hungerkur

Dr. med. M. O. Bruker

Das „Denken in Kalorien“ in der alten Ernährungslehre führte zu der Auffassung, dass die Fettsucht eine Folge kalorischer Überernährung sei. Für die Behandlung ergaben sich daraus die bekannten Ratschläge, die Nahrungszufuhr insgesamt einzuschränken und dabei vorwiegend kalorienreiche Nahrungsmittel zu meiden. Die außerordentlich große Zahl von medizinischen Abhandlungen über dieses Thema in den letzten Jahrzehnten ist nicht nur ein Beweis dafür, dass die Zahl der Fettsüchtigen unentwegt ansteigt, sondern noch mehr ein indirektes Anzeichen dafür, dass der Erfolg dieser allgemein geübten Behandlungsart und aller ihrer Modifikationen nicht befriedigt. Zwar werden mit allen Methoden der Kalorienbeschränkung kurzfristige Gewichtsabnahmen erzielt und diese als Beweis für die Richtigkeit der Theorie, Fettsucht entstehe durch Überernährung, angeführt.

Kalorienbeschränkung ist sinnlos

Doch trifft dies nicht zu. Verfolgt man nämlich das Schicksal des Fettsüchtigen über längere Zeiträume, so zeigt sich, dass alle kurzfristigen Kuren der Kalorieneinschränkung ohne bleibenden Erfolg sind, d. h. dass der Kranke – es handelt sich bei der Fettsucht um eine Krankheit des Stoffwechsels – einige Zeit nach Beendigung der Nahrungseinschränkung sein altes Gewicht wieder erreicht hat. Die Kalorienbeschränkung ist also keineswegs imstande, die der Fettsucht zugrunde liegende Störung im Sinne der Heilung oder Besserung zu beeinflussen, sondern sie bewirkt lediglich eine vorübergehende Symptomenlinderung. Da das zu hohe Körpergewicht das hervorstechendste Symptom ist, wird die Reduzierung des Gewichtes allzu häufig mit einer Besserung der Krankheit „Fettsucht“ gleichgesetzt bzw. verwechselt.

Gewichtsabnahme ist noch keine Heilung

Genauso wenig wie die Erzielung einer täglichen Darmentleerung durch ein laufend einzunehmendes Abführmittel eine Heilung der Darmstörung, die sich in dem Symptom Verstopfung äußert, bedeutet, genauso wenig kann an einer vorübergehenden Gewichtsverminderung der Erfolg einer Fettsuchtbehandlung gemessen werden. Von der Heilung einer Stuhlverstopfung dürfte man nur sprechen, wenn nach Weglassen des Abführmittels die Darmentleerung spontan täglich für immer erfolgt. Genauso kann man von der Heilung einer Fettsucht nur sprechen, wenn nach Wegfallen der Kalorienbeschränkung das Gewicht nicht ansteigt als Zeichen dafür, dass die Stoffwechsellage sich normalisiert hat.

Fettsucht ist eine Vitalstoffmangelkrankheit

Die Annahme, dass nicht ein Zuviel an Nahrung, sondern im Gegenteil ein Mangel an bestimmten Wirkstoffen für die Entstehung der Fettsucht von Bedeutung sein könnte, wird durch zahlreiche Beobachtungen gestützt, die wir bei der Behandlung von Fettsuchtkranken machen konnten. Zunächst ist auffallend, dass die Fettsucht sehr häufig mit anderen Stoffwechselstörungen kombiniert ist, deren ernährungsbedingter Charakter bekannt ist. Als Beispiel seien die Arthrose (Gelenkdegeneration), die Hypertonie (Bluthochdruck) und Cholelithiasis (Gallensteinbildung) erwähnt. Nachdem es durch exakte wissenschaftliche Ernährungsforschung (Kollath, Dam) erwiesen ist, dass die den degenerativen Erkrankungen des Bewegungsapparates und die der Gallensteinbildung zugrunde liegenden Stoffwechselstörungen auf Vitalstoffmangel beruhen, indirekt bedingt durch die isolierten Kohlenhydrate (Auszugsmehle und Fabrikzucker), war es naheliegend, auch bei der Stoffwechselstörung der Fettsucht als Ursache einen Mangel an Ergänzungsstoffen zu vermuten. Es gibt auch zu denken, dass die Zunahme der Fettsuchtfälle mit derjenigen anderer ernährungsbedingter Zivilisationskrankheiten, bei denen sich Vitalstoffmangel als Ursache ergeben hat, auffallend parallel geht, auch wenn im Einzelfall diese Erkrankungen nicht kombiniert aufzutreten brauchen. Man denke an den Gebissverfall, die Gefäßerkrankungen, die Thrombose, den Herzinfarkt und ähnliche.

Deshalb macht weniger essen erst recht dick

Eine andere Beobachtung weist in ähnliche Richtung: Viele Fettsuchtkranke geben an, sie hätten beobachtet, dass sie umso dicker würden, je weniger sie äßen. Da auf Grund der alten Vorstellung, dass jeder Dicke eben durch zu viel Essen dick sei, die Angabe des Fettsüchtigen, er nehme trotz geringer Nahrungsmengen zu, von vornherein auf Zweifel stößt, werden meistens seine Worte gar nicht erst auf den Wahrheitsgehalt geprüft. Unsere Beobachtung hat gezeigt, dass man der Mehrzahl der Fettsüchtigen damit Unrecht tut. Ein großer Teil der Kranken hatte schon alle möglichen Behandlungsmethoden und Kuren durchgemacht, immer nur mit vorübergehendem oder ganz ausbleibendem Erfolg, obwohl sie sehr unter ihrer Störung litten und daher bereit waren, alle nur erdenklichen Einschränkungen auf sich zu nehmen, wenn sie nur Erfolg hätten. Gerade diese Gruppe von Kranken ist es, die mich zum erstenmal auf den Gedanken brachte, dass es sich bei der Fettsucht im Wesentlichen nicht um eine Überernährungserscheinung, sondern um das Gegenteil handeln könnte. Die Probe aufs Exempel brachte bei diesen Kranken den Beweis. **Die Zufuhr vollwertiger Lebensmittel, vor denen sich die Kranken immer gefürchtet hatten, da sie glaubten, sie würden davon dick, brachte rasch den Umschwung.**

Nur vollwertige Kost macht schlank

Betrachten wir die verschiedenen Fettsuchtformen als eine Stoffwechselstörung, bei der es durch Mangel an bestimmten Wirkstoffen nicht zum Abbau der Kohlenhydrate und Fett bis zu Kohlendioxid und Wasser kommt, sondern bei der eben die Nahrung in Fett verwandelt und deponiert wird, so wäre eine Heilung bzw. Besserung dieser Stoffwechselstörung nur möglich, wenn diese fehlenden Betriebsstoffe in der Nahrung zugeführt würden. Die Nahrung müsste demnach so beschaffen sein, dass sie alle Stoffe enthält, die einen ungestörten Ablauf der verschie-

denen Stoffwechselvorgänge garantieren.

Das Prinzip der Behandlung der Fettsucht muss daher genau dasselbe sein wie bei allen anderen ernährungsbedingten Zivilisationskrankheiten. Und in der Tat hat die Praxis gezeigt, dass die strikte Durchführung dieses Prinzips Dauererfolge bringt, die es erlauben, von einer „Heilung" der Fettsucht zu sprechen.

Vorsicht! Fetteinschränkung führt ins unheilbare Stadium!

Am eindrucksvollsten lässt sich das Prinzip am Fett demonstrieren. Es gibt kaum einen Fettsüchtigen, der nicht, wenn er das ernste Bestreben hat abzunehmen, als erste Maßnahme die Fettzufuhr einzuschränken beginnt. **Und damit fängt sein Leiden an, ins unheilbare Stadium zu treten: Je mehr er das Fett einschränkt, umso dicker wird er,** und je dicker er wird, umso strenger nimmt er es mit der Fettbeschränkung, bis er schließlich so weit kommt, dass er alles sichtbare Fett aus der Nahrung entfernt. Da es sich bei dem wenigen Fett, das er sich noch durch die unsichtbaren Fette der übrigen Nahrung zuführt, so gut wie immer um denaturierte Fette handelt, hat der Organismus nichts mehr von denjenigen Vitalstoffen zur Verfügung, deren Träger die naturbelassenen Fette sind. Es ist erwiesen, dass bereits der gesunde Durchschnittsbürger in den zivilisierten Staaten trotz des übermäßigen Fettverbrauchs nicht mehr ausreichend mit naturbelassenen Fetten versorgt ist. Für den Fettsüchtigen gilt dies in besonderem Maße. Wenn nun der Fettsüchtige diese Fette rigoros einschränkt, die schon bei normaler Menge kaum zur Deckung der an die naturbelassenen Fette gebundenen Vitalstoffe ausreicht, so kann er in einen bedrohlichen Zustand kommen, der zu einer nicht mehr rückgängigen Dauerschädigung führen kann. Dies ist das Los einer großen Zahl von Fettsüchtigen, die mit Einschränkung von Fett behandelt werden.

Aber das richtige Fett!

Im Einzelnen beruht die Ernährung in ausreichender Zufuhr naturbelassener Fette als Träger der fettlöslichen Vitamine und der ungesättigten Fettsäuren. Als wichtigstes naturbelassenes Fett ist die Butter zu empfehlen, die seit Jahrtausenden dem Menschen als natürliches Fett gedient hat, ohne je gesundheitliche Nachteile gebracht zu haben. Als Träger der hochungesättigten Fettsäuren sind sog. kaltgepresste Öle zu verwenden. Zu empfehlen sind z. B. Leinöl, Olivenöl, Sonnenblumenöl, Walnussöl (nur mit der Aufschrift „Kaltgepresst, naturbelassen, nicht raffiniert"). Keinesfalls das übliche entwertete „reine Speiseöl". Margarinen müssen gemieden werden.

„Unser täglich Brot" und der Fabrikzucker als Hauptfeinde unserer Gesundheit

Streng zu meiden sind die sog. „isolierten Kohlenhydrate" (Mehle ohne Keim und Randschichten = Auszugsmehle) und ihre Produkte (Brot, Kuchen, Teigwaren, Grieß, Nudeln, ebenso polierter Reis, dafür Naturreis nehmen) und alle Fabrikzuckerarten wie weißer Haushaltszucker, brauner Zucker, Fruchtzucker, Traubenzucker, Milchzucker, Malzzucker, sog. Vollrohrzucker, Ur-Süße, Ur-Zucker, Sucanat, Ahornsirup, Apfeldicksaft, Birnendicksaft, Rübensirup, Melasse usw.

Begründung: Vitalstoffmangel

Die Begründung dafür liegt aber nicht vornehmlich in ihrem hohen Kalorien- und Nährstoffgehalt, sondern in dem Fehlen an den notwendigen Vitalstoffen, die für den ungestörten Ablauf der Stoffwechselvorgänge unentbehrlich sind. Vorwiegend zur Deckung des Vitamin-B-Bedarfs sind daher die Graumehle und Weißmehle durch Vollkornprodukte zu ersetzen. Da diese für die Erzielung eines Dauererfolges besonders wichtig sind, ist außer Vollkornbrot der tägliche Frischkornbrei unbedingt erforderlich. (Kuchen und Teigwaren aus Vollkornmehl sind selbstverständlich erlaubt).

Immer den Durst löschen (Mineralwasser und Tee)

Entgegen der üblichen Handhabung ist die Zufuhr von genügend Flüssigkeit notwendig, damit dem Organismus das nötige Lösungsmittel zur Ausscheidung der anfallenden harnpflichtigen Stoffe zur Verfügung steht. Die so oft empfohlene Flüssigkeitseinschränkung trotz bestehenden Durstes hat sich als nachteilig erwiesen; allerdings ist eine Flüssigkeitszufuhr über die Durstgrenze hinaus unnötig, sogar nachteilig. Als Flüssigkeit kommen nur echte Getränke in Frage, d. h. klares Wasser mit oder ohne Kohlensäure und nichtarzneiliche Tees aller Art.

Niemals Säfte! Milch ist kein Getränk

Flüssige Nahrungsmittel wie Obst- und Gemüsesäfte sind strengstens zu meiden, da auch kleine Mengen dieser rasch resorbierbaren Teilnahrungsmittel den Erfolg absolut verhindern. Es ist eine irrige Vorstellung, dass Säfte, auch frisch gepresste, zu empfehlen seien, um dem Körper möglichst viele „Vitamine“ zuzuführen. Säfte sind nur Teilnahrungsmittel, denn die Vitamine brauchen zu ihrer vollen Entfaltung auch die anderen Vitalstoffe, die in den Trestern weggeworfen werden. Es ist ganz unmöglich, in wenigen Sekunden 1 kg Gemüse oder Obst zu essen, es ist aber möglich, in dieser kurzen Zeit den Saft von 1 kg Obst oder Gemüse zu trinken. Das

Rezept für den Frischkornbrei

Er wird aus einer einzelnen Getreideart oder einer Mischung hergestellt. Es kann z. B. Weizen, Roggen, Hafer, Gerste, Hirse gemischt werden. Von dieser Mischung werden 3 Esslöffel (50 g) durch eine Kaffeemühle grob geschrotet. Das Mahlen muss jedesmal frisch vor der Zubereitung vorgenommen werden. Dabei spielt es keine Rolle, ob die Getreidemühle mit Mahlsteinen oder einem Stahlmahlwerk arbeitet.

Nicht auf Vorrat mahlen!

Das gemahlene Getreide wird mit ungekochtem, kaltem Leitungswasser zu einem Brei gerührt und mehrere Stunden (bis zu zwölf) stehengelassen. Die Wassermenge wird so berechnet, dass nach der Quellung nichts weggegossen zu werden braucht. Nach etwa fünf bis zwölf Stunden wird dieser Brei genussfähig gemacht durch Zusatz von frischem Obst (je nach Jahreszeit), Zitronensaft, 1 Teelöffel Honig (nur manchmal, regelmäßig Honig kann Karies erzeugen), 1 Esslöffel Sahne, geriebenen Nüssen, nach Art des Bircher-Benner-Müslis.

Solange verfügbar, sollte man immer einen Apfel hineinreiben und sogleich untermischen. Der geriebene Apfel macht den Frischkornbrei besonders luftig und wohlschmeckend.
Es ist ohne Belang, zu welcher Tageszeit dieser Brei genossen wird.

Teilnahrungsmittel Saft löst aber durch die rasche Aufnahme bzw. Aufsaugung im Magen-Darm-Kanal bei stoffwechselgestörten Fettsüchtigen ähnliche Störungen aus wie das isolierte Kohlenhydrat Zucker. Wollte man das Grundsätzliche in eine Kurzformel bringen, so könnte man es so ausdrücken: Das entkeimte Auszugsmehl verhält sich zum ganzen Getreidekorn wie der Saft zum ganzen Apfel.

Milch darf daher nicht als Getränk zum Löschen des Durstes etwa an Stelle von Wasser oder Tee benützt werden, sondern ist als flüssiges Nahrungsmittel nur im Rahmen der Nahrungsmittel zu verwenden. Auch die Milch soll nicht in gekochter oder pasteurisierter Form, sondern als naturbelassene Rohmilch verwendet werden.

1/3 Frischkost

Zur Deckung des Bedarfs an Mineralstoffen und wasserlöslichen Vitaminen in ausgewogenem Verhältnis ist eine reichliche Zufuhr von Frischkost in Form von rohen Gemüsesalaten unerlässlich. Die Menge an rohem Obst soll gering gehalten werden. Das Obst soll nicht als Nachtisch, sondern vor dem anderen Essen oder als Mahlzeit für sich genommen werden. Da vielfach die Vorstellung besteht, Obst mache dünn, werden häufig zu große Mengen genossen, so dass sich innerhalb der Frischkost das Verhältnis von Gemüse zu Obst zu sehr nach der Seite des Obstes verschiebt. Gekochtes Obst ist nicht zu empfehlen, da es einerseits meist mit Fabrikzucker gekocht ist und andererseits bei Magen-Darm-Empfindlichen imstande ist, die Verträglichkeit von Vollkornbrot und Frischkost zu stören. Die Menge der Frischkost (Gemüse + Obst) zusammen mit dem Frischkornbrei soll mindestens ein Drittel der Gesamtkost ausmachen. Wird der Anteil auf die Hälfte oder zwei Drittel erhöht, ist der Erfolg dementsprechend größer.

Keine Diät – sondern Vollwertkost!

Alle Nahrungsmittel, die zu einer Vollwertkost gehören und nicht extra erwähnt wurden, sind erlaubt. Wird diese Kost anfangs streng eingehalten, überzeugt sich der Patient rasch vom Erfolg und ist dann bereit, die vollwertige Kost als Dauerernährung beizubehalten. Sie hat gegenüber den fehlerhaften Diäten mit Kalorienbeschränkung den großen Vorteil, dass sich der Patient satt essen kann.

Nichts zwischen den Mahlzeiten!

Zu beachten ist allerdings, dass die Mahlzeiten streng eingehalten werden, d. h. dass zwischen den einzelnen Mahlzeiten nichts, auch nicht die geringste Kleinigkeit gegessen werden darf. Kommt es zwischen den Mahlzeiten zum Hungergefühl und wird dieses durch Zwischenmahlzeiten befriedigt, so ist der Organismus nicht gezwungen, in die Vorratskammer des eigenen Fettdepots zu greifen, und die Gewichtsabnahme bleibt aus. Wenn es auch in erster Linie nicht so sehr auf die Gewichtsabnahme ankommt, sondern auf die Normalisierung des gestörten Stoffwechsels, der sich dann zwar auch in dem Abbau des krankhaft abgelagerten Fettes zeigt, so ist es doch aus psychischen Gründen gerade am Anfang vorteilhaft, wenn der Kranke bald erlebt, **dass er mit einer vitalstoffreichen Vollwertkost, bei der er sich satt essen kann, das erzielt, was er mit strengster Diät vorher nicht erreicht hat.**

Heilungsmöglichkeit

Wie weit durch eine solche Vollwertkost die „Heilung" der Stoffwechselstörung noch möglich ist, ist natürlich abhängig davon, wie lange die Störung schon bestand, in welchem Grade und über wie lange Zeit die innersekretorischen Drüsen durch die vorausgegangene Zivilisations- bzw. Mangelkost, durch Kalorien- und Fettbeschränkung und den Genuss von vitalstoffarmen Auszugsmehl- und Fabrikzuckerprodukten geschädigt sind. Solange die Zivilisationskost noch nicht zu unheilbaren krankhaften Veränderungen und Schäden geführt hat und die Erkrankung sich im Stadium der funktionellen Störung befindet, ist mit einer völligen Normalisierung des gestörten Stoffwechsels zu rechnen.

Wie ein Wunder

In wunderbarer Weise lässt sich dies bei Kindern zeigen, bei denen hochgradige endokrine Fettsuchtsformen, die als unheilbar deklariert wurden, zur völligen Heilung gebracht werden können. Das wirkt dann jedesmal wie ein Wunder.

Zusammenfassend möchte ich auf Grund über 60jähriger klinischer und ambulanter Erfahrung sagen, dass sich die Fettsucht jeder Art wie kaum eine andere ernährungsbedingte Zivilisationskrankheit dazu eignet, die souveräne Bedeutung einer vitalstoffreichen Vollwertkost zu demonstrieren. Durch den Dauererfolg bei dieser Ernährung wird zugleich der Beweis erbracht, dass es sich bei der Fettsucht nicht um eine Überernährungsfolge, sondern um die Folge einer Fehlernährung im Sinne einer Vitalstoffmangelkost handelt.

Ausführliche Literatur:
Dr. M. O. Bruker
Idealgewicht ohne Hungerkur
121 S., gebunden
ISBN 978-3-89189-005-9

Weitere Kleinschriften von Dr. med Max Otto Bruker

1. Unser täglich Brot und der Zucker als Hauptursache für die modernen Zivilisationskrankheiten
2. Schlank werden ohne Hungerkur
3. Herzinfarkt, Asteriosklerose und Gallensteine sind verhütbar
4. Wie beugt man den ernährungsbedingten Zivilisationskrankheiten vor?
5. Ernährungsbehandlung der Leber-, Galle, Magen-, Darm- und Bauchspeicheldrüsenerkrankungen
6. Butter – ein hochwertiges Lebensmittel?
7. Vom Kaffee und seinen Wirkungen
8. Ärztliches Memorandum zur industriellen Nutzung der Atomenergie
9. Über den Unwert der heutigen Milch
10. Gesund durch richtige Ernährung (LVA-Schrift)
11. Die Story von den 2 »richtigen« Ernährungen
12. Ursachen der ernährungsbedingten Zivilisationskrankheiten (Mörder bekannt – kein Kläger)
13. Fett macht nicht fett (Fett)
14. Bakterien im Frischkornbrei
15. Sie vertragen Vollkornbrot nicht?
16. Krankheiten durch Fabrikzucker
17. Unser täglich Brot – eine tote Nahrung?
18. Wieviel und was soll man täglich trinken
19. Ballaststoffe sind kein Ballast
20. Scheinursachen verschleiern Zusammenhänge
21. Die Ernährung des älteren Menschen
22. Die Deckung des Eiweißbedarfs
23. Vitamin B12
24. Wissenswertes über Säfte
25. Rheuma – ernährungsbedingte Zivilisationskrankheit
26. Zöliakie
27. Das Allergie-Problem
28. Die Zuckerkrankheit –Verhütung und Behandlung
29. Gebissverfall
30. Weil du beim Reaktor wohnst
31. Die Ernährung des Kindes
32. Neurodermitis
33. Der Darmpilzrummel – Fehldiagnose Candida albicans –

Auch komplett als Sammelmappe zum Sonderpreis erhältlich!

6/2018 gr

Dr. med. Max Otto Bruker

Kleinschrift
Nr. 7

Vom Kaffee und seinen Wirkungen

emu verlag

ernährung • medizin • umwelt

Gesamtherstellung: graphoprint, Koblenz

Vom Kaffee und seinen Wirkungen

Dr. med. M. O. Bruker

Bohnenkaffee ist für viele Menschen ein bedeutungsvoller Teil ihres Lebensinhaltes, zu dem sie stark gefühlsbetonte Bindungen haben. Es ist daher gewagt, über einen solchen Stoff, der zudem noch zu den Genussmitteln gehört, etwas Kritisches auszusagen. Man wird kaum je eine objektive Diskussion über ein Genussmittel erleben – eben wegen der lustbetonten Gefühle, die damit verbunden sind.

Ein *Bonmot* des New Yorker Krebsforschers Ernest L. Wynder kennzeichnet die psychologische Sonderstellung der Genussmittel treffend: *Als ich zu predigen begann, dass die Zigarette am Lungenkrebs schuld ist, verlor ich einige meiner Freunde. Als ich dann warnte, Whiskytrinken könne Mundhöhlen- und Speiseröhrenkrebs verursachen, verlor ich noch mehr Freunde. Und seitdem ich den Leuten erzähle, dass Nonnen keinen Gebärmutterkrebs bekommen, bin ich völlig vereinsamt.*

Nach Nedde (14)* lag der Verbrauch von Bohnenkaffee pro Kopf und Jahr vor dem **Bier und der Milch an der Spitze aller Getränke. Laut Kaffeereport 2017 trinkt jeder Bundesbürger 162 l im Jahr. Die Tatsache, dass der Kaffee zu einem alltäglichen Volksgetränk geworden ist, unterstreicht seine Bedeutung und zwingt uns geradezu, sich mit seinen Wirkungen genauer zu beschäftigen.

* s. Quellenverzeichnis
** Lt. Ifo-Institut München 1984: Bier 144,8 l, Milch 96,4 l.

Was der Kaffee alles enthält

Vorweg müssen wir uns mit den Inhaltsstoffen bekannt machen. Am einfachsten geht man dabei von dem Kaffee-Infus aus. Um vergleichbare Zahlen zu erhalten, nehmen wir 10 g Kaffee-Pulver auf 100 ml Wasser und rechnen eine Tasse zu 140 ml. Brühen wir für den Normalverbraucher eine Tagesdosis von 250 ml dieses *starken* Kaffees, so käme man ungefähr auf einen Gehalt von 270 mg Coffein, 825 mg Chlorogensäure, 1600 mg Kaffeesäure, 188 mg Chinasäure, 90 mg Trigonellin, 8 mg Cholin und 325 mg Kalium. Dies sind nur Annäherungszahlen. Je nach Sorte werden Werte bis zur doppelten Höhe angegeben. In Prozenten ausgedrückt, liegt der Coffeingehalt zwischen 0,9 und 1,8, aber auch Werte von 3 % werden genannt (10).

Die Chlorogensäure entsteht während des Röstprozesses; die Kaffee- und Chinasäure sind Abbauprodukte der Chlorogensäure. Für die *Bekömmlichkeit* sind diese Säuren von Belang. Die Chinasäure ist bei vielen Spezies ein Ausgangsprodukt für die Biosynthese von aromatischen Aminosäuren vom Typ des Tyrosins und des Phenylalanins.

Die Kaffeesäure gehört als Grundbaustein in die Reihe der zahlreichen Flavonkörper, die man wegen ihrer gefäßabdichtenden und das Vitamin C unterstützenden Wirkungen unter der Sammelbezeichnung P-Faktoren den Vitaminen zurechnet. Ähnliches gilt für Trigonellin, ein Methylierungsprodukt der Nikotinsäure. Tatsächlich entsteht bei dem Röstprozess aus dem Trigonellin Nikotinsäure durch Entmethylierung. Der Gehalt an Nikotinsäure beträgt je nach Kaffeesorte 2 bis 10 mg/dl.

Für die Chlorogensäure und das Röstkaffeefett ist erwiesen, dass sie pharmakologisch messbar Nerven gleichsinnig reizen wie das Coffein. Mit beiden Bestandteilen lässt sich im Rattenversuch die Reizschwelle für Elektroschocks senken (6). Die Wirkung der Chlorogensäure und des Kaffeefetts als Coffein-Synergisten erklärt auch, warum coffeinfreier Kaffee immer noch etwa ein Viertel so stark wie coffeinhaltiger Kaffee wirkt.

Die Chlorogensäure ist aber kein Röstkaffee-spezifisches Produkt. Sie findet sich auch in anderen pflanzlichen Nahrungsmitteln. In 100 g Kartoffeln sind z. B. 385 mg Chlorogensäure enthalten. So wäre in 500 g Kartoffeln ein Coffein-Äquivalent von Chlorogensäure enthalten, das einer Tasse starken Bohnenkaffees entspräche. Wegen der unterschiedlichen Resorptionsverhältnisse ist ein solcher Vergleich freilich problematisch. Auch Äpfel, Weintrauben, Birnen usw. enthalten Chlorogensäure von ca. 120 mg auf 100 g (10, 13).

Zu den Reizstoffen im Röstkaffee gehört auch das schwefelhaltige *Merkaptan.* Der Vollständigkeit halber seien noch äthyläther-lösliche Substanzen, Tannine, Aromastoffe, Eiweißkörper, Mineralsalze (außer Kalium) und Mannan als weitere Bestandteile des Kaffeeaufgusses erwähnt.

Die Verbrennungsprozesse während des Röstvorganges hinterlassen eine große Zahl von Abbau- und Oxidationsprodukten, die vorwiegend das Aroma prägen, aber wenig physiologische Bedeutung haben. So ist über die reichlich vorhandenen Zuckerabbauprodukte der Furfurole noch wenig bekannt.

Beim Rösten kommt es zu geringen Verlusten von Coffein. Trotzdem liegt der Coffeingehalt des Röstkaffees meist höher als der des Rohkaffees, da der Röstverlust an Coffein durch das Verdampfen von Flüssigkeit wieder ausgeglichen wird.

Außer dem normalen Konsumkaffee, der trommelgeröstet ist, gibt es auch einen *gedämpften* coffeinhaltigen Kaffee. Hierbei wird die Bohne 60 Minuten mit Wasserdampf bei 2 atü bearbeitet. Der Merkaptangehalt dieses Kaffees liegt um 50 % niedriger als der des normalen Kaffees, der von entcoffeinisiertem und gedämpftem Kaffee sogar um 60 %. Demgegenüber weist der im Heißluftstrom bei sehr hoher Temperatur kurzfristig geröstete Kaffee einen Merkaptan-Gehalt auf, der 50 % über dem normalen trommelgerösteten Kaffee liegt. Diese verschiedenen Bearbeitungen führen dann zu den Handelsbezeichnungen *bekömmlich, säurearm, mild* usw.

Coffein: im Tee wie im Kaffee

Die physiologische Wirkung des Kaffees beruht größtenteils auf dem Coffeingehalt. Wegen der zahlreichen anderen Inhaltsstoffe lassen sich aber Coffein und Kaffeeaufguss im Effekt nicht ohne weiteres gleichsetzen. Am gründlichsten untersucht sind die Wirkungen, die auf dem Coffeingehalt beruhen. Soweit es den Coffeineffekt betrifft, kann schwarzer Tee mit Kaffee gleichgesetzt werden.

Coffein (= Trimethylxanthin) erregt das Vasomotoren- und Atemzentrum, aktiviert den Kreislauf, verbessert die Stoffwechselverhältnisse und fördert die Tätigkeit der Großhirnrinde. Gedankliche Assoziationen werden erleichtert. Andererseits wird die Präzision und Koordination bei geistigen Leistungen durch Coffein beeinträchtigt.

Die motorischen und sensorischen Reflexabläufe werden beschleunigt. Diese erhöhte vegetative Erregbarkeit ist experimentell eindeutig nachgewiesen mit elektronischen, oxymetrischen, strömungskalorimetrischen und photoplethysmographischen Methoden (7). Die Senkung der sensorischen und vegetativen Reizschwelle durch coffeinhaltige Getränke führt gleichzeitig zu einer gesteigerten Schmerzempfindlichkeit.

Nachteilig für Vegetativ-Dystone

Die Wirkung geht also nicht unmittelbar auf die einzelnen Organe, z. B. die sekretorischen Drüsen des Verdauungsorgans, auf die Muskulatur der Gallenwege, des Magen-Darms und der Gefäße oder auf den Herzmuskel, sondern über die hormonalen und neuralen Steuerungsmechanismen. Dies erklärt viele scheinbar sich widersprechende klinische Beobachtungen. Die Ausgangslage spielt für den Ablauf der autonomen Steuerungsfunktion eine ausschlaggebende Rolle.

Allen experimentellen Ergebnissen ist eins gemeinsam: Bei *gestörtem* vegetativem Gleichgewicht werden nur nachteilige Wirkungen beobachtet. Da es praktisch keine Erkrankung gibt, bei der die autonomen Regulationsmechanismen ungestört bleiben, und da es für jede Krankheit zutrifft, dass sie den ganzen Menschen trifft, wird es verständlich, dass scheinbar positive Indikationen, die sich aus der physiologischen Wirkung von Coffein herleiten, sich am *Kranken* gegenteilig auswirken: Vermehrte Reflexbereitschaft kann bei pathologischen Kreislaufsituationen gefährlich werden; im Gebiet der Gallenwege kann es zur Auslösung von Schmerzsyndromen kommen, koronare Schmerzattacken können sich bis zum Infarktgeschehen steigern und cerebrale Insulte (sogenannter Schlaganfall) ausgelöst werden. Die Senkung der Reizschwelle kann auch die Vermehrung von Myalgien und cervicalen und lumbalen Wurzelreizsyndromen erklären.

Vorsicht bei Tachykardien (beschleunigte Herztätigkeit)

Einigkeit besteht darüber, dass kardiale Insuffizienzen mit Tachykardien und Tachyarrhythmien eine Kontraindikation für Coffein darstellen. Aber auch bei Dekompensationen, bei denen ein Anstieg der Herzfrequenz unerwünscht ist, bringt Coffein eine verschlechterte Ökonomie. Ebenso ist Coffein bei thyreogenen (durch die Schilddrüse bedingt) Herzinsuffizienzen mit gesteigertem Herzminutenvolumen kontraindiziert (7).

Es besteht auch weitgehend die Übereinstimmung darüber, dass Bohnenkaffee im Stande ist, bei Magen-, Leber-, Gallen- und Darmkranken Unverträglichkeitserscheinungen hervorzurufen, die z. T. über vegetative Beeinflussung zustande kommen, z. T. aber auch unmittelbar durch die Reizstoffe Merkaptan und Chlorogensäure. Hier ist ein deutlicher Unterschied zwischen Kaffee und Tee zu erkennen: Ein weiterer indirekter Beweis dafür, dass den Röstprodukten die Unverträglichkeit seitens der Verdauungsorgane anzulasten ist.

Es kommt zu erhöhter Sekretion des Magens und subjektiv zu Sodbrennen, Völlegefühl und Übelkeit, ferner zu gesteigerter Pepsin- und Kathepsin-Proteolyse; die Peristaltik wird angeregt, die sich am Darm bis zur Diarrhoe steigern und an den Gallenwegen zu Koliken führen kann. Milchzusatz oder Filtern des Kaffees ändern daran nichts. Dies haben Untersuchungen von Neumann (15), Buhr (4) und Landgrebe (5) ergeben.

Mittlerweile sind auch Zusammenhänge zwischen Kaffeegenuss und der Entstehung von Krebs der Bauchspeicheldrüse berichtet. MacMahon verglich den Tabak-, Alkohol-, Tee- und Kaffeekonsum von 369 Patienten mit histologisch nachgewiesenem Krebs der Bauchspeicheldrüse mit den verbrauchten Mengen bei 644 Kontrollpersonen. Zwischen Zigarren- und Pfeifenrauchen, Alkohol- und Teegenuss und dem Auftreten von Bauchspeicheldrüsenkrebs war keine Verbindung herstellbar. Beim Zigarettenrauchen war minimaler, beim Kaffeegenuss jedoch ein ausgeprägter Zusammenhang für beide Geschlechter erkennbar. Das Verhältnis zwischen Kaffeekonsum und Auftreten von Bauchspeicheldrüsenkrebs war nicht durch Zigarettenrauchen beeinflusst, jedoch dosisabhängig von der Kaffeemenge: Je größer die getrunkene Menge, um so größer das Risiko. (17) MacMahon B. und Mitarbeiter: Coffee and cancer of the pancreas, New English J. Med. 304 (1981) 630-633.

Nur scheinbare Steigerung der Leistungsfähigkeit

Weil Kaffee die Kreislauftätigkeit aktiviert, den Stoffwechsel beschleunigt, die Tätigkeit der Großhirnrinde anregt, gedankliche Assoziationen erleichtert und ein Gefühl größerer Leistungsfähigkeit erzeugt, erscheint sein Genuss direkt als Idealmittel, um das Aktivitätsniveau nicht nur des Gesunden, sondern auch des Kranken anzuheben. Von dieser Indikation wird tatsächlich viel Gebrauch gemacht. Die stimmungshebenden Effekte des Kaffees beruhen neben dem Coffein auch auf den Wirkungen der Geschmacks- und Aromastoffe, der Chlorogensäure, des Röstkaffeefetts und der Furfurole. Diese stimulierende und euphorisierende Wirkung des Kaffees ist neben seinem Gehalt an Aromastoffen zweifellos der Grund, weshalb sich der Kaffee die Welt erobert hat. Im Widerspruch dazu haben alle Untersuchungen, die diese Leistungssteigerung zu objektivieren suchten, ergeben, dass im Endeffekt der Kaffee nicht zu einer Leistungssteigerung, sondern zu einer -minderung führt.

Wie sind diese Widersprüche zu erklären? Ganz einfach: Bei dem stimulierenden und euphorisierenden Effekt handelt es sich lediglich um eine *kurzdauernde Erstwirkung,* die im Organismus nach kurzer Zeit eine Gegenregulation auslöst, die genau das Gegenteil bewirkt.

Luff, Vogler und Bardong (12) objektivierten diese Tatsachen in interessanten Versuchen an dem *Kugeltestgerät von Brühner:* Die Versuchsperson muss aus einem Reservoir von 25 Kugeln fünf verschiedener Größen eine passende auswählen und sofort in eine gleich große Offnung einer umlaufenden Walze legen. Die rhythmische Freigabe der einzelnen Öffnungen ist von der Umlaufgeschwindigkeit der Walze abhängig. Die Geschwindigkeit ist automatisch steuerbar. Nach Genuss von 2 Tassen stark coffeinhaltigen Bohnenkaffees sinkt die anfängliche Mehrleistung signifikant ab.

Auch andere Autoren versuchten durch geeignete Versuchsanordnungen Einblick in die objektive Wirkung des Kaffees zu gewinnen. Mit Hilfe des *Flimmertests* lässt sich deutlich die unterschiedliche Wirkung coffeinhaltigen Bohnenkaffees auf Kreislaufgesunde und auf Kreislaufkranke mit vegetativer Übererregbarkeit erkennen.

Wirken Hell und Dunkel in periodischer Folge ein, so wird zunächst ein Flackern, bei schnellerem Wechsel ein Flimmern und schließlich nur noch ein einheitliches Licht wahrgenommen Der Übergang vom Flimmern zum einheitlichen Licht, der bei ansteigender Frequenz unvermittelt eintritt, wird als *Verschmelzungsgrenze* bezeichnet. Geht man vom Verschmelzungseindruck unter der höheren Frequenz aus und verringert sie, so setzt ebenso plötzlich wieder Flimmern ein. Die Frequenz, unter der es zu flimmern beginnt, ist die *Flimmergrenze.* Verschmelzungs- und Flimmergrenze liegen normalerweise dicht beieinander. Die Geschwindigkeit des Lichtwechsels, bei der diese Grenzen erreicht werden, wird als *Flimmerverschmelzungs-Frequenz* bezeichnet.

Bei Kreislauflabilen beobachtete Landgrebe nach coffeinhaltigem Kaffee lediglich einen kurzen Anstieg der Flimmerverschmelzungs-Frequenz, dem ein starker Abfall folgte, während nach coffeinfreiem Kaffee die Frequenz mäßig und länger anhaltend anstieg (11).

Vorsicht: Gegenregulation!

Die doppelphasige Wirkung des Coffeins erklärt die unterschiedlichen Urteile über den Kaffee. So konnte z. B. der Sportmediziner Ludwig Prokop (16) eine deutliche Verstärkung der Adrenalinwirkung durch Coffein nachweisen. Er kam zu folgendem Urteil: *Hinsichtlich sportlicher Leistungen müssen vor kreislaufbelastenden Dauerleistungen des Trainings und Wettkampfs Bedenken gegen die Aufnahme von coffeinhaltigem Kaffee erhoben werden.*

Aufgrund eingehender Untersuchungen kommt Albanese (1) zu folgendem Urteil über den Kaffee: Er wirkt *physiologisch negativ.* Das Außerachtlassen der gegenregulatorischen Zweitphase ist schuld an den unzähligen Fehlurteilen über die wahre Natur der Kaffeewirkung. Wie sich das praktisch auswirkt, möchte ich an dem Beispiel der Hypotonie (niedriger Blutdruck) aufzeigen:

Die routinemäßige Verordnung von Bohnenkaffee bei Hypotonikern, die leider immer noch die Regel ist, kann für den Kranken den Anfang eines Leidensweges bedeuten, der ihn zwangsläufig in immer vermehrte Störungen hineinführt. Die Verordnung von Kaffee bei niedrigem Blutdruck geht von der theoretischen Vorstellung aus, dass der Blutdruck durch eine Verengung der Gefäße gesteigert werde.

Ganz abgesehen davon, dass diese Annahme irrig ist, würde der gewünschte therapeutische Effekt auch dann nicht eintreten, wenn der Kaffee tatsächlich eine Blutdrucksteigerung hervorriefe. Denn angenommen, der Kaffee wäre imstande, ein Teilgebiet der Gefäße zu verengen, so müsste zwangsläufig gefordert werden, dass ein entsprechendes anderes Gefäßgebiet sich um ebensoviel erweitert, damit die Gesamtkapazität des Gefäßgebietes wieder der augenblicklichen Blutmenge entspricht. Träte in einem Gefäßgebiet eine Erweiterung der Gefäße auf, ohne dass gleichzeitig in einem anderen Gefäßgebiet die entsprechende Verengerung einträte, müsste es zu einem Leerlauf in den Gefäßen und damit zu einem Kollaps kommen. Da dies in Wirklichkeit nicht der Fall ist, müssen Ausgleichsregelungen angenommen werden.

Da nach Aufhören der Erstwirkung jenes Gefäßgebiet, das vorher enger gestellt war, sich weiterstellt infolge der Gegenregulierungen, und dasjenige, das vorher weitergestellt war, nun enger gestellt wird, ist in der Zweitwirkung genau das Gegenteil von dem erreicht, was therapeutisch angestrebt wurde.

Kaffee und Tee erzeugen Unruhe im Gefäßsystem

Hierin liegt aber nicht der einzige Nachteil der Kaffeeverordnung. Das Negative liegt in der Unruhe, die durch den vasoaktiven Stoff des Coffeins in die Kreislaufregulierung hineingetragen wird. Hypotoniker sind meist an sich schon Menschen, die durch eine labile Kreislaufregulierung gekennzeichnet sind, und gerade für diese Menschen sind der Bohnenkaffee und der schwarze Tee das ungeeignetste Mittel.

Die Praxis zeigt dies auch deutlich. Ein großer Teil der Menschen mit niedrigem Blutdruck trinkt den Kaffee nur, weil er ärztlich verordnet ist, obwohl die meisten merken, dass er ihnen gar nicht bekommt. Für diese Kranken ist die Aufklärung darüber, dass der Kaffee für sie nachteilig ist, häufig eine große Erleichterung und die absolute Voraussetzung für die Beseitigung ihrer Beschwerden.

Hoher bzw. niedriger Blutdruck ist nie Ursache einer Krankheit, sondern bereits ein Krankheitssymptom.

Hier erscheint es besonders wichtig, auf den großen Irrtum hinzuweisen, der darin besteht, dass häufig angenommen wird, der niedrige Blutdruck sei die Ursache einer Leistungsschwäche oder anderer Beschwerden. Der niedrige Blutdruck ist genauso wenig die Ursache der herabgesetzten Leistungsfähigkeit wie etwa eine blasse Gesichtsfarbe, sondern beides sind lediglich Symptome einer tiefer liegenden Störung. So könnte man durch eine Warmauflage auf das Gesicht zwar die Blässe vorübergehend beseitigen, aber man könnte dadurch keinen Einfluss auf die zugrundeliegende Störung gewinnen, auf die die Gesichtsblässe lediglich ein Hinweis ist. So ist ein Thermometer, das die Zimmertemperatur angibt, lediglich ein Messgerät, mit dem man die Temperatur feststellen kann, aber niemals der *Verursacher* der Zimmertemperatur.

Der Versuch, auf den Blutdruck mit Kaffee oder Tee einzuwirken, entspricht lediglich einem Herumbasteln am Symptom und erschwert die Beseitigung der Dysregulation. Gefäßaktive Stoffe wie Kaffee und Tee sind häufiger, als allgemein angenommen wird, ein Grund, weshalb andere therapeutische Maßnahmen erfolglos bleiben.

Hypertonie (erhöhter Blutdruck) wird häufig als Gegenanzeige für Kaffee angesehen. Viele richten sich nach dieser Regel, obwohl sie in dieser Strenge nicht zu Recht besteht. Der Irrtum wird jedoch komplett, wenn man aus der Tatsache, dass Kaffee bei hohem Blutdruck ungünstig sei, den Schluss zieht, er sei bei niedrigem Blutdruck notwendig. Die Erfahrung zeigt, dass der Genuss von Kaffee dem kompensierten Hypertoniker weniger schadet als dem Hypotoniker. Trotzdem bringt für jeden Gefäßkranken, gleich welcher Art, die Vermeidung gefäßaktiver Substanzen nur Vorteile. 1957 referierte Klein (9) in der Medizinischen Klinik unter der Überschrift *Zur Pathogenese des plötzlichen Herztodes* über zahlreiche Fälle, bei denen der plötzliche Herztod ohne nachweisbar vorangegangene Erkrankung scheinbar mitten aus voller Gesundheit oder nur mit geringen, unscheinbaren, subjektiven Beschwerden als Vorboten eintritt. Er schloss alle jene Fälle aus, bei denen der Tod als Folge bzw. auf der Grundlage einer infektiös-toxischen Myocardschädigung eingetreten war oder bei denen eine akute Toxikose vorlag, sowie jene Fälle von plötzlichem Herztod nach akuter Überanstrengung des Herzens bei Sportlern. Er fand bei einer nicht geringen Anzahl von Personen, die ohne erkennbare Ursache an plötzlichem Herztod starben, dass in der Vorgeschichte der excessive und missbräuchliche Genuss von coffeinhaltigen Getränken eine größere Rolle spielt als die Tabakgifte. Auch weist er darauf hin, dass die Genussgifte, insbesondere Tabak und Coffein außer der langdauernden Schädigung des vegetativen Nervensystems noch in der Weise eine verheerende Wirkung ausüben, indem sie das physiologische Ermüdungsgefühl beseitigen bzw. darüber hinwegtäuschen und auf diese Weise die kompensatorische Entspannung von Nervensystem und Kreislaufapparat verhindern.

Auch Samuel Hahnemann, der Begründer der Homöopathie, nimmt zum Kaffee Stellung: In § 260 des Organon verweist er darauf, dass bei homöopathischer Behandlung alles aus der Diät und Lebensordnung entfernt werden müsse, was irgendwie arzneilich wirken könnte. Unter den aufgeführten Schädlichkeiten erwähnt er den Kaffee und chinesischen Tee an erster Stelle.

Kaffee täuscht Mehrleistung vor

Noch unheilvoller wirkt sich die doppelphasige Wirkung des Kaffees aus, wenn er zu dem Zweck benützt wird, die körperliche und psychische Leistungsfähigkeit steigern zu wollen. Dasselbe gilt vom schwarzen Tee. Allein aus kritischer Überlegung folgt, dass auf die Dauer eine Mehrleistung durch ein Pharmakon nicht erzielbar ist. Einfacher ausgedrückt: Man kann aus dem Organismus auf die Dauer nicht mehr Kräfte herausholen, als ihm innewohnen. Wohl aber kann man zeitlich verlagern; das heißt, die augenblickliche Mehrleistung geht auf Kosten der Leistungsreserve.

Das überzogene Leistungskonto

Die Zahl der Patienten ist außerordentlich groß, die angeben, dass sie ohne Kaffee oder Tee schon seit Jahren nicht imstande wären, ihre Lebensaufgaben zu erfüllen. In diesen Fällen liegt das Bedenkliche des Kaffees nicht in dem chemisch an sich harmlosen Stoff, der pharmakologisch nur kurzfristig wirkt, sondern in der Tatsache, dass er die von ihm Abhängigen in die Lage versetzt, scheinbar ungestraft über längere Zeiträume ihre Leistungskonten zu überziehen. In der Vorgeschichte sogenannter *Nervenzusammenbrüche,* die oft ein Versagen der Ausgleichsmechanismen darstellen, findet man häufig neben seelischen Belastungen einen hohen Konsum von Genussmitteln.

So spielt der Kaffee für Entstehen und Bestehenbleiben der sogenannten Spannungskrankheiten eine ausschlaggebende Rolle. Bei etwa zwei Dritteln aller *Migränekranken* liegt ein *chronisches Überlastungssyndrom* vor, das ohne Kaffee häufig gar nicht zu einem solchen Maße hätte anwachsen können.

Ob für einen bestimmten Migränepatienten Kaffee oder Tee eine ursächliche Rolle spielt, ist daran zu erkennen, dass diese Kranken angeben, ihre Anfälle besserten sich durch Kaffee. Bei diesen Kranken ist zur endgültigen Heilung der Verzicht auf Kaffee eine absolute Voraussetzung.

Den Teufelskreis aufbrechen

Für viele erscheint es zunächst bequemer, die Fehler in der Lebensführung bestehen zu lassen und die resultierende Dauerspannung durch das augenblickliche Linderungsmittel des Kaffees auszugleichen. Früher oder später zeigt es sich aber, dass man nicht ungestraft seinen Problemen ausweichen kann. Es ist wichtig, die Rolle des Genussmittels als untaugliche und bisweilen gefährliche Scheinlösung zu durchschauen.

Zahllose Menschen erwachen morgens abgespannt und müde und geben an, erst nach einer Tasse Kaffee oder Tee zur Arbeit fähig zu sein. Manche davon wird man noch zu den Gesunden rechnen. Der größte Teil von ihnen gehört aber bereits wegen anderer Beschwerden, meist funktioneller Art, ärztlich behandelt. Unter ihnen wiederum leiden viele an *Schlafstörungen.* Für alle diese ist echte Hilfe nicht möglich, solange durch kurzfristig wirkende Stimulantien der Tagesrhythmus durcheinander gebracht wird.

Wer ohne symptomatische Arzneimittel seine täglichen Aufgaben nicht mehr erfüllen kann, steckt bereits in einer Phase, bei der Ursache und Wirkung so verwischt sind, dass er nicht mehr weiß, ob er leistungsunfähig ist, weil er Kaffee trinkt, oder ob er Kaffee trinkt, weil er leistungsunfähig ist.

Die primäre Ursache der herabgesetzten Leistungsfähigkeit, des gestörten Schlafes und anderer vegetativer Beschwerden liegt meistens nicht im Kaffeegenuss, sondern in anderen Belastungen, die uns das moderne Leben in Hülle und Fülle beschert. Der Versuch, die wahren Ursachen zu überspielen oder nicht wahrhaben zu wollen und die Probleme durch Hinwendung zu Genussmitteln zu lösen, ist der untauglichste und ungeeignetste Weg.

Gäbe es nicht die Möglichkeit, durch die Flucht ins Genussmittel die Situation zu verschleiern, so wäre der Kranke gezwungen, einen sinnvollen Heilweg einzuschlagen, statt sich mit Ersatzmitteln zu behelfen. Die Rolle des Kaffees ist hier deshalb so verhängnisvoll, weil dem Betroffenen diese Zusammenhänge nicht bekannt sind. Im Gegenteil, der Kranke hält den Kaffee für sein wichtigstes Hilfsmittel, obwohl gerade er das Durchbrechen des Teufelskreises unmöglich macht.

Gelingt es der ärztlichen Führung, diesen Kreis zu durchbrechen, so ist es für den Patienten sehr eindrucksvoll, wenn er erlebt, dass er ohne Kaffee wieder leistungsfähiger wird. Er erkennt seine tatsächlichen Grenzen, die er dann auch anzuerkennen gezwungen ist. In der Praxis liegen die Dinge aber meistens noch komplizierter, da durch gleichzeitig eingenommene Schlaf-, Kreislauf-, Beruhigungs- und Weckmittel die Situation fast undurchschaubar geworden ist.

Unter dem Millionenheer von Kranken, die glauben, ohne Beruhigungs- und Entspannungstabletten und Mittel gegen Angst (Tranquilizer) nicht leben zu können, sind viele Kaffeetrinker. Ist es aber nicht widersinnig, auf der einen Seite Kaffee zu trinken und auf der anderen Seite einen Tranquilizer zu nehmen?

P. Lendenbrock (USA) bringt aufgrund seiner Untersuchungen die Zunahme spastischer Leiden mit der *systematischen Beschickung des Körpers mit oft nur gering dosierten Genussgiften* in Zusammenhang. Er vergleicht den Menschen von 1962 mit dem von 1932 und stellt heraus, dass im Alter zwischen 25 und 50 Jahren von dem Genussmenschen 1962 acht- bis zwölfmal so viel Genussgifte verkonsumiert werden. Verbrauch von Kaffee und Tee ist zu einer *gesundheitswidrigen Tagesselbstverständlichkeit* geworden. Als Beweis führt er die schnelle Lösung von Krampfzuständen bei striktem Verzicht auf Kaffee und Tee an.

Das Kaffeeproblem erweist sich also in erster Linie als ein psychologisches. Hier deckt sich das Problem mit dem jedes anderen Genussmittels. Wollten wir die Bedeutung des Kaffees nur vom pharmakologischen und toxikologischen Standpunkt aus betrachten, so könnten wir sein eigentliches Wesen nicht erfassen. Denn dadurch, dass wie bei jedem Genussmittel auch beim Kaffee die Möglichkeit einer Sucht besteht, komplizieren sich die Verhältnisse. Steckt der Kranke bereits in dem Teufelskreis, so dass er sich aus eigener Kraft nicht mehr aus ihm befreien kann, so kann hier durch ein Verbot überhaupt nichts erreicht werden. Auch der Hinweis auf evtl. gesundheitliche Nachteile durch Kaffeegenuss wird hier nicht ausreichen. Ebenso wird eine Entziehungskur in der Klinik nur dann von Erfolg sein, wenn es gelingt, die psychologischen Hintergründe des Kaffeegenusses dem einzelnen Kranken klar zu machen. Am häufigsten ist der Kaffeegenuss einfach das Symptom einer Ersatzbefriedigung. Diese Menschen erkennt man daran, dass sie sagen: *Was habe ich dann noch vom Leben, wenn ich meinen Kaffee nicht mehr habe ?*

Wir sehen, dass der Kranke oder der scheinbar noch Gesunde den Kaffee nicht selten dazu benutzt, um sein Leistungskonto zu überziehen, oder als Hilfsmittel, um die Fehler seiner Lebensführung möglichst lange beibehalten zu können. Bei anderen mögen solche Gründe ursprünglich zum Kaffeegenuss geführt haben, sind aber inzwischen ohne Bedeutung geworden, und nun ist der Kaffeegenuss für diesen Menschen nur noch eine harmlose Gewohnheit. Dann sollen wir ihn auch dabei lassen.

Es ist ein spezifisches Kennzeichen jedes Genussmittels, dass die Freiheit des Menschen diesem Stoff gegenüber verloren geht. Wenn jemand anfängt, Leberwurst zu essen, und er isst immer häufiger Leberwurst, so tritt genau das Gegenteil ein wie beim Genussmittel: Er bekommt allmählich eine Abneigung. Das Kennzeichen des Genussmittels ist es, dass eine immer festere Bindung zu dem Genießenden entsteht. So gibt es den Raucher und den Nichtraucher, wir verstehen darunter Menschen, die entweder immer rauchen oder nie rauchen. In diesem Sinne gibt es keine Leberwurstesser, also Menschen, die zu jeder Tageszeit unglücklich sind, wenn sie keine Leberwurst haben. Wie einfach wäre das Kaffeeproblem, wenn es dem Menschen freistehen würde, ab und zu mal als besonderen Genuss Kaffee zu trinken, bei besonderen, gemütlichen Anlässen oder Festlichkeiten.

In meiner Praxis handele ich nach folgender groben Faustregel: Bei dem Kranken, der angibt, ohne Kaffee könne er nicht mehr leben, bemühe ich mich aufs Intensivste, ihn von dieser Sklaverei zu befreien. Dasselbe halte ich für nötig bei allen denjenigen, die mit Hilfe des Kaffees ihr Leistungskonto überziehen. Wer aber den Kaffee lediglich zur Erhöhung der Gemütlichkeit genießt und noch die Freiheit empfindet, ihn lassen zu können, wenn es nötig wäre, diesem Menschen könnte man den Kaffee empfehlen. Aber wie wenigen Menschen von solcher Freiheit begegnen wir?

Es liegt im Wesen eines Genussmittels, dass ihm im Laufe der Zeit Wirkungen zugesprochen werden, die einer genauen Nachprüfung nicht standhalten. So begegnet man immer noch der falschen Vorstellung, dass Coffein die Herzkranzgefäße erweitere. Es ist verständlich, dass die daraus resultierenden Fehlanzeigen nicht ganz ungefährlich sind.

Es ist auch wichtig zu wissen, dass Coffein auf das Herz nicht direkt, sondern nur indirekt wirkt. Man weiß, dass Coffein die Fördervolumina des Herzens vergrößert und dass der periphere Gesamtströmungswiderstand sinkt. Diese Reaktionen waren bei Kranken mit erhöhtem Blutdruck am deutlichsten. Unter kreislaufgesunden Probanden ließen nur die nicht an Coffein Gewöhnten kreislaufdynamische Effekte erkennen. Soweit sie das Herz betreffen, sind sie dem relativ hohen Kaliumgehalt und nicht dem Coffein zuzuschreiben. Dasselbe gilt auch für die Diurese: Coffeinfreier Kaffee erzeugt denselben harntreibenden Effekt wie coffeinhaltiger.

Schließlich taucht noch die Frage auf,

ob nicht der Staat die Pflicht hätte, hier dirigierend einzugreifen. Wie im ärztlichen Dienst mit einem Verbot nichts zu erreichen ist, so wäre es sicher verfehlt und erfolglos, wenn das Gesundheitsministerium durch gesetzliche Maßnahmen die Genussmittelsucht zu drosseln suchte. Nur durch unermüdliche Aufklärung durch Ärzte, die diese Zusammenhänge erkannt haben, wird etwas zu erreichen sein. Eine Unterstützung dieser Aufklärungsarbeit durch den Staat wäre allerdings eine große Hilfe.

Wenn wir das Urteil über den Kaffee für *Kranke* zusammenfassen, so bleiben eigentlich nur Nachteile. Und für den Gesunden bleibt die Chance, auch bald zu den Kranken zu zählen, falls er in den Sog der Sucht gerät.

Bei Diskussionen über das Für und Wider des Kaffees wird häufig die Ansicht vertreten, es sei völlig aussichtslos, dem Kranken den Rat zu geben, das Genussmittel aufzugeben; denn er tue es ja doch nicht. Demgegenüber bin ich der Ansicht, dass es die Pflicht des Arztes ist, den Kranken über die Zusammenhänge aufzuklären, unabhängig davon, ob der Kranke den Rat nachher befolgen wird oder nicht.

Wenn es der Krankheitsfall wirklich erfordert, d. h. wenn das Genussmittel der Heilung im Wege steht, versucht der Kranke oft, die Argumente damit zu entkräften, dass er behauptet, er hätte noch nie gehört, dass Kaffee nachteilig sei.

Schließlich hört man häufig den Einwand, das Weglassen eines Genussmittels habe für den Patienten, der daran gewöhnt sei, infolge der psychischen Belastung größere Nachteile, als das Weglassen Vorteile bringe. Ich persönlich bin einem solchen Fall noch nie begegnet. Im Gegenteil, der Patient ist nachträglich außerordentlich dankbar, wenn er ein besseres Wohlbefinden über längere Zeit gegen die kurzdauernde Lustempfindung während des Kaffeetrinkens oder Zigarettenrauchens eintauscht.

Quellenverzeichnis

1. Albanese, F.: Zur Bestimmung von Bestandteilen von Kaffeeinfusen aus behandeltem bzw. unbehandeltem Bohnenkaffee: Dt. Lebensmittel-Rundschau, 60. Jahrg., 1964, Heft 2, S.38 f.

2. Apel, G. und V. Schenck: Vergleichende klinische Untersuchungen über die Reaktion von Magen, Leber und Gallenblase auf Bohnenkaffee. Ärztl. Forschung, 15. Jahrg. 1961, Heft I, S. 18f.

3. Buhr, G.: Neue Erkenntnisse über die Wirkung von Coffein und Kaffee auf die Herz- und Kreislaufdynamik des Menschen. Ärztl. Forschung,12. Jahrg. 1958, Heft 12, S. 584 f.

4. Buhr, G.: Zur Frage des Einflusses von Kondensmilch auf die Kreislaufwirkung des Kaffees beim Menschen. Medizin und Ernährung, 4. Jahrg. 1963, Heft 5, S. 118 f.

5. Buhr, G. und B. Landgrebe: Über die Wirkung von gefiltertem und ungefiltertem Kaffee auf die nervöse Erregbarkeit und die Kreislaufdynamik des Menschen. Med. Klinik, 58. Jahrg., 1963, Heft 36, S.1477 f.

6. Czok, G. Medizin und Ernährung 2, 229 (1961)

7. Eichler, K., Mulch-Völker, S., Völker, R.: Experimentelle Studien zur Frage des Verhaltens sensorischer und vasokonstriktorischer Reizschwellen über die Wirkung von Kaffee und Kaffeeinhaltstoffen auf Herz, Kreislauf und Gefäßsystem. Ärztl. Forschung, H. 11, S. 598-603, (1964)

8. Kaden, O. F.: Über Röst-Reizstoffe im Bohnenkaffee, Medizin und Ernährung, 3. Jahrg., 1962, Heft 4, S.94 f.

9. Klein, O.: Zur Pathogenese des plötzlichen Herztodes. Med. Klinik, 52. Jahrg., 1957, Heft 45, S. 1941 f.

10. Kühne, P.: Grundlagen der Gesamtwirkung des Kaffees. Medizin und Ernährung, 3. Jahrg., 1962, Heft 11, S. 254.

11. Landgrebe, B.: Vergleichende Untersuchungen mit dem Flimmertest nach coffeinhaltigem und coffeinfreiem Kaffee. Med. Welt, 1960, Heft 27/28, S. 1486 f.
12. Luff, K., Th. Vogler und H. Bardong: Über den Einfluß des Coffeins auf das Leistungsverhalten am Kugeltestgerät. Mitteilungen d. Dt. Ges. f. Verkehrsmedizin e. V., 14. Heft, 1963, S.101 f.
13. Menden, E., Müller, B., Schiffmann, A.: Über die Chlorogensäure und ihre Wirkung, Gießen 1959.
14. Nedde, D.: Kaffee in der Diätetik. Ernährungsumschau 1965, Heft 3 und 4.
15. Neumann, K.: Einfluß von Milch auf Toxizität und diuretische Wirkung von Coffein. Medizin und Ernährung, 3. Jahrgang 1962, Heft 9, S. 205 f.
16. Prokop, L.: Die Beeinflussung der Adrenalinwirkung durch Coffein. Med. Klinik, 59. Jahrg., 51, S. 2016-2030 (1964).

Dr. med. M. O. Bruker / Ilse Gutjahr

NATURHEILKUNDE – Richtige und erfolgreiche Anwendung zu Hause

318 Seiten, gebunden
ISBN 978-3-89189-072-1

Endlich ein Buch über Naturheilverfahren aus der Sicht jahrzehntelanger ärztlicher Erfahrung!

Nicht alle „Wehwehchen" erfordern den Gang zum Doktor. In diesem praktischen Nachschlagewerk werden einfache Anwendungen für daheim kompetent und anschaulich beschrieben.

Aus dem Inhalt: Homöopathie, Wasseranwendung, Heublumensack, Sauna: sinnvoll benutzen, Heilkräuter, Saugglocke u. v. m.

Ilse Gutjahr

Das große Dr. M. O. Bruker Ernährungsbuch

253 Seiten, gebunden
ISBN 978-3-89189-065-3

Ist Parboiled Reis vollwertig? Darf ein Patient, der an Zöliakie erkrankt ist, Vollwertkost essen? Wieviel Vitamin B 1 braucht der Mensch? Wie gesund sind Sojaprodukte? Die wichtigsten Fragen und Antworten rund um die Vollwertkost bietet „Das große Dr. M. O. Bruker Ernährungsbuch". Dr. Bruker begleitet den Leser mit ärztlichem Rat aus ganzheitlicher Sicht. Gesundheitstipps und über 100 Rezepte mit bestechend schönen Farbfotos runden das Standardwerk ab. Ilse Gutjahr war langjährige Mitarbeiterin Dr. Brukers.
Sie leitet das „Dr. Max Otto Bruker Haus" in Lahnstein bei Koblenz.

Weitere Kleinschriften von Dr. med Max Otto Bruker

1. Unser täglich Brot und der Zucker als Hauptursache für die modernen Zivilisationskrankheiten
2. Schlank werden ohne Hungerkur
3. Herzinfarkt, Asteriosklerose und Gallensteine sind verhütbar
4. Wie beugt man den ernährungsbedingten Zivilisationskrankheiten vor?
5. Ernährungsbehandlung der Leber-, Galle, Magen-, Darm- und Bauchspeicheldrüsenerkrankungen
6. Butter – ein hochwertiges Lebensmittel?
7. Vom Kaffee und seinen Wirkungen
8. Ärztliches Memorandum zur industriellen Nutzung der Atomenergie
9. Über den Unwert der heutigen Milch
10. Gesund durch richtige Ernährung (LVA-Schrift)
11. Die Story von den 2 »richtigen« Ernährungen
12. Ursachen der ernährungsbedingten Zivilisationskrankheiten (Mörder bekannt – kein Kläger)
13. Fett macht nicht fett (Fett)
14. Bakterien im Frischkornbrei
15. Sie vertragen Vollkornbrot nicht?
16. Krankheiten durch Fabrikzucker
17. Unser täglich Brot – eine tote Nahrung?
18. Wieviel und was soll man täglich trinken
19. Ballaststoffe sind kein Ballast
20. Scheinursachen verschleiern Zusammenhänge
21. Die Ernährung des älteren Menschen
22. Die Deckung des Eiweißbedarfs
23. Vitamin B12
24. Wissenswertes über Säfte
25. Rheuma – ernährungsbedingte Zivilisationskrankheit
26. Zöliakie
27. Das Allergie-Problem
28. Die Zuckerkrankheit –Verhütung und Behandlung
29. Gebissverfall
30. Weil du beim Reaktor wohnst
31. Die Ernährung des Kindes
32. Neurodermitis
33. Der Darmpilzrummel – Fehldiagnose Candida albicans –

Auch komplett als Sammelmappe zum Sonderpreis erhältlich!

emu Verlags- und Vertriebs GmbH · Dr.-Max-Otto-Bruker-Straße 3 · 56112 Lahnstein · www.emu-verlag.de

Dr. med. Max Otto Bruker

Kleinschrift

Nr. 18

Wieviel und was soll man täglich trinken?

Ist es richtig, dass der Mensch 2 – 3 Liter Flüssigkeit täglich zu sich nehmen soll?

emu verlag

ernährung • medizin • umwelt

Wieviel und was soll man täglich trinken?

von Dr. med. M. O. Bruker

Es ist wenige Jahre her, dass die Behauptung aufgestellt wurde, der Mensch müsse täglich 2-3 l Flüssigkeit trinken. Diese Meinung verbreitete sich mit Windeseile. Heute gilt diese Auffassung als allgemein gültiger Ratschlag. Wer ihn befolgt, glaubt, etwas für seine Gesundheit zu tun. In der ärztlichen Sprechstunde begegnet man kaum mehr einem Kranken, der nicht stolz berichtet, er trinke täglich 3 l Tee, was ihm jedoch sehr schwer falle. Er tue dies aber trotzdem, da er wisse, dass es nötig sei, um die Schlacken herauszuspülen.

Geht man der Frage nach, wie eine solche Vorstellung zustande gekommen ist, so stößt man zunächst auf die Tatsache, dass der Mensch bei üblicher Ernährung täglich etwa 1½ l Flüssigkeit zu sich nimmt, auch wenn er nur wenig oder gar nichts trinkt. Dies bedeutet, dass seine Nahrung etwa 1½ l Flüssigkeit enthält. Tatsächlich besteht die Nahrung zu etwa 80% aus Flüssigkeit. In 2 kg Nahrungsmitteln, die der Mensch im Laufe eines Tages als Durchschnittsmenge verzehrt, sind etwa 1½ l versteckte Flüssigkeit. Dies entspricht etwa der Menge Flüssigkeit, die er als Harn innerhalb von 24 Stunden ausscheidet. Er kann aber auf die Dauer nicht mehr ausscheiden, als er eingenommen hat. Zwar variiert die Menge der täglichen Ausscheidung und Einnahme, sie ist – gleichbleibende Nahrungs- und Flüssigkeitsaufnahme angenommen – abhängig von der Abgabe von Flüssigkeit über die Haut durch mehr oder weniger starkes Schwitzen, von der Flüssigkeitsabgabe durch den Darm bei wechselnder Konsistenz des Kots und vor allem von dem Kochsalzgehalt der Nahrung. Da die Körperflüssigkeit 0,9%ige Salzlösungen sind – in Bezug auf Kochsalz 0,8%ig – und das Gewebe dieselbe Salzkonzentration aufweist, erfordert jedes Gramm Kochsalz, das mit der Nahrung zugeführt wird, etwas mehr als 100 g Lösungsmittel, damit eine 0,8%ige Kochsalzlösung zustande kommt.

Im Blut und Gewebe muss der Salzgehalt ziemlich konstant gehalten werden. Daraus folgt, dass bei einer Zufuhr von z. B. 5 g Kochsalz zugleich 500 g Flüssigkeit zugeführt werden müssen, damit eine 1%ige Kochsalzlösung (aufgerundet) zustande kommt. Enthält die Nahrung nicht so viel überschüssige Flüssigkeit, so bekommt der Mensch soviel Durst, bis er die nötige Flüssigkeitsmenge erreicht hat. Jedermann weiß, dass er auf eine gesalzene Speise Durst bekommt. Wer sich mit einer vitalstoffreichen Vollwertkost ernährt, nimmt relativ wenig Kochsalz zu sich, da der Frischkostanteil kochsalzfrei ist und schon dadurch die Gesamtkochsalzmenge gegenüber der zivilisatorisch üblichen Kost kochsalzarm ist. Meist salzen die Menschen, die sich frischkostreich ernähren, auch den gekochten Anteil der Speisen weniger als diejenigen, die sich üblich zivilisatorisch mit Fleisch, Wurst und nur Gekochtem ernähren.

Eine ähnliche Rolle wie das Kochsalz spielt für den Wasserhaushalt auch der Fabrikzucker. Auch das weiß jedermann, dass man nach süßen Speisen Durst bekommt. Ein lehrreiches Beispiel ist der Zuckerkranke, der Durst bekommt – eine bekannte Erscheinung –, wenn der Zuckergehalt im Blut ansteigt.

Der Wasserhaushalt wird durch den Durst geregelt

Schon aus diesen wenigen Beispielen geht hervor, dass der Wasserhaushalt im Organismus in entscheidender Weise durch den Durst geregelt ist. Benötigt der Mensch zur Erfüllung seiner Stoffwechselaufgabe Flüssigkeit, so bekommt er Durst und zwar so lange, bis ihm eben durch Trinken die nötige Flüssigkeitsmenge zur Verfügung gestellt wird. Benötigt der Stoffwechsel, in diesem Fall der Wasserhaushalt, wenig oder keine zusätzliche Flüssigkeit, so bekommt der Mensch eben keinen Durst. Wie viel bzw. wie wenig Flüssigkeit der Organismus benötigt, wird also eindeutig durch das Verlangen des Menschen nach Flüssigkeit, d. h. durch den Durst gesteuert.

Es fragt sich nun, ob es davon Ausnahmen gibt und ob der Mensch sich auf seinen Instinkt in Bezug auf den Durst verlassen kann oder ob er diese Steuerung nach dem Verstand vornehmen muss.

Für den gesunden Menschen, den es früher ja noch häufiger gab, ist es seit allen Zeiten sicher, dass er sich, was die Menge der Flüssigkeitszufuhr betrifft, auf seinen Durst verließ und dass er sich darauf verlassen konnte. Die Menschen früherer Zeiten kamen gar nicht auf die absurde Idee, die notwendige Flüssigkeitszufuhr anders zu regeln als nach dem Verlangen, das sich im Durst äußert. Man trank eben, wenn man Durst hatte und trank nicht, wenn man keinen hatte. Es wäre ihnen absurd erschienen, hier überhaupt ein Problem zu sehen.

Auch beim Kranken wird der Wasserhaushalt durch den Durst gesteuert

Aber vielleicht ist beim Kranken die Steuerung des Wasserhaushaltes durch den Durst gestört, so dass der Kranke sich nicht mehr auf ihn als Regulator verlassen kann? Dies ist mit absoluter Sicherheit nicht der Fall. Gerade im Krankheitsfall kann und muss sich der Mensch in besonderem Maße auf seinen Instinkt verlassen. Er soll nicht essen, wenn er keinen Hunger hat; er soll nicht trinken, wenn er keinen Durst hat. Diese Regel kann nicht eindrücklich genug ausgesprochen und wiederholt werden. Es gibt keine Ausnahme von ihr. Es wurde bereits die Zuckerkrankheit erwähnt, man kann aber die Gültigkeit des Prinzips bei allen Krankheiten feststellen, nicht nur bei solchen, bei denen der Wasserhaushalt gestört ist. Es gibt z. B. eine Nierenerkrankung, die sogenannte Schrumpfniere, bei der die Niere nicht mehr imstande ist, die harnpflichtigen Stoffe in ausreichendem Maße auszuscheiden, so dass diese sich im Körper und Blut (Urämie) anreichern. Diese Phase der Krankheit ist durch Durst gekennzeichnet. Der Organismus braucht mehr Lösungsmittel.

Wir haben gesehen, dass die Gefahr zu geringer Flüssigkeitsaufnahme nicht besteht, da sie unweigerlich und ausnahmslos durch den Durst, das Verlangen nach Trinken, ausgeschaltet wird. Gibt es entsprechend auch ein Regulativ, das vor der Aufnahme von zu viel Flüssigkeit warnt? Ein so forderndes Verlangen, wie es der Durst bei zu wenig Flüssigkeitszufuhr darstellt, gibt es bei zu viel Zufuhr nicht. Dies ist damit zu erklären, dass der Organismus den Überschuss an Flüssigkeit verhältnismäßig leicht ausschalten kann; gegen den Mangel steht ihm aber keine andere Maßnahme zur Verfügung, als die Flüssigkeitszufuhr durch Trinken, d. h. Durst, zu erzwingen.

Trinken Sie nur, wenn Sie Durst haben

Wenn es auch kein so ausgesprochenes Verlangen, das Nichtdurst heißen müsste, gibt, so besteht doch eine Abneigung gegen Trinken, wenn kein Durst vorhanden ist. Man kann sich zwar bis zu einem gewissen Grad zwingen, ohne Durst zu trinken, aber dies bringt keine Befriedigung wie das Löschen des Durstes. Diejenigen Menschen aber, die dem theoretischen Rat gefolgt sind und sich täglich zu 3 Liter Flüssigkeitsaufnahme zwingen, geben alle an, dass sie sich wirklich dazu zwingen müssen und dass sie es nicht immer schaffen. Dabei muss man bedenken, dass es sich bei diesem Trinken von 2-3 l Tee oder anderer Flüssigkeit um eine zusätzliche Flüssigkeitszufuhr handelt, die zu den 1½ l Flüssigkeit dazukommen, die normalerweise mit der Nahrung zugeführt werden.

Zweifellos stellt die übermäßige Flüssigkeitszufuhr eine erhebliche Belastung für den Organismus dar. Er muss unnötigerweise diese Flüssigkeitsmenge durch den Körper treiben, die Därme müssen sie resorbieren, das Herz muss sie durch die Gefäße transportieren, die Nieren müssen sie ausscheiden. Die Parallele zu einer zu reichlichen Nahrungsaufnahme ist durchaus erlaubt. Vor zu viel Essen wird ständig gewarnt; aber zu viel Trinken wird empfohlen. Beides aber stellt eine unnötige Belastung dar. Warum soll man sich zwingen, gegen den Instinkt mehr zu essen, als man Hunger hat bzw. mit aller Gewalt in sich hineinfressen müsste? Die Vermeidung des Übermaßes gilt auch für das Trinken. Warum sollte man mehr trinken, als man Durst hat, und als instinktlose Handlung trinken, was man mit Gewalt in sich hineinschütten müsste?

Der Begriff Schlacken führt zu Missverständnissen und falschen Handlungen

Sicher ist die Frage interessant, wie es zu dem unbiologischen Rat gekommen ist, täglich 2-3 l zu trinken. Dies hat mehrere Gründe. Ein wesentlicher Grund liegt darin, dass infolge der ungenügenden Ursachenforschung in der traditionellen Medizin der größte Teil der ernährungsbedingten Zivilisationskrankheiten gar nicht als durch Ernährungsfehler verursacht erkannt ist. Die zwangsläufige Folge ist, dass nach anderen Ursachen gesucht wird. So werden z. B. Krankheitssymptome wie erhöhter Blutdruck, erhöhtes Cholesterin, Leberfunktionsstörungen und Fettsucht zu Krankheitsursachen, neuerdings Risikofaktoren, ernannt.

In den Rahmen dieser Verlegensheitserklärungen gehört auch die Vorstellung, man könnte durch viel Trinken die Schäden ausgleichen, verhüten oder beheben.

Dabei spielt der Begriff der Verschlakkung, der in den Kreisen der Reformbewegung viel gebraucht wird, eine wichtige Rolle. Bei exakt wissenschaftlicher Betrachtung der Krankheitsentstehung und der krankhaften Befunde und Vorgänge ist für den Begriff Verschlackung kein Platz. Das, was laienhaft als Verschlackung bezeichnet wird, sind in Wirklichkeit meist degenerative Schäden an den Organen durch jahrzehntelange vitalstoffarme Mangelernährung. Die Schlacken sucht man vergeblich bei allen ernährungsbedingten Zivilisationskrankheiten. Sie fehlen bei der Zahnkaries genauso wie bei der Parodontose und bei den degenerativen Erkrankungen des Bewegungsapparates (Arthrose); sie fehlen aber auch bei den entzündlichen Gelenkerkrankungen (Arthritis), bei Diabetes, bei der Fettsucht, beim Herzinfarkt und den Lebererkrankungen; dies gilt für die Neigung zu Infekten ebenso wie für den Krebs. Es ist verständlich, dass die

Vorstellung, die ernährungsbedingten Zivilisationskrankheiten beruhten auf Verschlackung, jemand auf den Gedanken bringt, man könnte dem Krankheitsgeschehen begegnen, indem man die Schlacken ausschwemmt oder ihre Ansiedlung erst gar nicht eintreten lässt. Diese mechanischen Vorstellungen sind aber primitiv, objektiv nicht belegbar und wissenschaftlich nicht haltbar. Es fehlt ihnen das morphologische Substrat.

Zeitlich gingen die ersten Empfehlungen, viel zu trinken, von Urologen aus. So wurde zunächst bei Nierensteinen zur Behandlung und Verhütung, später auch bei anderen Nierenerkrankungen dem Kranken empfohlen, möglichst viel zu trinken, in der Vorstellung, man müsste die Niere durchspülen: In dieser Form ist dies aber nicht möglich. Das vermehrte Trinken stellt eine Belastung für die Niere dar; denn man kann die Niere nicht einfach durchspülen wie etwa schmutzige Wäsche, die man so lange mit Wasser spült, bis sie sauber ist. Die Niere muss jedes einzelne Tröpfchen, das als Harn ausgeschieden wird, aktiv bearbeiten, und kann es nicht passiv durch sich hindurchspülen lassen. **Viel Trinken ist also keine Nierenentlastung, sondern eine Belastung.**

Viel wesentlicher ist aber, dass man Stoffwechselstörungen, die infolge falscher zivilisatorischer Ernährung auch zu Nierensteinen führen, nicht durch einen mechanischen Akt der Durchspülung beseitigen oder verhindern kann. Dies ist nur durch Abstellung der Fehler, d. h. eine vitalstoffreiche Vollwertkost möglich.

Die Bildung von Nierensteinen ist nicht durch Trinken verhütbar

Zur Nierensteinbildung kommt es dadurch, dass z. B. harnsaure, phosphorsaure und oxalsaure Salze, die die Niere normalerweise ausscheidet, im Harn des Nierenbeckens nicht gelöst bleiben, sondern ausfallen. Harnsäure ist z. B. in Wasser nur zu 1% löslich, im Urin ist jedoch eine größere Menge löslich, ohne dass es zur Ausfällung kommt. Diese Löslichkeit in höherer Konzentration beruht auf der Wirkung der sogenannten Schutzkolloide. Zu ihrer Bildung sind ihrerseits die Haut- und Schleimhautschutzvitamine A, D und E notwendig. Werden diese durch die Nahrung nicht in ausreichender Menge zugeführt, so kann es zur Ausfällung der Salze im Urin, d. h. zur Steinbildung kommen. Dies ist also eine Folge falscher Ernährung (ähnlich wie die Gallensteinbildung). Die Fehler in der Nahrung können aber nicht durch vermehrtes Trinken ausgeglichen oder gar aufgehoben werden.

Die übermäßige Flüssigkeitszufuhr bedeutet vielmehr, wie bereits ausgeführt, eine Belastung der Nieren und führt außerdem zu einer nachteiligen Verdünnung der Schutzkolloide. Mit einer vitalstoffreichen Vollwertkost (Näheres siehe auch im Buch des Autors „Unsere Nahrung – unser Schicksal“, emu-Verlag) sind jedoch Nierensteine, die zu den ernährungsbedingten Zivilisationskrankheiten zählen, verhütbar. Wieweit die Getränkeindustrie an der Verbreitung der Empfehlung, täglich 2-3 l zu trinken, beteiligt ist, entzieht sich einem direkten Nachweis. Tatsache ist jedoch, dass dieser Gedanke in der Werbung aufgegriffen und vermarktet wird.

Noch ein Wort zu den Getränken

Es ist wichtig, zwischen echten Getränken und flüssigen Nahrungsmitteln zu unterscheiden. Nur echte Getränke sind imstande, den Durst zu löschen, d. h. die Aufgaben zu erfüllen, die der zugeführten Flüssigkeit im Wasserhaushalt zugedacht sind. Man kann **echte Flüssigkeiten** auch als **leere Flüssigkeiten** bezeichnen. Nur sie sind imstande, Stoffe aufzunehmen, zu lösen und zu transportieren. Flüssigkeiten, die bereits mit Nährstoffen und Salzen gesättigt sind, können diese Aufgabe nicht erfüllen; sie fungieren als Nährstoffträger. Sie können auch den Durst nicht stillen, sondern sie erzeugen sogar Durst – je nach Konzentration mehr oder weniger. So verlangt z. B. bereits eine 2%ige Kochsalzlösung zusätzliche Flüssigkeit, da jene ja, wie wir gesehen haben, im Blut und Gewebe zu einer 0,8%igen Kochsalzlösung verdünnt werden muss.

Echte Getränke sind nur die verschiedenen Wässer aller Art und Tees. Bei Tees muss man wiederum unterscheiden zwischen sogenannten Arzneitees und harmlosen unarzneilichen Tees. Zu den letzteren gehören z. B. Tees aus Äpfeln, anderen Früchten, Malve, Hibiskus.

Wegen des Gehaltes an Arzneistoffen sollen arzneiliche Tees nicht über lange Zeit getrunken werden, sondern nur zur Behandlung einer Krankheit. Wenn der Tee geholfen, d. h. seine Pflicht erfüllt hat, soll er nicht weiter eingenommen werden, genauso wenig wie eine andere Arznei.

Kräutertees abwechselnd trinken

Zu den arzneilichen Tees gehören alle, die zur Behandlung einer Krankheit verwendet werden. Sie müssen genauso wie Tabletten als Medikamente angesehen werden. Der Unterschied zur Tablette besteht lediglich darin, dass die Heilstoffe aus der Natur stammen und in wässriger Form dargereicht werden. So kann man z. B. mit einer Teezubereitung aus dem Fingerhut (Digitalis) genauso eine Digitalisvergiftung erzeugen, wie mit Digitalis als Tablette oder Spritze.

Unter den Tees mit arzneilichen Wirkstoffen gibt es welche, die zwar auch als Hausmittel bei leichten Störungen, aber nicht für die Behandlung von Krankheiten direkt Verwendung finden, wie z. B. Pfefferminz, Kamille, Fenchel, Anis, Brombeerblätter und viele andere Kräutertees. Wenn ein Tee dieser Art nicht über lange Zeit getrunken wird, sondern mit den verschiedenen Sorten ständig gewechselt wird, so ist gegen ihren Gebrauch natürlich nichts einzuwenden. Bei den Gemüsen wird ja auch täglich gewechselt und nicht 1 Jahr lang täglich nur Spinat gegessen. Nur bei den Getränken hat es sich eingebürgert, dass man sich täglich auf dasselbe festgelegt hat. Warum soll die Abwechslung nicht auch für die Getränke gelten wie für die Nahrungsmittel?

Obstsäfte und Milch sind keine echten Getränke

Obstsäfte und **Milch** sind keine echten Getränke, sondern flüssige Nahrungsmittel, also zur Stillung von Durst ungeeignet. Auch sie erzeugen Durst. Der Nachteil der Obstsäfte besteht zusätzlich darin, dass sie sogenannte Teilnahrungsmittel sind. Im Apfel z. B. sind noch **alle** Nährstoffe und **alle** zur Verarbeitung der Nährstoffe nötigen biologischen Wirkstoffe enthalten, im Saft befindet sich nur noch ein Teil der löslichen Vitamine, ein wesentlicher Teil bleibt in den Trestern zurück. Zudem stören Säfte die Verträglichkeit von Vollkornbrot und Frischkost. (Näheres über das Verträglichkeitsproblem finden Sie in dem u. g. Buch*). Essen Sie also lieber den ganzen Apfel, anstatt Apfelsaft zu trinken. Ausnahmen sind Fastenkuren, Fastentage oder Feiern.

Die Milch ist von Natur aus lediglich als Überbrückungsnahrungsmittel gedacht – und zwar menschliche Muttermilch für den menschlichen Säugling und Kuhmilch für den tierischen Säugling, das Kalb. Für sogenannte lymphatische Kinder ist Kuhmilch ein krankmachendes Getränk. (Näheres siehe „Biologischer Ratgeber für Mutter und Kind", Bruker/Gutjahr, emu-Verlag).

Bier, Wein, Bohnenkaffee und schwarzer Tee rechnen zu den Genussmitteln. Ihr Schaden beginnt da, wo der Genuss zur Abhängigkeit geführt hat. Zum Löschen von Durst sind sie daher auch aus diesem Grund ungeeignet.

Schließlich soll noch darauf hingewiesen werden, dass viele Menschen nur aus Gewohnheit trinken. Dazu ist es meist nur deshalb gekommen, weil sie eben meinen, man müsse trinken, das sei für die Erhaltung der Gesundheit nötig. Dass Trinken ohne Durst aus gesundheitlichen Gründen nicht nötig ist, ist wohl inzwischen deutlich geworden. So ist es wichtig, dass nicht schon bei Kindern falsche Gewohnheiten gesetzt werden, indem man sie zwingt, morgens vor der Schule etwas zu trinken. Diejenigen Kinder, die morgens das Trinken ablehnen, tun dies aus natürlichem Instinkt; es sind meistens Abendkinder, d. h. Kinder, die abends schlecht ins Bett finden und morgens eine lange Anlaufzeit haben. Bei richtiger vitalstoffreicher Vollwertkost kommt kein Durst auf, meist nur nach Schwitzen infolge körperlicher Anstrengung. **Dieser Durst benötigt echte Getränke, keine Milch, keinen Kakao und keine Säfte.**

Zusammenfassend sei hier nochmals gesagt: Am besten fährt man, wenn nur so viel getrunken wird, wie es der Durst anzeigt. Dies entspricht den instinktgebundenen Gesetzen der Natur.

* Dr. med. M. O. Bruker

Leber- Galle-, Magen-, Darm- und Bauchspeicheldrüsenerkrankungen

187 Seiten, gebunden
ISBN 978-3-89189-008-0

copyright by
emu-Verlags- und Vertriebs-GmbH
Dr.-Max-Otto-Bruker-Straße 3
56112 Lahnstein
www.emu-verlag.de

Weitere Kleinschriften von Dr. med Max Otto Bruker

1. Unser täglich Brot und der Zucker als Hauptursache für die modernen Zivilisationskrankheiten
2. Schlank werden ohne Hungerkur
3. Herzinfarkt, Asteriosklerose und Gallensteine sind verhütbar
4. Wie beugt man den ernährungsbedingten Zivilisationskrankheiten vor?
5. Ernährungsbehandlung der Leber-, Galle, Magen-, Darm- und Bauchspeicheldrüsenerkrankungen
6. Butter – ein hochwertiges Lebensmittel?
7. Vom Kaffee und seinen Wirkungen
8. Ärztliches Memorandum zur industriellen Nutzung der Atomenergie
9. Über den Unwert der heutigen Milch
10. Gesund durch richtige Ernährung (LVA-Schrift)
11. Die Story von den 2 »richtigen« Ernährungen
12. Ursachen der ernährungsbedingten Zivilisationskrankheiten (Mörder bekannt – kein Kläger)
13. Fett macht nicht fett (Fett)
14. Bakterien im Frischkornbrei
15. Sie vertragen Vollkornbrot nicht?
16. Krankheiten durch Fabrikzucker
17. Unser täglich Brot – eine tote Nahrung?
18. Wieviel und was soll man täglich trinken
19. Ballaststoffe sind kein Ballast
20. Scheinursachen verschleiern Zusammenhänge
21. Die Ernährung des älteren Menschen
22. Die Deckung des Eiweißbedarfs
23. Vitamin B12
24. Wissenswertes über Säfte
25. Rheuma – ernährungsbedingte Zivilisationskrankheit
26. Zöliakie
27. Das Allergie-Problem
28. Die Zuckerkrankheit –Verhütung und Behandlung
29. Gebissverfall
30. Weil du beim Reaktor wohnst
31. Die Ernährung des Kindes
32. Neurodermitis
33. Der Darmpilzrummel – Fehldiagnose Candida albicans –

Auch komplett als Sammelmappe zum Sonderpreis erhältlich!

4/2017 ar

emu Verlags- und Vertriebs GmbH · Dr.-Max-Otto-Bruker-Straße 3 · 56112 Lahnstein · www.emu-verlag.de

Dr. med. Max Otto Bruker

Vitamin B 12

emu verlag

ernährung • medizin • umwelt

Vitamin B 12

Dr. med. M. O. Bruker

Die etablierte medizinische Wissenschaft vertritt immer noch das Dogma, dass der Mensch ohne tierisches Eiweiß nicht existieren könne. Die scheinbar zugkräftigsten Argumente gegen die vegetarische Ernährung stützen sich auf rein chemisch-analytische Untersuchungsmethoden, wogegen geographische Beobachtungen an riesigen Bevölkerungsgruppen über Jahrtausende nicht zur Beurteilung herangezogen werden. Gründliche Durchsicht der wissenschaftlichen Literatur über ein halbes Jahrhundert liefert keine wissenschaftlich haltbare Begründung für die These, dass ein Drittel der Eiweißzufuhr aus tierischen Nahrungsmitteln stammen müsse. Trotzdem wird unentwegt an den Universitäten, in Lehr- und Schulbüchern, in der Tagespresse und bei jeder sonstigen Gelegenheit die Fleischthese als ein Lehrsatz vorgebracht, an dem überhaupt kein Zweifel möglich sei. Es ist nicht nur aus Gründen der wissenschaftlichen Sauberkeit und Wahrheit notwendig, mit allen zur Verfügung stehenden Mitteln gegen diese These des Tieressenmüssens vorzugehen, sondern genauso dringend im Hinblick auf die Welternährungslage. Könnten doch auf dieser Erde fünfmal mehr Menschen ernährt werden, wenn nicht der verschwenderische und unnötige Umweg über das Tier gegangen würde. Dabei steigt der Verzehr von tierischem Eiweiß in den „reichen" Ländern immer noch unablässig.

Diese nüchternen Fakten, dass seit Bestehen der Welt Milliarden Menschen ohne tierisches Eiweiß gelebt haben und dabei gesund waren, stehen also in krassem Gegensatz zu dem Dogma der Lehrmedizin, dass es ohne tierisches Eiweiß nicht ginge. Solche Widersprüche sind in der Wissenschaft nicht selten. Claude Bernard sagt dazu: „Wenn die Tatsache, mit der wir es zu tun haben, im Gegensatz zu einer herrschenden Theorie steht, muss man die Tatsache akzeptieren und die Theorie abtun."

Dies trifft genau auf das vegetarische Problem zu und ganz besonders auf die These, der Mensch benötige deshalb tierische Nahrung, weil sonst die Gefahr ungenügender Versorgung mit Vitamin B 12 bestünde; denn dieses lebensnotwendige Vitamin käme nur in tierischen Nahrungsmitteln vor, also sei deren Verzehr unerlässlich.

Gesunde Veganvölker ohne B 12-Zufuhr

Dafür, dass auch an dieser These etwas nicht stimmen kann, spricht, ähnlich wie bei der Frage des Eiweißbedarfs, die Tatsache, dass Milliarden Menschen aus der Vergangenheit und Millionen in der Gegenwart ohne Tierprodukte leben. Da Vitamin B 12 nicht nur im Fleisch, sondern auch in den Tierprodukten Milch und Ei vorkommt, können alle Völker, die jegliche Terprodukte meiden, ebenso als Beweis angeführt werden, dass eine Ernährung ohne B 12-haltige Tierprodukte nicht zu Gesundheitsschäden führt, wie dies für die Deckung des Eiweißbedarfs gilt. Auch für diese Bevölkerungsgruppen, die regelmäßig keine tierischen Nahrungsmittel verwenden und die Milch nicht kannten und trotzdem genug Vitamin B 12 zur Verfügung haben mussten, können ausgedehnte geographische Zonen angeführt werden. Solche Völker finden sich in Indonesien, Afrika, Asien und Ozeanien. Riesige Bevölkerungen lebten jahrtausendelang ohne Milch und fast ohne Fleisch und Ei, dies eben nur bei seltenen Ausnahmen. Da diese Bevölkerungen sehr fruchtbar waren (und sind) und die Fruchtbarkeit des Spermas stark von genügender Versorgung mit Vitamin B 12 abhängt, müssen sie genug von diesem Vitamin bekommen haben, auch ohne tierische Nahrung. Die Binnenlandpapua von Neuseeland zum Beispiel sind bei praktisch reiner Pflanzenkost körperlich gut entwickelt und zur Leistung von Schwerarbeit fähig, ohne dass irgendwelche B 12-Mangelschäden gefunden wurden – und dies bei nur 30 g rein pflanzlichem Eiweiß pro Tag. Dies geht aus Untersuchungen von Oomen, Voeding et al, der Sektion für menschliche Anpassungsformen des internationalen biologischen Programms hervor. Darüber ist referiert in „Wendepunkt" Nr. 8/1968, S. 348. Dasselbe ist berichtet von den Einwohnern von Okinawa, den Nordchinesen und den jemenitischen Juden.

Nun liegen aber zudem aus neuerer Zeit wissenschaftliche Untersuchungen von Prof. Per-Arne Öckermann vor, die an einer Gruppe von Personen durchgeführt wurden, die sich drei bis dreißig Jahre lang von reiner Vegankost, also ohne Fleisch und jegliche Tierprodukte, ernährt haben. Prof. Öckermann hat das Untersuchungsergebnis auf einer Ärzteversammlung in Stockholm Ende 1979 vorgelegt. In der schwedischen „Tidskrift för Hälsa", Heft 2/79 ist darüber berichtet.

Die Menge an Vitamin B 12 lag in der Vegankost außerordentlich niedrig. Nur in milchsauren Gemüsen und Getreidebrei konnte eine geringe Menge B 12 nachgewiesen werden. Ein Vergleich mit einer Kontrollgruppe von Rentnern ergab, dass diese zehnmal so viel Vitamin B 12 zu sich nahmen. Das Überraschende war jedoch, dass im Blut der Vegans ausreichend Vitamin B 12 vorhanden war. Als Nebenbefund fand sich, dass die Veganer zwei- bis dreimal mehr Kalium, Magnesium, Zink zu sich nahmen als die Kontrollgruppe. Zusammenfassend urteilte Prof. Öckermann, dass die Veganernährung eine realistische Alternative im Kostsystem darstellt.

Mit der Feststellung, dass in Wirklichkeit Leben und Gesundheit ohne Vitamin B 12-haltige Tierprodukte möglich ist, könnte man das Thema „Vitamin B 12" eigentlich ad acta legen. Es ist aber interessant und erscheint auch notwendig, im Einzelnen aufzuzeigen, wie sich die Widersprüche zwischen den analytischen Forschungsergebnissen und den Beobachtungen in der Wirklichkeit erklären lassen. Dabei sollen folgende Ausführungen helfen.

Vorkommen von Vitamin B 12

Vitamin B 12 ist lebensnotwendig. Chemisch ist es Cobalamin. Das Molekül ist ein Coenzym und enthält das Spurenelement Kobalt. Es gibt mehrere B 12-Formen, deren Wirkungsweise verschieden ist, das Cyanocobalamin, das Hydroxocobalamin und das Methylcobalamin. Im Blut findet es sich als Methylcobalamin. Die in der Therapie verwendeten Formen entsprechen nicht der im Körper vorkommenden Coenzymform. Der Entdecker von Vitamin B 12 ist Lester Smith. Die Reindarstellung gelang erstmalig 1948. Das Vitamin ist sehr stabil, sodass es durch Hitze, Licht, Alkali oder Bestrahlung kaum etwas von seinen Eigenschaften verliert.

Schon die verschiedenen Formen von B 12 und ihre unterschiedliche Wirkung weisen darauf hin, dass das Vitamin B 12-Problem komplizierter ist als allgemein dargestellt. Zur weiteren Kompliziertheit trägt die interessante Tatsache bei, dass B12-Mangel genau dieselben Schäden hervorruft wie die Vergiftung durch ein Cyanid. Zur Entgiftung des Cyanids benötigt der Körper genug schwefelhaltige Aminosäuren im Eiweißmolekül, nämlich Methionin und Cystin. Diese Aminosäuren finden sich in pflanzlicher Kost eher als in tierischer. Es kommt darauf an, die Pflanzenkost richtig zu kombinieren. Es gibt auch cyanidhaltige pflanzliche Nahrungsmittel, die nachteilig wirken können. Zu wenig B 12 und zuviel Cyanid können dann zusammentreffen. Die Lage kann aber auch durch Rauchen verschärft werden.

B 12-Mangelschäden entstehen nur durch Mangel an **brauchbarem** B 12, und die Wirkung des Cyanids entsteht, wie man jetzt weiß, dadurch, dass es das verfügbare B 12 unverwendbar macht. Aber auch dazu kommt es meistens erst dann, wenn zu wenig Coenzym zur Verfügung steht. Überdies ist ausreichende Folsäure wichtig, weil ein Mangel daran die B 12-Wirksamkeit ebenfalls herabsetzt. Unerhitzte Grünblattpflanzen sind die besten Großlieferanten von Folsäure. (Dr. Frank Wokes).

Lange Zeit wurde angenommen, dass B 12 nur in Nahrungsmitteln tierischer Herkunft vorkomme, nicht in Obst und Gemüse. Diese Aussage erweckt den Eindruck, als ob Vitamin B 12 tierischer Herkunft sei. Dies trifft aber nicht zu; denn Vitamin B 12 wird ausschließlich von Bakterien und anderen pflanzlichen Mikroorganismen und Schimmelpilzen gebildet, ist also vom Ursprung her durchaus keine Gabe des Tierreichs. Auch die als Medikament verwendete Form stammt aus natürlicher Synthese, nämlich aus Gärungsprozessen, bei denen die Mikroorganismen (Propionsäurebakterien) mit rein pflanzlichen und mineralischen Stoffen gefüttert werden. Das Tier ist also bestenfalls ein Zwischenträger des Vitamins.

Die Beobachtung, daß bei geringer B 12-Zufuhr in der Nahrung sich im Blut Vitamin B 12 in mehr als ausreichender Menge findet, hat von jeher vermuten lassen, daß B 12 im Darm von Mikroben gebildet wird. Diese Vermutung hat heute der Sicherheit Platz gemacht. Als Erster wies Dr. Wolfgang Tilling nach, dass B 12 im Darm produziert und auch genügend resorbiert werden kann. In einer Studie des Frances Stern Nutritional Center an der Tuffs Medical School in Boston wird gezeigt, dass Kinder, die noch nie in ihrem Leben Tierkost bekommen haben, reichlich mit Vitamin B 12 versorgt waren.

William Shurleff, Direktor des New Age Food Center in Lafayette/USA, weist auf die Möglichkeit der innerleiblichen Produktion von B 12 im Menschen hin. Dass dies im Darm durch Mikroorganismen statffindet, steht heute außer Zweifel.

Wenn auch der hohe B 12-Gehalt im Blut bei Vegans bei dem niedrigen Gehalt an B 12 in pflanzlichen Lebensmitteln dafür spricht, dass eine Quelle der B 12-Produktion im Körper selbst – also mit Sicherheit Mikroorganismen im Darm – stattfindet, so darf andererseits der Gehalt an B12 in pflanzlichen Lebensmitteln nicht unterschätzt werden.

Nach dem Vitalstofftabellarium von Prof. Schweigart findet sich in Weizen und Roggen je 0,1, in Hafer 0,3 y/100 g; zum Vergleich in Vollmilch 0,7 y/100 g
(y = 1 gamma = 1 Millionstel Gramm).

Shurleff nennt noch andere Lebensmittel, in denen B 12, wenn auch in geringen Mengen, nachgewiesen ist und die eine regelmäßige Zufuhr von B 12 garantieren. Er unterscheidet drei Gruppen:

1. durch Fermentation mit Hilfe von Bakterien und Schimmelpilzen gewonnene Sojaprodukte wie Miso, Tempeh und Natto
2. Einzeller-Proteine, vor allem Mikroalgen (Spirulina, Chlorella und Scenedesmus) und Hefen
3. Nahrungspflanzen des Meeres.

Bei Hefen ist wesentlich, ob sie auf entsprechenden Nährböden gewachsen sind. Grundsätzlich wichtig ist aber, dass sie imstande sind, B 12 zu produzieren. Manche dieser Lebensmittel enthalten so viel

B 12, dass schon kleine Mengen ausreichen, um den Tagesbedarf eines Erwachsenen zu decken; so enthalten z. B. 6,5 g Spirulina das 5½-fache der von National Research Council der National Academy of Science festgelegten Bedarfsmenge. Es gibt also pflanzliche Lebensmittel, die reiche Quellen von B 12 sind.

In der Literatur finden sich noch Angaben über andere Nahrungsmittel, in denen B 12 nachgewiesen wurde. Es werden genannt: Petersilie, Pfirsiche, Schwarzwurzeln, Getreidekeime, Zitronenmelisse, Beinwell (Symphytum) = Comfrey, Erdnüsse und Sauerkraut. Die vergorenen Sojaprodukte sind schon erwähnt. Bei Sauerkraut, bei dem eine bakterielle Gärung stattfindet, lässt sich der B 12-Gehalt leicht erklären, ebenfalls in Getränken, die durch besondere Gärungsprozesse auf Getreidebasis hergestellt werden.

Für den Gehalt an B 12 in Pflanzen spielen auch Bodeneigenschaften, d. h. Humusreichtum und Kobaltgehalt eine Rolle. In Böden mit langer Kunstdüngerbewirtschaftung ist sowohl der Humus wie der Kobaltgehalt geringer. Dies kommt z.B. am wechselnden Gehalt von B12 in der Kuhmilch zum Ausdruck.

Es sei nochmals betont: B 12 herstellen können nur Bakterien, Schimmelpilze, Algen und Hefen und zwar im Übermaß. Alles höhere Leben bezieht seinen Bedarf von ihnen.

Bedarf an Vitamin B 12

Auch über den täglichen Bedarf an B 12 besteht in wissenschaftlichen Kreisen noch keine Einigkeit. Man schätzte früher die nötige Menge auf 3 y.

Nach Shurleff ist eine Anzahl namhafter Ernährungsforscher der Überzeugung, dass der tägliche Bedarf wesentlich niedriger liegt als offiziell angenommen (nach UNO 2 y). Shurleff erwähnt Untersuchungen von Victor Herbert, wonach statt 3 y schon 0,1 y täglich für einen normalen Menschen ausreichend sind. Zum gleichen Resultat gelangten Ärzte bei Untersuchungen von Siebenten-Tags-Adventisten an der Loma-Linda-Universität. Zen-Mönche beschränkten sich jahrhundertelang streng auf Pflanzenkost, dabei galten sie als die gesündesten und langlebigsten Glieder der Gesellschaft. Was sie sich an B 12 zuführten, kam im Regelfall aus vergorenen Sojaprodukten und aus Meerespflanzen.

Ralph Bircher berichtet im „Geheimarchiv der Ernährungslehre“ (S. 46ff.) über die Untersuchungen von Bergersen und Hipsley, die 1979 im Darm der Batatenesser im Hochland von Neuguinea Bakterien nachgewiesen haben, die aus dem im Darm vorgefundenen Luftstickstoff hochwertige Aminosäuren synthetisierten. Die Bataten, von denen sich diese Menschen fast ausschließlich (80–90%) ernähren, sind eine Art Süßkartoffel. Wichtig ist in diesem Zusammenhang, dass diese von den Bakterien im Dickdarm erzeugten Aminosäuren vom Dickdarm resorbiert werden, also in Blut und Lymphe übergehen. Auf diese Weise decken die Batatenesser ihren Eiweißbedarf. Damit haben sich die Zweifel, ob Bakterienprodukte vom Dickdarm in den Organismus gelangen, als unbegründet erwiesen. Bemerkenswert ist in diesem Zusammenhang die Parallele zu B 12, das ebenfalls in erheblichen Mengen von Bakterien im Dickdarm erzeugt wird. So erklärt es sich, dass bei diesen Vegans keinerlei Erscheinungen von B 12-Mangel gefunden wurden, obwohl diese Menschen hart und hurtig arbeiten. Dies ist deshalb so bedeutungsvoll, da immer wieder die Aufnahmefähigkeit von B 12 aus dem Dickdarm bezweifelt wurde, während die Resorption des mit der Nahrung aufgenommenen B 12 im Dünndarm bekannt ist. Hierzu ist allerdings der Begleitstoff des intrinsic faktors notwendig.

Der Bedarf an B 12 ist bei Ernährung

mit reiner Pflanzenkost wesentlich geringer als beim Verzehr von Tierprodukten. Man nimmt an, dass dies darauf beruht, dass die Vegans durch den reichlichen Genuss von Frisch-Grünkost viel mehr Folsäure zu sich nehmen, die beim Blutaufbau das Vitamin B 12 teilweise ersetzen kann. Da die Folsäure thermolabil ist, kann Kochen die Hälfte der Folsäure vernichten.

Die Erzeugung von Vitamin B 12 setzt eine gesunde Darmflora voraus. Die enzymreiche Rohkost hat auf die Darmflora einen ausgesprochen regenerierenden Einfluss, während Fleischkost ungünstig wirkt. Ralph Bircher weist darauf hin, dass Fleischesser trotz aller B 12-Zufuhr an B 12-Mangel leiden, da ihr Organismus nicht auf wirksame Eigenproduktion umschalten kann. Dem oft gerühmten Vorteil, dass gemischte Kost eine so schöne Zufuhr von B 12 garantiert, steht der Nachteil gegenüber, dass sie die bakterielle Grundlage seiner Produktion im Körper selbst gefährdet.

Nach I. J. Hutchins scheint sich die Tüchtigkeit der Darmflora in der Vitaminerzeugung umgekehrt proportional zur Vitaminzufuhr zu verhalten. Wenn ein Vitamin in der Nahrung fehlt, wird es im Darm erzeugt, und umgekehrt werden Vitamine weniger erzeugt, wenn die Nahrung genug davon zuführt. Die Anpassung benötigt allerdings eine gewisse Zeit. Nach meinen klinischen Erfahrungen ist die Darmflora die Resultante der Kostform, die in den letzten drei Monaten verzehrt wurde. **Vitamin B 12-Mangel ist also kein vegetarisches Problem, sondern erweist sich angesichts der Tatsache, dass B 12 ausschließlich von Mikroben produziert wird, in erster Linie als ein Problem der Darmflora.** Bei den Wiederkäuern unter den Pflanzenfressern (Rind, Schaf, Ziege usw.) wird das B 12 durch die Bakterienflora des Pansen erzeugt und geht in den Organismus und die Milch über. Bei nicht wiederkäuenden Pflanzenfressern (Kaninchen, Elefant) geschieht die Aufnahme des von den Darmbakterien erzeugten B 12 teilweise durch Koprophagie (Kotfressen). Andere monogastrische Tierarten (mit einem Magen) resorbieren das B 12 in größerem Umfang aus dem Dickdarm. Es ist unverständlich, weshalb beim Menschen die Aufnahme von B 12 aus dem Dickdarm angezweifelt wurde. Es gibt aber keine andere Erklärung für die volle Gesundheit von Vegans und deren hohem B 12-Gehalt im Blut trotz des geringen B 12-Gehalts in der Nahrung.

Vitamin B 12-Mangelerscheinungen

Am bekanntesten ist, dass Vitamin B 12 zur Blutbildung notwendig ist. Eine bestimmte Form der Blutarmut (hyperchrome Anämie) ist daher eine der Folgen von B 12-Mangel. Für die Entstehung der perniziösen Anämie infolge Vitamin B 12-Mangel sind aber noch andere Faktoren von Bedeutung: Für die Verwertung des mit der Nahrung zugeführten Vitamin B 12 ist eine Art „Begleitschutz" bis zur Resorptionsstelle im Dünndarm in Form des intrinsic faktors nötig, an den es im Magen gekoppelt wird. Der Intrinsic-Faktor ist ein Glykoprotein, das bei der Eiweißverdauung im Magen entsteht. Bei fehlender Magensäure oder bei fehlendem Magen infolge Operation fällt die Eiweißverdauung und damit die Bildung des Intrinsic-Faktors und der Begleitstoff für B 12 aus. Aber selbst bei intaktem Magen kann der intrinsic faktor durch Antikörper blockiert werden.

Zur Vermeidung von Missverständnissen ist vielleicht der Hinweis nötig, daß in der heutigen Zivilisation Anämien sehr zahlreich sind, die mit Vitamin B12-Mangel nichts zu tun haben. Interessant ist auch, dass solche Anämien bei Fleischessern häufiger sind als bei Vegetariern und dass sie bei Fleischessern sich rasch durch zusätzlichen Verzehr von Frischkost beheben lassen. Einzelne Fälle von Anämien bei Vegans werden verständlicherweise in der Literatur hochgespielt, sind aber im Vergleich zu der Zahl von Anämien bei der üblichen Zivilisationskost, die oft sehr einseitig ist, eine Ausnahme.

Andere mögliche Folgen von Vitamin B 12-Mangel sind degenerative Erkrankungen des Nervensystems, z. B. die funikuläre Myelose. Aber auch im psychischen Bereich kann B 12-Mangel zu Störungen wie Depressionen und neurasthenischen Zuständen führen.

Da Vitamin B 12 bei vielen intermediären Prozessen im Eiweiß-, Fett- und Kohlenhydratstoffwechsel der einzelnen Zellen beteiligt ist, kann es im weitesten Sinne als stoffwechselnotwendig und für die körperliche und geistige Gesundheit als unerlässlich bezeichnet werden. Infolge seiner universellen Funktionen wird es in der Medizin heute auch sehr vielseitig verwendet, aber nicht bei Vegetariern und Vegans, sondern eben bei den zahlreichen ernährungsbedingten Zivilisationskrankheiten. Die therapeutisch verwendeten Präparate stehen aus mikrobieller Synthese billig zur Verfügung.

In den einzelnen Organen kommt B 12 in unterschiedlichen Konzentrationen vor, am stärksten in der Leber und den blutbildenden Organen des Knochenmarks. In der Leber ist eine Speicherung bis zu 5000 y möglich, so dass vorübergehend verringerte B 12-Zufuhr über lange Zeit ausgeglichen werden kann. Gefahr der Unterversorgung besteht bei einem Blutspiegel unter 100 y/ml. Ein Spiegel von 300–400 y/ml im Blut ist die Norm. Bei ausreichender Eiweißzufuhr sinkt der Bedarf an B 12 um so mehr, je höher die Folsäurezufuhr ist.

Einige Zusammenbrüche von Vegans nach dem zweiten Weltkrieg, auf die in der Literatur immer wieder Bezug genommen wird, auf B 12-Mangel zurückzuführen, erscheint angesichts der Tatsache, dass Milliarden Menschen seit Jahrtausenden bei einer solchen Kostform gesund und leistungsfähig blieben, nicht berechtigt. Stellt man diesen Einzelfällen die große Zahl von „Zusammenbrüchen" bei Gemischtessern gegenüber, deren Ursache nicht geklärt ist, so verlieren jene Fälle an Relevanz.

Zusammenfassend ist aus den zahlreichen angeführten Fakten der Schluss zu ziehen, dass vom wissenschaftlichen Standpunkt aus ungenügende B 12-Versorgung kein stichhaltiges Argument gegen vegetarische Ernährung ist, auch in der strengen Form der Vegans ohne Milchprodukte und Ei. Gesunde und leistungsfähige Menschen, die sich so ernähren, sind ein unumstößlicher Beweis. Wenn bei chemisch-analytischer Betrachtung noch Lücken in der Erklärung der nicht zu widerlegenden Realität bestehen, so soll dies zwar zu weiterer wissenschaftlicher Forschung anregen; ungenügende Forschung berechtigt aber nicht, sie als Beweis gegen die Realität zu verwenden.

Literaturnachweis:

Bircher, Ralph: Fleisch und Anaemie, Wendepunkt 1972/10

Bircher, Ralph: Pflanzenesser auf dem Prüfstand, Wendepunkt 1970, Bd. 2, Heft 1 bzw. Geheimarchiv der Ernährungslehre, S. 456ff.

Bircher, Ralph: Geheimarchiv der Ernährungslehre, Verlag Edition Wendepunkt

Harding, M. G. und Crooks, H.: Non-flesh dietaries adequate and inadequate. J. Am. Diet. Ass. 1964/45, 537 n. Plant Foods f. H. N. 1969/2

Höppl, Karl Albrecht: Die Versorgung mit Vitamin B 12, Wendepunkt 2/1976, S. 59-63, Wendepunkt 3/1976, S. 118-122, Wendepunkt 4/1976, S. 162-167

Höppl, Karl Albrecht: Erfreuliches über Vitamin B 12, Der Vegetarier 3/1980, S. 52

Hutchins, I. J.: Nutritional Observatory 10:45, 1949 in R. Turrell: Diseases of the Colon and Anorectum 1, p. 92, 1959

Long, A. und Wokes, F: Vitamins and minerals in plants; in Plant Foods for Human Nutrition, Bd.1, Heft 1, Mai 1968

Oomen, Voeding: Wendepunkt 8/1968, S. 348

Shurleff: Vegetarian Times Mai/Juni 1979, New York, S. 36ff.

Schweigart, Hans Adalbert: Vitalstoff-Tabellarium, Verlag Hans Zauner, Dachau-München, S. 53ff.

Weitere Kleinschriften von Dr. med Max Otto Bruker

1. Unser täglich Brot und der Zucker als Hauptursache für die modernen Zivilisationskrankheiten
2. Schlank werden ohne Hungerkur
3. Herzinfarkt, Asteriosklerose und Gallensteine sind verhütbar
4. Wie beugt man den ernährungsbedingten Zivilisationskrankheiten vor?
5. Ernährungsbehandlung der Leber-, Galle, Magen-, Darm- und Bauchspeicheldrüsenerkrankungen
6. Butter – ein hochwertiges Lebensmittel?
7. Vom Kaffee und seinen Wirkungen
8. Ärztliches Memorandum zur industriellen Nutzung der Atomenergie
9. Über den Unwert der heutigen Milch
10. Gesund durch richtige Ernährung (LVA-Schrift)
11. Die Story von den 2 »richtigen« Ernährungen
12. Ursachen der ernährungsbedingten Zivilisationskrankheiten (Mörder bekannt – kein Kläger)
13. Fett macht nicht fett (Fett)
14. Bakterien im Frischkornbrei
15. Sie vertragen Vollkornbrot nicht?
16. Krankheiten durch Fabrikzucker
17. Unser täglich Brot – eine tote Nahrung?
18. Wieviel und was soll man täglich trinken
19. Ballaststoffe sind kein Ballast
20. Scheinursachen verschleiern Zusammenhänge
21. Die Ernährung des älteren Menschen
22. Die Deckung des Eiweißbedarfs
23. Vitamin B12
24. Wissenswertes über Säfte
25. Rheuma – ernährungsbedingte Zivilisationskrankheit
26. Zöliakie
27. Das Allergie-Problem
28. Die Zuckerkrankheit –Verhütung und Behandlung
29. Gebissverfall
30. Weil du beim Reaktor wohnst
31. Die Ernährung des Kindes
32. Neurodermitis
33. Der Darmpilzrummel – Fehldiagnose Candida albicans –

Auch komplett als Sammelmappe zum Sonderpreis erhältlich!

emu Verlags- und Vertriebs GmbH · Dr.-Max-Otto-Bruker-Straße 3 · 56112 Lahnstein · www.emu-verlag.de

Dr. med. Max Otto Bruker

Kleinschrift
Nr. 3

Herzinfarkt, Arteriosklerose und Gallensteine sind verhütbar

emu verlag

ernährung • medizin • umwelt

Herzinfarkt, Arteriosklerose und Gallensteine sind verhütbar

Dr. med. M. O. Bruker

Die wahre Ursache des Herzinfarkts: Kein Fettproblem

Täglich kann man lesen, dass die Gelehrten sich über die Ursachen des Herzinfarktes noch nicht einig seien und das Rätsel der ständigen Zunahme dieser unheimlichen Erkrankung noch nicht gelöst sei. Um so nötiger erscheint es, über wissenschaftliche Erkenntnisse zu berichten, die über die wahren Ursachen des Herzinfarktes keinen Zweifel lassen.

Zum besseren Verständnis dieser Zusammenhänge erscheinen vorweg einige grundsätzliche Hinweise nötig.

Herzinfarkt keine Herzkrankheit, sondern Folgeerscheinung der Arteriosklerose

Es ist wenig bekannt, dass der Herzinfarkt keine Herzkrankheit, sondern eine Folgeerscheinung der Arteriosklerose ist. Hierbei kommt es zu fettartigen Ablagerungen auf der Innenwand der Blutgefäße, die Atherome genannt werden, weshalb die wissenschaftliche Bezeichnung Atherosklerose ist. Bei einem Verschluss der Herzgefäße spricht man von Herzinfarkt. Bei der Entstehung des Infarktes spielt die Bildung eines Blutgerinnsels (Thrombose) im Bereich solcher Ablagerungen zusätzlich eine Rolle. Die Schwere des Infarkts ist abhängig von dem Grad des Verschlusses. Die Ablagerungen enthalten Cholesterin. Da Cholesterin hauptsächlich in den tierischen Fetten vorkommt, war es zunächst naheliegend, die im Laufe der letzten Jahrzehnte beobachtete Zunahme der Arteriosklerose und des Herzinfarktes mit der Zunahme des Fettverzehrs in Beziehung zu bringen. Es hat sich aber im Laufe der letzten 50 Jahre in der Lebensart der Menschen sehr vieles geändert, nicht nur die Ernährung; und das Nahrungsgebiet ist nicht nur durch die Zunahme des Fettkonsums gekennzeichnet.

Es ist daher nicht verwunderlich, dass als Ursache der zunehmenden Gefäßschäden alles Mögliche vermutet wurde. Die Beschuldigungen blieben z. T. in unscharfen Sammelbegriffen, wie „Managertum“, „zunehmender Wohlstand“, „Überernährung“ und „Zivilisationseinflüsse“, stecken. Aber auch speziellere Hinweise, wie Bewegungsmangel, seelische Überlastung und Zunahme des Verbrauchs an Genussmitteln, wurden als Ursache genannt. In den letzten Jahren mehren sich die Fälle von Herzinfarkt, bei denen sich in den Herzkranzgefäßen weder Verschluss durch krankhafte Ablagerungen noch ein Blutgerinnsel (Thrombose) findet. Dafür zeigen sich in diesen Fällen nekrotische (abgestorbene) Zellbezirke im Herzmuskel selbst. Sie erklären sich als lokale Folgen von Stoffwechselstörungen, wie sie auch in anderen Organen, insbesondere Bewegungsorganen, in paralleler Weise durch den Verzehr von raffinierten Kohlenhydraten (Fabrikzucker und Auszugsmehle) bekannt sind.

Die Fett-Theorie

Die meisten Fürsprecher hatte in der letzten Zeit die sogenannte „Fett-Theorie" der Arteriosklerose und des Infarktes. Heute liegen aber so viele einwandfreie Beobachtungen und wissenschaftliche Tatsachen vor, die mit der Fett-Theorie nicht mehr in Einklang zu bringen sind und ihr geradezu widersprechen, **so dass es unmöglich ist, die Fett-Theorie noch weiter aufrechtzuerhalten.**

Der Fettverzehr betrug Mitte bis Ende des 19. Jahrhunderts in deutschen Großstädten täglich 50-70 g, während es heute ca. 125-130 g sind. Dabei war aber früher der Anteil der tierischen Fette, wie Butter, Schmalz, Speck und Talg, höher als heute. Der heutige Mehrverzehr an Fett geht auf das Konto der aus Pflanzen gewonnenen Fette (Erdnüsse, Sojabohnen, Olivenöl, Kokosnüsse, Ölpalme, Sonnenblume, Sesam und Raps). Schon diese Tatsache spricht gegen die Fett-Theorie, da das Cholesterin den tierischen Fetten zugehört, die Zunahme des Fettverbrauchs aber auf der Steigerung des Pflanzenanteils beruht. Da zwischen der Höhe des Cholesterinspiegels im Blut und dem Anteil der gesättigten bzw. hochungesättigten Fettsäuren eine Beziehung besteht, glaubte man – dies ist die Fett-Theorie –, dass die übermäßige Aufnahme von gesättigten Fettsäuren (Butter, Margarine, Schweineschmalz) dem Herzinfarkt Vorschub leistet.

Was an der Fett-Theorie nicht stimmt

Im Widerspruch zu dieser Annahme stehen aber mehrere Beobachtungen:

1. Die Höhe des Cholesteringehaltes im Blut geht nicht mit dem Verzehr tierischer Fette parallel, wie nach der Fett-Theorie eigentlich anzunehmen wäre.
2. Die Zufuhr von Fetten mit hohem Anteil von ungesättigten Fettsäuren (naturbelassene pflanzliche Öle) senkt zwar unter bestimmten Voraussetzungen den Cholesterinspiegel, gibt aber keine Garantie für niedrigen Cholesteringehalt des Blutes oder gar für die Verhütung eines Infarktes.
3. Es liegen Beobachtungen vor, dass auch bei Vermeidung von tierischen Fetten hohe Cholesterinwerte im Blut vorhanden sind.
4. **Es gibt zahlreiche Fälle schwerster Arteriosklerose (ca. 1/3 aller Fälle), bei denen im Blut keine Vermehrung der Fettstoffe vorhanden ist.**
5. Es gibt umgekehrt Fälle von hohen Cholesterinwerten, in denen fettarme Kost völlig wirkungslos bleibt.
6. Schließlich ist zum Verständnis des Problems Fett und Arteriosklerose wichtig zu wissen, dass Cholesterin im menschlichen Körper nicht nur aus dem zugeführten Fett der Nahrung stammt, sondern dass der Organismus imstande ist, selbst Cholesterin herzustellen. **Dadurch verlieren zahlreiche Beobachtungen, die scheinbar für eine Beziehung zwischen Verzehr von tierischem Fett und Arteriosklerose sprechen, vollends ihre Beweiskraft.**

Somali-Hirten . . .

So wird von einem Somalistamm berichtet, der als Hirtenvolk fast ausschließlich von Kamelmilch lebt, die einen doppelt so hohen Fettgehalt wie Kuhmilch hat. Diese Hirten trinken von dieser Milch täglich 5 bis 10 l. Bei eingehender Untersuchung ließ sich aber bei ihnen kein Hinweis auf Gefäßerkrankungen finden.

. . . und finnische Waldarbeiter

Untersuchungen an finnischen Waldarbeitern, die reichlich Fett zu sich nehmen, zeigten viel weniger krankhafte Gefäßveränderungen als eine Kontrollgruppe. Diese Beobachtung verliert auch nicht an Bedeutung durch die Tatsache, dass bei der körperlich arbeitenden Bevölkerung die Infarkthäufigkeit überhaupt geringer ist als in der übrigen Bevölkerungsschicht.

Professor Yudkin versetzt der Fett-Theorie den Todesstoß: Fabrikzucker, nicht Fett ist schuld!

Professor Yudkin, der Leiter des ernährungswissenschaftlichen Instituts der Londoner Universität, machte Beobachtungen, die der schon längst unhaltbar gewordenen Fett-Theorie endlich den Todesstoß versetzt haben. Er stellte an umfangreichen Untersuchungen bei einer größeren Anzahl von Männern im Alter von 45-65 Jahren fest, **dass der übermäßige Konsum von Fabrikzucker für die Zunahme des Herzinfarkts verantwortlich ist und nicht eine zu fettreiche Ernährung.**

Auch Gallensteine entstehen nicht durch Fett, sondern durch Fabrikzucker und Auszugsmehlprodukte

In derselben Richtung liegen die Untersuchungen des dänischen Nobelpreisträgers Prof. Dam. Er konnte an Goldhamstern Cholesteringallensteine im Experiment erzeugen, wenn er den Tieren kein Fett, dafür aber isolierte Kohlenhydrate in Form verschiedener Zucker oder Stärke (Auszugsmehlprodukte) gab. Die Zugabe von Fett verhütet die Cholesterinsteinbildung. Aus diesen Versuchen geht eindeutig hervor, dass die isolierten Kohlenhydrate, Fabrikzucker und Auszugsmehle, für die Entstehung von Cholesteringallensteinen verantwortlich sind und nicht die Fette, wie fälschlicherweise lange angenommen wurde. Es handelt sich bei der Bildung von Gallensteinen um denselben Vorgang der Cholesterinablagerung wie bei der Atherosklerose.

Dr. Lutz hat an Hühnerversuchen nachgewiesen, dass kohlenhydratarm ernährte Hühner auch im hohen Alter keine Arteriosklerose bekamen. Bei den kohlenhydratreich ernährten Hühnern lag der Cholesteringehalt in den Hauptschlagadern wesentlich höher als bei den Kontrolltieren.

Dieselben Ursachen wie bei den anderen ernährungsbedingten Zivilisationskrankheiten

Diese Forscher haben lediglich experimentell bestätigt, was klinische Beobachtungen schon lange zeigten. Zahlreiche Tatsachen wiesen schon immer darauf hin, dass den Gefäßerkrankungen letzten Endes dieselben Ursachen zugrunde liegen wie den anderen ernährungsbedingten Zivilisationskrankheiten. Jedermann weiß, dass nicht nur die Herz- und Gefäßerkrankungen, sondern in gleichem Maße die Stoffwechselkrankheiten (Fettsucht und Zuckerkrankheit), die Krankheiten des Bewegungsapparates (Gelenkrheuma, Bandscheibenschäden) und der Verdauungsorgane (Verstopfung und Gallensteine) und nicht zuletzt Geschwülste in erschreckendem Maße zugenommen haben und weiter zunehmen. Den einwandfreien Beweis dafür, dass alle diese Krankheiten in ähnlicher Weise durch Fehler in der Ernährung verursacht sind, liefert der katastrophale Gebissverfall, der zugleich der beste Gradmesser für den allgemeinen Gesundheitsverfall ist. Es liegt keine Beobachtung vor, die darauf hinweist, dass die Gefäßschäden innerhalb der ernährungsbedingten Zivilisationsschäden andere Ursachen haben.

Die am meisten entwerteten Nahrungsmittel

Jeder, der sich auch nur einigermaßen mit Ernährungsfragen beschäftigt, weiß, dass die Gesundheitskatastrophe, die über die zivilisierten Völker hereingebrochen ist, **in erster Linie durch die Abkehr von den natürlichen Lebensmitteln, wie sie unsere Vorfahren vor 100 Jahren gebrauchten, hervorgerufen ist. Das Grundsätzliche und Wesentliche, was sich in den letzten Jahrzehnten auf diesem Gebiet geändert hat, ist der Einbruch der Technik, der sich vorwiegend auf dem Sektor der Kohlenhydrate abgespielt und zu der Schaffung der konzentrierten Kohlenhydrate Fabrikzucker und Auszugsmehl geführt hat. Alle anderen Nahrungsmittel sind nicht in dem verheerenden Maße einer Denaturierung durch industrielle Verarbeitung unterworfen worden;** im Vergleich zum Fabrikzucker und dem Auszugsmehl hat sich an den sonstigen täglichen Nahrungsmitteln, wie Gemüse, Kartoffeln, Fleisch, Milch, Käse, Eier, Butter usw., nur wenig geändert. Sie haben zwar durch Konservierungsmaßnahmen, Erhitzung bzw. Pasteurisierung, veränderte Düngungsweise, Gehalt an schädlichen Chemikalien (Insektizide) und Radioaktivität auch nachteilige Veränderungen erfahren, sind aber in ihrem ganzheitlichen Gefüge noch einigermaßen erhalten. Der Fleischverzehr spielt z. B. bei der Entstehung des Herzinfarktes eine untergeordnete Rolle. **Bei dem Fabrikzucker handelt es sich aber im Vergleich zu den anderen Nahrungsmitteln nur noch um einen rein chemischen, isolierten Stoff, der lediglich noch als Nährstoff, aber nicht mehr als Nahrungsmittel anzusprechen ist.**

So begann die Katastrophe

Die Auszugsmehle sind durch den Verlust des Keimes und der äußeren Schicht des Getreidekorns gekennzeichnet. Sie sind an der Entstehung der ernährungsbedingten Zivilisationsschäden nicht minder beteiligt als der Fabrikzucker. Und gerade ihre gemeinsame Verwendung in Form der süßen Gebäcke spielt hier eine besondere Rolle. Mit der Abwendung von den keimhaltigen Mehlen, die heute als Vollkornmehle bezeichnet werden, und der Hinwendung zu den entkeimten Auszugsmehlprodukten (Graubrot, Teigwaren, Weißbrot) begann die Katastrophe; die Kombination mit dem Fabrikzucker, dessen Konsum in ständigem Steigen begriffen ist, vollendete die Tragödie.

„Unser täglich Brot" und der Fabrikzucker: Keine Lebens-, sondern Krankheitsmittel!

Diese beiden „Volksnahrungsmittel" Brot (in Norddeutschland Graubrot, in Süddeutschland Schwarzbrot genannt) und Fabrikzucker sind notwendiger Aufbaustoffe (Vitalstoffe) beraubt, wodurch es zu tiefgreifenden Störungen im gesamten Stoffwechsel kommt. Da es sich um Nahrungsmittel handelt, die täglich in relativ großen Mengen verzehrt werden, ist die Gefahr besonders groß, zumal niemand in dem täglichen Brot und dem gut schmeckenden Zucker die Hauptfeinde der Gesundheit vermutet.

Wie es durch deren Genuss zu den Stoffwechselstörungen kommt, erfahren Sie für jeden verständlich durch die

Kleinschrift Nr. 1 („Unser täglich Brot und der Fabrikzucker als Hauptursache für die modernen Zivilisationskrankheiten") oder in der wissenschaftlichen Darstellung von Dr. M. O. Bruker: „Zucker, Zucker".

Von grundlegender Bedeutung ist aber die Tatsache, dass es von dem Grad dieser Störungen abhängt, ob der Körper imstande ist, die tierischen Fette gefahrlos zu verarbeiten oder nicht.

Wann tierische Fette nicht schädlich wirken

Ein Mensch, in dessen Nahrung Vollkornprodukte und eine gewisse Menge Frischkost enthalten ist, ist auch imstande, ohne Gefahr tierische Fette zu sich zu nehmen. In dieser Erkenntnis liegt auch die Erklärung für die sich widersprechenden Beobachtungen, dass bei verschiedenen Völkern mit gleich hohem Fettverzehr ungleiche Häufigkeit von Arteriosklerose beobachtet wird. Dasselbe gilt auch für die verschiedenen Resultate bei Rattenfütterungsversuchen.

Thrombose nicht möglich

Bei intaktem Stoffwechsel, der durch biologisch-vollwertige Nahrung garantiert ist, kommt es nicht zur Cholesterinablagerung und auch nicht zur Thrombose (Blutgerinnung innerhalb der Gefäße), die bei der Infarktbildung eine zusätzliche und wesentliche Rolle spielt.

Zuckerkrankheit und Arteriosklerose

Interessant ist in diesem Zusammenhang auch, dass die Zahl der Zuckerkranken nach dem 2. Weltkrieg in ähnlicher Weise angestiegen ist wie die Zahl der Infarktfälle. Der Zusammenhang arteriosklerotischer Gefäßschäden mit dem Zuckerstoffwechsel geht auch deutlich daraus hervor, dass 70% aller Zuckerkranken an arteriosklerotischen Komplikationen sterben und dass 90% aller Diabetiker, deren Erkrankung länger als 10 Jahre besteht, eine Arteriosklerose aller Gefäße aufweisen. **Wenn ein Zuckerkranker mit seinem Zuckerstoffwechsel nicht richtig eingestellt ist, kommt es zur Fettvermehrung im Blut, die bei guter Einstellung, d.h. bei Einschränkung der Kohlenhydrate, verschwindet, während sie bei Einschränkung der Nahrungsfettmenge nicht zurückgeht.**

Auch der geringe Befall mit Arteriosklerose bei den farbigen Völkern (China, Japan, Indonesien, afrikanische Bantu) und der starke Befall in USA, den nordischen Ländern und Westeuropa mit Einschluss Deutschlands lässt sich mühelos mit dem vermehrten Verbrauch an entkeimten Mehlen und Fabrikzucker erklären, nicht aber mit der Fett-Theorie.

Praktische Maßnahmen zur Verhütung

Die praktische Schlussfolgerung aus diesen Forschungsergebnissen zur Verhütung des Herzinfarkts und der Arteriosklerose sowie der Gallensteine ist die Empfehlung einer biologisch-vollwertigen Kost, wie sie zur Verhütung aller anderen ernährungsbedingten Zivilisationskrankheiten in genau derselben Weise nötig ist: Die entkeimten Mehle sind wieder, wie bei unseren Vätern, durch Vollkornprodukte zu ersetzen. An Stelle des Graubrotes und Weißbrotes muss das Vollkornbrot treten, das durch einen täglichen Frischkornbrei (nach Prof. Kollath) zu ergänzen ist.

Der Verbrauch des Fabrikzuckers ist weitgehend einzuschränken (mäßig wie ein Genussmittel). Der Bedarf an Vitalstoffen (Vitamine, Mineralsalze, Spurenelemente, Fermente, Aromastoffe, hochungesättigte Fettsäuren und Faserstoffe, sog. Ballaststoffe) wird durch eine tägliche Beilage von Frischkost gedeckt, die u.a. mit kaltgepressten Ölen angemacht ist. Die übrige Kost kann sein wie üblich. Fleischgerichte sind unnötig, falls die übrige Kost nach obigen Gesichtspunkten vollwertig und abwechslungsreich gestaltet wird; für die Entstehung der Arteriosklerose sind sie ursächlich ohne Bedeutung.

Auch andere Faktoren spielen eine Rolle

So weit die auf dem Ernährungssektor liegenden Ursachen der Arteriosklerose und des Herzinfarkts. Dass darüber hinaus auch andere Faktoren, wie der Bewegungsmangel und ganz besonders der Tabak, die Zigarette und die Zigarre, eine sehr erhebliche Rolle spielen, ist hinreichend bekannt.

Falsche Vorstellungen korrigieren

Die Umsetzung dieser Forschungsergebnisse in die Praxis ist ein langwieriger und mühsamer Weg, da es gilt, althergebrachte, falsche Vorstellungen aufzugeben, festgewurzelte Vorurteile fallenzulassen und liebgewordene Essgewohnheiten zu verlassen. Deshalb werden alle Einsichtigen und Verantwortungsbewussten aufgerufen, für eine rasche und weitere Verbreitung dieser Erkenntnisse zum Wohle des Einzelnen und der Gesamtheit, vor allem aber unserer bedrohten jungen Generation Sorge zu tragen.

Buchtipp:
Dr. med. M. O. Bruker
Herzinfarkt
Ursachen, Verhütung, Behandlung
Geb., 177 S., ISBN 978-3-89189-007-3

Dr.-Max-Otto-Bruker-Straße 3
56112 Lahnstein
www.emu-verlag.de

Rezept für Frischkornbrei

Er wird aus einer einzelnen Getreideart oder aus einer Mischung (z. B. Weizen, Roggen, Gerste) hergestellt. Drei Esslöffel Getreide werden durch eine Kaffeemühle oder Getreidemühle grob geschrotet. Das Mahlen muss jedesmal frisch vor der Zubereitung vorgenommen werden. Dabei spielt es keine Rolle, ob die Getreidemühle mit Mahlsteinen oder einem Stahlmahlwerk arbeitet.
Nicht auf Vorrat mahlen!
Das gemahlene Getreide wird mit ungekochtem, kaltem Leitungswasser zu einem Brei gerührt und mehrere Stunden (bis zu zwölf) stehengelassen. Die Wassermenge wird so berechnet, dass nach der Quellung nichts weggegossen zu werden braucht.
Nach etwa fünf bis zwölf Stunden wird dieser Brei genussfähig gemacht durch Zusatz von frischem Obst (je nach Jahreszeit), Zitronensaft, 1 Teelöffel Honig (nur manchmal, regelmäßig Honig kann Karies erzeugen), 1 Esslöffel Sahne, geriebenen Nüssen, nach Art des Bircher-Benner-Müslis.
Solange verfügbar, sollte man immer einen Apfel hineinreiben und sogleich untermischen. Der geriebene Apfel macht den Frischkornbrei besonders luftig und wohlschmeckend. Diese Zubereitungsart bekommt jedem, auch dem Magen-Darm-Empfindlichen.
Es ist ohne Belang, zu welcher Tageszeit dieser Brei genossen wird.

Weitere Kleinschriften von Dr. med Max Otto Bruker

1. Unser täglich Brot und der Zucker als Hauptursache für die modernen Zivilisationskrankheiten
2. Schlank werden ohne Hungerkur
3. Herzinfarkt, Asteriosklerose und Gallensteine sind verhütbar
4. Wie beugt man den ernährungsbedingten Zivilisationskrankheiten vor?
5. Ernährungsbehandlung der Leber-, Galle, Magen-, Darm- und Bauchspeicheldrüsenerkrankungen
6. Butter – ein hochwertiges Lebensmittel?
7. Vom Kaffee und seinen Wirkungen
8. Ärztliches Memorandum zur industriellen Nutzung der Atomenergie
9. Über den Unwert der heutigen Milch
10. Gesund durch richtige Ernährung (LVA-Schrift)
11. Die Story von den 2 »richtigen« Ernährungen
12. Ursachen der ernährungsbedingten Zivilisationskrankheiten (Mörder bekannt – kein Kläger)
13. Fett macht nicht fett (Fett)
14. Bakterien im Frischkornbrei
15. Sie vertragen Vollkornbrot nicht?
16. Krankheiten durch Fabrikzucker
17. Unser täglich Brot – eine tote Nahrung?
18. Wieviel und was soll man täglich trinken
19. Ballaststoffe sind kein Ballast
20. Scheinursachen verschleiern Zusammenhänge
21. Die Ernährung des älteren Menschen
22. Die Deckung des Eiweißbedarfs
23. Vitamin B12
24. Wissenswertes über Säfte
25. Rheuma – ernährungsbedingte Zivilisationskrankheit
26. Zöliakie
27. Das Allergie-Problem
28. Die Zuckerkrankheit –Verhütung und Behandlung
29. Gebissverfall
30. Weil du beim Reaktor wohnst
31. Die Ernährung des Kindes
32. Neurodermitis
33. Der Darmpilzrummel – Fehldiagnose Candida albicans –

Auch komplett als Sammelmappe zum Sonderpreis erhältlich!

Dr. med. Max Otto Bruker

Kleinschrift
Nr. 4

Wie beugt man den ernährungsbedingten Zivilisationskrankheiten vor?

emu verlag

ernährung • medizin • umwelt

Wie beugt man den ernährungsbedingten Zivilisationskrankheiten vor?

Dr. med. M. O. Bruker

Motto:
Einer neuen Wahrheit
ist nichts schädlicher
als ein alter Irrtum
Goethe

Obwohl die wissenschaftliche Nahrungsforschung in den letzten Jahrzehnten zahlreiche neue Erkenntnisse gebracht hat, die für die praktische Gestaltung einer gesunderhaltenden Ernährung von entscheidender Bedeutung sind, hat sich doch in unserer täglichen Ernährung immer noch nichts geändert. **Es scheint notwendig, den Gründen nachzugehen, weshalb diese neuen Erkenntnisse immer noch nicht durchgedrungen sind.** Denn die Voraussetzung für den Erfolg einer groß angelegten Aufklärungsaktion, die ein Gebot der Stunde ist, liegt in einer **schonungslosen Aufdeckung der Hindernisse,** die einer praktischen Durchführung der Vorbeugung und Behandlung ernährungsbedingter Zivilisationskrankheiten im Wege stehen.

Welcher Art sind die Hindernisse und wie können sie beseitigt und bekämpft werden?

Das Haupthindernis wird sofort klar, wenn man mit einem Vertreter der herkömmlichen Ernährungsphysiologie oder einem Arzt ein Gespräch über diese Fragen führt. Es zeigt sich dabei, dass die außerordentliche Bedeutung der Ernährung nicht anerkannt, sondern abgelehnt wird, weil der Gesprächspartner tatsächlich **nicht weiß,** in welchem Umfang die modernen Krankheiten mit Ernährungsfehlern in Zusammenhang stehen. Das geht so weit, dass von Unwissenden, die sich aber oft als Wissende ausgeben, sogar die Existenz ernährungsbedingter Zivilisationskrankheiten überhaupt abgestritten wird. Über diesen **Mangel an Wissen und praktischer Erfahrung** täuscht auch der Versuch nicht hinweg, die Vertreter der neuen Ernährungslehre durch die abwertenden Bezeichnungen „Außenseiter“, „Gläubige“, „Sektierer“ unglaubwürdig zu machen. **Es liegt auf der Hand, dass jede praktische Durchführung der Vorbeugung ernährungsbedingter Zivilisationskrankheiten so lange schon im Vorfelde scheitern muss, solange die Voraussetzung dafür fehlt, nämlich das Wissen, welche Krankheiten ernährungsbedingt sind.**

Die vorwiegend ernährungsbedingten Zivilisationskrankheiten sind:

1. Der Gebissverfall, die Zahnkaries, die Parodontose und Zahnfehlstellungen. Letztere als Folge der Ernährungsfehler der vorigen Generationen.

2. Die Erkrankungen des Bewegungsapparates, die sogenannten rheumatischen Erkrankungen, die Arthrose und Arthritis, die Wirbelsäulen- und Bandscheibenschäden.
3. Alle Stoffwechselkrankheiten wie Übergewicht, Zuckerkrankheit, Leberschäden, Gallensteine, Nierensteine, Gicht usw.
4. Die meisten Erkrankungen der Verdauungsorgane wie Stuhlverstopfung, Leber-, Gallenblasen-, Bauchspeicheldrüsen- sowie Dünn- und Dickdarmerkrankungen, Verdauungs- und Fermentstörungen.
5. Gefäßerkrankungen wie Arteriosklerose, Herzinfarkt, Schlaganfall und Thrombosen.
6. Mangelnde Infektabwehr, die sich in immer wiederkehrenden Katarrhen und Entzündungen der Luftwege, den sogenannten Erkältungen, und in Nierenbecken- und Blasenentzündungen äußert.
7. Die meisten der sogenannten Allergien.
8. Manche organische Erkrankungen des Nervensystems.
9. Auch an der Entstehung des Krebses ist die Fehlernährung in erheblichem Maße beteiligt.

Alle diese ernährungsbedingten Zivilisationskrankheiten sind im strengen Sinne nicht mehr heilbar, da sie zu ihrer Entstehung Jahrzehnte (ca. 30 Jahre) benötigen. Der Ausbruch der Krankheit ist bereits der Eintritt ins Endstadium.

Wenn die Krankheit so weit fortgeschritten ist, ist lediglich zu erreichen, dass ihr Fortschritt verlangsamt wird oder zum Stillstand kommt und dass die Beschwerden noch weitgehend gelindert werden. Daraus sieht man, wie wichtig die Vorbeugung beizeiten ist. Je eher, desto besser.

Auch die **Neigung zu sog. Erkältungen und Infektionskrankheiten aller Art** (z. B. Wundrose usw.), insbesondere in Form von **Viruskrankheiten** (noch „unbekannte“ Viren, Grippe, Leberentzündung, Mumps, Kinderlähmung usw.), wird durch eine vollwertige Kost herabgesetzt. Selbst die Infektionskrankheiten der Kinder wie Masern, Scharlach, Diphtherie usw. verlaufen bei richtiger Ernährung komplikationsloser und sind dann nicht lebensgefährlich. Dasselbe gilt bei **Neigung zu Entzündungen aller Art** (Blinddarm-, Mandel-, Lymphdrüsen-, Venen-, Nerven-, Lungen-, Rippenfell-, Sehnenscheiden-, Schleimbeutelentzündung usw., Furunkel, Abszesse usw.). **Durch Vollwertkost kommt es zu einer Steigerung der Widerstandskraft und die Krankheitsanfälligkeit hört auf.**

Auch ein Drittel aller **Migränen** sind ernährungsbedingt und verschwinden nach Fabrikzuckerentzug und gleichzeitiger Zulage vitalstoffreicher Kost (Frischkornbrei und Frischkost). Die übrigen $^{2}/_{3}$ sind zusätzlich spannungsbedingt und fordern Abstellung der Überforderung und Vermeidung von Bohnenkaffee, schwarzem Tee und koffeinhaltigen Arzneimitteln.

Da der Zusammenhang dieser im wesentlichen ernährungsbedingten Zivilisationskrankheiten mit der Nahrung nicht bekannt ist, ist es eine automatische Folge, dass bei dem den Menschen angeborenen Kausalbedürfnis bisher alle möglichen anderen Ursachen für diese Erkrankungen vermutet und angegeben wurden. Natürlich spielen der sog. „Stress“, körperliche und seelische Belastung, Bewegungsmangel, die Genussmittel, die Fremdstoffe in Wasser, Luft und Nahrung und anderes mehr ebenfalls eine bedeutsame Rolle. Es wäre töricht, sie als Krankheitsursache zu übersehen und ihnen den gebührenden Platz in der Krankheitsentstehung nicht einzuräumen. Als psychotherapeutisch tätiger Arzt kann ich wohl kaum in Verdacht kommen, diese Komponenten zu unterschätzen. Es bedeutet aber eine gefährliche Verzerrung der tatsächlichen Verhältnisse, wenn die Ernährungskomponente aus Unkenntnis ausgeklammert oder stark bagatellisiert wird, wie es bisher weitgehend noch geschieht.

Zähne

So ist es erklärlich, dass zur Bekämpfung der **Zahnkaries,** solange abwegige Maßnahmen wie z. B. die Trinkwasserfluoridierung oder Fluoridtabletten empfohlen werden, denjenigen, die das befürworten, gründliches Wissen um die Zusammenhänge mit der Ernährung fehlt. Und selbst, wenn die Zahnkaries auf eine so einfache Formel wie Fluormangel gebracht werden könnte – was aber nicht der Fall ist –, **so wäre die Frage keineswegs beantwortet, warum die Menschen vor hundert Jahren genügend Fluor zur Verfügung hatten und heute nicht.** Es müsste eigentlich schon der gesunde Menschenverstand sagen, dass es nur grundlegende Veränderungen in der gesamten Nahrung sein können, in denen die Ursachen der Zahnkaries liegen müssen. **Zu bestreiten, dass die Wissenschaft inzwischen die unwiderlegbaren Beweise dafür gebracht hat, legt die Vermutung nahe, dass noch andere Gründe als nur Unkenntnis für die hartnäckige Leugnung der Ernährungsbedingtheit der Zahnkaries vorhanden sein müssen. Sie liegen meistens auf wirtschaftlichem Gebiet.**

Im Prinzip gilt für alle anderen ernährungsbedingten Zivilisationskrankheiten Ähnliches wie für die Zahnkaries, die lediglich als bestes Modellbeispiel gelten kann.

Wirbelsäulenschäden

Grundsätzlich entspringt es derselben Unkenntnis, wenn als Ursache der **Wirbelsäulenschäden,** die nun bereits die Jugend in zunehmendem Maße ergreifen, mangelnde Bewegung angegeben wird. So bedeutungsvoll auch Bewegung für die Erhaltung der Gesundheit überhaupt ist, so ist es gefährlich, die wahren Gründe für die zunehmenden Schäden im Bewegungsapparat zu verkennen, da dadurch eine sinnvolle Vorbeugung verhütet wird.

Es gibt keine „Abnützungs"-Krankheiten

Das Nichterkennen dieser Zusammenhänge kommt auch deutlich in der falschen Namensgebung zum Ausdruck, die ihrerseits zu unheilvollen Auswirkungen führt. **In irreführender Weise werden z. B. Arthrosen und viele sogenannte degenerative Erkrankungen im Bewegungsapparat als Abnützungs-, Verschleiß- und Aufbrauchkrankheiten,** z. T. sogar als Alterskrankheiten bezeichnet. Dadurch wird die falsche Vorstellung hervorgerufen, als wären diese Erkrankungen durch zu starken Gebrauch der befallenen Organe entstanden.

In Wirklichkeit handelt es sich bei diesen Erkrankungen um die klassischen Folgen chronischen Vitalstoffmangels, wie es Kollath eindeutig nachgewiesen hat.

An diesem Beispiel wird deutlich, zu welchen absurden Theorien und Vorstellungen gegriffen werden muss, um die Entstehung ernährungsbedingter Zivilisationskrankheiten zu erklären, solange der Zusammenhang zwischen der üblichen zivilisatorischen Mangelnahrung und diesen Erkrankungen nicht gesehen wird.

Auch „Alters"-Krankheiten gibt es nicht – nur „Mangel"

In entsprechender Weise ist es auch genauso falsch, von Alterskrankheiten zu sprechen, da diese Erkrankungen keineswegs durch das Alter schicksalsmäßig und unabwendbar entstehen, wie der Laie aus dieser irreführenden Bezeichnung zu schließen gewohnt ist. In Wirklichkeit sind auch diese Erkran-

kungen die Folge vorausgegangener jahrzehntelanger Fehler in der Lebensführung, wobei auch wieder die chronischen Mangelzustände in der Nahrung die wichtigere Komponente darstellen als z. B. körperliche und seelische Belastungen, die mit zunehmender Abgeklärtheit und philosophischer Weisheit im Alter an Bedeutung verlieren.

Arteriosklerose, Thrombose, Herzinfarkt

Sinngemäßes gilt für die Ursachen der Arteriosklerose und der Thrombose, die zusammen verantwortlich sind für die Zunahme des Herzinfarkts.

Selbstverständlich sind Nikotin, Bewegungsmangel und Aufregung beachtliche zusätzliche Komponenten, die aber **nur im Zusammenhang mit der Fehlernährung schädlich wirken. Ohne Nahrungsfehler kommt es durch Nikotin allein oder durch seelische Belastung nicht zur Arteriosklerose.** Allerdings spielt dann für den letzten Akt des Herzinfarkts die psychische Komponente oft eine entscheidende Rolle. Voraussetzung aber ist die lange sich anbahnende arteriosklerotische Gefäßveränderung durch Nahrungsfehler.

Gallen- und Nierensteine

Ausschließlich ernährungsbedingt ist die Bildung von Gallensteinen. Dieser Zusammenhang ist über jeden Zweifel erhaben. Der Nobelpreisträger *Dam* hat dazu hervorragende Beiträge geliefert. Die Auslösung einer Kolik durch Aufregung bei bereits vorhandenem Stein ist von der eigentlichen Ursache der Steinbildung streng zu trennen. Die Tatsache, dass die Häufigkeit der Nierensteine in ähnlichem Maße zugenommen hat wie die ernährungsbedingten Zivilisationskrankheiten, spricht dafür, dass auch die Bildung von Nierensteinen auf denselben Ernährungsfehlern beruht wie diese Erkrankungen.

Kinderlähmung ist ausschließlich ernährungsbedingt

Sandler konnte nachweisen, dass ohne Genuss von Fabrikzucker keine Kinderlähmung entsteht. (Sandler: „Vollwerternährung schützt vor Kinderlähmung und anderen Viruserkrankungen“, emu-Verlag, Lahnstein.)

Krankhaftes Längenwachstum der Jugend

Ziegler konnte nachweisen, dass die Akzeleration (Längerwerden der Jugend bei konstitutioneller Schwäche und einem Auseinanderklaffen der sexuellen und geistigen Entwicklung) ebenfalls ernährungsbedingt ist. (Ziegler: „Die Ursache der Akzeleration – Ernährungsphysiologische und medizinhistorische Betrachtungen über den Zuckerkonsum des modernen Menschen“).

Verstopfung in 3 Tagen heilbar

Ca. 80% aller Stuhlverstopfungen, dem klassischen Stigma unserer Zivilisation, sind durch Vitalstoffmangel verursacht. Der indirekte Beweis liegt darin, dass alle diese Formen innerhalb weniger Tage nach Übergang auf eine vitalstoffreiche Vollwertkost mit mathematischer Sicherheit verschwinden, selbst wenn sie 30 Jahre scheinbar unbeeinflussbar bestanden haben. An der Behandlung der Stuhlverstopfung kann der verstockteste Skeptiker von der souveränen Bedeutung der Nahrung überzeugt werden und seine Vorurteile verlieren. Bleibt der Behandlungserfolg aus, ist in der Nahrung noch ein grundlegender Fehler. So eignet sich das Symptom der Verstopfung noch besser als die Zahnkaries, um den Zusammenhang zwischen Nahrung und Krankheit zu demonstrieren. Denn bei der Karies dauert die praktische Beweisführung Jahre, was bei der Verstopfung innerhalb von drei Tagen gezeigt werden kann.

Das Gesagte gilt natürlich nicht für die relativ seltenen Formen spannungsbedingter Stuhlverstopfung, deren Hauptkennzeichen das Auftreten bei beginnender Geschlechtsreife ist. Sie bedarf der Lebensberatung.

Fettsucht ist eine Mangelkrankheit

Genauso zeigt es sich bei der Fettsucht, wie wenig aufgeklärt diese Kranken über die wahren Ursachen sind. Der verbreitete Spruch F. d. H. bestärkt den Dicken in der falschen Vorstellung, dass die Ursache der Fettsucht in zu üppigem und zu reichlichem oder gar in zu fettem Essen liege. In Wirklichkeit handelt es sich bei der Fettsucht um das Gegenteil, nämlich um eine **echte Mangelkrankheit.** Deshalb sind diese Erkrankungen nicht durch Nahrungseinschränkung, sondern nur durch Beseitigung der Ernährungsfehler zu heilen. Wer sich richtig ernährt, kann sich ohne Schaden satt essen. An keinem Beispiel ist dies so deutlich zu demonstrieren wie an der Fettsucht. An Tausenden von Kranken konnte ich dies in der Klinik unter Beweis stellen. (Näheres in Kleinschrift Nr. 2 „Schlank werden ohne Hungerkur" und in dem Buch „Idealgewicht").

Wollen wir die Hindernisse beseitigen, die der Verbreitung dieser Erkenntnisse im Wege stehen, so müssen wir noch einen Schritt weitergehen und die Frage analysieren:

Warum fehlt dieses Wissen?

Es wird auf der Universität noch nicht gelehrt

Zunächst müssen wir den Mut haben, es offen auszusprechen, dass die Ausbildung der Ärzte an der Universität in dieser Hinsicht völlig unzureichend ist. Das hat wiederum seinen Grund darin, dass bei der Spezialisierung in einzelne klinische Fachgebiete die Ernährungswissenschaft Stiefkind geblieben ist. Der Medizinstudent erlebt den kranken Menschen in der Klinik aufgeteilt nach Augen, Ohren, Nase, Unterleib, Haut, chirurgische Fälle und innere Krankheiten. Aber einen Spezialisten, der für die ernährungsbedingten Zivilisationskrankheiten in den einzelnen Fachgebieten zuständig wäre, gibt es nicht.

So entstand der Zustand, dass der für das einzelne Organ zuständige Teilarzt, der die Studenten ausbildet, das für sein Fachgebiet vollkommenste Wissen vermittelt, dass er aber auf den Gedanken, auch auf seinem Fachgebiet könnten Ernährungsfragen eine Rolle spielen, gar nicht kommt. Wenn er jedoch darauf käme, so könnte er sich bei keinem Spezialisten Rat holen, weil es diesen nicht gibt. Lediglich in den vorklinischen Semestern wird in der physiologischen Chemie ein Wissen vermittelt, das in seiner vorwiegend analytischen Methode zu den Vorstellungen der alten Ernährungslehre geführt hat, die noch zu stark in der überholten Kalorienlehre, in der Bedeutung der drei Grundnährstoffe und der einzelnen

Vitamine steckengeblieben ist. **In der klinischen Ausbildung fehlt der zuständige Ernährungswissenschaftler.** So erklärt es sich auch, dass jeder einzelne Hochschullehrer sein Bestes gibt, und dass trotzdem das Wesentliche nicht geschieht, ohne dass jemand dafür verantwortlich ist.

Hier kann nur die Schaffung von klinischen Lehrstühlen eine wirkliche Abhilfe schaffen. Pathogenese (Krankheitsentstehung) und Behandlung ernährungsbedingter Zivilisationskrankheiten müssen genauso ein Lehrfach werden wie dasjenige der Augenkrankheiten usw. **Angesichts des lawinenartigen Anwachsens der ernährungsbedingten Zivilisationskrankheiten wäre dieses klinische Fachgebiet, das heute noch nicht existiert, das wichtigste und grundlegendste.**

Auf diese Weise würde allmählich eine Ärzteschaft herangebildet, die nun ihrerseits der Bevölkerung das Wissen vermitteln könnte. Das war auch der Weg, wie die Anschauungen der alten Ernährungslehre ins Volk kamen, die für die heutige Misere verantwortlich und noch eisern festgewurzelt sind. Die Umschulung auf die neuen Erkenntnisse wird ein mühevoller Weg sein, der aber gegangen werden muss, wenn die Katastrophe der zunehmenden Gesundheitsschäden noch gebannt werden soll. Hier liegt m. E. eine der wichtigsten Aufgaben der Gesellschaft für Gesundheitsberatung (GGB) in Lahnstein.

Nur mit Unterstützung des Staates ist auf die Dauer die Lösung einer solchen Aufgabe möglich, aber nicht indem er durch Gesetze dem Einzelnen eine gesunde Ernährung diktiert, sondern indem er die Voraussetzungen für die Ausbildung an den Hochschulen durch Errichtung von entsprechenden Lehrstühlen schafft und außerdem Mittel zur Verfügung stellt, um die neuen Erkenntnisse über Presse, Rundfunk und Fernsehen dem Volke unermüdlich zu vermitteln.

Entscheidende Hindernisse

Die wirtschaftlichen Belange der Nahrungsmittelindustrie

Der in der Ernährungsaufklärung Stehende weiß, dass hier sich entscheidende Hindernisse in den Weg stellen, die es ebenfalls offen auszusprechen gilt. Es sind die **wirtschaftlichen Belange der Nahrungsmittelindustrie, die nach den Grundsätzen der alten Kalorienlehre** riesige Geldinvestitionen in die Herstellung möglichst konzentrierter, also kalorienreicher Nahrungsmittel gesteckt hat. Aber auch auf diesem Sektor besteht die Möglichkeit, **Lebensmittel zu schaffen, die der neuen Ernährungslehre Rechnung tragen,** indem auch der notwendige Gehalt an Vitalstoffen in ausgewogener Weise berücksichtigt wird. Weitschauende Firmen werden gut daran tun, diese in der Zukunft notwendige Entwicklung vorausschauend einzuplanen. **Warum sollen sie in Zukunft nicht ihr Geschäft mit gesunderhaltenden Nahrungsmitteln machen, wie sie es bisher mit krankheits-**

erzeugenden gemacht haben? Auch der Autofabrikant muss ständig die weitere Entwicklung in seine Pläne einbeziehen, wenn er nicht eines Tages ein Fiasko erleben will. Die ausgleichende Regelung zwischen Angebot und Nachfrage garantiert dafür, dass diese Entwicklung organisch abläuft.

Vorbeugung durch vollwertige Kost

Wie die Nahrung zusammengesetzt sein muss, um generell die Garantie zu geben, dass ernährungsbedingte Zivilisationskrankheiten vermieden werden, soll hier im Grundsätzlichen berichtet werden:

1. **Vollkornprodukte**
   Entscheidend ist der Genuss von Vollkornprodukten anstelle von Mehlen, denen der Keim und die Randschichten fehlen, in denen sich gerade die Vitalstoffe befinden. Alle diese Mehle, gleich ob sie von Weizen, Roggen, Hafer, Gerste, Hirse, Mais oder Reis stammen, fasst man mit dem Sammelbegriff Auszugsmehle zusammen. Der Schaden, der durch diese Auszugsmehlprodukte entsteht, beruht bekanntlich vorwiegend auf dem Mangel am Vitamin-B-Komplex. Da zweifellos aber auch andere Vitalstoffe eine Rolle spielen, ist der Schaden vielgestaltiger Natur. Diese notwendigen Wirkstoffe können auch durch andere natürliche Lebensmittel (Obst, rohe Gemüse, Nüsse usw.) in ausreichender Menge zugeführt werden, während es kaum möglich ist, den Mangel an Vitamin B 1 auszugleichen, da der Getreidekeim unser Hauptlieferant an Vitamin B 1 ist. Trotzdem muss man sich generell hüten, den Wert eines Lebensmittels mit dem Vorhandensein **eines** Vitamins zu begründen, da bei der Kompliziertheit der Stoffwechselprozesse die volle Wirksamkeit **eines** Vitamins die gleichzeitige Anwesenheit anderer Vitalstoffe voraussetzt. Eine isolierte Betrachtung der Wirksamkeit einzelner Vitalstoffe gibt zu Fehlschlüssen Anlass, wie z. B. das Fettproblem in der Arteriosklerose-Entstehung deutlich zeigt (siehe Kleinschrift Nr. 3 „Herzinfarkt und Arteriosklerose sind verhütbar").

2. **Frischkornbrei**
   Um einen gewissen Verlust an Vitamin B 1, der durch den Backprozess bei der Herstellung des Vollkornbrotes zustandekommt, auszugleichen, empfiehlt es sich, grundsätzlich täglich **Frischkornbrei** aus drei Esslöffeln Getreide zu bereiten. Die wichtige Rolle, die dieser Frischkornbrei spielt, lässt sich am eindrucksvollsten an der prompten Beseitigung jeder ernährungsbedingten Stuhlverstopfung innerhalb weniger Tage demonstrieren.

3. **Frischkost**
   Allerdings ist außerdem die zweite Forderung einer vitalstoffreichen Nahrung zu erfüllen: Die Nahrung muss täglich eine bestimmte Menge **Frischkost enthalten,** wie sie Bircher-Benner als Grundlage jeder Heilkost angesehen hat. Dabei sollen die rohen Gemüsesalate die Mengen an rohem Obst überwiegen. Diese Forderung nach Frischkost begegnet noch mehr allgemeiner

Rezept des Frischkorngerichts nach Prof. Kollath

Es wird aus Roggen oder Weizen oder aus einer beliebigen Getreideart oder Getreidemischung hergestellt. Dazu werden 3 Eßlöffel (etwa 60 g) Getreide in einer Getreidemühle, in einem Mixapparat oder einer Kaffeemühle grob geschrotet. Das Mahlen muß jedesmal frisch vor der Zubereitung vorgenommen werden. Nicht auf Vorrat mahlen!

Dabei spielt es keine Rolle, ob die Getreidemühle mit Mahlsteinen oder einem Stahlmahlwerk arbeitet.

Das gemahlene Getreide wird mit ungekochtem, kaltem Leitungswasser zu einem Brei gerührt und 5-12 Stunden stehen gelassen. Die Wassermenge ist so berechnet, daß nach Quellung nichts weggegossen zu werden braucht. Nach 5-12 Stunden wird dieser Brei tischfertig gemacht durch Zusatz von frischem Obst (je nach Jahreszeit), Zitronensaft (eventuell gelegentlich 1 Teelöffel Honig), 1 Eßlöffel Sahne und geriebenen Nüssen.

Solange verfügbar, sollte man immer einen Apfel hineinreiben und sogleich untermischen, bevor er braun wird. Der geriebene Apfel macht den Frischkornbrei luftig und wohlschmeckend.

Es ist ohne Belang, zu welcher Tageszeit dieses Gericht genossen wird.

Ablehnung als das Vollkornbrot, weil auch hier jahrzehntelang gepredigte Vorurteile von der Unverträglichkeit des rohen Gemüses und des rohen Obstes in der Ärzteschaft und in der Bevölkerung eisern festsitzen. Es ist jedoch als unwissenschaftlich zu bezeichnen, wenn die Frischkostzulage bei allen Magen-, Darm-, Leber-, Galle- und Bauchspeicheldrüsenerkrankungen auf Grund dieser Vorurteile abgelehnt wird, ohne dass der Tatbestand nachgeprüft wird, was ohne zeitlichen und finanziellen Aufwand allerorts leicht möglich wäre. **Gerade an diesem Punkt kann man erkennen, wie festgewurzelt die Vorstellungen der etablierten Ernährungslehre sind, so dass das heutige Festhalten an ihnen wahrhaft verdient, ein Sektierertum Gläubiger genannt zu werden. Auf diese Weise werden die Vertreter der herkömmlichen Ernährungsphysiologie gerade zu dem, was sie denen vorwerfen, die die neuen Erkenntnisse in die Tat umzusetzen versuchen, nämlich zu Außenseitern.**

4. **Möglichst kein Fabrikzucker**
   a) **Er macht Frischkost und Vollkornbrot unverträglich.**
   Bei allen Magen-, Darm-, Leber-, Galle- und Bauchspeicheldrüsenkranken ist allerdings zu beachten, dass die Verträglichkeit von Frischkost und Vollkornbrot durch die zahlreichen Fabrikzuckerarten nachteilig gestört wird. Das ist einer der Hauptgründe, weshalb sich gerade bei chronisch Kranken, die eine vitalstoffreiche Nahrung besonders nötig hätten, die Grundforderung nach Vollkornbrot und Frischkost nicht durchsetzt. Schon aus diesem Grunde ist die weitgehende Vermeidung von Fabrikzucker beim Übergang auf eine gesunde Kost im obigen Sinne unerlässlich, um die irrigen Vorstel-

lungen der Unverträglichkeit von Frischkost und Vollkornbrot bei Magen-, Darm-, Gallenempfindlichkeit auszurotten. Da es aber kaum chronisch Kranke gibt, bei denen nicht auch eine Mitbeteiligung ihrer Verdauungsorgane vorliegt, ist die Beachtung dieser Zusammenhänge notwendig. Denn heute behauptet fast schon jeder sogenannte Gesunde, dass er Vollkornbrot und rohes Obst und Gemüse nicht vertragen könne.

b) **als vitalstofffreies Isolat und Vitamin-B-Räuber verursacht Fabrikzucker Stoffwechselstörungen**
Die Einschränkung des Fabrikzuckers als Prototyp eines fabrikatorisch veränderten Nahrungsmittels im Rahmen einer vitalstoffreichen Vollwertkost ist aber auch noch aus anderen Gründen nötig. Er ruft als vitalstofffreies Isolat und als Vitamin-B-Räuber erhebliche Störungen im intermediären Stoffwechsel hervor und ist zudem örtlich im Zusammenhang mit den klebrigen Mehlprodukten für die Entstehung der Zahnkaries verantwortlich (siehe Dr. Bruker „Zucker, Zucker – krank durch Fabrikzucker", emu-Verlag).

5. **Naturbelassene Fette**
Wenn nun der Vitamin-B-Komplex durch Vollkornprodukte in Brei- und Brotform und der Gehalt an wasserlöslichen Vitaminen, Mineralsalzen, Fermenten und Aromastoffen durch die Frischkostzulage garantiert ist, so muss schließlich die Anwesenheit von fettlöslichen Vitaminen und ungesättigten Fettsäuren durch naturbelassene Fette gesichert sein.
Als wichtigstes naturbelassenes Fett ist, neben dem hochwertigen, das in **Nüssen und Keimlingen von Getreidekörnern** enthalten ist, die **Butter** zu empfehlen, die seit Jahrtausenden den Menschen unserer Breiten als natürliches Fett gedient hat, ohne je gesundheitliche Nachteile gebracht zu haben, sofern sie nicht zu stark (über 150 Grad) erhitzt wurde. Ähnliches ist von der Verwendung naturbelassenen Olivenöls in den Mittelmeerländern zu sagen. Als Träger der hochungesättigten Fettsäuren sind sogenannte **kaltgepresste Öle** zu verwenden, wie sie als Leinöl, Sonnenblumenöl, Maiskeimöl usw. erhältlich sind. Margarinen müssen gemieden werden.

6. **Möglichst wenig andere „tote" Nahrung**
Die weitgehende Einschränkung anderer „Konserven" neben Fabrikzuckerarten und Auszugsmehlen gehört ebenfalls zu den Richtlinien einer Vorbeugung durch richtige Ernährung. Da das Fleisch an der Entstehung der ernährungsbedingten Zivilisationskrankheiten nicht in dem Maße beteiligt ist wie der Verzehr raffinierter Kohlenhydrate, kann das vegetarische Problem hier übergangen werden. Bei Einhaltung einer Vollwertkost im beschriebenen Sinn ist Fleisch völlig unnötig; das gekochte Muskelfleisch ist relativ minderwertig. Bei manchen Erkrankungen ist völlige Enthaltung von Fleisch unerlässlich (z. B. bei den Erkrankungen der Bewegungsorgane, bei allen Hautkrankheiten), bei allen aber wird die Heilung durch Meiden des Fleisches gefördert.

Damit wurde in knapper Form gezeigt, welche Hindernisse einer erfolgversprechenden Vorbeugung ernährungsbedingter Zivilisationskrankheiten bisher im Wege stehen und welche Maßnahmen nötig sind, um ein weiteres Fortschreiten des Gesundheitsverfalls der zivilisierten Völker aufzuhalten.

Weitere Kleinschriften von Dr. med Max Otto Bruker

1. Unser täglich Brot und der Zucker als Hauptursache für die modernen Zivilisationskrankheiten
2. Schlank werden ohne Hungerkur
3. Herzinfarkt, Asteriosklerose und Gallensteine sind verhütbar
4. Wie beugt man den ernährungsbedingten Zivilisationskrankheiten vor?
5. Ernährungsbehandlung der Leber-, Galle, Magen-, Darm- und Bauchspeicheldrüsenerkrankungen
6. Butter – ein hochwertiges Lebensmittel?
7. Vom Kaffee und seinen Wirkungen
8. Ärztliches Memorandum zur industriellen Nutzung der Atomenergie
9. Über den Unwert der heutigen Milch
10. Gesund durch richtige Ernährung (LVA-Schrift)
11. Die Story von den 2 »richtigen« Ernährungen
12. Ursachen der ernährungsbedingten Zivilisationskrankheiten (Mörder bekannt – kein Kläger)
13. Fett macht nicht fett (Fett)
14. Bakterien im Frischkornbrei
15. Sie vertragen Vollkornbrot nicht?
16. Krankheiten durch Fabrikzucker
17. Unser täglich Brot – eine tote Nahrung?
18. Wieviel und was soll man täglich trinken
19. Ballaststoffe sind kein Ballast
20. Scheinursachen verschleiern Zusammenhänge
21. Die Ernährung des älteren Menschen
22. Die Deckung des Eiweißbedarfs
23. Vitamin B12
24. Wissenswertes über Säfte
25. Rheuma – ernährungsbedingte Zivilisationskrankheit
26. Zöliakie
27. Das Allergie-Problem
28. Die Zuckerkrankheit –Verhütung und Behandlung
29. Gebissverfall
30. Weil du beim Reaktor wohnst
31. Die Ernährung des Kindes
32. Neurodermitis
33. Der Darmpilzrummel – Fehldiagnose Candida albicans –

Auch komplett als Sammelmappe zum Sonderpreis erhältlich!

emu Verlags- und Vertriebs GmbH · Dr.-Max-Otto-Bruker-Straße 3 · 56112 Lahnstein · www.emu-verlag.de

Dr. med. Max Otto Bruker

Kleinschrift
Nr. 5

Leber-, Galle-, Magen-, Darm- und Bauchspeicheldrüsenerkrankungen

Diese Ernährungsanweisung ist auch bei allen anderen Erkrankungen geeignet. Wenn aber keine Unverträglichkeit von seiten der Verdauungsorgane besteht, wie z. B. bei Herzkranken, ist sie nicht nötig. Hier genügt dann die gewöhnliche Vollwertkost, wie sie in Nr. 4 („Wie beugt man den ernährungsbedingten Zivilisationskrankheiten vor“) beschrieben ist.

ernährung • medizin • umwelt

emu verlag

Leber-, Galle-, Magen-, Darm- und Bauchspeicheldrüsen-erkrankungen

Dr. med. M. O. Bruker

Nicht vielerlei Diäten: Es gibt nur e i n e Heilkost

Man könnte die grundsätzliche Erkenntnis für die ernährungsmäßige Behandlung der Magen-Darmerkrankungen einfach so ausdrücken, dass die Heilnahrung für diese Krankheiten dieselbe ist wie für alle anderen Erkrankungen überhaupt. Der in natürlichen Heilweisen Erfahrene weiß, dass es nur **eine** Heilnahrung gibt, eben die biologisch vollwertige im Sinne **Bircher-Benners** oder **Kollaths:** „Lasst die Nahrung so natürlich wie möglich!" Für den aber, der erst beginnt, sich mit naturheilkundlichen Gedankengängen zu beschäftigen, mag es zunächst schwer begreiflich erscheinen, dass es, was die Kost betrifft, gleichgültig sein soll, ob es sich um eine Magenschleimhautentzündung, Magenkatarrh, um ein Geschwür, eine Gallensteinkrankheit, Gallenblasenentzündung, um Dünndarmentzündung, Darmkatarrh oder Störungen der Darmtätigkeit mit Verstopfung oder Durchfall, um Bauchspeicheldrüsenerkrankungen oder Lebererkrankungen aller Art handelt, ja dass auch alle anderen Erkrankungen außerhalb des Verdauungskanals mit derselben Kost erfolgreich behandelt werden können.

Im Gegensatz zu der bisher üblichen Dauer-Schondiät, die einen Teufelskreis schafft und eine echte Ausheilung erschwert, sind mit der Heilkost Rückfälle verhütbar und Dauerheilung zu erzielen.

Bei den Erkrankungen des Herzens, des Kreislaufs und des Stoffwechsels ist der große Wert der natürlichen frischkostreichen Ernährung unter Vermeidung denaturierter Nahrungsmittel nicht nur bei den Ärzten, die Naturheilverfahren anwenden, sondern auch schon bei einem großen Teil der vorwiegend schulmäßig ausgerichteten Ärzte und in weiten Kreisen der Bevölkerung bekannt und anerkannt.

Ein Vorurteil

Bei den Erkrankungen der Verdauungsorgane gilt dies leider noch nicht in gleichem Maße. Die Gründe hierfür liegen hauptsächlich in dem weit verbreiteten Vorurteil, dass z. B. Frischkost und Vollkornbrot bei Magen-, Darm- und Gallenerkrankungen schlecht verträglich wären oder gar schadeten. Die Schwierigkeit, die sich der Durchführung einer biologisch vollwertigen Ernährung bei Magen-Darm-Krankheiten entgegenstellt, liegt also weniger in dem mangelnden Wissen von der Heilkraft dieser Nahrung, sondern in dem Problem der **Verträglichkeit.** Das Vorurteil der Unverträglichkeit vitalstoffreicher Vollwerternährung hat natürlich seine Gründe. Und diese klar zu erkennen, ist unerlässlich, falls wir eine erfolgreiche Diätetik betreiben wollen.

Die Ursache der Unverträglichkeit

Gehen wir also den Ursachen nach, die zu der Ansicht geführt haben, Vollkornbrot und Rohkost seien unverträglich und schwer verdaulich. Wir finden dann tatsächlich immer wieder Beobachtungen des Kranken (und Gesunden), dass scheinbar diese Unverträglichkeit besteht. Wenn nun tatsächlich ein Arzt, begeistert von den Heilerfolgen durch naturgemäße Ernährung, von denen er gehört hat, in seiner Praxis begänne, z. B. bei einem Kranken mit chronischer Gastritis Vollkornbrot und etwas Rohkost zu verordnen, so kann er mit großer Wahrscheinlichkeit damit rechnen, dass der Kranke in der nächsten Sprechstunde erklärt, das habe er nicht vertragen. Und der Kranke hat Recht. Der Arzt aber, der einen Fehler gemacht hat, von dem er allerdings nichts weiß, ist in Gefahr, aus diesen Beobachtungen den falschen Schluss zu ziehen, dass die Beschwerden tatsächlich auf der Unverträglichkeit vollwertiger Nahrung beruhen.

Die scheinbare Unverträglichkeit natürlicher Nahrung hat ihre Ursachen nie in der Nahrung selbst, sondern immer **in den Fehlern der praktischen Durchführung.**

Worin bestehen diese Fehler und wie ist die Durchführung einer biologisch vollwertigen Nahrung praktisch zu handhaben, um eine absolute Garantie für ihre Verträglichkeit und damit für den Heilerfolg zu haben?

Einer spielt falsch !

Zur Erläuterung des Grundsätzlichen möchte ich ein einfaches Bild gebrauchen, das uns über das Wesentliche schnell die Augen öffnet: **Wenn in einem Orchester von 20 Musikern 19 richtig spielen und nur einer falsch, so ist das ganze Konzert verdorben.** Wählen wir in einer Kostform, die aus 20 Einzelnahrungsmitteln besteht, 19 richtig aus und ein Nahrungsmittel ist falsch und passt nicht dazu, so wird die ganze Kostform nicht vertragen, d.h. das Konzert der Heilkost ist verdorben. Das Leidige dabei ist, dass der Kranke aber nicht feststellen kann, **welches** unter den 20 Nahrungsmitteln die Beschwerden hervorgerufen hat, und meist das Falsche beschuldigt. Für das Beispiel des Vollkornbrotes heißt dies aber, dass man nicht Vollkornbrot verordnen darf, ohne dass man die gesamte übrige Nahrung so gestaltet, dass das Vollkornbrot dazu passt.

Falsche Kombination

Wir dürfen daher nicht sagen, der Kranke verträgt kein Vollkornbrot, sondern wir müssen sagen, im Rahmen seiner derzeitigen Gesamtkostform verträgt der Kranke kein Vollkornbrot. Was für das Vollkornbrot als Beispiel gesagt ist, gilt für jedes Nahrungsmittel. Es gibt demnach keine absolute Unverträglichkeit eines einzelnen Nahrungsmittels, sondern nur eine relative im Rahmen einer Gesamternährung.

Wird dieser Grundsatz einer richtigen **Kombinationsdiätetik** nicht streng beachtet, so wird die Durchführung einer biologisch vollwertigen Kost bei den meisten Darmkranken an der Unverträglichkeit scheitern, wie die Wirklichkeit es tausendfältig zeigt.

6 Grundsätze für biologisch vollwertige Heilnahrung

Im Einzelnen müssen bei dem Übergang von der üblichen Zivilisationsnahrung auf die biologisch vollwertige Heilnahrung folgende Grundsätze gewahrt werden:

1. **Mindestens 2-3 Wochen muss jegliche Industrienahrung vollständig gemieden werden, unter allen Umständen**

die fabrikatorisch hergestellten Zuckerkonzentrate: weißer und brauner Haushaltszucker, Fruchtzucker, Traubenzucker, Milchzucker, Malzzucker, sog. Vollrohrzucker, Ur-Süße, Ur-Zucker, Sucanat, Ahornsirup, Apfeldicksaft, Birnendicksaft, Rübensirup, Melasse usw. (anfangs sogar Honig!). Werden Nahrungsmittel erlaubt, die auch nur Spuren von Fabrikzucker enthalten, so werden hochempfindliche Kranke die notwendige Frischkostzulage sicher mit Unverträglichkeit beantworten, meist in Form von Aufgetriebensein und Gasbildung. **In der absoluten Vermeidung von Fabrikzucker jeder Art liegt das Wesentliche des Erfolges einer biologischen Diätetik. Wer glaubt, diesen Punkt nicht ganz streng nehmen zu müssen, wird trotz noch so sorgfältiger Beachtung aller anderen Ernährungsvorschriffen immer wieder Misserfolge haben.*)**
Lebensmittel, die von Natur aus süß sind, sind selbstverständlich erlaubt, falls sie in natürlicher Form genossen werden.

2. **Mindestens 2-3 Wochen sind alle Weiß- und Graumehl- (Süddeutschland: Schwarzmehl-) Produkte zu vermeiden,** z. B. Weißbrot, Graubrot, Brötchen, Zwieback, Teigwaren, Grieß, Pudding. Am gefährlichsten ist die Kombination von Fabrikzucker und Auszugsmehl in Form des Kuchens: Es gibt Kranke, bei denen der Kuchen wie „Gift" wirkt. Die Mindestzeit von **2-3 Wochen** in der Durchführung dieser Vorschriften ist notwendig. Sie genügt aber immer – strikte Durchführung vorausgesetzt –, um jeden Kranken den **schlagartigen Erfolg** dieser Maßnahmen an sich selbst erleben zu lassen. Hat er dieses Erlebnis, so ist es eine Kleinigkeit, ihn zur Fortsetzung dieser Kost über weitere Wochen zu bringen, bis eine Ausheilung der Grundkrankheit erfolgt ist. Wenn z. B. Kranke mit dieser Kost eine seit 30 Jahren bestehende **Verstopfung in 2-3 Tagen beseitigt** haben, so sieht man immer wieder, wie diese Menschen von selbst diese neue Ernährungsweise beibehalten. **Der Erfolg allein vermag zu überzeugen.**

3. **Gekochtes Obst ist nicht erlaubt,** auch nicht ungesüßt, da die Erfahrung gezeigt hat, dass bei vielen Gallen- und Darmgestörten rohes und gekochtes Obst, das in einer Woche an verschiedenen Tagen mal roh, mal gekocht genossen wird, Unverträglichkeit hervorruft, selbst wenn zwischen dem Genuss von rohem und gekochtem Obst 3 Tage dazwischen liegen. Da aber der Genuss von **rohem** Obst jeder Art (auch Steinobst) notwendig ist, muss gekochtes Obst strikt vermieden werden. (In den üblichen Diätvorschriften für Gallenkranke stehen natürlich alle diese Vorschriften genau umgekehrt. Man lasse sich dadurch nicht irre machen; denn gekochtes Obst passt wohl in den Rahmen einer Weißmehlkost.) **Rohes Obst muss grundsätzlich vor der warmen Mahlzeit oder als Mahlzeit für sich genossen werden, niemals als Nachtisch!**
Säfte von Obst und Gemüse, auch wenn sie ungesüßt und frisch gepresst sind, erzeugen als sogenannte Teilnahrungsmittel (wie Fabrikzucker und Auszugsmehl) bei Empfindlichen Störungen und sind deshalb zu meiden.

4. **Nahrungsmittel, die zusammen mit Fett jeder Art erhitzt wurden, sind mindestens 2-3 Wochen zu vermeiden. Nicht das gekochte oder gebratene Fett ist zu meiden, sondern das Nahrungsmittel, in welches das Fett**

*) Ausführlicher über den Fabrikzucker lesen Sie in Dr. Bruker-Kleinschrift Nr. 1 („Unser täglich Brot und der Zucker als Hauptursachen der modernen Zivilisationskrankheiten")

in der Hitze hineingezogen ist. Durch das Einziehen des Fettes in der Hitze wird die Verträglichkeit und die Verdaulichkeit erschwert. So erklärt sich die **Unverträglichkeit von Butterbroten,** wenn sie erst viele Stunden nach der Bestreichung genossen werden. Bei den Reisebroten ist das Fett in das Brot hineingezogen und das Brot schwer verträglich.

Das Gemüse wird ohne Fett gekocht, das Fett nach dem Kochen zugesetzt. Am besten werden Butter oder Öle (nur „unraffiniertes Kaltpressöl") verwandt, nicht jedoch hydrierte gehärtete Fette (also alle anderen Konsumfette). Vorsicht mit aufgewärmten Gemüsen, da hier das Fett wieder eingezogen ist! Richtig zubereitet werden auch **Hülsenfrüchte** vertragen (nicht zu fehlerhafte Düngung vorausgesetzt!). Dass man den **Kohlarten** fälschlicherweise besondere Unverträglichkeit nachsagt, liegt nicht am Kohl als solchem, sondern nur an der Zubereitung mit viel Fett. **Roher Kohl als Salat mit Zitrone oder Obstessig und Öl oder Sahne (aber ohne Fabrikzucker!) ist die Zubereitung, die am besten vertragen wird.**

Nicht erlaubt sind Pfannengerichte mit Ausnahme des Spiegeleis und des gebratenen Fleisches. In das Fleisch zieht beim Braten kein Fett hinein, sondern es geht heraus; deshalb ist der Braten gut verträglich (trotz allgemeiner gegenteiliger Behauptung!). Die Bratensauce ist nicht erlaubt, ebensowenig fette Würste (Leberwurst).

Genau so wichtig wie die **Verbote Fabrikzucker, Auszugsmehl, gekochtes Obst und Säfte** und die **Vorschrift der Zubereitung mit Fett** sind die 2 Gebote, was der Kranke essen muss:

5. **Als Brot muss Vollkortbrot verwendet werden.** Besonders zu empfehlen ist der tägliche Frischkornbrei, denn er enthält alle biologischen Wirkstoffe. Backen Sie selbst oder suchen Sie einen Bäcker, der Vollkornmehl selbst mahlt und Natursauer verwendet. Brotrezepte finden Sie auch in dem Aufstrichbuch „Streicheleinheiten" des emu-Verlags.

6. **Schließlich muss täglich eine Beilage von etwas Frischkost (neben dem Obst)** gefordert werden, die vor dem gekochten Essen genossen wird (z. B. Möhren, Tomaten, Rettich, Radieschen, Spinat, Weißkohl, Rotkohl, grüner Salat, Endiviensalat, Feldsalat, Rote Bete, Sellerie, Blumenkohl, Kohlrabi, Steckrübe, Topinambur usw.). In leichten Krankheitsfällen genügt es, wenn die Rohkostmenge etwa ein Drittel der Gesamtkost ausmacht. **Je schwerer der Krankheitsfall, um so mehr muss der Frischkostanteil gesteigert werden. Schwerste Fälle werden mit reiner Rohkost am schnellsten gebessert.** Für die Zubereitung und Zusammenstellung gibt es bewährte Kochbücher aus dem emu-Verlag.

Beim Übergang von einer üblichen Diät zu der angegebenen Heilkost macht der Patient oft den Fehler, dass er aus Angst nicht wagt, zum Beispiel rohes Obst in den Plan der Heilkost aufzunehmen. Die Angst ist meist dadurch begründet, dass ihm vorher das rohe Obst verboten war und auch dadurch, dass er tatsächlich erlebt hat, dass er rohes Obst im Rahmen einer üblichen Kost, die Fabrikzucker enthält, nicht vertragen hat. Er wusste ja nicht, dass die Unverträglichkeit durch Fabrikzucker, Säfte oder gekochtes Obst verursacht war.

Aus Gründen der Verträglichkeit müssen nicht nur die angegebenen Ernährungsrichtlinien streng eingehalten werden, sondern es müssen auch Störfaktoren in der Lebensführung vermieden werden. In dieser Hinsicht ist besonders die Enthaltung von Bohnenkaffee wichtig, da er durch seine Röstprodukte und andere Inhaltsstoffe Beschwerden in den Verdauungsorganen hervorrufen kann.

Zum Schluss sei nochmals kurz betont, dass die Kostform als ein Ganzes betrachtet werden muss und dass die Kombination von Industrienahrungsmitteln mit natürlichen Lebensmitteln (im Sinne **Kollaths**) Unverträglichkeiten schafft, die die gesamte naturgemäße Ernährung in Frage stellen. **Nur bei Beachtung aller oben kurz skizzierten Punkte ist ein Erfolg zu erwarten. Bei peinlichster Beachtung sind dann allerdings noch Erfolge zu erzielen bei Kranken, die ihr Leiden schon Jahrzehnte haben und bei denen bisher jede Therapie versagt hat.** Bringt diese genau durchgeführte Ernährungsbehandlung nicht den auf Grund der Diagnose zu erwartenden Erfolg, so ist die Diagnose zu revidieren. (Maligne Prozesse und mechanische Hindernisse sprechen natürlich auf diese Heilkost nicht an.) Bei dem großen Heer vegetativ-neurotischer Störungen ist psychotherapeutische Behandlung, allgemeine Lebensberatung, Entspannungsbehandlung, autogenes Training zum Erfolg zusätzlich notwendig. So wird die biologische Heilkost auch zu einem sicheren Diagnostikum.

So gesehen wird die richtige natürliche Ernährung zwar nur ein Teil der Ganzheitsbehandlung sein, aber der zentrale Teil, sozusagen die feste Basis, von der aus die Erneuerung der Persönlichkeit ihren Ausgang nehmen kann. Denn wenn der Mensch (nicht nur der Kranke) einmal am Ernährungsproblem das Vollendete der Schöpfung erkannt hat, so wird es leichter gelingen, ihn auch auf anderen Gebieten des Lebens zu dieser Erkenntnis zu bringen, ohne die ein ganzes Heilwerden nicht möglich ist.

> *Wann werdet Ihr endlich einsehen,*
> *dass nicht Gott Krankheit, Leiden*
> *und Niedergang über uns schickt,*
> *etwa um uns zu strafen,*
> *sondern dass unsere Blindheit und*
> *unser ahnungsloser Ungehorsam*
> *gegen seine Gesetze dieses Unheil*
> *werden lassen.*
>
> Dr. med. Bircher-Benner

Rezept für Frischkornbrei

Er wird aus einer einzelnen Getreideart oder aus einer Mischung (z. B. Weizen, Roggen, Hafer, Gerste) hergestellt.
Drei Esslöffel Getreide (ca. 50 g) werden durch eine Kaffeemühle oder Getreidemühle grob geschrotet. Das Mahlen muss jedesmal frisch vor der Zubereitung vorgenommen werden. Dabei spielt es keine Rolle, ob die Getreidemühle mit Mahlsteinen oder einem Stahlmahlwerk arbeitet.
Nicht auf Vorrat mahlen!
Das gemahlene Getreide wird mit ungekochtem, kaltem Leitungswasser zu einem Brei gerührt und mehrere Stunden (bis zu zwölf) stehengelassen. Die Wassermenge wird so berechnet, dass nach der Quellung nichts weggegossen zu werden braucht. Dazu geben wir nach ca. 5-12 Stunden frisches Obst (je nach Jahreszeit), Zitronensaft, 1 Teelöffel Honig (nur manchmal, regelmäßig Honig kann Karies erzeugen), 1 Esslöffel Sahne (schmeckt auch gut mit geschlagener Sahne!) geriebene Nüsse nach Art des Bircher-Benner-Müslis.
Solange verfügbar, sollte man immer einen Apfel hineinreiben und sogleich untermischen. Der geriebene Apfel macht den Frischkornbrei besonders luftig und wohlschmeckend. Diese Zubereitungsart bekommt jedem, auch dem Magen-Darm-Empfindlichen.
Es ist ohne Belang, zu welcher Tageszeit dieser Brei genossen wird.

Ausführliche Literatur:
Leber-, Galle-, Magen-, Darm- und Bauchspeicheldrüsenerkrankungen
187 S. gebunden
ISBN 978-3-89189-008-0
emu-Verlag, 56112 Lahnstein

Weitere Kleinschriften von Dr. med Max Otto Bruker

1. Unser täglich Brot und der Zucker als Hauptursache für die modernen Zivilisationskrankheiten
2. Schlank werden ohne Hungerkur
3. Herzinfarkt, Asteriosklerose und Gallensteine sind verhütbar
4. Wie beugt man den ernährungsbedingten Zivilisationskrankheiten vor?
5. Ernährungsbehandlung der Leber-, Galle, Magen-, Darm- und Bauchspeicheldrüsenerkrankungen
6. Butter – ein hochwertiges Lebensmittel?
7. Vom Kaffee und seinen Wirkungen
8. Ärztliches Memorandum zur industriellen Nutzung der Atomenergie
9. Über den Unwert der heutigen Milch
10. Gesund durch richtige Ernährung (LVA-Schrift)
11. Die Story von den 2 »richtigen« Ernährungen
12. Ursachen der ernährungsbedingten Zivilisationskrankheiten (Mörder bekannt – kein Kläger)
13. Fett macht nicht fett (Fett)
14. Bakterien im Frischkornbrei
15. Sie vertragen Vollkornbrot nicht?
16. Krankheiten durch Fabrikzucker
17. Unser täglich Brot – eine tote Nahrung?
18. Wieviel und was soll man täglich trinken
19. Ballaststoffe sind kein Ballast
20. Scheinursachen verschleiern Zusammenhänge
21. Die Ernährung des älteren Menschen
22. Die Deckung des Eiweißbedarfs
23. Vitamin B12
24. Wissenswertes über Säfte
25. Rheuma – ernährungsbedingte Zivilisationskrankheit
26. Zöliakie
27. Das Allergie-Problem
28. Die Zuckerkrankheit –Verhütung und Behandlung
29. Gebissverfall
30. Weil du beim Reaktor wohnst
31. Die Ernährung des Kindes
32. Neurodermitis
33. Der Darmpilzrummel – Fehldiagnose Candida albicans –

Auch komplett als Sammelmappe zum Sonderpreis erhältlich!

emu Verlags- und Vertriebs GmbH · Dr.-Max-Otto-Bruker-Straße 3 · 56112 Lahnstein · www.emu-verlag.de

Dr. med. Max Otto Bruker

Kleinschrift
Nr. 6

Butter – ein hochwertiges Lebensmittel?

ernährung • medizin • umwelt

emu verlag

Butter – ein hochwertiges Lebensmittel?

Dr. med. M. O. Bruker

Es vergeht kaum ein Tag, an dem nicht in der ärztlichen Sprechstunde ein Patient voller Stolz erzählt, dass er seit Jahren keine Butter mehr esse, denn er habe gelesen und gehört, dass die Arterienverkalkung und der Herzinfarkt von den tierischen Fetten herrühre. Es erscheint deshalb dringend notwendig, der Frage nachzugehen, wie es zu solchen weitverbreiteten Vorstellungen kommen konnte und ob sie richtig oder falsch sind.

Die Gründe, die die Butter auf die Anklagebank brachten, sind mehrfacher Art. Bei der Arteriosklerose und dem Herzinfarkt, der vorwiegend auf arteriosklerotischen Veränderungen der Herzkranzgefäße beruht, befinden sich cholesterinhaltige fettartige Ablagerungen auf den Innenwänden der Blutgefäße. Da das Cholesterin nur in tierischen Fetten und nicht in pflanzlichen vorkommt, lag es zunächst nahe, die tierischen Fette für die Zunahme dieser Erkrankung in den letzten Jahrzehnten verantwortlich zu machen. Auch der Umstand, dass der Fettverbrauch entsprechend angestiegen war, wies scheinbar in dieselbe Richtung.

Bei der genaueren Durchforschung dieser Zusammenhänge zeigte sich aber, dass die Verhältnisse in Wirklichkeit ganz anders liegen. Zunächst weiß der Laie meist nicht, dass nicht nur die tierischen Fette, sondern auch andere tierische Produkte Cholesterin enthalten. So enthält z. B. eine Schweineleber 420 mg % und Kalbshirn 2300 mg % Cholesterin, während die Butter im Durchschnitt 240 mg % und Schlachtfette „nur“ 110 mg % Cholesterin enthalten. Schon diese Tatsache würde ausreichen, um verstehen zu können, dass die Einschränkung tierischer Fette allein für die Verhütung der Gefäßschäden nicht maßgebend wäre.

Nun gibt es aber genug Beobachtungen, die beweisen, dass die Cholesterinmenge, die in der Nahrung zugeführt wird, für die Entstehung der Arteriosklerose nicht von ausschlaggebender Bedeutung ist. Der Körper ist nämlich imstande, selbst Cholesterin zu bilden, so dass die erhöhte Cholesterinmenge im Krankheitsfall gar nicht von dem in der Nahrung zugeführten Cholesterin abhängig zu sein braucht. Man fand nämlich, dass die Höhe des Cholesterinspiegels im Blut von ganz anderen Faktoren abhängig ist.

Am bekanntesten und gesichertsten ist die Tatsache, dass die Zufuhr von ungesättigten Fettsäuren den Cholesteringehalt im Blut senkt. Auch diese gesicherte Beobachtung scheint zunächst wiederum die Butter als nachteiliges Fett zu verdächtigen, denn im Durchschnitt enthalten die pflanzlichen Fette und Öle mehr ungesättigte Fettsäuren als die tierischen, besonders was die wichtige hochungesättigte Linol- und Linolensäure betrifft. Unter den tierischen Fetten nimmt jedoch gerade die Butter in Bezug auf die ungesättigten Fettsäuren eine bevorzugte Stellung ein.

Die Menschen auf dieser Erde haben seit Jahrtausenden das Milchfett in Form von Milch oder Butter genossen und sind dadurch nicht krank geworden, geschweige denn, dass sie durch den Genuss von Butter einen Herz-

infarkt bekommen hätten. Schon der gesunde Menschenverstand wehrt sich gegen die Vorstellung, dass die Butter, die in Jahrtausenden keine Arteriosklerose erzeugt hat, nun einen Herzinfarkt begünstigen soll, obwohl die starke Zunahme der Gefäßerkrankungen und des Infarktes gar nicht mit einer entsprechenden Steigerung des Butterkonsums einhergeht. **In diesem Zusammenhang ist auch die Beobachtung Lapiccirellas beweiskräftig, der bei Somalistämmen keinerlei Gefäßschäden nachweisen konnte, obwohl diese Hirten täglich bis zu zehn Liter Kamelmilch trinken, die einen doppelt so hohen Fettgehalt hat wie Kuhmilch.**

Außerdem gibt es noch eine Fülle anderer Beobachtungen, die mit Sicherheit dagegensprechen, dass die arteriosklerotischen Gefäßerkrankungen und ihre Folgeerscheinungen ein reines Fettproblem sind. Nur einige Punkte sollen erwähnt werden:

1. Die Höhe des Cholesteringehaltes im Blut geht nicht mit dem Verzehr tierischer Fette parallel.
2. Die Zufuhr von pflanzlichen naturbelassenen Fetten mit hohem Anteil von hochungesättigten Fettsäuren senkt zwar unter bestimmten Voraussetzungen den Cholesterinspiegel, gibt aber keine Garantie für die Verhütung von Arteriosklerose oder Herzinfarkt.
3. Auch bei Vermeidung tierischer Fette kommen hohe Cholesterinwerte im Blut vor.
4. Es gibt Fälle schwerster Arteriosklerose, bei denen im Blut keine Vermehrung der Fettstoffe vorhanden ist, und umgekehrt gibt es
5. Fälle mit hohen Cholesterinwerten, in denen fettarme Kost keine Besserung bringt.

Die Lösung des Problems liegt an einer ganz anderen Stelle: Was der Körper mit dem Fett anfängt, ist einzig und allein abhängig von der Stoffwechsellage des betreffenden Menschen, d. h., ein intakter Stoffwechsel ist imstande, das angebotene Fett richtig zu verarbeiten, so dass es nicht zu krankhaften Ablagerungen kommt. Die Voraussetzungen für einen intakten Stoffwechsel liegen aber zweifellos in einer richtig ausgewogenen Ernährung, die alle Stoffe enthält, die für den richtigen Ablauf der Stoffwechselvorgänge unerlässlich sind. Fehlen solche Stoffe oder ist ihr Verhältnis zueinander einseitig verschoben, kommt es zu Stoffwechselentgleisungen, die schließlich dazu führen können, dass der Organismus mit dem Fettabbau nicht fertig wird und es so zur Cholesterinablagerung kommt. **Die Ursache der Arteriosklerose liegt also nicht im Fett, sondern äußert sich in einer Störung des Fettstoffwechsels,** genauso wie die Ursache der Rachitis nicht im Calcium**mangel** liegt, sondern in einer durch Vitaminmangel verursachten Kalk**verwertungs**störung.

Die Tatsache, dass die Arteriosklerose und der Herzinfarkt seit Jahrzehnten in genau demselben Maße zunehmen wie die anderen ernährungsbedingten Zivilisationskrankheiten, lässt überhaupt gar keinen Zweifel offen, dass ihrer Entstehung auch letzten Endes dieselben Ursachen zugrunde liegen.

Ganz in diesem Sinne sprechen die Beobachtungen von Prof. Yudkin, **dass Störungen im Kohlenhydratstoffwechsel durch Genuss isolierter Kohlenhydrate (Fabrikzucker und Auszugsmehle) für die Entstehung der Arteriosklerose von entscheidender Bedeutung sind.** Diese „neuen“ Forschungsergebnisse werden zwar als „aufsehenerregend“ und „alarmierend“ bezeichnet. Für diejenigen, die auf dem Ernährungsgebiet nicht Einzelbeobachtungen verhaftet sind, sondern die Ernährung als einen komplexen Vorgang erkennen, sind sie eine alte Selbstverständlichkeit. Als Beispiel sei auf das besonders häufige Vorkommen der Arteriosklerose bei Zuckerkrankheiten hingewiesen.

Im Prinzip ist daher eine „gesunde Ernährung" der beste Garant für die Verhütung ernährungsbedingter Zivilisationskrankheiten. Sie muss an Stelle der Auszugsmehlprodukte (Weißbrot und Graubrot, in Süddeutschland Schwarzbrot) Vollkornprodukte enthalten, die isolierten Kohlenhydrate (Fabrikzucker) sind erheblich einzuschränken, um den Vitamin B-Bedarf zu sichern, die wasserlöslichen Vitamine werden durch eine tägliche Frischkostzulage und rohes Obst garantiert, und für die Zufuhr von fettlöslichen Vitaminen und hochungesättigten Fettsäuren sorgen naturbelassene Fette. **Wenn auch den pflanzlichen Ölen hier eine erstrangige Bedeutung zukommt, so muss doch mit Nachdruck betont werden, dass auch die Butter zu den naturbelassenen Fetten gehört und ihr Genuss niemals Krankheit erzeugen kann.** Im Rahmen einer solchen biologisch vollwertigen Kost kann auch ein bereits arteriosklerotisch Erkrankter selbstverständlich ohne jedes Bedenken Butter verzehren. Da zu der vitalstoffreichen Vollwertkost auch die Verwendung naturbelassener pflanzlicher Öle gehört, ist die Garantie einer optimalen Versorgung mit hochungesättigten Fettsäuren gegeben.

Butter ist das einzige Fett, das nicht erst in der Leber umgewandelt werden muss, sondern direkt vom Körper verwendet werden kann.

Das Verbot des Naturproduktes Butter, das seit der frühesten Menschheitsgeschichte seine gesunderhaltenden Eigenschaften unter Beweis gestellt hat, wirkt wie eine Ironie. Es ist ein Kennzeichen unserer „verdrehten Zeit", dass überhaupt heute natürliche Lebensmittel wie Vollkornbrot und Butter gegen den Vorwurf, sie seien gesundheitsschädlich, verteidigt werden müssen, während Fabriknahrungsmittel, die in Wirklichkeit für viele Krankheiten verantwortlich sind, in getarnter und offener Reklame als vollendete Nahrungsmittel gepriesen werden und die Gefahren, die durch sie entstehen, von niemand erkannt werden.

Schließlich ist die besonders gute Bekömmlichkeit und Verträglichkeit der Butter auch für Magen-, Darm-, Leber- und Gallenkranke hervorzuheben. Natürlich ist bei diesen Kranken darauf zu achten, dass auch die **Butter (wie andere Fette) nicht mit den Speisen gekocht, sondern nach dem Kochprozess den Speisen zugesetzt wird.**

Falls die Butter in Zukunft ihre wichtige Stellung unter den Fetten nicht verlieren soll, ist es allerdings notwendig, dass sie wieder in so vollem Umfange wie früher naturbelassen bliebe. Denn die in den Molkereien übliche vorausgehende Pasteurisierung der Milch bzw. des Rahms bedeutet eine Minderung der Qualität, die unter anderem deutlich auch in einem Aromaverlust zum Ausdruck kommt. Sollte sich aber die bereits gehandhabte Uperisierung, d. h. eine noch wesentlich höhere Erhitzung der Milch zur längeren Konservierung durchsetzen – was heute bereits mit der H-Milch geschieht – und wird die Butter aus dieser erhitzten Milch gewonnen, so wird die Butter zu einem denaturierten Produkt herabsinken, das dann nicht mehr unter die natürlichen gesunderhaltenden Lebensmittel zu rechnen ist. Diesen schweren drohenden Einbruch in die Volksgesundheit zu verhüten und uns in der naturbelassenen Butter ein wichtiges Grundnahrungsmittel zu erhalten, das aus nicht erhitztem Rahm hergestellt werden sollte, ist Aufgabe der Zukunft.

7/2018 gr

Dr. med. Max Otto Bruker

Kleinschrift Nr. 7

Vom Kaffee und seinen Wirkungen

emu verlag

ernährung • medizin • umwelt

Gesamtherstellung: graphoprint, Koblenz

Vom Kaffee und seinen Wirkungen

Dr. med. M. O. Bruker

Bohnenkaffee ist für viele Menschen ein bedeutungsvoller Teil ihres Lebensinhaltes, zu dem sie stark gefühlsbetonte Bindungen haben. Es ist daher gewagt, über einen solchen Stoff, der zudem noch zu den Genussmitteln gehört, etwas Kritisches auszusagen. Man wird kaum je eine objektive Diskussion über ein Genussmittel erleben – eben wegen der lustbetonten Gefühle, die damit verbunden sind.

Ein *Bonmot* des New Yorker Krebsforschers Ernest L. Wynder kennzeichnet die psychologische Sonderstellung der Genussmittel treffend: *Als ich zu predigen begann, dass die Zigarette am Lungenkrebs schuld ist, verlor ich einige meiner Freunde. Als ich dann warnte, Whiskytrinken könne Mundhöhlen- und Speiseröhrenkrebs verursachen, verlor ich noch mehr Freunde. Und seitdem ich den Leuten erzähle, dass Nonnen keinen Gebärmutterkrebs bekommen, bin ich völlig vereinsamt.*

Nach Nedde (14)* lag der Verbrauch von Bohnenkaffee pro Kopf und Jahr vor dem **Bier und der Milch an der Spitze aller Getränke. Laut Kaffeereport 2017 trinkt jeder Bundesbürger 162 l im Jahr. Die Tatsache, dass der Kaffee zu einem alltäglichen Volksgetränk geworden ist, unterstreicht seine Bedeutung und zwingt uns geradezu, sich mit seinen Wirkungen genauer zu beschäftigen.

* s. Quellenverzeichnis
** Lt. Ifo-Institut München 1984: Bier 144,8 l, Milch 96,4 l.

Was der Kaffee alles enthält

Vorweg müssen wir uns mit den Inhaltsstoffen bekannt machen. Am einfachsten geht man dabei von dem Kaffee-Infus aus. Um vergleichbare Zahlen zu erhalten, nehmen wir 10 g Kaffee-Pulver auf 100 ml Wasser und rechnen eine Tasse zu 140 ml. Brühen wir für den Normalverbraucher eine Tagesdosis von 250 ml dieses *starken* Kaffees, so käme man ungefähr auf einen Gehalt von 270 mg Coffein, 825 mg Chlorogensäure, 1600 mg Kaffeesäure, 188 mg Chinasäure, 90 mg Trigonellin, 8 mg Cholin und 325 mg Kalium. Dies sind nur Annäherungszahlen. Je nach Sorte werden Werte bis zur doppelten Höhe angegeben. In Prozenten ausgedrückt, liegt der Coffeingehalt zwischen 0,9 und 1,8, aber auch Werte von 3 % werden genannt (10).

Die Chlorogensäure entsteht während des Röstprozesses; die Kaffee- und Chinasäure sind Abbauprodukte der Chlorogensäure. Für die *Bekömmlichkeit* sind diese Säuren von Belang. Die Chinasäure ist bei vielen Spezies ein Ausgangsprodukt für die Biosynthese von aromatischen Aminosäuren vom Typ des Tyrosins und des Phenylalanins.

Die Kaffeesäure gehört als Grundbaustein in die Reihe der zahlreichen Flavonkörper, die man wegen ihrer gefäßabdichtenden und das Vitamin C unterstützenden Wirkungen unter der Sammelbezeichnung P-Faktoren den Vitaminen zurechnet. Ähnliches gilt für Trigonellin, ein Methylierungsprodukt der Nikotinsäure. Tatsächlich entsteht bei dem Röstprozess aus dem Trigonellin Nikotinsäure durch Entmethylierung. Der Gehalt an Nikotinsäure beträgt je nach Kaffeesorte 2 bis 10 mg/dl.

Für die Chlorogensäure und das Röstkaffeefett ist erwiesen, dass sie pharmakologisch messbar Nerven gleichsinnig reizen wie das Coffein. Mit beiden Bestandteilen lässt sich im Rattenversuch die Reizschwelle für Elektroschocks senken (6). Die Wirkung der Chlorogensäure und des Kaffeefetts als Coffein-Synergisten erklärt auch, warum coffeinfreier Kaffee immer noch etwa ein Viertel so stark wie coffeinhaltiger Kaffee wirkt.

Die Chlorogensäure ist aber kein Röstkaffee-spezifisches Produkt. Sie findet sich auch in anderen pflanzlichen Nahrungsmitteln. In 100 g Kartoffeln sind z. B. 385 mg Chlorogensäure enthalten. So wäre in 500 g Kartoffeln ein Coffein-Äquivalent von Chlorogensäure enthalten, das einer Tasse starken Bohnenkaffees entspräche. Wegen der unterschiedlichen Resorptionsverhältnisse ist ein solcher Vergleich freilich problematisch. Auch Äpfel, Weintrauben, Birnen usw. enthalten Chlorogensäure von ca. 120 mg auf 100 g (10, 13).

Zu den Reizstoffen im Röstkaffee gehört auch das schwefelhaltige *Merkaptan.* Der Vollständigkeit halber seien noch äthyläther-lösliche Substanzen, Tannine, Aromastoffe, Eiweißkörper, Mineralsalze (außer Kalium) und Mannan als weitere Bestandteile des Kaffeeaufgusses erwähnt.

Die Verbrennungsprozesse während des Röstvorganges hinterlassen eine große Zahl von Abbau- und Oxidationsprodukten, die vorwiegend das Aroma prägen, aber wenig physiologische Bedeutung haben. So ist über die reichlich vorhandenen Zuckerabbauprodukte der Furfurole noch wenig bekannt.

Beim Rösten kommt es zu geringen Verlusten von Coffein. Trotzdem liegt der Coffeingehalt des Röstkaffees meist höher als der des Rohkaffees, da der Röstverlust an Coffein durch das Verdampfen von Flüssigkeit wieder ausgeglichen wird.

Außer dem normalen Konsumkaffee, der trommelgeröstet ist, gibt es auch einen *gedämpften* coffeinhaltigen Kaffee. Hierbei wird die Bohne 60 Minuten mit Wasserdampf bei 2 atü bearbeitet. Der Merkaptangehalt dieses Kaffees liegt um 50 % niedriger als der des normalen Kaffees, der von entcoffeinisiertem und gedämpftem Kaffee sogar um 60 %. Demgegenüber weist der im Heißluftstrom bei sehr hoher Temperatur kurzfristig geröstete Kaffee einen Merkaptan-Gehalt auf, der 50 % über dem normalen trommelgerösteten Kaffee liegt. Diese verschiedenen Bearbeitungen führen dann zu den Handelsbezeichnungen *bekömmlich, säurearm, mild* usw.

Coffein: im Tee wie im Kaffee

Die physiologische Wirkung des Kaffees beruht größtenteils auf dem Coffeingehalt. Wegen der zahlreichen anderen Inhaltsstoffe lassen sich aber Coffein und Kaffeeaufguss im Effekt nicht ohne weiteres gleichsetzen. Am gründlichsten untersucht sind die Wirkungen, die auf dem Coffeingehalt beruhen. Soweit es den Coffeineffekt betrifft, kann schwarzer Tee mit Kaffee gleichgesetzt werden.

Coffein (= Trimethylxanthin) erregt das Vasomotoren- und Atemzentrum, aktiviert den Kreislauf, verbessert die Stoffwechselverhältnisse und fördert die Tätigkeit der Großhirnrinde. Gedankliche Assoziationen werden erleichtert. Andererseits wird die Präzision und Koordination bei geistigen Leistungen durch Coffein beeinträchtigt.

Die motorischen und sensorischen Reflexabläufe werden beschleunigt. Diese erhöhte vegetative Erregbarkeit ist experimentell eindeutig nachgewiesen mit elektronischen, oxymetrischen, strömungskalorimetrischen und photoplethysmographischen Methoden (7). Die Senkung der sensorischen und vegetativen Reizschwelle durch coffeinhaltige Getränke führt gleichzeitig zu einer gesteigerten Schmerzempfindlichkeit.

Nachteilig für Vegetativ-Dystone

Die Wirkung geht also nicht unmittelbar auf die einzelnen Organe, z. B. die sekretorischen Drüsen des Verdauungsorgans, auf die Muskulatur der Gallenwege, des Magen-Darms und der Gefäße oder auf den Herzmuskel, sondern über die hormonalen und neuralen Steuerungsmechanismen. Dies erklärt viele scheinbar sich widersprechende klinische Beobachtungen. Die Ausgangslage spielt für den Ablauf der autonomen Steuerungsfunktion eine ausschlaggebende Rolle.

Allen experimentellen Ergebnissen ist eins gemeinsam: Bei *gestörtem* vegetativem Gleichgewicht werden nur nachteilige Wirkungen beobachtet. Da es praktisch keine Erkrankung gibt, bei der die autonomen Regulationsmechanismen ungestört bleiben, und da es für jede Krankheit zutrifft, dass sie den ganzen Menschen trifft, wird es verständlich, dass scheinbar positive Indikationen, die sich aus der physiologischen Wirkung von Coffein herleiten, sich am *Kranken* gegenteilig auswirken: Vermehrte Reflexbereitschaft kann bei pathologischen Kreislaufsituationen gefährlich werden; im Gebiet der Gallenwege kann es zur Auslösung von Schmerzsyndromen kommen, koronare Schmerzattacken können sich bis zum Infarktgeschehen steigern und cerebrale Insulte (sogenannter Schlaganfall) ausgelöst werden. Die Senkung der Reizschwelle kann auch die Vermehrung von Myalgien und cervicalen und lumbalen Wurzelreizsyndromen erklären.

Vorsicht bei Tachykardien (beschleunigte Herztätigkeit)

Einigkeit besteht darüber, dass kardiale Insuffizienzen mit Tachykardien und Tachyarrhythmien eine Kontraindikation für Coffein darstellen. Aber auch bei Dekompensationen, bei denen ein Anstieg der Herzfrequenz unerwünscht ist, bringt Coffein eine verschlechterte Ökonomie. Ebenso ist Coffein bei thyreogenen (durch die Schilddrüse bedingt) Herzinsuffizienzen mit gesteigertem Herzminutenvolumen kontraindiziert (7).

Es besteht auch weitgehend die Übereinstimmung darüber, dass Bohnenkaffee im Stande ist, bei Magen-, Leber-, Gallen- und Darmkranken Unverträglichkeitserscheinungen hervorzurufen, die z. T. über vegetative Beeinflussung zustande kommen, z. T. aber auch unmittelbar durch die Reizstoffe Merkaptan und Chlorogensäure. Hier ist ein deutlicher Unterschied zwischen Kaffee und Tee zu erkennen: Ein weiterer indirekter Beweis dafür, dass den Röstprodukten die Unverträglichkeit seitens der Verdauungsorgane anzulasten ist.

Es kommt zu erhöhter Sekretion des Magens und subjektiv zu Sodbrennen, Völlegefühl und Übelkeit, ferner zu gesteigerter Pepsin- und Kathepsin-Proteolyse; die Peristaltik wird angeregt, die sich am Darm bis zur Diarrhoe steigern und an den Gallenwegen zu Koliken führen kann. Milchzusatz oder Filtern des Kaffees ändern daran nichts. Dies haben Untersuchungen von Neumann (15), Buhr (4) und Landgrebe (5) ergeben.

Mittlerweile sind auch Zusammenhänge zwischen Kaffeegenuss und der Entstehung von Krebs der Bauchspeicheldrüse berichtet. MacMahon verglich den Tabak-, Alkohol-, Tee- und Kaffeekonsum von 369 Patienten mit histologisch nachgewiesenem Krebs der Bauchspeicheldrüse mit den verbrauchten Mengen bei 644 Kontrollpersonen. Zwischen Zigarren- und Pfeifenrauchen, Alkohol- und Teegenuss und dem Auftreten von Bauchspeicheldrüsenkrebs war keine Verbindung herstellbar. Beim Zigarettenrauchen war minimaler, beim Kaffeegenuss jedoch ein ausgeprägter Zusammenhang für beide Geschlechter erkennbar. Das Verhältnis zwischen Kaffeekonsum und Auftreten von Bauchspeicheldrüsenkrebs war nicht durch Zigarettenrauchen beeinflusst, jedoch dosisabhängig von der Kaffeemenge: Je größer die getrunkene Menge, um so größer das Risiko. (17) MacMahon B. und Mitarbeiter: Coffee and cancer of the pancreas, New English J. Med. 304 (1981) 630-633.

Nur scheinbare Steigerung der Leistungsfähigkeit

Weil Kaffee die Kreislauftätigkeit aktiviert, den Stoffwechsel beschleunigt, die Tätigkeit der Großhirnrinde anregt, gedankliche Assoziationen erleichtert und ein Gefühl größerer Leistungsfähigkeit erzeugt, erscheint sein Genuss direkt als Idealmittel, um das Aktivitätsniveau nicht nur des Gesunden, sondern auch des Kranken anzuheben. Von dieser Indikation wird tatsächlich viel Gebrauch gemacht. Die stimmungshebenden Effekte des Kaffees beruhen neben dem Coffein auch auf den Wirkungen der Geschmacks- und Aromastoffe, der Chlorogensäure, des Röstkaffeefetts und der Furfurole. Diese stimulierende und euphorisierende Wirkung des Kaffees ist neben seinem Gehalt an Aromastoffen zweifellos der Grund, weshalb sich der Kaffee die Welt erobert hat. Im Widerspruch dazu haben alle Untersuchungen, die diese Leistungssteigerung zu objektivieren suchten, ergeben, dass im Endeffekt der Kaffee nicht zu einer Leistungssteigerung, sondern zu einer -minderung führt.

Wie sind diese Widersprüche zu erklären? Ganz einfach: Bei dem stimulierenden und euphorisierenden Effekt handelt es sich lediglich um eine *kurzdauernde Erstwirkung,* die im Organismus nach kurzer Zeit eine Gegenregulation auslöst, die genau das Gegenteil bewirkt.

Luff, Vogler und Bardong (12) objektivierten diese Tatsachen in interessanten Versuchen an dem *Kugeltestgerät von Brühner:* Die Versuchsperson muss aus einem Reservoir von 25 Kugeln fünf verschiedener Größen eine passende auswählen und sofort in eine gleich große Offnung einer umlaufenden Walze legen. Die rhythmische Freigabe der einzelnen Öffnungen ist von der Umlaufgeschwindigkeit der Walze abhängig. Die Geschwindigkeit ist automatisch steuerbar. Nach Genuss von 2 Tassen stark coffeinhaltigen Bohnenkaffees sinkt die anfängliche Mehrleistung signifikant ab.

Auch andere Autoren versuchten durch geeignete Versuchsanordnungen Einblick in die objektive Wirkung des Kaffees zu gewinnen. Mit Hilfe des *Flimmertests* lässt sich deutlich die unterschiedliche Wirkung coffeinhaltigen Bohnenkaffees auf Kreislaufgesunde und auf Kreislaufkranke mit vegetativer Übererregbarkeit erkennen.

Wirken Hell und Dunkel in periodischer Folge ein, so wird zunächst ein Flackern, bei schnellerem Wechsel ein Flimmern und schließlich nur noch ein einheitliches Licht wahrgenommen Der Übergang vom Flimmern zum einheitlichen Licht, der bei ansteigender Frequenz unvermittelt eintritt, wird als *Verschmelzungsgrenze* bezeichnet. Geht man vom Verschmelzungseindruck unter der höheren Frequenz aus und verringert sie, so setzt ebenso plötzlich wieder Flimmern ein. Die Frequenz, unter der es zu flimmern beginnt, ist die *Flimmergrenze.* Verschmelzungs- und Flimmergrenze liegen normalerweise dicht beieinander. Die Geschwindigkeit des Lichtwechsels, bei der diese Grenzen erreicht werden, wird als *Flimmerverschmelzungs-Frequenz* bezeichnet.

Bei Kreislauflabilen beobachtete Landgrebe nach coffeinhaltigem Kaffee lediglich einen kurzen Anstieg der Flimmerverschmelzungs-Frequenz, dem ein starker Abfall folgte, während nach coffeinfreiem Kaffee die Frequenz mäßig und länger anhaltend anstieg (11).

Vorsicht: Gegenregulation!

Die doppelphasige Wirkung des Coffeins erklärt die unterschiedlichen Urteile über den Kaffee. So konnte z. B. der Sportmediziner Ludwig Prokop (16) eine deutliche Verstärkung der Adrenalinwirkung durch Coffein nachweisen. Er kam zu folgendem Urteil: *Hinsichtlich sportlicher Leistungen müssen vor kreislaufbelastenden Dauerleistungen des Trainings und Wettkampfs Bedenken gegen die Aufnahme von coffeinhaltigem Kaffee erhoben werden.*

Aufgrund eingehender Untersuchungen kommt Albanese (1) zu folgendem Urteil über den Kaffee: Er wirkt *physiologisch negativ.* Das Außerachtlassen der gegenregulatorischen Zweitphase ist schuld an den unzähligen Fehlurteilen über die wahre Natur der Kaffeewirkung. Wie sich das praktisch auswirkt, möchte ich an dem Beispiel der Hypotonie (niedriger Blutdruck) aufzeigen:

Die routinemäßige Verordnung von Bohnenkaffee bei Hypotonikern, die leider immer noch die Regel ist, kann für den Kranken den Anfang eines Leidensweges bedeuten, der ihn zwangsläufig in immer vermehrte Störungen hineinführt. Die Verordnung von Kaffee bei niedrigem Blutdruck geht von der theoretischen Vorstellung aus, dass der Blutdruck durch eine Verengung der Gefäße gesteigert werde.

Ganz abgesehen davon, dass diese Annahme irrig ist, würde der gewünschte therapeutische Effekt auch dann nicht eintreten, wenn der Kaffee tatsächlich eine Blutdrucksteigerung hervorriefe. Denn angenommen, der Kaffee wäre imstande, ein Teilgebiet der Gefäße zu verengen, so müsste zwangsläufig gefordert werden, dass ein entsprechendes anderes Gefäßgebiet sich um ebensoviel erweitert, damit die Gesamtkapazität des Gefäßgebietes wieder der augenblicklichen Blutmenge entspricht. Träte in einem Gefäßgebiet eine Erweiterung der Gefäße auf, ohne dass gleichzeitig in einem anderen Gefäßgebiet die entsprechende Verengerung einträte, müsste es zu einem Leerlauf in den Gefäßen und damit zu einem Kollaps kommen. Da dies in Wirklichkeit nicht der Fall ist, müssen Ausgleichsregelungen angenommen werden.

Da nach Aufhören der Erstwirkung jenes Gefäßgebiet, das vorher enger gestellt war, sich weiterstellt infolge der Gegenregulierungen, und dasjenige, das vorher weitergestellt war, nun enger gestellt wird, ist in der Zweitwirkung genau das Gegenteil von dem erreicht, was therapeutisch angestrebt wurde.

Kaffee und Tee erzeugen Unruhe im Gefäßsystem

Hierin liegt aber nicht der einzige Nachteil der Kaffeeverordnung. Das Negative liegt in der Unruhe, die durch den vasoaktiven Stoff des Coffeins in die Kreislaufregulierung hineingetragen wird. Hypotoniker sind meist an sich schon Menschen, die durch eine labile Kreislaufregulierung gekennzeichnet sind, und gerade für diese Menschen sind der Bohnenkaffee und der schwarze Tee das ungeeignetste Mittel.

Die Praxis zeigt dies auch deutlich. Ein großer Teil der Menschen mit niedrigem Blutdruck trinkt den Kaffee nur, weil er ärztlich verordnet ist, obwohl die meisten merken, dass er ihnen gar nicht bekommt. Für diese Kranken ist die Aufklärung darüber, dass der Kaffee für sie nachteilig ist, häufig eine große Erleichterung und die absolute Voraussetzung für die Beseitigung ihrer Beschwerden.

Hoher bzw. niedriger Blutdruck ist nie Ursache einer Krankheit, sondern bereits ein Krankheitssymptom.

Hier erscheint es besonders wichtig, auf den großen Irrtum hinzuweisen, der darin besteht, dass häufig angenommen wird, der niedrige Blutdruck sei die Ursache einer Leistungsschwäche oder anderer Beschwerden. Der niedrige Blutdruck ist genauso wenig die Ursache der herabgesetzten Leistungsfähigkeit wie etwa eine blasse Gesichtsfarbe, sondern beides sind lediglich Symptome einer tiefer liegenden Störung. So könnte man durch eine Warmauflage auf das Gesicht zwar die Blässe vorübergehend beseitigen, aber man könnte dadurch keinen Einfluss auf die zugrundeliegende Störung gewinnen, auf die die Gesichtsblässe lediglich ein Hinweis ist. So ist ein Thermometer, das die Zimmertemperatur angibt, lediglich ein Messgerät, mit dem man die Temperatur feststellen kann, aber niemals der *Verursacher* der Zimmertemperatur.

Der Versuch, auf den Blutdruck mit Kaffee oder Tee einzuwirken, entspricht lediglich einem Herumbasteln am Symptom und erschwert die Beseitigung der Dysregulation. Gefäßaktive Stoffe wie Kaffee und Tee sind häufiger, als allgemein angenommen wird, ein Grund, weshalb andere therapeutische Maßnahmen erfolglos bleiben.

Hypertonie (erhöhter Blutdruck) wird häufig als Gegenanzeige für Kaffee angesehen. Viele richten sich nach dieser Regel, obwohl sie in dieser Strenge nicht zu Recht besteht. Der Irrtum wird jedoch komplett, wenn man aus der Tatsache, dass Kaffee bei hohem Blutdruck ungünstig sei, den Schluss zieht, er sei bei niedrigem Blutdruck notwendig. Die Erfahrung zeigt, dass der Genuss von Kaffee dem kompensierten Hypertoniker weniger schadet als dem Hypotoniker. Trotzdem bringt für jeden Gefäßkranken, gleich welcher Art, die Vermeidung gefäßaktiver Substanzen nur Vorteile. 1957 referierte Klein (9) in der Medizinischen Klinik unter der Überschrift *Zur Pathogenese des plötzlichen Herztodes* über zahlreiche Fälle, bei denen der plötzliche Herztod ohne nachweisbar vorangegangene Erkrankung scheinbar mitten aus voller Gesundheit oder nur mit geringen, unscheinbaren, subjektiven Beschwerden als Vorboten eintritt. Er schloss alle jene Fälle aus, bei denen der Tod als Folge bzw. auf der Grundlage einer infektiös-toxischen Myocardschädigung eingetreten war oder bei denen eine akute Toxikose vorlag, sowie jene Fälle von plötzlichem Herztod nach akuter Überanstrengung des Herzens bei Sportlern. Er fand bei einer nicht geringen Anzahl von Personen, die ohne erkennbare Ursache an plötzlichem Herztod starben, dass in der Vorgeschichte der excessive und missbräuchliche Genuss von coffeinhaltigen Getränken eine größere Rolle spielt als die Tabakgifte. Auch weist er darauf hin, dass die Genussgifte, insbesondere Tabak und Coffein außer der langdauernden Schädigung des vegetativen Nervensystems noch in der Weise eine verheerende Wirkung ausüben, indem sie das physiologische Ermüdungsgefühl beseitigen bzw. darüber hinwegtäuschen und auf diese Weise die kompensatorische Entspannung von Nervensystem und Kreislaufapparat verhindern.

Auch Samuel Hahnemann, der Begründer der Homöopathie, nimmt zum Kaffee Stellung: In § 260 des Organon verweist er darauf, dass bei homöopathischer Behandlung alles aus der Diät und Lebensordnung entfernt werden müsse, was irgendwie arzneilich wirken könnte. Unter den aufgeführten Schädlichkeiten erwähnt er den Kaffee und chinesischen Tee an erster Stelle.

Kaffee täuscht Mehrleistung vor

Noch unheilvoller wirkt sich die doppelphasige Wirkung des Kaffees aus, wenn er zu dem Zweck benützt wird, die körperliche und psychische Leistungsfähigkeit steigern zu wollen. Dasselbe gilt vom schwarzen Tee. Allein aus kritischer Überlegung folgt, dass auf die Dauer eine Mehrleistung durch ein Pharmakon nicht erzielbar ist. Einfacher ausgedrückt: Man kann aus dem Organismus auf die Dauer nicht mehr Kräfte herausholen, als ihm innewohnen. Wohl aber kann man zeitlich verlagern; das heißt, die augenblickliche Mehrleistung geht auf Kosten der Leistungsreserve.

Das überzogene Leistungskonto

Die Zahl der Patienten ist außerordentlich groß, die angeben, dass sie ohne Kaffee oder Tee schon seit Jahren nicht imstande wären, ihre Lebensaufgaben zu erfüllen. In diesen Fällen liegt das Bedenkliche des Kaffees nicht in dem chemisch an sich harmlosen Stoff, der pharmakologisch nur kurzfristig wirkt, sondern in der Tatsache, dass er die von ihm Abhängigen in die Lage versetzt, scheinbar ungestraft über längere Zeiträume ihre Leistungskonten zu überziehen. In der Vorgeschichte sogenannter *Nervenzusammenbrüche,* die oft ein Versagen der Ausgleichsmechanismen darstellen, findet man häufig neben seelischen Belastungen einen hohen Konsum von Genussmitteln.

So spielt der Kaffee für Entstehen und Bestehenbleiben der sogenannten Spannungskrankheiten eine ausschlaggebende Rolle. Bei etwa zwei Dritteln aller *Migränekranken* liegt ein *chronisches Überlastungssyndrom* vor, das ohne Kaffee häufig gar nicht zu einem solchen Maße hätte anwachsen können.

Ob für einen bestimmten Migränepatienten Kaffee oder Tee eine ursächliche Rolle spielt, ist daran zu erkennen, dass diese Kranken angeben, ihre Anfälle besserten sich durch Kaffee. Bei diesen Kranken ist zur endgültigen Heilung der Verzicht auf Kaffee eine absolute Voraussetzung.

Den Teufelskreis aufbrechen

Für viele erscheint es zunächst bequemer, die Fehler in der Lebensführung bestehen zu lassen und die resultierende Dauerspannung durch das augenblickliche Linderungsmittel des Kaffees auszugleichen. Früher oder später zeigt es sich aber, dass man nicht ungestraft seinen Problemen ausweichen kann. Es ist wichtig, die Rolle des Genussmittels als untaugliche und bisweilen gefährliche Scheinlösung zu durchschauen.

Zahllose Menschen erwachen morgens abgespannt und müde und geben an, erst nach einer Tasse Kaffee oder Tee zur Arbeit fähig zu sein. Manche davon wird man noch zu den Gesunden rechnen. Der größte Teil von ihnen gehört aber bereits wegen anderer Beschwerden, meist funktioneller Art, ärztlich behandelt. Unter ihnen wiederum leiden viele an *Schlafstörungen.* Für alle diese ist echte Hilfe nicht möglich, solange durch kurzfristig wirkende Stimulantien der Tagesrhythmus durcheinander gebracht wird.

Wer ohne symptomatische Arzneimittel seine täglichen Aufgaben nicht mehr erfüllen kann, steckt bereits in einer Phase, bei der Ursache und Wirkung so verwischt sind, dass er nicht mehr weiß, ob er leistungsunfähig ist, weil er Kaffee trinkt, oder ob er Kaffee trinkt, weil er leistungsunfähig ist.

Die primäre Ursache der herabgesetzten Leistungsfähigkeit, des gestörten Schlafes und anderer vegetativer Beschwerden liegt meistens nicht im Kaffeegenuss, sondern in anderen Belastungen, die uns das moderne Leben in Hülle und Fülle beschert. Der Versuch, die wahren Ursachen zu überspielen oder nicht wahrhaben zu wollen und die Probleme durch Hinwendung zu Genussmitteln zu lösen, ist der untauglichste und ungeeignetste Weg.

Gäbe es nicht die Möglichkeit, durch die Flucht ins Genussmittel die Situation zu verschleiern, so wäre der Kranke gezwungen, einen sinnvollen Heilweg einzuschlagen, statt sich mit Ersatzmitteln zu behelfen. Die Rolle des Kaffees ist hier deshalb so verhängnisvoll, weil dem Betroffenen diese Zusammenhänge nicht bekannt sind. Im Gegenteil, der Kranke hält den Kaffee für sein wichtigstes Hilfsmittel, obwohl gerade er das Durchbrechen des Teufelskreises unmöglich macht.

Gelingt es der ärztlichen Führung, diesen Kreis zu durchbrechen, so ist es für den Patienten sehr eindrucksvoll, wenn er erlebt, dass er ohne Kaffee wieder leistungsfähiger wird. Er erkennt seine tatsächlichen Grenzen, die er dann auch anzuerkennen gezwungen ist. In der Praxis liegen die Dinge aber meistens noch komplizierter, da durch gleichzeitig eingenommene Schlaf-, Kreislauf-, Beruhigungs- und Weckmittel die Situation fast undurchschaubar geworden ist.

Unter dem Millionenheer von Kranken, die glauben, ohne Beruhigungs- und Entspannungstabletten und Mittel gegen Angst (Tranquilizer) nicht leben zu können, sind viele Kaffeetrinker. Ist es aber nicht widersinnig, auf der einen Seite Kaffee zu trinken und auf der anderen Seite einen Tranquilizer zu nehmen?

P. Lendenbrock (USA) bringt aufgrund seiner Untersuchungen die Zunahme spastischer Leiden mit der *systematischen Beschickung des Körpers mit oft nur gering dosierten Genussgiften* in Zusammenhang. Er vergleicht den Menschen von 1962 mit dem von 1932 und stellt heraus, dass im Alter zwischen 25 und 50 Jahren von dem Genussmenschen 1962 acht- bis zwölfmal so viel Genussgifte verkonsumiert werden. Verbrauch von Kaffee und Tee ist zu einer *gesundheitswidrigen Tagesselbstverständlichkeit* geworden. Als Beweis führt er die schnelle Lösung von Krampfzuständen bei striktem Verzicht auf Kaffee und Tee an.

Das Kaffeeproblem erweist sich also in erster Linie als ein psychologisches. Hier deckt sich das Problem mit dem jedes anderen Genussmittels. Wollten wir die Bedeutung des Kaffees nur vom pharmakologischen und toxikologischen Standpunkt aus betrachten, so könnten wir sein eigentliches Wesen nicht erfassen. Denn dadurch, dass wie bei jedem Genussmittel auch beim Kaffee die Möglichkeit einer Sucht besteht, komplizieren sich die Verhältnisse. Steckt der Kranke bereits in dem Teufelskreis, so dass er sich aus eigener Kraft nicht mehr aus ihm befreien kann, so kann hier durch ein Verbot überhaupt nichts erreicht werden. Auch der Hinweis auf evtl. gesundheitliche Nachteile durch Kaffeegenuss wird hier nicht ausreichen. Ebenso wird eine Entziehungskur in der Klinik nur dann von Erfolg sein, wenn es gelingt, die psychologischen Hintergründe des Kaffeegenusses dem einzelnen Kranken klar zu machen. Am häufigsten ist der Kaffeegenuss einfach das Symptom einer Ersatzbefriedigung. Diese Menschen erkennt man daran, dass sie sagen: *Was habe ich dann noch vom Leben, wenn ich meinen Kaffee nicht mehr habe ?*

Wir sehen, dass der Kranke oder der scheinbar noch Gesunde den Kaffee nicht selten dazu benutzt, um sein Leistungskonto zu überziehen, oder als Hilfsmittel, um die Fehler seiner Lebensführung möglichst lange beibehalten zu können. Bei anderen mögen solche Gründe ursprünglich zum Kaffeegenuss geführt haben, sind aber inzwischen ohne Bedeutung geworden, und nun ist der Kaffeegenuss für diesen Menschen nur noch eine harmlose Gewohnheit. Dann sollen wir ihn auch dabei lassen.

Es ist ein spezifisches Kennzeichen jedes Genussmittels, dass die Freiheit des Menschen diesem Stoff gegenüber verloren geht. Wenn jemand anfängt, Leberwurst zu essen, und er isst immer häufiger Leberwurst, so tritt genau das Gegenteil ein wie beim Genussmittel: Er bekommt allmählich eine Abneigung. Das Kennzeichen des Genussmittels ist es, dass eine immer festere Bindung zu dem Genießenden entsteht. So gibt es den Raucher und den Nichtraucher, wir verstehen darunter Menschen, die entweder immer rauchen oder nie rauchen. In diesem Sinne gibt es keine Leberwurstesser, also Menschen, die zu jeder Tageszeit unglücklich sind, wenn sie keine Leberwurst haben. Wie einfach wäre das Kaffeeproblem, wenn es dem Menschen freistehen würde, ab und zu mal als besonderen Genuss Kaffee zu trinken, bei besonderen, gemütlichen Anlässen oder Festlichkeiten.

In meiner Praxis handele ich nach folgender groben Faustregel: Bei dem Kranken, der angibt, ohne Kaffee könne er nicht mehr leben, bemühe ich mich aufs Intensivste, ihn von dieser Sklaverei zu befreien. Dasselbe halte ich für nötig bei allen denjenigen, die mit Hilfe des Kaffees ihr Leistungskonto überziehen. Wer aber den Kaffee lediglich zur Erhöhung der Gemütlichkeit genießt und noch die Freiheit empfindet, ihn lassen zu können, wenn es nötig wäre, diesem Menschen könnte man den Kaffee empfehlen. Aber wie wenigen Menschen von solcher Freiheit begegnen wir?

Es liegt im Wesen eines Genussmittels, dass ihm im Laufe der Zeit Wirkungen zugesprochen werden, die einer genauen Nachprüfung nicht standhalten. So begegnet man immer noch der falschen Vorstellung, dass Coffein die Herzkranzgefäße erweitere. Es ist verständlich, dass die daraus resultierenden Fehlanzeigen nicht ganz ungefährlich sind.

Es ist auch wichtig zu wissen, dass Coffein auf das Herz nicht direkt, sondern nur indirekt wirkt. Man weiß, dass Coffein die Fördervolumina des Herzens vergrößert und dass der periphere Gesamtströmungswiderstand sinkt. Diese Reaktionen waren bei Kranken mit erhöhtem Blutdruck am deutlichsten. Unter kreislaufgesunden Probanden ließen nur die nicht an Coffein Gewöhnten kreislaufdynamische Effekte erkennen. Soweit sie das Herz betreffen, sind sie dem relativ hohen Kaliumgehalt und nicht dem Coffein zuzuschreiben. Dasselbe gilt auch für die Diurese: Coffeinfreier Kaffee erzeugt denselben harntreibenden Effekt wie coffeinhaltiger.

Schließlich taucht noch die Frage auf,

ob nicht der Staat die Pflicht hätte, hier dirigierend einzugreifen. Wie im ärztlichen Dienst mit einem Verbot nichts zu erreichen ist, so wäre es sicher verfehlt und erfolglos, wenn das Gesundheitsministerium durch gesetzliche Maßnahmen die Genussmittelsucht zu drosseln suchte. Nur durch unermüdliche Aufklärung durch Ärzte, die diese Zusammenhänge erkannt haben, wird etwas zu erreichen sein. Eine Unterstützung dieser Aufklärungsarbeit durch den Staat wäre allerdings eine große Hilfe.

Wenn wir das Urteil über den Kaffee für *Kranke* zusammenfassen, so bleiben eigentlich nur Nachteile. Und für den Gesunden bleibt die Chance, auch bald zu den Kranken zu zählen, falls er in den Sog der Sucht gerät.

Bei Diskussionen über das Für und Wider des Kaffees wird häufig die Ansicht vertreten, es sei völlig aussichtslos, dem Kranken den Rat zu geben, das Genussmittel aufzugeben; denn er tue es ja doch nicht. Demgegenüber bin ich der Ansicht, dass es die Pflicht des Arztes ist, den Kranken über die Zusammenhänge aufzuklären, unabhängig davon, ob der Kranke den Rat nachher befolgen wird oder nicht.

Wenn es der Krankheitsfall wirklich erfordert, d. h. wenn das Genussmittel der Heilung im Wege steht, versucht der Kranke oft, die Argumente damit zu entkräften, dass er behauptet, er hätte noch nie gehört, dass Kaffee nachteilig sei.

Schließlich hört man häufig den Einwand, das Weglassen eines Genussmittels habe für den Patienten, der daran gewöhnt sei, infolge der psychischen Belastung größere Nachteile, als das Weglassen Vorteile bringe. Ich persönlich bin einem solchen Fall noch nie begegnet. Im Gegenteil, der Patient ist nachträglich außerordentlich dankbar, wenn er ein besseres Wohlbefinden über längere Zeit gegen die kurzdauernde Lustempfindung während des Kaffeetrinkens oder Zigarettenrauchens eintauscht.

Quellenverzeichnis

1. Albanese, F.: Zur Bestimmung von Bestandteilen von Kaffeeinfusen aus behandeltem bzw. unbehandeltem Bohnenkaffee: Dt. Lebensmittel-Rundschau, 60. Jahrg., 1964, Heft 2, S.38 f.
2. Apel, G. und V. Schenck: Vergleichende klinische Untersuchungen über die Reaktion von Magen, Leber und Gallenblase auf Bohnenkaffee. Ärztl. Forschung, 15. Jahrg. 1961, Heft I, S. 18f.
3. Buhr, G.: Neue Erkenntnisse über die Wirkung von Coffein und Kaffee auf die Herz- und Kreislaufdynamik des Menschen. Ärztl. Forschung,12. Jahrg. 1958, Heft 12, S. 584 f.
4. Buhr, G.: Zur Frage des Einflusses von Kondensmilch auf die Kreislaufwirkung des Kaffees beim Menschen. Medizin und Ernährung, 4. Jahrg. 1963, Heft 5, S. 118 f.
5. Buhr, G. und B. Landgrebe: Über die Wirkung von gefiltertem und ungefiltertem Kaffee auf die nervöse Erregbarkeit und die Kreislaufdynamik des Menschen. Med. Klinik, 58. Jahrg., 1963, Heft 36, S.1477 f.
6. Czok, G. Medizin und Ernährung 2, 229 (1961)
7. Eichler, K., Mulch-Völker, S., Völker, R.: Experimentelle Studien zur Frage des Verhaltens sensorischer und vasokonstriktorischer Reizschwellen über die Wirkung von Kaffee und Kaffeeinhaltstoffen auf Herz, Kreislauf und Gefäßsystem. Ärztl. Forschung, H. 11, S. 598-603, (1964)
8. Kaden, O. F.: Über Röst-Reizstoffe im Bohnenkaffee, Medizin und Ernährung, 3. Jahrg., 1962, Heft 4, S.94 f.
9. Klein, O.: Zur Pathogenese des plötzlichen Herztodes. Med. Klinik, 52. Jahrg., 1957, Heft 45, S. 1941 f.
10. Kühne, P.: Grundlagen der Gesamtwirkung des Kaffees. Medizin und Ernährung, 3. Jahrg., 1962, Heft 11, S. 254.

11. Landgrebe, B.: Vergleichende Untersuchungen mit dem Flimmertest nach coffeinhaltigem und coffeinfreiem Kaffee. Med. Welt, 1960, Heft 27/28, S. 1486 f.
12. Luff, K., Th. Vogler und H. Bardong: Über den Einfluß des Coffeins auf das Leistungsverhalten am Kugeltestgerät. Mitteilungen d. Dt. Ges. f. Verkehrsmedizin e. V., 14. Heft, 1963, S.101 f.
13. Menden, E., Müller, B., Schiffmann, A.: Über die Chlorogensäure und ihre Wirkung, Gießen 1959.
14. Nedde, D.: Kaffee in der Diätetik. Ernährungsumschau 1965, Heft 3 und 4.
15. Neumann, K.: Einfluß von Milch auf Toxizität und diuretische Wirkung von Coffein. Medizin und Ernährung, 3. Jahrgang 1962, Heft 9, S. 205 f.
16. Prokop, L.: Die Beeinflussung der Adrenalinwirkung durch Coffein. Med. Klinik, 59. Jahrg., 51, S. 2016-2030 (1964).

Dr. med. M. O. Bruker / Ilse Gutjahr

NATURHEILKUNDE – Richtige und erfolgreiche Anwendung zu Hause

318 Seiten, gebunden
ISBN 978-3-89189-072-1

Endlich ein Buch über Naturheilverfahren aus der Sicht jahrzehntelanger ärztlicher Erfahrung!

Nicht alle „Wehwehchen" erfordern den Gang zum Doktor. In diesem praktischen Nachschlagewerk werden einfache Anwendungen für daheim kompetent und anschaulich beschrieben.

Aus dem Inhalt: Homöopathie, Wasseranwendung, Heublumensack, Sauna: sinnvoll benutzen, Heilkräuter, Saugglocke u. v. m.

Ilse Gutjahr

Das große Dr. M. O. Bruker Ernährungsbuch

253 Seiten, gebunden
ISBN 978-3-89189-065-3

Ist Parboiled Reis vollwertig? Darf ein Patient, der an Zöliakie erkrankt ist, Vollwertkost essen? Wieviel Vitamin B 1 braucht der Mensch? Wie gesund sind Sojaprodukte? Die wichtigsten Fragen und Antworten rund um die Vollwertkost bietet „Das große Dr. M. O. Bruker Ernährungsbuch". Dr. Bruker begleitet den Leser mit ärztlichem Rat aus ganzheitlicher Sicht. Gesundheitstipps und über 100 Rezepte mit bestechend schönen Farbfotos runden das Standardwerk ab. Ilse Gutjahr war langjährige Mitarbeiterin Dr. Brukers.
Sie leitet das „Dr. Max Otto Bruker Haus" in Lahnstein bei Koblenz.

Dr. med. Max Otto Bruker

Kleinschrift
Nr. 8

Ärztliches Memorandum zur industriellen Nutzung der Atomenergie

STOP
ATOMENERGIE

emu verlag

ernährung • medizin • umwelt

Vorwort

zum „Ärztlichen Memorandum zur industriellen Nutzung der Atomenergie“

von Dr. med. M. O. Bruker.

Das „Ärztliche Memorandum zur industriellen Nutzung der Atomenergie“ von Dr. med. M. O. Bruker gibt in Kurzfassung eine Zusammenstellung von Gründen, weshalb die Inbetriebnahme von Atomkraftwerken aus medizinischer und biologischer Sicht als unverantwortlich zu bezeichnen ist.

Die kleine Schrift sollte geeignet sein, den in weiten Kreisen noch immer herrschenden blinden Fortschrittsglauben zu erschüttern.

gez. Prof. Dr. Karl Bechert

An der Schwelle zum Jahr 2000 ist leider anzumerken, dass die Bedrohung durch Atomkraftwerke und Atomwaffen keinesfalls abgenommen hat. Vielmehr versucht die dahinterstehende Lobby durch immer neue Zwecklügen der Bevölkerung ihre berechtigte Angst und Skepsis zu nehmen.

Die Unwirtschaftlichkeit von Atomstrom wird schöngerechnet, indem man die Kosten für die sogenannte „Entsorgung“ des Strahlenmülls nicht mit einbezieht und milliardenschwere Subventionen außer acht läßt.

Die „Kinderkrebsstudie“, von Ex-Ministerin und Atombefürworterin Angela Merkel in Auftrag gegeben, ist eine wissenschaftliche Farce und ein Schlag ins Gesicht für alle Betroffenen.

Alte Technologien im neuen Gewand wie der geplante „europäische“ Druckwasserreaktor gaukeln Sicherheiten vor, die es nicht gibt. Trotzdem wird auf ihre Entwicklung und Zulassung gedrängt. Dies ist ein Eingeständnis für die Mangelhaftigkeit der in Betrieb befindlichen Meiler.

Und im französischen Atomzentrum La Hague warten Tonnen von hochradioaktivem Abfall darauf, in Castor-Behältern die Rückreise anzutreten. Sie werden dann wiederum Tausende von Zivilisten und Polizisten verstrahlen.

Und immer noch gilt: Die Sonne schickt uns keine Rechnung …

Lahnstein, im Frühjahr 1999

Gesamtherstellung: graphoprint, Koblenz

Atomreaktoren und Lebensbedrohung

Für die Beurteilung der Gesundheits- und Lebensbedrohung durch den Betrieb von Atomkraftwerken sind allein Ärzte, Biologen und Ökologen zuständig und niemand sonst. Im Gegensatz dazu wird seit Beginn des Geschäfts mit der Atomkernspaltung in der Öffentlichkeit von seiten der Behörden, der Hersteller und Betreiber unentwegt der Eindruck erweckt, als seien für die Beurteilung biologischer Fragen Kernphysiker und Atomtechniker zuständig. Nur durch dieses Täuschungsmanöver der einflußreichen Interessengruppen, die den Informationsmarkt beherrschen, ist es bisher gelungen, vor der Öffentlichkeit die wahren Sachverhalte zu verschweigen.

Damit wird das Fachwissen dieser Gelehrten auf ihrem Gebiet nicht angezweifelt; sie vermögen jedoch nicht den Gesamtkomplex zu beurteilen, der die biologischen und medizinischen Auswirkungen hochenergetischer Strahlung betrifft, wie sie beim Betrieb von Atomkernspaltungsanlagen als „Radioaktivität" entsteht.

Eine grundsätzliche Stellungnahme von ärztlicher und biologischer Seite zur Problematik der Atomkraftwerke ist daher von außerordentlicher Dringlichkeit und Bedeutung.

Warum brauchen wir Atomreaktoren

Bisher sagte man der Bevölkerung, Atomkraftwerke seien unerläßlich und wesentliche Schäden für die Bevölkerung seien bei Normalbetrieb nicht zu erwarten. Der Stand der Wissenschaft gibt jedoch für eine derartige Ableugnung der Gefahren keinerlei Berechtigung.

Vorweg erscheint es jedoch nötig, kurz die Hintergründe zu skizzieren, die eine Planung der Atomkraftwerke bis zu dem heutigen Stand der Entwicklung ermöglichen.

Seit der Atombombe weiß jeder, daß die Kernspaltung mit hohen Risiken für die Gesundheit der jetzigen und vor allem der zukünftigen Generationen **behaftet ist.** Als der Schrecken der Atombombe der Menschheit noch in den Gliedern saß, bedurfte es daher geschickter Werbetricks, um die Energiegewinnung aus der Spaltung von Uran 235 den verängstigten Menschen schmackhaft zu machen.

Man griff zu den drei Zwecklügen, daß

die fossilen Energieträger Kohle und Öl in absehbarer Zeit den Energiebedarf bei steigendem Verbrauch nicht decken, daß

der Strom durch Kernspaltung viel billiger würde als bei konventioneller Herstellung und daß

Atomkraftwerke völlig gefahrlos seien.

Heute wird von interessierten Kreisen behauptet, daß trotz des zusätzlichen Angebots an alternativen Energien (Sonnenenergie, Wind, Erdwärme) ohne Atomstrom demnächst die Lichter ausgingen.

Die Unrichtigkeit dieser Zweckmeldungen ist von Fachleuten längst nachgewie-

sen, braucht daher hier nicht mehr erörtert zu werden.
Bei jeder Erörterung der Risiken von Uranreaktoren erscheint es notwendig, sich dieser falschen Voraussetzungen ständig bewußt zu sein, da die Abwägung von Vorteil und Nachteil entscheidend davon abhängig ist, ob die Kernspaltung zur Energiegewinnung ein notwendiges Übel ist oder nicht.

Radioaktive Stoffe und Strahlungen

In einem Atomreaktor, der mit Uran 235 betrieben wird, entstehen beim gebremsten Kernspaltungsprozeß dieselben radioaktiven Stoffe und Strahlungen wie bei der Explosion einer Atombombe. Der Unterschied besteht lediglich darin, daß die Radionuklide bei der Bombe frei in die Atmosphäre gelangen, während man sie beim Reaktor eingeschlossen zu halten versucht. Die Risikofaktoren sind demnach in erster Linie davon abhängig, wie weit es gelingt, ein Entweichen radioaktiver Substanzen in die Umwelt zu verhindern und die Biosphäre für alle Zeiten von dem Kontakt mit dem Atommüll fernzuhalten.

Schon beim Normalbetrieb ist eine Emission fester und gasförmiger Radionuklide in die Umgebung trotz Einhaltung größter Sicherheitsmaßnahmen nicht zu verhindern (daher Toleranzen).

Der Zerfall des Atomkerns erfolgt unter Abgabe von strahlender Energie. Man unterscheidet 1.) Alphastrahler, die nichts anderes darstellen als Heliumkerne, 2.) Betateilchen, die identisch sind mit einem Elektron oder Positron und 3.) Gamma-Strahlen, das sind elektromagnetische Schwingungen vom Charakter einer sehr harten, äußerst kurzwelligen Energiestrahlung, die sich, da ohne Masse und Ladung, mit Lichtgeschwindigkeit gradlinig fortpflanzen.

Die besondere Gefährlichkeit der Alphateilchen besteht darin, daß sie als korpuskuläre Elemente im Organismus abgelagert (inkorporiert) werden können. Sie haben nur eine geringe Reichweite, im lebenden Gewebe nur ungefähr 1/100 mm. Doch ist ihre ionisierende Wirkung infolge ihrer relativen Größe und Masse außerordentlich groß: Ein einziges Alphateilchen vermag auf seinem Weg etwa hunderttausend Ionenpaare zu erzeugen!
Betateilchen haben eine je nach ihrer Energieladung verschieden hohe Geschwindigkeit. Ein Betateilchen von 0,61 MeV (Mega-Elektronenvolt = 610 000 eV) Energie erreicht 90 % der Lichtgeschwindigkeit. Sie sind schon wesentlich durchdringungsfähiger. Ihre Reichweite kann in der Luft über einen Meter betragen und im menschlichen Gewebe einige Millimeter.
Gammastrahlen und schnelle Neutronen besitzen nicht nur ungeheure Energien, sondern haben auch mangels einer elektrischen Ladung eine fast unbegrenzte Reichweite. Energiereiche Gammastrahlen können 20 cm starke Bleiplatten durchdringen, und Neutronen werden selbst von meterdicken Betonwänden nicht restlos absorbiert.

Die Reaktion von Organismen auf ionisierende Strahlung

Die Wirkung der ausgestoßenen Teilchen bzw. Energie-Quanten kommt durch ihre außerordentlich große Bewegungsenergie zustande. Sie tritt in bestrahlter Materie in verschiedener Form in Erscheinung als 1. Umwandlung der kinetischen Energie (Bewegungsenergie), beim Auftreffen in thermische Energie, d. h. Erwärmung. 2. Abtrennung von Elektronen eines getroffenen Atoms, das ist Ionisation. 3. Dadurch Erzwingung von chemischen Reaktionen. 4. Auslösung von Kernumwandlung beim direkten Treffen eines Atomkerns. 5. Strahlungsanregung im getroffenen Atom, so daß dieses nun selber sekundär „strahlend" wird und 6. Zerstörung der Gitterstruktur von Kristallen, d. h. auch von Metallen.

In lebendigen Organismen beginnt die Wirkung ionisierender Strahlen mit dem Primärvorgang der Energieabsorption im atomaren und molekularen Bereich. Daran schließen sich Sekundärreaktionen an, die zunächst einfacher chemischer Natur sind, bald aber in den Bereich komplizierter Stoffwechselreaktionen hineinreichen. Primärereignis und anschließende radiochemische Sekundärfolgen führen zu zwei Typen von Strahlungsschäden: Zur Änderung von Zellstrukturen und Änderungen des Zellstoffwechsels.

Das geordnete System der großen Zahl von zum Teil an die Mitochondrien gebundenen Enzymen, die in gesetzmäßiger Weise im Zellstoffwechsel ineinander greifen, wird gestört oder blockiert, was den Tod der Zelle oder ihre Entartung, d. h. die Umwandlung in eine Krebszelle, zu bedeuten vermag. Wird der Zellkern getroffen, führt seine Strahlenschädigung infolge der Hemmung der Bildung von Desoxyribonukleinsäure (der Substanz der Erbanlagen), zu Unfähigkeit weiterer Kern- und Zellteilungen und vor allem zu Mutationen, die wiederum zu Erbänderungen führen.

Da die Bildung der stoffwechsellenkenden Enzyme ebenfalls über die Gene erfolgt, kann deren Schädigung auch Störungen der Enzymsynthese bewirken und damit zu erblichen Stoffwechseldefekten Anlaß sein. Wir kennen heute bereits weit über hundert, teils sehr schwere, solcher erblicher Erkrankungen, die die Blutbildung, den Eiweißstoffwechsel, den Kohlenhydrat- und Fettstoffwechsel, den Glykogen- und den Purinstoffwechsel usw. betreffen und zu Störung der Blutbildung, zu Schwachsinn, Epilepsie, Hirndegeneration, Ekzemen, Arthritis, Hautkrebs. Zwergwuchs, Netzhaut- und Linsendefekten, Erblindung, Verkalkung der Nieren, Nierensteinen, Krampfzuständen und frühem Tod, z. T. noch im Kleinkindesalter, führen. Andere erzeugen Leberschäden, Muskelschwäche, Störungen der Knochenentwicklung, Knochenerweichung und immer wieder Hirndegenerationen mit Schwachsinn und Demenz. Alle diese Krankheiten sind unheilbar, weil in der Erbmasse begründet, und werden größtenteils an evtl. Nachkommen weitervererbt.

> *„Was ist Ihnen lieber:*
> *Energie sparen und Nutzung der Sonnenenergie,*
> *dafür weniger Krebskranke und Erbgeschädigte,*
> *oder Atomstrom?"*
>
> **Prof. Dr. Dr. h.c. Karl Bechert (Atomphysiker)**

Natürliche und künstlich erzeugte Strahlung

Von den Befürwortern von Atomkraftwerken **wird immer** wieder **die Strahlenbelastung durch Atomkraftwerke mit der natürlichen Grundstrahlung verglichen,** um die Gefahren zu bagatellisieren. **Dieser Vergleich ist** vom wissenschaftlichen Standpunkt aus **unhaltbar und irreführend,** denn bei der kosmischen Strahlung handelt es sich vorwiegend um Strahlung, bei der keine radioaktiven Substanzen inkorporiert werden. Bei der Grundstrahlung sind zwar auch radioaktive Stoffe, z. B. C 14, beteiligt; **der wesentliche Unterschied** gegenüber den Emissionen aus Kernreaktoren **besteht aber darin, daß es sich bei letzterem um radioaktive Substanzen handelt,** die völlig neuartig sind. Ihre generelle Wirkung, die in der Erzeugung von somatischen und genetischen Schädigungen besteht, ist zwar bekannt, die spezifischen Wirkungen der zahlreichen Isotope sind aber noch längst nicht ausreichend erforscht. Vor allem über die Langzeit- und Spätwirkungen können noch keine Erfahrungen vorliegen, da die Verseuchung mit den Substanzen aus der künstlichen Kernspaltung erst seit relativ kurzer Zeit erfolgt. Man bedenke, daß die Latenzzeit für die Krebsentstehung, die etwa 30 Jahre beträgt, noch nicht abgelaufen ist, ganz zu schweigen von den genetischen Spätschäden, die in vollem Maße erst ab der dritten Generation zu erwarten sind.

Es ist auch **nicht erlaubt, zu sagen, daß die Menschheit sich an die** natürliche **Grundstrahlung gewöhnt habe,** wie es die Betreiber der Atomreaktoren auszudrücken pflegen. Denn ein Teil der spontanen Mutationen und der spontanen Krebsentstehung kommt auf das Konto der Grundstrahlung. Dieser Tatbestand wird daher besser formuliert, wenn man sagt: Die Menschheit befindet sich in einem biologischen Gleichgewicht mit der natürlichen Grundstrahlung.

Röntgenuntersuchung und Strahlung aus Atomreaktoren

Auch der Hinweis der Betreiber von Atomkraftwerken, daß die Strahlenbelastung der Bevölkerung durch diagnostische und therapeutische Anwendungen von Röntgenstrahlen zur Zeit noch höher liege als die zu erwartende aus den Atomkraftwerken, ist kein Argument für die Reaktoren. Denn man kann aus diesen Fakten auch den entgegengesetzten Schluß ziehen, daß nämlich die Strahlenbelastung schon jetzt so groß ist, daß eine zusätzliche durch Atomkraftwerke nicht zu verantworten ist. Dies gilt um so mehr, wenn man die Vorschädigung durch chemische Gifte, d. h. die toxische Gesamtsituation, berücksichtigt.

Der Vergleich der natürlichen Strahlung mit der Wirkung radioaktiver Substanzen, die aus Atomkraftwerken stammen, ist noch aus einem anderen Grunde unstatthaft: Die von außen zum Körper gelangende Strahlung läßt sich mit geeigneten Vorrichtungen abschirmen und durch

Entfernung von der Strahlenquelle verringern. Diese Schutzmaßnahmen sind bei einverleibten Substanzen, wie sie aus Atomreaktoren stammen, nicht anwendbar; sie schädigen aus nächster Nähe Zellen und Gewebe.

Auch der häufig angestellte Vergleich der Strahlenbelastung aus medizinischen, diagnostischen und therapeutischen Gründen mit den Gefahren durch die Emission radioaktiver Substanzen aus Atomkraftwerken ist absurd, denn Medizin und Kerntechnik sind in ihrer Zielsetzung so grundlegend verschieden: In der Medizin wendet man die Durchleuchtung oder Bestrahlung in Einzelfällen gezielt an, um einem Menschen zu helfen, wobei sich in den meisten Fällen die Bestrahlung der Keimdrüsen weitgehend vermeiden läßt. Dagegen verursacht die Kernindustrie in erster Linie durch Verunreinigung der Umwelt oder auch durch direkte Bestrahlung völlig ungezielte Wirkungen, vor denen kein Lebewesen auf der Erde sicher ist.

Aber auch die Risikovergleiche von medizinischen radiologischen Maßnahmen mit der Kernenergie sind unstatthaft: Während der Verzicht auf die Kernindustrie gesundheitlich völlig unbedenklich ist, bedingt der Verzicht auf ärztliche Hilfe zusätzliches Risiko für Leben und Gesundheit. Daher ist der Versuch, eine zwangsläufig gesundheitsschädigende Industrie mit dem Hinweis auf Nebeneffekte der ärztlichen Gesundheitspflege zu rechtfertigen, sachlich irreführend und moralisch minderwertig.

> *Man nennt uns Aufwiegler – wir aber wollen nicht in einer atomaren Katastrophe untergehen, wir wollen nicht, daß unsere Nachkommen uns verfluchen, weil wir dem atomaren Wahnsinn nicht Widerstand geleistet haben!*
>
> **Prof. Dr. Dr. h.c. Karl Bechert (Atomphysiker)**

Die Halbwertszeit

Von den ca. 1200 radioaktiven Isotopen, die bei der Kernspaltung entstehen, haben die meisten eine so kurze Halbwertszeit, daß sie als Gefahrenquelle vernachlässigt werden können. Es bleiben aber noch etwa 200 Isotope übrig, über deren Auswirkung im biologischen Bereich auf lange Zeit noch keine ausreichenden Kenntnisse vorhanden sind.

Es gibt keine Möglichkeit, Radioaktivität zu vernichten. Sie besteht so lange, bis die gesamte Strahlungsenergie abgegeben ist. Dies dauert bei einigen radioaktiven Stoffen kurze Zeit – Sekunden bis Tage –, bei anderen aber Jahre und Jahrzehnte, oft Jahrhunderte und auch Jahrtausende, je nach ihrer Halbwertszeit. Unter Halbwertszeit versteht man jene Zeitspanne, in welcher die Hälfte der Atome der ursprünglich vorhandenen Menge eines bestimmten radioaktiven Stoffes unter Abgabe von strahlender Energie umgewandelt wird. Diese Halbwertszeit vergeht nun wieder, bis von der verbliebenen Hälfte neuerlich die Hälfte abgestrahlt ist usw. So kommt es, daß nach der zehnfachen Halbwertszeit immer noch ein Tausendstel der ursprünglichen Menge des Strahlenstoffes vorhanden ist.

Der Atommüll

Da nur 0,1 % des Brennmaterials im Reaktor in Energie umgesetzt wird, 99,9 % also als hochradioaktiver Atommüll zurückbleiben, werden in Atomreaktoren unvorstellbare Mengen von Atommüll erzeugt. Für das Jahr 2000 wird, eine kontinuierliche Kernenergieproduktion vorausgesetzt, ein täglicher Spaltproduktausstoß von 3000 kg (bzw. 2,4 Milliarden Curie nach 100 Tagen) vorhergesagt, oder anders ausgedrückt: Der jährliche Spaltproduktausstoß hätte ein Ausmaß von rund 1 Billion Curie. Was dies bedeutet, kann man erst beurteilen, wenn man weiß, daß zur Tötung eines Menschen schon ein tausendstel Curie eingeatmeter Radioaktivität genügt. Dies würde einem tausendstel Gramm Radium entsprechen. Der Erdvorrat an Radium beträgt aber nur 3 kg.

Der Atommüll kann nicht beseitigt werden. Mit Rücksicht auf die lange Halbwertszeit der Spaltprodukte und deren biologischer Wirksamkeit muß eine langfristige Kontrolle der Lagerung für einen Zeitraum von über 1000 Jahren sichergestellt sein.

Jod, Strontium, Krypton und Plutonium

Die gefährlichsten der freiwerdenden radioaktiven Substanzen sind Jod 129 mit einer Halbwertszeit von 17 Millionen Jahren, Jod 131 (Halbwertszeit 8 Tage), Strontium 90 (Halbwertszeit 28 Jahre), der radioaktive Wasserstoff, genannt Tritium (Halbwertszeit 12 Jahre), das Edelgas Krypton 85 mit einer Halbwertszeit von 10,6 Jahren und Plutonium 239 mit einer Halbwertszeit von 24 000 Jahren.

Krypton 85 ist besonders gefährlich, da es mit Filtern bis jetzt noch nicht zurückgehalten werden kann. Es kann in einigen Jahrzehnten zu einer weltweiten Gefahr werden, da es schwerer ist als Luft, sich also in Bodennähe aufhält, chemisch nicht reagiert, also nicht durch chemische Abbindungen beseitigt werden kann.

Die spezifischen Gefahren der einzelnen radioaktiven Substanzen liegen in ihren Beziehungen zu einzelnen Organen und Geweben, in denen sie angereichert werden; Caesium in den Muskeln, Jod in der Schilddrüse und Strontium im Knochen. Plutonium 239 ist der Brennstoff der schnellen Brüter. Infolge seiner hohen Halbwertszeit nimmt seine Radioaktivität innerhalb menschlicher Zeiträume nicht ab. Wegen seiner physikalischen Eigenschaften reagiert es wechselseitig mit den Stoffen, auf die es trifft. Infolgedessen lagert es seine Energie in einer relativ kurzen Entfernung ab, ungefähr 0,4 mm im festen Gewebe. Die krebserzeugende Kraft des Plutoniums ist wohl bekannt. Ein millionstel Gramm, in die Haut von Mäusen injiziert, hat Krebs hervorgerufen.

Plutonium neigt auch dazu, Aerosole von sehr verschiedener Teilchengröße zu bilden. Die größten (die sogenannten heißen Teilchen) lagern sich vorzugsweise im Lungengewebe ab. Sie sind besonders geeignet, Krebs zu erzeugen. Ein Teilchen, das z. B. täglich 5000 Heliumkerne aussendet, würde zwischen ein und zwanzig

Lungenalveolen einer genügend starken Strahlung aussetzen, um zum Zelltod zu führen. Bei der Bestrahlung eines Menschen mit der maximal erlaubten Dosis wäre zu erwarten, daß ein Mensch unter zehn einen Lungenkrebs bekäme, wenn man annimmt, das das Krebsrisiko 1:10 000 für ein spaltendes Teilchen wäre. Es gibt bis jetzt keine sicheren Daten, aus denen eine geringste Dosis von Plutonium 239 hervorgeht, unterhalb der keine Krebsentstehung möglich ist.

Die „Toleranzdosis"

Überhaupt schädigt jede Art energiereicher Strahlung lebende Organismen selbst in geringsten Quantitäten. Das diesbezügliche Urteil des wissenschaftlichen Ausschusses der Vereinten Nationen lautet: **„Selbst die kleinste Menge radioaktiver Ausstrahlung kann schädliche** genetische und vielleicht körperliche **Wirkungen auslösen."** Damit wird die Problematik der Strahlenschutzverordnungen der einzelnen Länder deutlich, die sich auf die Richtlinien der ICRP (Internationale Strahlenschutzkommission) stützen.
Die sogenannte „Toleranzdosis" – heute „höchstzulässige Dosis" genannt – wurde im Jahre 1904 mit 210 Röntgeneinheiten pro Woche angegeben und seither immer gemäß neuen Einsichten in die Gefährlichkeit der Strahlung herabgesetzt. Die einstweilige letzte Verringerung wurde 1958 vorgenommen, und zwar auf 0,1 Röntgeneinheiten pro Woche. Gofman und Tamplin vom Lawrence Strahlenlaboratorium in Livermore/Kalifornien, haben auf Grund neuer Berechnungen eine sofortige Herabsetzung der bisher erlaubten Strahlenbelastung auf 1/100 gefordert: „Es gibt keinerlei Beweis dafür, daß es eine sichere Toleranzgrenze für die Strahlung gibt." Diese Wissenschaftler schätzen, daß die Strahlendosis, die der Bürger durchschnittlich nach den geltenden Richtlinien des Atomenergieprogramms erhalten darf, jährlich zusätzlich 64 000 Fälle von Krebs und Leukämie verursachen werden, dazu 150 000 bis 1 500 000 Todesfälle durch genetisch bedingte Krankheiten, dieses auf der Grundlage einer Bevölkerung von 500 000 000 Einwohnern.

Dabei sind die zahllosen Gesundheitsschäden, die nicht zum Tode führen, nicht berücksichtigt, da sie nicht exakt erfaßbar sind. Sie müssen aber logischerweise um ein Vielfaches höher liegen als die Todesraten. Nicht berücksichtigt ist bei der Berechnung auch, daß nach den Plänen die Zahl der Atomreaktoren bis zum Jahre 2 000 sich vervielfacht haben wird.

Die schädigende Wirkung selbst kleinster Strahlendosen wird über lange Zeiträume hinweg summiert.

Anreicherung radioaktiver Substanzen

Infolge der Speicherung der radioaktiven Substanzen in Pflanzen und Tieren wird das Ausmaß der Strahlenschäden vergrößert. In den Binnengewässern wird dadurch die Situation dahingehend verschärft, daß Fische, die in einer Umgebung mit einem Gehalt eines radioaktiven Stoffs leben, der als zulässig gilt, diesen so anheben können, daß sie für den menschlichen Genuß unzulässig radioaktiv verseucht sind.

Über spezielle Ionenpumpenmechanismen werden von vielen Organismen lebensnotwendige Elemente aus der Umwelt aufgenommen und zumeist gegenüber der Außenkonzentration angereichert. So findet man z. B. die Konzentration bestimmter radioaktiver Substanzen in den Eiern von Wasservögeln um das 1,5millionenfache angereichert gegenüber der Konzentration dieser Substanzen im Fluß, aus dem die Vögel ihre Nahrung holen. Durch diese Anreicherung radioaktiver Substanzen im Gewebe der Fortpflanzungsorgane bekommt die durch Strahlenbelastung verursachte Schädigung kommender Generationen eine wesentlich gefährlichere Note.

Am stärksten gefährdet ist das Kind im Mutterleib.

Kühlwasser

Da Atomkraftwerke doppelt soviel Kühlwasser benötigen wie konventionelle, bringt die Erwärmung der bereits durch chemische Verschmutzung belasteten Flüsse neben den Gefahren der radioaktiven Verseuchung weitere Probleme: Bei 10° Wassertemperaturerhöhung laufen chemische und biochemische Prozesse doppelt so schnell ab. Rechnet man z. B. für Würgassen, daß 80 bis 90 % des gesamten Flußwassers das Kraftwerk durchlaufen und sich dann, von 26 bis 33° erwärmt, wieder mit dem restlichen Flußwasser vermischen, so kommt man auf Temperaturen, die weit über 28° liegen. Die Wassertemperatur im Kühlaggregat wird mit 38° angegeben. Dieser Wärmegrad stellt das Optimum für Krankheitserreger wie Salmonellen, Cholera- und andere Bakterien dar. Bakterienvermehrung vermindert den Sauerstoffgehalt des Wassers erheblich, wodurch es zu kaum vorausberechenbaren Verschiebungen der ökologischen Verhältnisse kommt, die vielschichtig sind. Dazu kommt, daß sich bei Aufheizung weniger Sauerstoff im Wasser löst als bei tieferen Temperaturen. Erwärmtes Wasser ist ein gutes Milieu für Blaualgen, die den Stoffkreislauf durch Faulschlammablagerungen belasten und in den Filteranlagen der Wasserwerke Schwierigkeiten bereiten. Außerdem scheiden die Blaualgen hochgiftige Eiweißstoffe ab. In Tierversuchen ist erwiesen, daß 1/1000 Milligramm pro kg Körpergewicht tödlich wirkt.

Atomreaktoren sind nicht ungefährlich

Es muß nachdrücklich festgehalten werden, daß schon beim Normalbetrieb eine Emission fester und gasförmiger radioaktiver Substanzen in die Umgebung trotz Einhaltung größter Sicherheitsmaßnahmen nicht zu verhindern ist. Kalkuliert man jedoch die Möglichkeit von Unfällen ein, so ist es – gelinde gesagt – unverantwortlich, wenn von einer Ungefährlichkeit der Atomkraftwerke gesprochen wird. Selbst unter Annahme einer absoluten technischen Sicherheit, die es natürlich niemals geben kann, bleibt jetzt und in Zukunft die überwiegende Unfallursache bestehen: das Versagen des Menschen. Bei verschiedenen Reaktorunfällen in der letzten Zeit taucht die berechtigte Frage auf, ob der Unfall trotz oder wegen der komplizierten Kontroll- und Schutzvorrichtungen aufgetreten ist.

Daneben sind noch elementare Ereignisse wie Überschwemmungen und Erdbeben zu erwähnen, sowie Sabotage und kriegerische Auseinandersetzungen, in denen die Zerstörung von Kernreaktoren zur Ausschaltung der feindlichen Energieversorgung legitimes Ziel wäre.

Einer der hauptsächlichsten Fehler in der Beurteilung der Gefahrenmomente, die durch den Betrieb von Atomkraftwerken entstehen, liegt darin, daß nicht beachtet wird, daß ein einzelner Reaktor nur einen kleinen, für sich nicht existenzfähigen Bereich im Rahmen der Kerntechnik darstellt. Die industrielle Gewinnung von Wärme aus der Kernspaltung ist auf einen umfangreichen Komplex von Betrieben angewiesen. Das spaltbare Material muß im bergmännischen Abbau gewonnen werden, im Isotopenanreicherungsverfahren konzentriert und zu Brennelementen verarbeitet werden, die ihrerseits nach dem Gebrauch im Atomreaktor in Aufbereitungsanlagen regeneriert werden, und schließlich muß der radioaktive Abfall Jahrtausende abgelagert und bewacht werden.

Da die weitaus größere Gefährdung der Bevölkerung durch radioaktive Verseuchung **in diesen technischen Vor- und Nachverfahren liegt, ist es** bei der Beurteilung der Gefährdung durch ein Atomkraftwerk **nicht statthaft, nur den kleinen Sektor des Atomkraftwerks selbst zu berücksichtigen.**

Die größte Verseuchung geschieht durch die Aufbereitungsanlagen. So hat allein die Aufbereitungsanlage in West Valley, New York, im letzten Jahr 1 000 000 Curie Krypton 85 in die Atmosphäre abgegeben. So setzt selbst das sauberste Atomkraftwerk über die Aufbereitungsanlage aus den produzierten aktiven Nukliden einen Teil in die Biosphäre frei und leistet wiederum mittelbar einen Beitrag zur globalen radioaktiven Verseuchung.

Zusammenfassend muß von ärztlicher Sicht aus **festgestellt werden, daß** neben den körperlichen Langzeit- und Spätschäden **vor allem ein Anwachsen erblicher Defekte als Folge der radioaktiven Verseuchung** der Biosphäre durch die Atomkraftwerke **zu erwarten ist.** Da sich diese Erbschäden erst in mehreren Generationen sichtbar äußern werden und die Umwelteinwirkung der Kerntechnik heute noch eine relativ geringe ist, kann man den trügerischen Eindruck einer heilen Situation gewinnen.

Eine unkritische optimistische Fortschrittserwartung ist auf dem Gebiet der Atomkernspaltung ebenso gefährlich wie die Illusion, anzunehmen, daß auch die schlimmsten Umweltprobleme von Wissenschaft und Technik stets rechtzeitig gelöst werden könnten. **Die ärztliche und ökologische Betrachtung läßt kein anderes Urteil zu, als die Inbetriebnahme von Atomkraftwerken nach dem heutigen Stand von Wissenschaft und Technik als unverantwortlich zu bezeichnen.**

Der größte anzunehmende Unfall (Gau), der sich angeblich nie ereignen wird, ist 1986 im Atomreaktor von Tschernobyl Wirklichkeit geworden. Die Katastrophe hat die Gefahren unter Beweis gestellt*.
*2011 in Fukushima.

„Natürliche Umgebungsstrahlung ist naturgegeben. Radioaktive Stoffe aus Atomkraftwerken werden uns zusätzlich aufgezwungen."

Prof. Dr. Dr. h.c. Karl Bechert
(Atomphysiker)

Weitere Kleinschriften von Dr. med Max Otto Bruker

1. Unser täglich Brot und der Zucker als Hauptursache für die modernen Zivilisationskrankheiten
2. Schlank werden ohne Hungerkur
3. Herzinfarkt, Asteriosklerose und Gallensteine sind verhütbar
4. Wie beugt man den ernährungsbedingten Zivilisationskrankheiten vor?
5. Ernährungsbehandlung der Leber-, Galle, Magen-, Darm- und Bauchspeicheldrüsenerkrankungen
6. Butter – ein hochwertiges Lebensmittel?
7. Vom Kaffee und seinen Wirkungen
8. Ärztliches Memorandum zur industriellen Nutzung der Atomenergie
9. Über den Unwert der heutigen Milch
10. Gesund durch richtige Ernährung (LVA-Schrift)
11. Die Story von den 2 »richtigen« Ernährungen
12. Ursachen der ernährungsbedingten Zivilisationskrankheiten (Mörder bekannt – kein Kläger)
13. Fett macht nicht fett (Fett)
14. Bakterien im Frischkornbrei
15. Sie vertragen Vollkornbrot nicht?
16. Krankheiten durch Fabrikzucker
17. Unser täglich Brot – eine tote Nahrung?
18. Wieviel und was soll man täglich trinken
19. Ballaststoffe sind kein Ballast
20. Scheinursachen verschleiern Zusammenhänge
21. Die Ernährung des älteren Menschen
22. Die Deckung des Eiweißbedarfs
23. Vitamin B12
24. Wissenswertes über Säfte
25. Rheuma – ernährungsbedingte Zivilisationskrankheit
26. Zöliakie
27. Das Allergie-Problem
28. Die Zuckerkrankheit –Verhütung und Behandlung
29. Gebissverfall
30. Weil du beim Reaktor wohnst
31. Die Ernährung des Kindes
32. Neurodermitis
33. Der Darmpilzrummel – Fehldiagnose Candida albicans –

Auch komplett als Sammelmappe zum Sonderpreis erhältlich!

Dr. med. Max Otto Bruker

Kleinschrift
Nr. 9

Über den Unwert der heutigen Milch

emu verlag

ernährung • medizin • umwelt

Über den Unwert der heutigen Milch

von Dr. med. M. O. Bruker

Die Milchwirtschaft bemüht sich in scheinwissenschaftlichen Ausführungen, nicht nur den Unterschied zwischen Rohmilch, Frischmilch, pasteurisierter Milch und H-Milch zu verwischen, sondern sogar aus den wertmindernden Eingriffen in der Molkerei eine Aufwertung der Milch zu konstruieren.

Es beginnt bereits damit, dass die Kühe nicht mehr mit der Hand gemolken werden. Die Milch wird mittels Melkmaschinen abgesaugt. Da das Euter noch nicht maschinengerecht konstruiert ist, ist über die Hälfte der Kühe euterkrank (Mastitis). Dadurch gelangen Bakterien, Eiter und mitunter Blut in die Milch.

Rohe, unbehandelte Milch von gesunden Kühen direkt ab Hof gibt es nur noch selten. Zu den üblichen Verarbeitungsweisen der Milch gehört zum Beispiel das Homogenisieren. Dabei wird die Milch unter dem Druck von 250 Atmosphären durch Düsen gepresst, damit die Fettkügelchen zerplatzen und die Milch somit nicht mehr aufrahmen kann.

Die übliche als Frischmilch in den Handel gebrachte Milch ist im biologischen Sinne nicht mehr frisch. Sie wird pasteurisiert. Die Kurzzeiterhitzung erfolgt bei 71-74 °C 40 Sekunden oder wenige Sekunden auf 85-90 °C.

Bei der H-Milch (H = Haltbar) wird im direkten UHT-Verfahren in die Rohmilch überhitzter Wasserdampf injiziert. Das Wasser-Milch-Gemisch bleibt 2-4 Sekunden auf 150 °C; danach erfolgt Expansion in einer Vakuumkammer und Kondensation des zugesetzten Wassers.

Die indirekte UHT-Erhitzung sieht Erhitzung zwischen Metallplatten auf ca. 140 °C vor; insgesamt 14 Sekunden über 100 °C.

Ein weiterer Eingriff bei der Herstellung der H-Milch im indirekten Erhitzungsverfahren ist eine eingeschaltete Entgasungsphase, die den Zweck hat, den Gehalt an gelöstem Sauerstoff in der Milch zu reduzieren.

Die Verluste von Vitamin B1, B12, Folsäure und Vitamin C liegen nach Mitteilung von Milchwirtschaftlern bei pasteurisierter Milch unter 10%, bei Ultrahocherhitzung bei ca. 20%. Die Angabe, diese hohen Temperaturen würden ja nur kurz angewandt, soll den Eingriff bagatellisieren. Man bedenke aber, dass es genügt, einen Finger nur für Sekunden mit einer heißen Herdplatte in Berührung zu bringen, um eine Verbrennung dritten Grades zu erzeugen, eine Denaturierung des Eiweißes.

Mehr als 60% des Trinkmilchbedarfs (ca. 65 kg pro Kopf und Jahr) wird über den Handel bereits durch H-Milch abgedeckt.

Wenn es sich um wirtschaftliche Gesichtspunkte handelt, könnte man diese Prozesse vielleicht noch verstehen bzw. entschuldigen. Vom gesundheitlichen Standpunkt aus muss jedoch Protest angemeldet werden.

Die gezüchtete Angst vor Bakterien

Als Grund für die starke Erhitzung der H-Milch wird die Abtötung aller Mikroorganismen genannt. Demgegenüber spricht Prof. Mommsen von den Bakterien als Gesundheitserregern und weist aufgrund der Forschungen von Rusch darauf hin, dass die Symbiose mit Bakterien zur Erhaltung der Gesundheit nötig ist. Angst vor Bakterien muss nur der haben, der infolge „denaturierter" Zivilisationskost nicht im Vollbesitz seiner Abwehrkräfte gegen Krankheitserreger ist. Wer eine vitalstoffreiche Vollwertkost genießt und Fabriknahrungsmittel wie Fabrikzucker, Auszugsmehle und Fabrikfette meidet, hat genügend Abwehrkräfte, so dass er sogar ohne Schaden pasteurisierte Milch trinken könnte.

Wiederum müssen die Bakterien die Rolle übernehmen, eine Gefahr für die Gesundheit darzustellen. Bei der Forderung, die Milch einer Erhitzung zu unterwerfen, werden Bakterien als krankheitsgefährdend dargestellt. Dabei wird nicht unterschieden zwischen pathogenen (krankheitserzeugenden) und apathogenen (harmlosen).

Die Gefahr, durch Milch eine Anstekkung mit Tuberkulose zu erzeugen, besteht heute praktisch nicht mehr. Aber auch zu einer Zeit, als die menschliche Tuberkulose eine gefährliche Volksseuche war, die vor der Entdeckung der Tuberkulostatika therapeutisch schwer beeinflussbar war, spielte die direkte Ansteckung durch tuberkelhaltige Kuhmilch nicht die Hauptrolle. Die Infektion geschah vorwiegend von Mensch zu Mensch durch ansteckende (offene) an Lungentuberkulose Erkrankte. Der Hauptinfektionsmodus geschah durch Tröpfchenübertragung beim Husten. Dabei handelte es sich um den typus humanus (menschlich) des Tuberkelbazillus, während der in der Milch vorkommende Tuberkelbazillus typus bovinus (Rind) angehörte. Die Infektion durch die Milch erzeugte natürlich keine Lungentuberkulose, sondern sie befiel vorwiegend die Lymphknoten am Kieferwinkel des Halses und die Gekrösedrüsen im Bauchraum. Auch die Bauchfelltuberkulose gehörte dazu. Eine ansteckende Lungentuberkulose kam durch die Milch nicht zustande.

Heute gibt es praktisch keine Rindertuberkulose mehr, so dass die Gefahr einer Tuberkuloseinfektion über die Milch nicht mehr existiert. Dasselbe gilt für die Bang-'sche Krankheit der Rinder, eine Brucellose, eine Infektionskrankheit, die zum Verkälbern führt. Auch sie wird häufig noch als Grund angegeben, weshalb eine Pasteurisierung der Milch notwendig wäre. Infolge der guten hygienischen Verhältnisse ist diese Erkrankung so selten, dass sie als Begründung für die Notwendigkeit der Milcherhitzung nicht mehr in Frage kommt. Aber auch früher, als die Bang-'sche Krankheit bei den Rindern noch häufiger war, war die Infektion bei Menschen relativ selten. Heute spielt sie praktisch keine Rolle mehr.

Als die Pasteurisierung eingeführt wurde, war dies eine sinnvolle Maßnahme zur Verhütung dieser Infektionskrankheiten. Nachdem diese Anlässe weggefallen sind, erscheint eine Pasteurisierung der Milch nicht mehr notwendig. Trotzdem wird ihre Erhitzung weiterhin beibehalten. Sie wird damit begründet, dass die Gefahr einer bakteriellen Infektion unspezifischer Art bestünde. Dabei werden Bakterien generell als gefährlich und krankmachend dargestellt. Bakterien erfüllen jedoch eine wichtige Aufgabe. Ohne sie wäre ein Leben auf dieser Erde nicht möglich. Die Fruchtbarkeit des Bodens ist von dem Gehalt der Mikroorganismen und anderer Kleinlebewesen abhängig. In einem mm^3 Speichel befinden sich Millionen von Bakterien, noch mehr in derselben Menge des Kots im Darm des Menschen. Die Bedeutung der Mund- und Darmflora ist bekannt. Darmbakterien sind z. B. an der wichtigen Synthese des VitaminB12 beteiligt. Bei der sogenannten Symbioselenkung werden bakterienhaltige Präparate als Arzneimittel verabreicht.

Sicher gibt es noch ältere Menschen,

die aus ihrer Kindheit wissen, dass man Milch, wie sie aus dem Euter der Kuh kam, einfach aufstellen konnte, um köstliche Sauermilch zu gewinnen. Bei den heutigen Milchen, die im Handel sind, geht dies bekanntlich meist nicht mehr.

Schuld daran sind u. a. die Erhitzung, die die natürlichen Bakterien und damit auch die Milchsäurebakterien vernichtet, die für die Melkmaschinen vorgeschriebenen chemischen Reinigungsmittel, Rückstände aus Kraftfuttermischungen und Medikamenten.

Ernteerträge der Dritten Welt dienen zum Beispiel als Grundlage für Kraftfutter. Um die Ernten in den Staaten der Dritten Welt zu sichern, werden Pestizide in überhöhter Dosierung angewendet. Der Verbraucher der Bundesrepublik findet all diese „Zutaten“ auch in der Milch und Milchprodukten wieder: Insektizide, Pestizide, Antibiotika, polychlorierte Biphenyle (PCB), Hexachlorbenzol (HCB), DDT u. a. m.

Die Forderung, die Milch wegen ihres Bakteriengehaltes zu erhitzen, ist sowohl vom wissenschaftlichen wie vom hygienischen Standpunkt aus nicht mehr aufrecht zu erhalten.

Milch in der Forschung

Es ist dringend zu fordern, dass die Milch nicht erhitzt wird. Selbst die Befürworter der Erhitzung aus den wirtschaftlichen Kreisen müssen zugeben, dass die verschiedenen Vitamine eine Einbuße durch Erhitzung erfahren. Dieser partielle Vitaminverlust wäre vielleicht noch zu verschmerzen, nicht jedoch die viel bedeutungsvollere Denaturierung des Eiweißes. In manchen Abhandlungen, die für die Erhitzung der Milch plädieren, kann man lesen, dass es keine Denaturierung des Eiweißes gäbe. Diese Ansichten stammen noch aus der Zeit **vor** den Forschungen Kollaths.

Seine epochemachenden Forschungsergebnisse sind niedergelegt in den Büchern „Die Ordnung unserer Nahrung“ und „Der Vollwert der Nahrung und seine Bedeutung für Wachstum und Zellersatz“. Der Wert der Nahrung wird nicht mehr wie in der herkömmlichen Ernährungsphysiologie nur nach dem Gehalt an Eiweiß, Fett, Kohlenhydraten, Vitaminen und Mineralstoffen bestimmt, sondern nach ihrer Lebendigkeit. Es wird unterschieden zwischen Lebensmitteln, die noch natürlich sind und Nahrungsmitteln, die durch Erhitzung, Konservierung und Präparierung ihre Lebendigkeit verloren haben. Was das Eiweiß betrifft, so hat Kollath im Rahmen von Vitaminversuchen entdeckt, dass es bei der Kaseingewinnung zwei völlig verschiedene Resultate ergibt, je nachdem ob es zur Gewinnung durch Alkoholextraktion auf 74 °C erhitzt wird oder durch Ätherextraktion bei 34 °C, also unerhitzt bleibt. Während bei der Verfütterung von erhitztem Milcheiweiß die Tiere nach kurzer Zeit starben, wenn die klassischen Vitamine fehlten, blieben sie bei Verwendung von unerhitzem Milcheiweiß am Leben.

Das Kasein, das nicht erhitzt seine natürlichen Eigenschaften behalten hat, wird als **natives** Eiweiß bezeichnet. Im Gegensatz zu dem durch Erhitzung veränderten Kasein, das als **denaturiert** bezeichnet wird.

Der große Ernährungswissenschaftler Kollath sagte dazu wörtlich: „Das Eiweiß scheint also eine Sonderstellung zu besitzen, indem es Nahrungsstoff, Erhaltungsstoff und ‚Vitamin-Ersatz‘ zur gleichen Zeit ist. Es ist mir bisher nicht möglich, diese Wirkung des nativen Kaseins auf bekannte Stoffe oder Eigenschaften zurückzuführen, trotzdem aber besteht der Unterschied und ist so markant, dass ich aus allen diesen Gründen dazu neige, den Mesotrophiekomplex (von Kollath eingeführter Begriff für Halbernährung) primär als Eiweißproblem, sekundär als Vitamin- und Mineralproblem zu betrachten".

In Anbetracht dieser Erkenntnisse kann die alte Vorstellung nicht mehr aufrecht erhalten werden, dass das Milcheiweiß durch Pasteurisierung nicht denaturiert würde.

Aus milchwirtschaftlichen (nicht-wissenschaftlichen) Kreisen stammt sogar der Versuch, der Pasteurisierung Vorteile anzudichten, da die Milch dadurch leichter verdaulich wäre. An der Verweildauer der Milch im Magen, in dem die Eiweißverdauung beginnt, ist leicht nachweisbar, dass unerhitzte Milch leichter verdaulich ist als gekochte.

Die erhitzte Milch unterscheidet sich von unerhitzter nicht nur durch die Zerstörung von Immunproteinen, wie es besonders bei der Kolostralmilch nachgewiesen ist, sondern auch durch die Beeinträchtigung von anderen biologischen Wirkstoffen. Pottenger war einer der ersten, der mit seinen Beobachtungen an Katzen den unzweideutigen Nachweis erbracht hat, dass durch den Kochprozess eine Veränderung der Nahrung vor sich geht, die nachteilige Wirkungen auf das Gedeihen der Tiere hat. In langjährigen Fütterungsversuchen an Katzen über acht Generationen konnte er die degenerative Wirkung einer Kost nachweisen, in der das Fleisch durch Erhitzung zubereitet wurde. Dasselbe gilt für die erhitzte Milch. Die auftretenden degenerativen Veränderungen verstärken sich von Generation zu Generation; in der 3. Generation treten sie besonders krass auf. Um von Katzen aus der 2. defekten Generation wieder normale Nachkommen zu erzielen, ist vier Generationen lang wieder rohe Nahrung notwendig. Wenn ein weibliches Tier zwölf bis achtzehn Monate lang die gekochte Diät erhalten hat, kann es nie wieder normal entwickelte Junge gebären. Noch nach vier Jahren haben seine Jungen Gesichts- und Kiefermissbildungen. Es dürfte nicht schwerfallen, sich vorzustellen, welche Zukunft die heutigen Hauskatzen haben, die bei H-Milch und Dosenfutter gehalten werden. Die vollen Wartezimmer der Tierärzte sprechen für sich.

Alle Tiere, die im Freien leben, fressen ihre Nahrung unerhitzt; Krankheiten, die den ernährungsbedingten Zivilisationskrankheiten beim Menschen entsprechen, gibt es bei ihnen nicht. Dies gilt sowohl für die fleisch- wie für die pflanzenfressenden Tiere.

H-Milch für menschliche Ernährung ungeeignet

Die H-Milch ist eine Konserve. Nur vom wirtschaftlichen Standpunkt aus ist dies ein Vorteil. Sie kann sechs Wochen gelagert werden. Vom gesundheitlichen Standpunkt aus ist dies ein so großer Nachteil, dass der Verzehr von H-Milch nicht zu empfehlen ist.

Durch die Hocherhitzung auf 150 °C, wenn auch nur sehr kurze Zeit, kommt es zu erheblichen Veränderungen (Vitaminverlust, Denaturierung des Eiweißes). Es sind also rein wirtschaftliche Gesichtspunkte, die zur Schaffung der toten ultrahocherhitzten H-Milch geführt haben. Der Gesundheitswert wird auf Kosten der Haltbarkeit geopfert.

In einer Studie über die ernährungsphysiologische Bewertung der H-Milch gibt Prof. Renner vom milchwirtschaftlichen Institut zu, dass in allen Fällen die H-Milch im Vergleich zur pasteurisierten Milch geschmacklich ungünstiger zu beurteilen ist. Dieser Unterschied gilt in noch höherem Maße zwischen H-Milch und nativer, also roher Milch. Geschmack ist ein außerordertlich feiner Maßstab für die Qualitätsminderung eines Lebensmittels, wenn er auch nicht mit chemischen Methoden nachweisbar ist.

Bei der Werbung für H-Milch wird angegeben, dass während der garantierten

Haltbarkeitsdauer der H-Milch von sechs Wochen keine geschmacklichen Veränderungen mehr auftreten. Für Kenner ist dies natürlich kein Hinweis auf eine positive Eigenschaft, sondern dies zeigt im Gegenteil, dass es sich bei der H-Milch um ein totes Nahrungsmittel handelt, das die natürlichen Eigenschaften eines Lebensmittels, allmählich zu verderben, verloren hat.

Ist Kuhmilch ein notwendiges Nahrungsmittel?

Es ist eine ganz andere Frage, ob Milch überhaupt ein geeignetes Nahrungsmittel für den Menschen ist. Eigentlich ist die Milch bei allen Säugern als Überbrückungsnahrungsmittel in der Säuglingszeit gedacht, bis der ältere Mensch oder das Tier die ihm eigene Nahrung zu sich nimmt. Kein im Freien lebendes Säugetier nimmt nach der Säuglingszeit noch Milch zu sich, schon gar nicht Milch eines anderen Säugetiers. Beim Menschen im europäischen Raum hat sich die Vorstellung eingebürgert, dass besonders im Kindesalter die Kuhmilch ein zentrales Nahrungsmittel sei. Wenn bei manchen Krankheiten es notwendig ist, auf Kuhmilch zu verzichten, so begegnet man immer der ängstlichen Frage der Mutter, ob denn ein Kind ohne Milch gedeihen könne und was man als Ersatz verwenden müsse. Die Ansicht ist also weit verbreitet, dass Kuhmilch ein wichtiges Nahrungsmittel sei und ihr Verzicht eine nachteilige Lücke bedeute.

Zur Deckung des Vitamin-B1-Bedarfs ist Milch nicht notwendig, da das Vollgetreide eine ausreichende Versorgung mit Vitamin B 1 garantiert. Durch Vollkornprodukte und Frischkost wird auch der Calciumbedarf gedeckt, so dass auch in Bezug auf Calcium der Verzehr von Milch nicht notwendig ist.

Ein Vergleich mit anderen Säugern zeigt aber, dass zu deren Ernährung im Erwachsenenalter keineswegs Milch eines anderen Säugetiers gehört. Der Elefant benötigt also zum Gesundsein keine Milch der Giraffe und diese keine des Pferdes usw.

In Krankheitsfällen ist diese Frage von großer Bedeutung, zeigt sich doch, dass ein gewisser Anteil der Kinder, etwa ein Drittel, auf die Kuhmilch mit Krankheitserscheinungen reagiert. Das sind die sogenannten lymphatischen Kinder, die zu Schwellungen der Lymphknoten, zu vermehrter Infektanfälligkeit, zu Hautausschlägen und allergischen Reaktionen neigen. Sie vertragen das artfremde Eiweiß der Kuhmilch nicht. Bei der Behandlung dieser Krankheiten ist das Weglassen der Kuhmilch und des aus ihr gewonnenen Eiweißanteils (Quark, Käse) notwendig, meist allerdings auch die Vermeidung von Eiern, Fisch und Fleisch. Bei diesen Erkrankungen, die durch das artfremde Eiweiß verursacht sind, spielt es keine Rolle, ob das Eiweiß nativ ist oder denaturiert. Für die Vorbeugung ernährungsbedingter Zivilisationskrankheiten ist jedoch die Frage, ob das Eiweiß nativ ist oder denaturiert, von zentraler Bedeutung.

Die langjährige ärztliche Erfahrung zeigt jedenfalls, dass die genannten Erkrankungen bei Weglassen der Kuhmilch verschwinden. In meinem Buch „Erkältungen müssen nicht sein", emu-Verlag, Lahnstein, bin ich darauf ausführlich eingegangen.

Für den, der nur in chemischen Bereichen denkt, mögen alle diese technischen Eingriffe in eine lebendige Substanz, wie es die Milch ist, unbedeutend sein, für den biologisch Geschulten erscheinen diese Eingriffe in ein ursprünglich lebendiges Gebilde unstatthaft. Es ist aber ein Zeichen unserer **chemisierten** und technisierten Welt, in der die Ehrfurcht vor dem Leben verloren gegangen ist, dass das Gespür für das Nachteilige dieser Verfahren abhanden gekommen ist und als Zeichen von **mystischen** Vorstellungen gewertet wird. Es wäre gut, wenn die Bevölkerung genügend aufgeklärt würde, dass sie ultrahocherhitzte **tote** H-Milch boykottiert, um die vermehrte Bereitstellung einer unveränderten Rohmilch von gesunden Kühen aus artgerechter Tierhaltung zu erzwingen.

Weitere Kleinschriften von Dr. med Max Otto Bruker

1. Unser täglich Brot und der Zucker als Hauptursache für die modernen Zivilisationskrankheiten
2. Schlank werden ohne Hungerkur
3. Herzinfarkt, Asteriosklerose und Gallensteine sind verhütbar
4. Wie beugt man den ernährungsbedingten Zivilisationskrankheiten vor?
5. Ernährungsbehandlung der Leber-, Galle, Magen-, Darm- und Bauchspeicheldrüsenerkrankungen
6. Butter – ein hochwertiges Lebensmittel?
7. Vom Kaffee und seinen Wirkungen
8. Ärztliches Memorandum zur industriellen Nutzung der Atomenergie
9. Über den Unwert der heutigen Milch
10. Gesund durch richtige Ernährung (LVA-Schrift)
11. Die Story von den 2 »richtigen« Ernährungen
12. Ursachen der ernährungsbedingten Zivilisationskrankheiten (Mörder bekannt – kein Kläger)
13. Fett macht nicht fett (Fett)
14. Bakterien im Frischkornbrei
15. Sie vertragen Vollkornbrot nicht?
16. Krankheiten durch Fabrikzucker
17. Unser täglich Brot – eine tote Nahrung?
18. Wieviel und was soll man täglich trinken
19. Ballaststoffe sind kein Ballast
20. Scheinursachen verschleiern Zusammenhänge
21. Die Ernährung des älteren Menschen
22. Die Deckung des Eiweißbedarfs
23. Vitamin B12
24. Wissenswertes über Säfte
25. Rheuma – ernährungsbedingte Zivilisationskrankheit
26. Zöliakie
27. Das Allergie-Problem
28. Die Zuckerkrankheit –Verhütung und Behandlung
29. Gebissverfall
30. Weil du beim Reaktor wohnst
31. Die Ernährung des Kindes
32. Neurodermitis
33. Der Darmpilzrummel – Fehldiagnose Candida albicans –

Auch komplett als Sammelmappe zum Sonderpreis erhältlich!

Dr. med. Max Otto Bruker

Gesund

durch richtige Ernährung

emuverlag

Inhalt

Herausgeber:
Gesellschaft für Gesundheitsberatung (GGB) e.V., 56112 Lahnstein.

Text: Dr. Max Otto Bruker (Lahnstein)
Redaktion: Ilse Gutjahr (Lahnstein)
Gestaltung: Simone Kerschbaum, www.creatixmarketing.de
Fotos: Fotolia, Pixabay

Einleitung

Liebe Leserin, lieber Leser!
Es ist heute kein Geheimnis mehr, dass uns unsere Ernährungsweise krank machen kann. Wer über Jahre und Jahrzehnte hinweg falsch isst, wird mit ziemlicher Sicherheit eine oder mehrere der zahlreichen ernährungsbedingten Zivilisationskrankheiten, wie Gebissverfall, Zuckerkrankheit, Leberschaden, Rheuma oder Herzinfarkt, erleiden. Wir wollen Ihnen mit dieser Broschüre aber nicht den Appetit verderben und die Lust am Essen nehmen, sondern durch Aufklärung dazu beitragen, dass Sie sich gesund ernähren können.

Wie in vielen Bereichen des Lebens gibt es auch auf dem Gebiet der Ernährung unterschiedliche Meinungen. Wir wollen über den allgemein vertretenen Grundsatz von der „ausgewogenen Mischkost" hinausgehen und zu einer Ernährungsweise anregen, von der wir wissen, dass sie einen bedeutenden Beitrag zur Vermeidung der ernährungsbedingten Zivilisationskrankheiten leisten kann.

Dr. med. Max Otto Bruker (1909–2001), langjähriger ärztlicher Leiter biologisch geführter Krankenhäuser, Gründer und Vorsitzender der Gesellschaft für Gesundheitsberatung GGB e.V., hat durch seinen Beitrag diese Broschüre ermöglicht.

Wir wünschen Ihnen gute Gesundheit durch gesunde Ernährung.
Ihre Gesellschaft für Gesundheitsberatung GGB e.V.

Die Ernährung

Bei Meinungsumfragen nach den häufigsten Wünschen steht die Gesundheit an erster Stelle. Für die meisten ist aber Gesundheit etwas Selbstverständliches. Erst wenn jemand krank ist, beginnt er, sich für Gesundheit zu interessieren. Besser wäre es aber, sich so zu verhalten, dass man erst gar nicht krank wird. Das ist verhältnismäßig leicht. Man muss nur wissen, dass jede Krankheit eine Ursache hat, meistens sogar mehrere. Kennt man diese, kann man sie vermeiden und bleibt gesund.

Wer Mitglied in einer Krankenkasse ist, kann seiner Gesundheit gegenüber gleichgültig werden. Er könnte denken, wenn du krank wirst, brauchst du keine Sorgen zu haben, die Kasse kommt ja für alle Kosten auf. Dies ist ein gefährlicher Trugschluss, denn die Verantwortung für die Gesundheit des Einzelnen kann kein anderer übernehmen. Die kostenlose Behandlung schützt außerdem nicht vor Schmerzen und unangenehmen Beschwerden.

Auch für die Familie bringt eine Krankheit Unannehmlichkeiten. Und hinter dem drohenden Verlust des Arbeitsplatzes stehen wirtschaftliche Nachteile für den Einzelnen und die Allgemeinheit.

In den letzten Jahrzehnten erkranken immer mehr Menschen an immer mehr Krankheiten. Der Grund für diese lawinenartige Zunahme liegt darin, dass sich die medizinische Wissenschaft fast ausschließlich um die Behandlung der Krankheiten kümmert und dabei die Erforschung der Ursachen vernachlässigt. So begegnet dem Arzt in der Sprechstunde kaum ein Patient, auch wenn dieser schon viele Jahre krank ist, der weiß, weshalb er krank geworden ist. Wie aber soll sich ein Mensch vor Krankheiten schützen, wenn er deren Ursachen nicht kennt? Deshalb ist es das Wichtigste, über die Krankheitsursachen informiert zu sein.

Krankheitsursachen

Von den Ursachen her gesehen können wir die Krankheiten in drei große Gruppen einteilen: die ernährungsbedingten, die so genannten lebensbedingten und die umweltbedingten Erkrankungen.

Die ernährungsbedingten Zivilisationskrankheiten umfassen alle Erkrankungen, die durch Fehler in der Ernährung verursacht sind. Etwa 80% der Krankheiten, deretwegen heute die Patienten einen Arzt aufsuchen, sind ernährungsbedingt, das heißt durch Fehler in der Ernährung verursacht.

Unter lebensbedingten Krankheiten versteht man solche Erkrankungen, die aus Verstößen gegen Lebensgesetze, aus mangelnden Erkenntnissen, falschen Vorstellungen, Konflikten, der Fehleinschätzung des Willens und widrigen Lebensumständen entstehen. Jedermann in unserer komplizierten Gesellschaft ist solchen Gefahren ausgesetzt. Die Ursache der umweltbedingten Krankheiten ist die toxische Gesamtsituation (nach Prof. Eichholtz).

Ernährungsbedingte Zivilisationskrankheiten

Es ist erstaunlich, wie wenige Menschen wissen, dass der größte Teil der Krankheiten, unter denen wir leiden, durch falsche Ernährung entsteht. Die moderne Ernährungsforschung hat nachgewiesen, dass folgende Krankheiten ernährungsbedingt sind:

1. Der Gebissverfall, die Zahnkaries, die Parodontose und Zahnfehlstellungen. Letztere als Folge der Ernährungsfehler der vorigen Generationen.
2. Die Erkrankungen des Bewegungsapparates, die so genannten rheumatischen Erkrankungen, die Arthrose und Arthritis, die Wirbelsäulen- und Bandscheibenschäden.
3. Alle Stoffwechselkrankheiten wie Übergewicht, Zuckerkrankheit, Leberschäden, Gallensteine, Nierensteine, Gicht usw.
4. Die meisten Erkrankungen der Verdauungsorgane wie Stuhlverstopfung, Leber-, Gallenblasen-, Bauchspeicheldrüsen- sowie Dünn- und Dickdarmerkrankungen, Verdauungs- und Fermentstörungen.
5. Gefäßerkrankungen wie Arteriosklerose, Herzinfarkt, Schlaganfall und Thrombosen.
6. Mangelnde Infektabwehr, die sich in immer wiederkehrenden Katarrhen und Entzündungen der Luftwege, den so genannten Erkältungen, und in Nierenbecken- und Blasenentzündungen äußert.
7. Die meisten der so genannten Allergien.
8. Manche organische Erkrankungen des Nervensystems.
9. Auch an der Entstehung des Krebses ist die Fehlernährung in erheblichem Maße beteiligt.

Alte und neue Ernährungslehre

Die alte Ernährungslehre ist schuld an den ernährungsbedingten Zivilisationskrankheiten. Im 19. Jahrhundert wusste man zum Glück noch nichts von den Kalorien sowie dem Eiweiß, Fett und den Kohlenhydraten. Die Menschen waren gesund, weil sie nur das essen konnten, was der Bauer erzeugte.

Dann entwickelte sich eine Ernährungslehre. Man ging dazu über, alle Nahrungsmittel chemisch auf ihre einzelnen Bestandteile zu untersuchen. Dabei ergab sich, dass diese nur aus drei Grundnährstoffen bestehen: Eiweiß, Fett und Kohlenhydraten.

Andere Nährstoffe gibt es nicht. Eine solche rein chemische Betrachtungsweise ist schuld daran, dass es zu dem heutigen katastrophalen Gesundheitsverfall gekommen ist.

Diese überholte Ernährungslehre besagte, dass ein Mensch vollwertig ernährt wäre, wenn er genügend Eiweiß, genügend Fett und genügend Kohlenhydrate esse, und zwar so viel, dass der Brennwert in Kalorien etwa 3000 – 4000 (= 12360–16640 Joule) ausmache, je nach Energieverbrauch des Einzelnen.

Schon frühzeitig erkannte man, dass außer den drei Grundnährstoffen noch Mineralien, wie Kalium, Calcium, Natrium, Eisen, Magnesium usw. nötig waren.

Und als schließlich die ersten Vitamine entdeckt wurden, hätte eigentlich die alte Ernährungslehre ihre Gültigkeit verlieren müssen. Sie konnte nicht mehr der Maßstab für die richtige Auswahl der einzelnen Nahrungsmittel sein.

Den Grund für die neue zeitgemäße Ernährungslehre hat der Schweizer Arzt Bircher-Benner gelegt. Von dem großen Ernährungsforscher Prof. Kollath wurde sie wissenschaftlich untermauert. Danach bemisst man den Wert einer Nahrung nicht mehr nach ihrem Gehalt an Kalorien und Nährstoffen, sondern nach ihrer Lebendigkeit und Natürlichkeit. Wer natürliche Lebensmittel genießt, braucht sich nicht mehr um Kalorien und den Gehalt an Fett, Eiweiß und Kohlenhydraten zu kümmern. Es hat sich nämlich ergeben, dass in der naturbelassenen Nahrung nicht nur alle Nährstoffe, sondern auch, was viel wichtiger ist, biologische Wirkstoffe enthalten sind, die für die Verwertung der Nahrung notwendig sind.

Heute fasst man diese Stoffe mit dem Begriff **Vitalstoffe** zusammen. Man versteht darunter die Vitamine, bei denen man wasserlösliche und fettlösliche unterscheidet, Mineralstoffe, Spurenelemente, Enzyme (in lebenden Zellen gebildete Stoffe – Fermente), ungesättigte Fettsäuren, Aromastoffe und Faserstoffe (sog. Ballaststoffe).

Nur wenn diese Vitalstoffe in einem richtigen Verhältnis in der Nahrung mit enthalten sind, ist die Nahrung vollwertig und volle Gesundheit möglich. Die Vitalstoffe, die in ursprünglichen Lebensmitteln noch enthalten sind, werden durch menschliche Eingriffe verändert, geschädigt bzw. zerstört. Diese Denaturierung geschieht durch Erhitzung, Konservierung und Präparierung. Demnach ordnet man die Nahrungsmittel nicht mehr nach ihrem Gehalt an Kalorien und Nährstoffen, sondern nach ihrer biologischen Wertigkeit.

Lebensmittel und Nahrungsmittel

Man teilt die Nahrung heute ein in **Lebensmittel** und **Nahrungsmittel.** Lebensmittel sind noch lebendig und für die Gesunderhaltung unentbehrlich. Nahrungsmittel dagegen sind mehr oder weniger „tot“, sie reichen für die Gesunderhaltung nicht aus.

Zu den **Lebensmitteln** zählen: unerhitztes Gemüse, rohes Obst, rohes Getreide, rohe Milch, Butter, sog. kaltgepresste Öle. Zu den **Nahrungsmitteln** gehören: gekochtes Obst und Gemüse, erhitztes und

Längsschnitt durch ein Weizenkorn

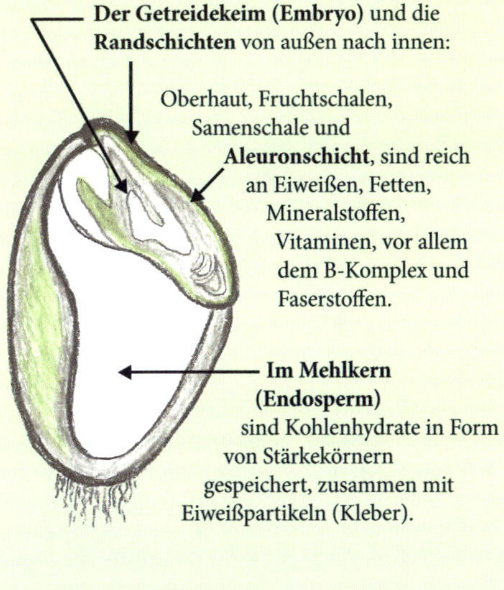

Die Ordnung unserer Na

nach Prof. Werner Kollath

Lebensmittel

	a) natürlich	b) mechanisch	c) fermentativ	d) erhitzt
		verändert		
Pflanzenreich	**Samen I** Ölsaaten Nüsse Mandeln Oliven	**Öle** zerkleinerte Ölsaaten	**Eigenfermente** Hefe Bakterien	**Gebäcke** aus Vollkorn
	Samen II Getreide	**Mahlprodukte** Vollkornmehl Schrote	**Breie** ungekocht aus Vollkorn	**Breie** gekocht aus Vollkorn
	Früchte Honig	**Salate** aus Früchten Naturtrübe Säfte	**Gärsäfte**	**Früchte**
	Gemüse	**Salate** aus Gemüsen	**Gärgemüse** Sauerkraut	**Gemüse**
Tierreich	**Eier** **Milch**	**Blut** **Milchprodukte**	**Fleisch** Schabefleisch **Gärmilch** Quark, Käse	**Fleisch** Fisch **Gekochte Milch**
Getränke	**Quellwasser**	**Leitungswasser**	**Gärgetränke**	**Extrakte** Teearten Brühe

gebratenes Fleisch, pasteurisierte Milch, Brot, Gebäcke.

Am wertvollsten für die menschliche Ernährung sind die **ganz natürlichen Lebensmittel**, die unverändert genossen werden können, wie frisches Obst, rohes Gemüse, Frischkorngerichte, rohe Milch, Quellwasser.

Die nächste Gruppe sind die **mechanisch** veränderten Lebensmittel. Dazu gehören Schrot aus Getreide, Gemüse- und Obstsäfte, kaltgepresste Öle, Sahne, Butter. Die dritte Gruppe sind die so genannten **fermentativ** veränderten Lebensmittel wie

ung

rungsmittel

) konserviert	f) präpariert
ebäcke auerbackwaren uch aus ollkornmehl	**Pflanzliche Präparate** **Fabrikfette** raffinierte Öle, Margarinen, Eiweiß **alle Fabrikzuckerarten** weißer u. brauner Zucker, Trauben-, Frucht-, Milch u. Malzzucker, Vollrohrzucker, Ur-Süße, Ur-Zucker, Sucanat, Rübensirup, Ahornsirup, Birnen- u. Apfeldicksaft, Maltodextrin, Melasse, Isomalt, Frutilose, Leucrose, Rapadura, Mascobado, Glucosesirup, Gerstenmalzextrakt, Demerara u.a.m. **Produkte aus Auszugsmehl** (Weißmehl, Graumehl) Stärke, Grieß, Nudeln, geschälter Reis
ruchtkonserven Marmeladen	
emüse- **onverven**	Aromastoffe, Vitamine, Wuchsstoffe, Fermente, Nährsalze
ierkonserven	**Tierpräparate**
Milchkonserven H-Milch	**Milchpräparate** Säuglingsnahrung Trockenmilch
emische Kunstwein	**Destillate** Künstl. Mineralwasser Branntwein

Gärgemüse (Sauerkraut, Gärsäfte), Quark und Käse aus Rohmilch.

Auch unter den **Nahrungsmitteln**, die nicht mehr lebendig sind, kann man verschiedene Stufen unterscheiden. Die erste Gruppe sind die durch **Hitze** veränderten Nahrungsmittel, also alle gekochten und gebratenen Speisen, sei es Obst, Gemüse, Kartoffeln oder Getreidegerichte, Fleisch; auch das Brot gehört hierher.

Die nächst schlechtere Gruppe sind die durch **Konservierung** veränderten Nahrungsmittel. Dazu gehören nicht nur die üblichen Gemüse-, Fleisch- und Milchkonserven, sondern auch Dauerbackwaren.

Am minderwertigsten sind die Nahrungsmittel aus der dritten Gruppe, die so genannten **Präparate**. Prof. Kollath, der „Die Ordnung unserer Nahrung“ (Titel seines Buches) nach ihrem biologischen Wert aufgestellt hat, meint dazu, dass eigentlich diese Präparate nur in ein Labor, nicht aber auf eine Liste von Nahrungsmitteln gehören, die zum Essen bestimmt sind. Unter Präparaten versteht man alle in der Fabrik hergestellten, rein chemischen Stoffe, wie Fabrikzuckerarten, Auszugsmehlprodukte und Fabrikfette.

Durch die industrielle Bearbeitung ursprünglicher **Lebensmittel** entstehen minderwertige **Nahrungsmittel**, die nicht mehr die notwendigen Vitalstoffe in ausreichender Menge und im richtigen Verhältnis enthalten. Neuerdings haben wir es mit noch minderwertigerer Nahrung als den in Spalte 6 aufgeführten Präparaten zu tun, nämlich mit **Imitaten und genmanipulierten Produkten**.

Die Herstellung von Fabrikpräparaten ist die logische Folge der alten Ernährungslehre, die meinte, es sei besonders wichtig, dass der Mensch viel Eiweiß, Fett und Kohlenhydrate zu sich nehme. So wurden eben solche Nahrungsmittel, die die Nährstoffe in konzentrierter Form enthalten, für besonders wichtig angesehen. Dies führte dazu, dass eine mächtige Nahrungsmittelindustrie entstand, die eben solche konzentrierten, aber vitalstoffarmen Präparate herstellt.

Durch den Mangel an Vitalstoffen können aber die konzentrierten Nährstoffe im menschlichen Körper nicht richtig verwertet werden. So entstehen die zahlreichen oben genannten ernährungsbedingten Zivilisationskrankheiten, die es vor rund hundert Jahren kaum gab. Wer sich heute ernähren würde wie ein Bauer vor hundert Jahren, könnte keine ernährungsbedingte Zivilisationskrankheit bekommen.

Krankmachende Nahrungsmittel

1. Auszugsmehle

Neben den zahlreichen Fabrikzuckerarten sind die Auszugsmehle die hauptsächlichen Ursachen für die ernährungsbedingten Zivilisationskrankheiten. Unter Auszugsmehlen versteht man Mehle, bei denen vor dem eigentlichen Mahlvorgang die Randschichten und der Keim entfernt werden. Auszugsmehl vom Roggen heißt Graumehl, Auszugsmehl vom Weizen Weißmehl. Diesen Mehlen fehlen wichtige Vitalstoffe, vor allem das Vitamin B 1, das bei der Beseitigung der Randschichten und des Keims mit entfernt wird. Ursprünglich wurde jedes Mehl aus dem ganzen Getreidekorn hergestellt, gleichgültig, ob dies Weizen, Roggen, Hafer, Gerste oder Hirse war. Da der Keim ölhaltig ist, ist ein solches Vollkornmehl nicht haltbar; es wird ranzig.

Es schien daher ein großer technischer Fortschritt zu sein, als man endlich Mehle herstellen konnte, die nicht mehr die Randschichten, sondern nur noch den Stärkekern enthalten und deshalb unbegrenzt haltbar sind. Erst später, als die Bedeutung der dabei verloren gehenden Vitalstoffe allmählich erkannt wurde, ließen sich viele Krankheiten erklären, deren eigentliche Ursachen lange nicht erkannt waren. Der Hauptgrund lag darin, dass es Jahrzehnte dauert, bis eine Krankheit sich so weit entwickelt hat, dass sie Beschwerden hervorruft. Dieser lange Zeitraum verschleiert den Zusammenhang zwischen Ursache und Wirkung.

2. Fabrikzuckerarten

Unter Fabrikzucker versteht man alle industriell hergestellten Zuckerarten: weißer Zucker, brauner Zucker, Fruchtzucker, Traubenzucker, Milchzucker, Malzzucker, sog. Vollrohrzucker, Sucanat, Ur-Süße, Ur-Zucker, Rapadura, Sirup, Apfeldicksaft, Birnendicksaft, andere Dicksäfte, Ahornsirup, Melasse, Frutilose, Maltodextrin u. a. m. Alle diese Fabrikzuckerarten sind reine, künstliche Konzentrate, frei von Vitalstoffen. Man nennt sie auch leere Kalorien.

Auszugsmehle und Fabrikzucker werden als raffinierte Kohlenhydrate zusammengefasst. Heute wissen wir, dass der Vitalstoffmangel dieser raffinierten Kohlenhydrate die Hauptursache der bereits erwähnten Krankheiten ist. Man kann diese deshalb auch als chronische Vitalstoffmangelkrankheiten bezeichnen.

3. Fabrikfette

Damit sind Fette gemeint, die durch Raffinationsprozesse gewonnen werden, z. B. Öle, die nicht mehr kaltgepresst sind, sondern durch chemische Extraktion (Auszug von Stoffen) hergestellt wurden. Um aus Ölen streichfähige Fette, Margarinen, herzustellen, sind Hydrierungsprozesse notwendig, bei denen die fettlöslichen Vitamine zerstört und die ungesättigten Fettsäuren gesättigt werden, also ihre Eigenschaft als biologische Wirkstoffe verlieren. Wer über die Herstellungsweise der Fabrikfette ausführlich informiert werden möchte, sollte „Cholesterin – der lebensnotwendige Stoff" (emu-Verlag, Lahnstein) lesen.

Fett macht nicht fett (fett)

Solange auf Grund der alten Ernährungslehre nicht erkannt war, dass die Krankheiten durch chronischen Mangel an Vitalstoffen (infolge fabrikatorischer Bearbeitung der Lebensmittel) entstehen, nahm man irrtümlich an, die Zivilisationskrankheiten entstünden durch zu viel Fett und zu fettes Essen. Deshalb wird z. B. den Übergewichtigen immer noch vorgeredet, sie seien zu dick, weil sie zu viel und zu fett äßen. In Wirklichkeit ist die Fettsucht eine Stoffwechselkrankheit, die dadurch entsteht, dass statt natürlicher Lebensmittel in der Fabrik hergestellte Nährstoffe gegessen werden.

Neben den Auszugsmehlen und den Fabrikzuckerarten spielen hier „tote" Fette wie Margarinen und raffinierte Öle eine Rolle. Wenn man weiß, dass man die große Menge von rund 500 Gramm Zuckerrüben essen müsste, um 100 Gramm Zucker zu bekommen, wird verständlich, dass man mit solchen konzentrierten Nährstoffen, die in der Natur nicht vorkommen, Fettsucht erzeugen kann, ohne dass man große Mengen isst. Die 100 Gramm Fabrikzucker können unsichtbar und unmerklich in den Speisen „versteckt" werden. Natürliche Lebensmittel kann auch der Dicke in unbegrenzter Menge verzehren, da sie die einzelnen Nährstoffe nie in konzentrierter Menge enthalten und zugleich alle Vitalstoffe vorhanden sind, die für eine ungestörte Verarbeitung im Organismus benötigt werden.

Es ist auch sehr wichtig zu wissen, dass das überschüssige Fett beim zu Dicken nicht aus dem Fett stammt, das er gegessen hat. Der Mensch hat ja einen Stoffwechsel, in dem die Nahrung verändert und abgebaut wird. Aus Fett wird genauso wenig Fett, wie Spinat im Körper zu Spinat wird. Ein Haarloser kann seine Glatze nicht durch Essen von Haaren beseitigen, weil eben die Kopfhaare ebenso wenig aus Haaren entstehen wie Körperfett aus dem in der Nahrung zugeführten Fett.

Der Ratschlag, dass der zu Dicke wenig Fett essen soll, ist also falsch. Er muss, was den Fettanteil betrifft, genügend naturbelassene Fette essen, da nur sie ausreichend fettlösliche Vitamine und ungesättigte Fettsäuren enthalten, die für den reibungslosen Abbau des gegessenen Fettes zu den Endprodukten Kohlendioxid und Wasser notwendig sind.

In der Behandlung der Fettsucht ist daher der Verzehr naturbelassener Fette wichtig, d. h. von Butter und kaltgepressten Ölen. Die durch Raffination gewonnenen Fette, wie die üblichen Handelsöle, Margarinen und Kunstfette, müssen genauso streng gemieden werden wie die raffinierten Kohlenhydrate.

Kein Herzinfarkt durch cholesterinhaltiges Fett

Was für die Fettsucht als Beispiel gilt, gilt grundsätzlich auch für die Verhütung und Behandlung der anderen ernährungsbedingten Zivilisationskrankheiten, besonders für den Herzinfarkt. Er kommt nicht, wie man früher irrtümlich annahm (so genannte Fett-Theorie), durch den Verzehr cholesterinhaltiger Nahrungsmittel zustande. Cholesterin ist im Gegenteil ein so lebensnotwendiger Stoff, dass der Organismus ihn selbst herstellt. Der Mensch ist also auf die Zufuhr von Cholesterin durch die Nahrung gar nicht angewiesen. Wird aber in der Nahrung viel Cholesterin zugeführt, erzeugt der Körper selbst eben weniger. Die krankhafte Ablagerung von Cholesterin bei der Arteriosklerose und dem Herzinfarkt hat genauso wenig mit dem Cholesteringehalt der Nahrung zu tun, wie etwa eine krankhafte Kalkablagerung im Gewebe mit dem Kalkgehalt der Nahrung. Die krankhaften Ablagerungen sind die Folge von chronischem Vitalstoffmangel durch den Verzehr von Fabriknahrungsmitteln und von zu hohem Verzehr von tierischem Eiweiß. Wollte man aus Unkenntnis trotzdem Nahrungsmittel meiden, die das lebenswichtige Cholesterin enthalten, so könnte dieser Zweck nicht durch Vermeidung von Butter erreicht werden, da mit Fleisch und Eiern weit mehr Cholesterin zugeführt wird als mit Butter, denn von ihr isst man wesentlich kleinere Mengen als von Fleisch.

Krank durch falsche Nahrung

Krank wird man durch falsche Nahrung. Man hört unentwegt, dass die Menschen einfach durch zu viel Essen krank würden. Gegen diese Annahme spricht allein die einfache Überlegung, dass die Menschen schon immer gerne gegessen haben. Dazu haben wir von der Natur den Hunger und den Appetit bekommen. Es ist grotesk anzunehmen, dass die Menschen in den zivilisierten Völkern erst vor kurzem die Freude am Essen entdeckt haben und nun plötzlich alle zu viel essen. Nein, die Menschen haben schon immer gerne ihre Urtriebe Hunger, Durst und Sexualität gestillt. Dies ist keine neue Entdeckung und kann deshalb auch keine Erklärung für Krankheiten sein. Der Unterschied gegen früher ist lediglich der, dass es heute möglich ist, durch industrielle Verarbeitung Nährstoffkonzentrate herzustellen, die es bisher nie gab. Sie sind schuld an diesen Krankheiten, nicht die Menge des Essens.

Pflanzliches Eiweiß ist vollwertig

Die alte Ernährungslehre trägt die Schuld an noch weiteren Gesundheitsschäden. Denn sie stellte die These auf, der Mensch könne ohne tierisches Eiweiß nicht leben. Diese Irrlehre beruht auf den veralteten und längst widerlegten Vorstellungen, dass die pflanzlichen Lebensmittel nicht vollwertig seien, weil sie angeblich nicht alle lebensnotwendigen Aminosäuren enthalten.

Eiweiße bestehen aus Aminosäuren

Man bezeichnet Eiweiß als vollwertig, wenn es alle notwendigen (essentiellen) Aminosäuren enthält. Die Zusammensetzung der Eiweiße aus den verschiedenen Aminosäuren ist aber bei den einzelnen eiweißhaltigen Lebensmitteln sehr unterschiedlich. Da man jedoch nicht nur von einem Lebensmittel lebt, ergänzen sich die einzelnen Aminosäuren in hervorragender Weise. Besonders die Kombination von Getreideeiweiß mit Gemüseeiweiß hat sich bewährt. Sie garantiert eine ausreichende Eiweißversorgung. Voraussetzung ist allerdings, dass ein bestimmter Anteil in roher Form genossen wird.

Obwohl schon lange durch gründliche chemische Untersuchungen die Vollwertigkeit pflanzlichen Eiweißes erwiesen ist, wird immer noch die gegenteilige Behauptung verbreitet. Dies erklärt sich mit der bekannten Tatsache, dass es mehr als ein Menschenalter braucht, bis sich neue Erkenntnisse gegen eine frühere falsche Lehre durchgesetzt haben. Man muss also festhalten, dass pflanzliches Eiweiß genauso vollwertig wie tierisches ist.

Tierisches Eiweiß ist unnötig

Heute essen die Menschen in der Bundesrepublik ca. achtmal mehr Fleisch als vor hundert Jahren. Im Jahr 1890 betrug der jährliche Pro-Kopf-Verbrauch an Fleisch noch 12 kg, im Jahre 1990 aber bereits 107 Kilogramm. Diese Eiweißüberfütterung trägt eine wesentliche Mitschuld an der starken Zunahme der Erkrankungen der Bewegungsorgane (Arthritis, Arthrose, Bandscheibenschäden, Wirbelsäule, Gelenke). In der Bundesrepublik werden heute mehr als 20 Millionen Rheumakranke gezählt. Rheuma ist damit zu einer Volksseuche geworden.

Auch für die Zunahme der allergischen Erkrankungen ist der zu hohe Verzehr von Fleisch, Fisch und Wurst verantwortlich. Ebenfalls ist die Infektanfälligkeit durch den Verzicht auf tierisches Eiweiß zu beheben. Die Milch ist dabei an erster Stelle zu nennen.

Erhitztes Eiweiß verliert an Wert

Wir verdanken vor allem den epochemachenden Forschungen Prof. Kollaths die wichtige Erkenntnis, dass Eiweiß durch Erhitzung seine natürliche Beschaffenheit verliert. Es wird „denaturiert". Es muss daher täglich auch etwas unerhitztes (natives) Eiweiß gegessen werden. Dies geschieht am besten durch den Frischkostanteil.

Ein Blick in das Tierreich zeigt die interessante Tatsache, dass alle im Freien lebenden Tiere, seien es Fleisch- oder Pflanzenfresser, ihre Nahrung unerhitzt zu sich nehmen und dass sie zugrunde gehen, wenn sie mit erhitzter Nahrung gefüttert werden. Früher hat man geglaubt, dies beruhe darauf, dass durch die Erhitzung die Vitamine zerstört werden. Seit den Forschungen Kollaths weiß man aber, dass der Grund in der Denaturierung des Eiweißes liegt.

Der Mensch ist von Haus aus nicht geschaffen, die Tiere roh zu verzehren. Er brät und kocht das Fleisch, was aber infolge der Denaturierung seinen Wert mindert. Die meisten halten heute noch das Fleisch und überhaupt tierisches Eiweiß für eine „kräftige" Nahrung. Zum tierischen Eiweiß rechnen außer Fleisch auch Fisch, Wurst, Eier, Quark, Milch (Joghurt) und Käse.

Um genügend lebendiges, natürliches, so genanntes natives Eiweiß zu bekommen, ist es nötig, täglich etwas Unerhitztes aus dem Pflanzenreich, das heißt Gemüse, Obst und Getreide, in roher Form zu essen. Dann braucht man sich um die Deckung des Eiweißbedarfs überhaupt nicht zu kümmern. Wichtig ist zu wissen, dass der Mensch sehr viel weniger Eiweiß braucht, als allgemein bisher angenommen wurde, nämlich nur etwa 2 Prozent. Wenn man aber die Nahrung der Menschen im Durchschnitt auf den Eiweißgehalt prüft, so kommt man in nicht wenigen Fällen auf das Mehrfache des Notwendigen. Ein einfacher Maßstab für die benötigte Eiweißmenge ist die Muttermilch. Sie ist so zusammengesetzt, dass der Säugling in weniger als einem Jahr sein Gewicht verdoppelt. Dies ist ein sicheres Zeichen, dass die Muttermilch ein vollendetes Lebensmittel ist und alles enthält, was zum Wachstum und zur Entfaltung nötig ist. Die Muttermilch enthält aber nur ca. 2 Prozent Eiweiß. Man kann daher mit Recht annehmen, dass ein fertiger Erwachsener, der nicht mehr wächst und nur noch einen Erhaltungsstoffwechsel hat, mit weniger als 2 Prozent Eiweiß auskommt. Es darf allerdings nicht durch Erhitzung denaturiert sein und muss deshalb aus dem Pflanzenreich stammen.

Die pasteurisierte Milch, die zur Abtötung von Bakterien kurz auf 70 bis 80 °C erhitzt wird, hat daher nicht mehr den vollen Wert wie Rohmilch.

Die heute weit verbreitete H-Milch wird auf 150 °C erhitzt. Es ist nicht nur das Eiweiß denaturiert, sondern es kommt auch zu einem erheblichen Vitaminverlust, sodass von ihrem Gebrauch dringend abzuraten ist. Sie ist genauso gesundheitsschädlich wie Fabriknahrungsmittel.

Durst bestimmt die Trinkmenge

Wie die Essmenge durch den Hunger, so wird die Trinkmenge durch den Durst bestimmt. Diese Vorgänge sind wunderbar durch den Instinkt geregelt. Man tut also gut daran, nur so viel zu trinken, wie Durst vorhanden ist. In letzter Zeit wird allenthalben der falsche Rat gegeben, möglichst täglich 2–3 Liter Flüssigkeit zu sich zu nehmen. Dieser Rat bringt nur Nachteile. Mit der Nahrung, die ja zu 70 – 80 Prozent aus Flüssigkeit besteht, nimmt der Mensch bereits 1½ bis 2 Liter zu sich. Eine zusätzliche Menge, die ohne Durst getrunken wird, ist eine Belastung für die Niere, das Herz, den Kreislauf und die Leber. Die Niere ist kein Sieb, durch das die Flüssigkeit einfach durchläuft; man kann deshalb die Niere nicht, wie gesagt wird, „durchspülen". Jedes Tröpfchen muss von der Niere durch aktive Arbeit ausgeschieden werden. Bei Nierensteinen führt vieles Trinken zu einer Verdünnung der so genannten Schutzkolloide, welche die Bildung von Nierensteinen eigentlich verhüten.

Tipps für die richtige Ernährung

Eine gesunderhaltende Ernährung lässt sich in folgenden Punkten kurz zusammenfassen: Vier Dinge sind zu meiden und vier andere sollten täglich gegessen werden.

Die vier zu meidenden Speisen sind:

1. Auszugsmehlprodukte
2. alle Fabrikzuckerarten
3. alle raffinierten Fette (Margarinen, gewöhnliche Öle)
4. für Magen-, Darm-, Leber- und Gallenempfindliche: alle Säfte aus Obst und Gemüse, gleichgültig, ob selbst hergestellt oder gekauft, gekochtes Obst, Trockenfrüchte.

Die Speisen, die täglich gegessen werden sollten, sind:

1. Vollkornbrote, möglichst viele verschiedene Sorten
2. täglich 3 Esslöffel Getreide in Form eines Frischkorngerichts (siehe Rezept)
3. eine Frischkostbeilage, bestehend aus rohen Gemüsen und rohem Obst (z. B. als Salat) naturbelassene Fette, das heißt Butter, Sahne und unraffinierte, kaltgepresste Öle.
   Bei bestimmten Erkrankungen ist die Vermeidung bzw. Einschränkung von Tiereiweiß empfehlenswert. Alle übrigen nicht erwähnten Speisen können täglich genossen werden.

Rezept des Frischkorngerichts nach Prof. Kollath

Es wird aus Roggen oder Weizen oder aus einer beliebigen Getreideart oder Getreidemischung hergestellt.

Dazu werden 3 Esslöffel (etwa 50 g) Getreide in einer Getreidemühle, in einem Mixapparat oder einer Kaffeemühle grob geschrotet. Das Mahlen muss jedes Mal frisch vor der Zubereitung vorgenommen werden.
Nicht auf Vorrat mahlen! Dabei spielt es keine Rolle, ob die Getreidemühle mit Mahlsteinen oder einem Stahlmahlwerk arbeitet.

Das gemahlene Getreide wird mit ungekochtem, kaltem Leitungswasser zu einem Brei gerührt und 5–12 Stunden stehen gelassen. Die Wassermenge ist so berechnet, dass nach Quellung nichts weggegossen zu werden braucht. Nach 5–12 Stunden wird dieser Brei tischfertig gemacht durch Zusatz von frischem Obst (je nach Jahreszeit), Zitronensaft, 1–2 Esslöffel Sahne und geriebenen Nüssen.

Solange verfügbar, sollte man immer einen Apfel hineinreiben und sogleich untermischen, bevor er braun wird. Der geriebene Apfel macht den Frischkornbrei luftig und wohlschmeckend.
Es ist ohne Belang, zu welcher Tageszeit dieses Gericht genossen wird.

Gesundheit – ein Informationsproblem

Heute kann man fast alles lernen. Nur auf die Frage, wie kann ich meine und die Gesundheit meiner Familie erhalten, finden wir an keiner Stelle eine befriedigende Antwort. Es sei denn, Sie vertrauen allein der produktbezogenen Werbung für allerlei Nahrungs- und Genussmittel, die den Namen Lebensmittel nicht mehr tragen dürften. Finden Sie das ausreichend oder sogar zufriedenstellend und informativ?

Um die Krankheitslawine aufzuhalten, bildet die Gesellschaft für Gesundheitsberatung (GGB) ärztlich geprüfte Gesundheitsberater GGB in mehrwöchigen Seminaren aus. Gesundheitsberater GGB können und sollen keine Ärzte oder andere Angehörige von Heil- und Pflegeberufen ersetzen. Sie können und sollen aber deren Arbeit ergänzen, weil sie eben in grundlegenden Fragen der Ernährung und anderer wichtiger Faktoren, die unser Leben bestimmen, modern und zukunftsorientiert ausgebildet werden.

Das Organ der GGB ist die Zeitschrift DER GESUNDHEITSBERATER.

Fordern Sie ein kostenloses Probe-Exemplar sowie weitere ausführliche Informationen zum Thema „Gesundheit" bei der GGB in 56112 Lahnstein an.

Wer ist die GGB?

- Gesellschaft für Gesundheitsberatung GGB e.V.
- 1978 von Dr. med. Max Otto Bruker gegründet
- gemeinnützig
- Verbraucherforum, unabhängig von wirtschaftlichen Interessengruppen
- Seminarzentrum
- Ausbildung von Gesundheitsberater/innen GGB
- Fortbildungsveranstaltungen für Ärzte, Apotheker, Lehrer, Gesundheitsberater, Köche und andere Berufsgruppen in Fragen der Ernährung-Medizin-Umwelt
- Tagesseminare
- Wochenendseminare
- Selbsterfahrungsgruppen
- Einzelberatung
- zweimal jährlich GGB-Tagungen für alle Interessierten in der Stadthalle Lahnstein mit hochkarätigen Referenten zu aktuellen Themen
- eigene Lehrküche mit vitalstoffreicher Vollwertkost
- Praxis-Seminare in Vollwerternährung
- Ärztlicher Rat aus ganzheitlicher Sicht
- Schwerpunkte und Information:
- Aufzeigen von Krankheitsursachen, Wege im Bereich der Prophylaxe bei ernährungsbedingten Zivilisationskrankheiten, lebensbedingten Krankheiten, umweltbedingten Krankheiten

Schreiben Sie uns, wenn Sie neue Wege gehen wollen und Fragen haben – wir antworten Ihnen gern.

Gesellschaft für Gesundheitsberatung GGB e.V. · Dr.-Max-Otto-Bruker-Straße 3 · 56112 Lahnstein
Telefon: 02621 / 91 70 17 + 18 · Fax: 02621 / 91 70 33 · E-Mail: info@ggb-lahnstein.de · Internet: www.ggb-lahnstein.de

Literatur-Hinweise

für Leser, die sich eingehender mit dem Thema beschäftigen möchten und Anregungen für die praktische Durchführung der Vollwerternährung suchen:

Dr. M. O. Bruker:
Unsere Nahrung – unser Schicksal

Mit diesem Buch schuf Dr. Bruker ein Standardwerk der modernen Ernährungswissenschaft nach Bircher-Benner und Kollath. Während der größte Teil der Ernährungsliteratur auf chemisch-analytischer Betrachtungsweise aufbaut und theoretisches Wissen vermittelt, schöpft Dr. Bruker als praktizierender Arzt und ehemaliger ärztlicher Leiter mehrerer Kliniken für Ganzheitsmedizin aus seiner umfangreichen jahrzehntelangen Erfahrung am Patienten und führt jeden Leser zum Verständnis der wahren Ursachen der ernährungsbedingten Zivilisationskrankheiten.
Gb., 459 S., € 19,80, Best.-Nr. 01018

Weitere Bücher von Dr. M. O. Bruker:

- Biologischer Ratgeber für Mutter und Kind
- Allergien müssen nicht sein
- Ärztlicher Rat aus ganzheitlicher Sicht (Fragen und Antworten aus der Sprechstunde)
- Cholesterin, der lebensnotwendige Stoff
- Osteoporose – Dichtung und Wahrheit

Ilse Gutjahr:
David gegen Goliath

Eine Lebensarbeit: Dr. Max Otto Bruker und die Geschichte der Gesellschaft für Gesundheitsberatung GGB. Von der Krankheit in unserem Gesundheitssystem und den Chancen einer ganzheitlichen Medizin.
Gb., 293 S., € 19,80,
Best.-Nr. 1121014

Die dramatische Krankengeschichte der Autorin und die daraus entstandene Zusammenarbeit mit dem Medizinrebellen und Ernährungspionier Dr. M. O. Bruker. Über 25 Jahre umspannt diese Erfolgsgeschichte in Sachen Zivilcourage und Kampf gegen ein von Lobbyismus und Filz durchwachsenes Gesundheitssystem, das diesen Namen schon lange nicht mehr verdient. Es ist zugleich das leidenschaftliche Plädoyer für eine ganzheitliche, menschliche Medizin.

Weitere Bücher von Ilse Gutjahr:

- Das große Dr. M. O. Bruker Ernährungsbuch mit zahlreichen Rezepten und Farbfotos
- Die vitalstoffreiche Vollwertkost nach Dr. M. O. Bruker
- Streicheleinheiten (Gutjahr/Richter) mit 60 Rezepten für Brotaufstriche
- …einfach raffiniert!
  Neue Vollwertrezepte ohne tierisches Eiweiß

Alle Bücher zu beziehen über
www.emu-verlag.de

Diese Schrift hat eine interessante Geschichte

Es haben sich um sie Vorgänge abgespielt, die schlaglichtartig offenkundig machen, dass hinter den Ernährungsfragen nicht so sehr medizinisch-ärztliche, sondern gesundheitspolitische und mehr noch wirtschaftliche Fragen stecken. Ursprünglich wurde diese Schrift von der Landesversicherungsanstalt (LVA) Berlin herausgegeben. Sie wurde von dem Ernährungswissenschaftler und Arzt Dr. M.O. Bruker aufgrund seiner jahrzehntelangen Erfahrung in Klinik, Praxis und Forschung verfasst. Ihr Ziel war und ist eine intensive Aufklärung breiter Bevölkerungskreise über die Ursachen der ernährungsbedingten Zivilisationskrankheiten. Der Leser erfährt, dass viel mehr Krankheiten als er ahnt, durch langfristig krankmachende Ernährung entstehen. Der Bürger soll ferner darüber informiert werden, dass es vorwiegend die industriell hergestellten Nahrungsmittel Fabrikzucker, Fabrikfette und Auszugsmehle sind, die diese Krankheiten verursachen. Diese Fehler der üblichen Kost beruhen allein auf einer veralteten und daher falschen Ernährungslehre, die sich fernab vom gesunden oder kranken Menschen theoretisch und einseitig an Laborwerten orientiert.

Das große Echo der ersten Auflage rief die Gegner auf den Plan. In Gutachten forderten sie, dass diese Schrift nicht mehr von der LVA vertrieben wird. Die Behauptung, sie sei infolge falscher Angaben sogar gesundheitsgefährdend, hatte ihre Wirkung. Bei der zweiten Auflage griff man zu massiveren Mitteln. Die Deutsche Gesellschaft für Ernährung (DGE) drohte der Gesellschaft für Gesundheitsberatung (GGB) mit einer Klage. Es ist sicherlich kein Zufall, dass gegen die DGE wiederholt der Vorwurf erhoben wurde, sie bagatellisiere offenkundige Zusammenhänge aus der Erfahrungsmedizin zwischen falscher Ernährung und bestimmten Krankheiten.

Dr. Max Otto Bruker (1909–2001)

Der Vorwurf Dr. M. O. Brukers, die DGE sei das Sprachrohr der Nahrungsmittelindustrie, wird erhärtet durch das Verhalten des ehemaligen DGE-Präsidenten Pudel (1944–2009), der sich nicht scheute, für McDonalds und H-Milch Werbung zu machen.

Die Gesellschaft für Gesundheitsberatung GGB e.V. sieht ihre Aufgabe in einer umfassenden Gesundheitsaufklärung der Bevölkerung. In diesem Sinne verbreiten wir die ehemalige „LVASchrift".

emu-Verlags- und Vertriebs-GmbH
Dr.-Max-Otto-Bruker-Straße 3
56112 Lahnstein
Telefon: 0 26 21 / 91 70 - 10/-12 /-25
Fax: 0 26 21 / 91 70 33
e-Mail: info@emu-verlag.de
www.emu-verlag.de

Dr. med. Max Otto Bruker

Kleinschrift
Nr. 11

Die Story von den 2 »richtigen« Ernährungen

emu verlag

ernährung • medizin • umwelt

Die Story von den 2 „richtigen“ Ernährungen

Dr. med. M. O. Bruker

Ausgelöst wurde die interessante Geschichte durch eine als heiß empfundene Schrift einer Landesversicherungsanstalt (LVA), also einer amtlichen Institution. Landesversicherungsanstalten geben seit längerem eine Schriftenreihe Gesundheitserziehung heraus. Nr. 5 hat den Titel „Gesund durch richtige Ernährung“. Die darin niedergelegten Ernährungsratschläge entsprechen den üblichen Vorstellungen, wie sie in Artikeln der Tagespresse, der Illustrierten und den Massenmedien täglich zu finden sind. Da es sich dabei um schon lange überholte Empfehlungen handelt, die aus der herkömmlichen Ernährungsphysiologie abgeleitet sind, war es dringend nötig, die LVA-Schrift auf den Erkenntnisstand moderner Ernährungsforschung zu bringen.

Der damalige Leiter der LVA Berlin, Direktor Neumann, entschloss sich daher, die LVA-Schrift Nr. 5 auf den jetzigen Stand der Ernährungswissenschaft bringen zu lassen. Er beauftragte mit dieser Aufgabe Dr. M. O. Bruker, den damaligen ärztlichen Leiter eines großen Krankenhauses für Ganzheitsmedizin. Dr. Bruker ist durch zahlreiche Veröffentlichungen auf dem Ernährungsgebiet, die auf jahrzehntelangen klinischen Erfahrungen beruhen, bekannt. Nach Überwindung einiger Widerstände, erschien die neue Schrift im Frühjahr 1984. **Anstelle der überholten Kalorienlehre, der Überbewertung des tierischen Eiweißes, der unverbindlichen und teilweise untauglichen Angaben der früheren Schrift (man sollte nicht zu viel und nicht zu fett essen, die Nahrung solle ausgewogen und die Mahlzeiten regelmäßig sein), wurden in der neuen Schrift die Grundsätze einer modernen vitalstoffreichen Vollwertkost** vorgestellt. Für diejenigen, die sich schon länger mit vollwertiger Ernährung nach Bircher-Benner und Kollath beschäftigen, und für die zahlreichen Kranken, die am eigenen Leib die heilende Wirkung dieser Kostform erlebt haben, bietet die Schrift kaum Neues. Für manche Vertreter der etablierten Ernährungslehre war die Schrift ein Alarmsignal: Das erste Mal in der Geschichte hatte eine Institution, die LVA, gewagt, das Tabu der dogmatischen Ernährungsphysiologie zu durchbrechen.

Die Deutsche Gesellschaft für Ernährung (DGE) trat auf den Plan. Ihr damaliger Präsident, Prof. Menden, schleuderte den Bannstrahl gegen diese Schrift, indem er sich an alle obersten Gesundheitsbehörden der Länder wandte. Er beklagte sich darüber, dass die Bemühungen der DGE um eine gesunde Ernährung mit dieser Schrift untergraben würden. Er warnte aufs Eindringlichste vor der Schrift, weil sie eher Verwirrung stifte und falsche Vorstellungen fördere. Die Schrift enthalte neben einigen zutreffenden Ratschlägen leider zahlreiche nachweisbar falsche und irreführende Behauptungen und stelle international unstrittige ernährungswissenschaftliche Erkenntnisse auf den Kopf. Verständlicherweise fanden sich rasch Mitläufer, die sich mit dieser Meinung solidarisch erklärten.

Wer bisher nicht hinter die Kulissen zu schauen vermochte, ist bestürzt über dieses Vorgehen und steht vor einem Rätsel über diese heftige und plötzliche Reaktion, wo sich doch bereits weite Bevölkerungskreise in ständig zunehmendem Maße von industriell hergestellten Nahrungsmitteln ab- und einer biologisch vollwertigen Kost zugewandt haben.

Das Rätsel löst sich jedoch rasch, wenn man weiß, dass es sich bei der DGE um das Sprachrohr der Nahrungsmittelindustrie handelt. Diese versucht mit ihren großen Machtmitteln schon lange, der reaktiven Bewegung auf dem Nahrungssektor entgegenzutreten. Dabei hatte sie bisher die amtlichen Stellen und die meisten Vertreter der herkömmlichen Ernährungsphysiologie auf ihrer Seite. Der Tatbestand jedoch, dass zum ersten Mal eine amtliche Stelle auf die Zusammenhänge zwischen den lawinenartig anwachsenden ernährungsbedingten Zivilisationskrankheiten und den fabrikatorisch hergestellten Nahrungsmitteln hinweist, bedeutete verständlicherweise für die Nahrungsmittelindustrie die Gefahr einer Umsatzeinbuße. Bisher versuchte man, was auch bis zu einem gewissen Grade gelang, die Vertreter einer modernen Ernährungslehre als unwissenschaftliche Außenseiter abzuwerten. Aber jetzt war der schlimme Fall eingetreten, dass einer der Etablierten – nämlich die LVA – aus der Reihe tanzte, indem er der Gesundheit den Vorrang vor wirtschaftlichen Interessen gab.

Dem energischen Vorgehen der mächtigen DGE ist es zu verdanken, dass die Aufklärungsaktion gestoppt wurde, obwohl (oder weil) die Schrift bei ernstlich um die Gesundheit der Bevölkerung bemühten Kreisen große Begeisterung ausgelöst hatte. Es wurde der Befehl erteilt, die restlichen Exemplare der Auflage von 20000 einzuziehen. Die harten wirtschaftlichen Interessen, die für die Nahrungsmittelindustrie auf dem Spiele stehen, erklären das brutale Zuschlagen und machen es für den an der Front Stehenden verständlich.

Aber dies ist nicht das ganze Problem. Der tiefer Schauende erkennt noch andere Gründe dafür, dass sich auf dem Gebiet der Ernährung zwei Fronten aufgebaut haben. Dieser Prozess ist nun ins volle Bewusstsein gekommen. Um eine weitere Verschärfung zu vermeiden, ist es tunlich, sich mit den Gründen zu beschäftigen, die zu dieser diskrepanten Entwicklung geführt haben.

Die herkömmliche Ernährungsphysiologie beruht auf einer rein chemisch-analytischen Betrachtungsweise. Dabei entsteht ein scheinbar in sich geschlossenes wissenschaftliches System auf rein naturwissenschaftlicher Grundlage. Innerhalb dieses Systems gilt nur, was mess- und wägbar ist; alles andere ist in dieser Betrachtungs- und Forschungsweise „unwissenschaftlich". Diese analytische Forschung hat zwar zu den großen Erfolgen der Naturwissenschaft geführt. Auch die medizinische Wissenschaft nahm an diesem Fortschritt teil, sieht sie sich doch heute noch mit Stolz als Teil der Naturwissenschaft. Die damit verbundene Loslösung von den Geisteswissenschaften hat jedoch maßgeblich dazu beigetragen, dass die etablierte Medizin heute in einer Krise steckt.

Gerade auf dem Gebiet der Ernährung gelten nicht nur die wissenschaftlichen Gesetze der Pharmakologie, sondern überragend die biologischen Gesetze.

Die Ehrfurcht vor dem Naturprodukt, die Beachtung des Unbekannten in den Naturprodukten, ist eine unabweisbare Forderung.

Das auf dem Ernährungsgebiet aufgetretene Problem ist ein Teilproblem der Krise in der Medizin. Der naturwissenschaftlich ausgerichtete Ernährungsphysiologe kann die Problematik der ernährungsbedingten Zivilisationskrankheiten gar nicht erkennen. Dies soll kein Vorwurf sein, sondern eine nüchterne Feststellung. Aus seinem Denkansatz heraus und auf der Basis seiner analytischen Betrachtungsweise ist es von vornherein unmöglich, dass er Zusammenhänge erkennen kann, wie es nur einem Arzt auf Grund seiner Erfahrungen am Krankenbett möglich ist. Aber auch demjenigen Arzt, dessen Handlungen sich vorwiegend auf naturwissenschaftliche Basis stützen, sind diese Möglichkeiten der Erkenntnis entzogen. Da die Ausbildung der Ärzte immer noch sehr einseitig naturwissenschaftlich ausgerichtet ist, erklärt es sich, dass die Grundlage der üblichen Ernährungsbehandlung in der Medizin weitgehend den einseitigen Ergebnissen der analytischen Betrachtungsweise der herkömmlichen Ernährungsphysiologie entsprechen. So erklärt es sich auch, dass von der nicht geisteswissenschaftlich ausgerichteten Medizin kaum Kritik an den Vorstellungen der Ernährungsphysiologen geübt wird.

Die analytisch gewonnenen Ergebnisse der Nahrungsphysiologie für die Anwendung im ärztlichen Bereich sind nicht ausreichend, solange sie nicht auf die Gültigkeit am kranken Menschen geprüft sind. Diese Prüfung steht bisher aus. Dies ist der Hauptgrund, weshalb es unter den Augen der scheinbar wachsamen medizinischen Forschung zu dem starken Anwachsen der ernährungsbedingten Zivilisationskrankheiten kommen konnte. Einem großen Teil dieser Erkrankungen wird infolge dieser analytischen naturwissenschaftlichen Betrachtungsweise sogar die Ernährungsbedingtheit abgesprochen. So blind kann in der „Wissenschaft" eine Teilbetrachtung machen. Es darf daher dem analytisch arbeitenden Ernährungsphysiologen nicht verübelt werden, wenn er Beobachtungen am Kranken verständnislos gegenübersteht.

Der Ausschließlichkeitsanspruch der herkömmlichen Ernährungsphysiologen geht allerdings oftmals so weit, dass die Fähigkeit zur Selbstkritik aufhört. Diese sogenannten Wissenschaftler sind sich gar nicht bewusst, dass dieser Exklusivitätsanspruch alle Merkmale von Sektiererei aufweist.

Der Analytiker hat daher kein Recht, die Erfahrungen des Arztes am Kranken zu ignorieren oder als unwissenschaftlich abzutun, nur weil sie nicht mit seinen Vorstellungen in Einklang zu bringen sind.

Die ärztliche Erfahrung zeigt, dass eine unübersehbare Zahl von Erkrankungen und von noch mehr Kranken nicht zu bessern und noch weniger zu heilen sind, wenn die Nahrung nach den Richtlinien der herkömmlichen Ernährungsphysiologie zusammengestellt wird. Dieser Sachverhalt kann aber nicht mit dem Hinweis entkräftet werden, dass die Richtigkeit der analytischen Ergebnisse wissenschaftlich international anerkannt sei. Und ebenso wenig kann die Wissenslücke der Ernährungsphysiologen auf dem ärztlichen Gebiet mit der Bemerkung überspielt werden, die Vertreter der ärztlichen Seite, die zu gegenteiligen Ergebnissen kommen, machten die Ernährung zu einer Glaubensangelegenheit. **Die Erfahrungen am Krankenbett sind keine Glaubenssache, sondern exakt registrierbare reale Fakten. Diese Fakten werden durch unermüdliches Nicht-zur-Kenntnis-Nehmen oder gar Ableugnen nicht widerlegt.** Findet eine andere Ernährungsbehandlung als die herkömmliche statt, nämlich eine vitalstoffreiche Vollwertkost, so treten Besserungen und Heilungen ein, die mit den Vorstellungen der herkömmlichen Ernährungslehre unerklärbar sind.

Für den Arzt, dessen Aufgabe es ist, Krankheiten zu heilen, bzw. zu verhüten, ist das Ansinnen von Vertretern der Nahrungsmittelindustrie unzumutbar, sich dem Dogma der herkömmlichen Ernährungsphysiologie zu unterwerfen und damit auf Heilung zu verzichten. Hier geht es um die ärztliche Verantwortung. Diese kann weder durch Ergebnisse nicht-ärztlicher Teilwissenschaft noch durch Forderungen aus wirtschaftlicher Richtung abgenommen werden.

Letzten Endes behält der Satz seine Gültigkeit: **Wer heilt, hat recht.**

Im Interesse der Volksgesundheit wird dem Verbot der LVA-Schrift dadurch wirksam begegnet, dass die Gesellschaft für Gesundheitsberatung (GGB), 56112 Lahnstein, die Schrift in erhöhter Auflage dem Bürger zur Verfügung stellt. Aus dem geschlagenen Haupt der Hydra wachsen zehn neue hervor.

5/2018 gr

Dr. med. Max Otto Bruker

Kleinschrift

Nr. 12

Ursachen der ernährungsbedingten Zivilisationskrankheiten

Mörder bekannt – kein Kläger

emu verlag

ernährung • medizin • umwelt

Ursachen der ernährungsbedingten Zivilisationskrankheiten

Mörder bekannt – kein Kläger!

Einfache Formel zur Vermeidung: vitalstoffreiche Vollwertkost

Dr. med. M. O. Bruker

In der sogenannten Wissenschaft spielen sich vor unseren Augen, aber von der Masse unbemerkt, Geschehnisse ab, die so unglaublich sind, dass man sie eben nicht glauben kann. Damit ist nicht die Ausklammerung des Zinsproblems aus der Publizistik gemeint, das letztendlich der Urgrund aller Misere auf dieser Erde ist, sondern eine seiner bösartigsten Auswirkungen, nämlich die Möglichkeit der Mächtigen, die Information über die Ursachen von Tod und Krankheiten, die vermeidbar wären, perfekt zu unterdrücken. So sterben jährlich Millionen von Menschen frühzeitig nach langem Siechtum, nur weil ihnen die Aufklärung über die wahren Ursachen von Krankheiten vorenthalten werden. Aldous Huxley drückt dies – ohne konkret zu werden – so aus: **„Die medizinische Wissenschaft hat in den letzten Jahrzehnten so ungeheure Fortschritte gemacht, dass es heute praktisch keinen gesunden Menschen mehr gibt."** Als Illustration braucht man nur in der Bilanz der Krankheitsstatistik der Bundesrepublik zu lesen:

- **20 Millionen Rheumakranke**
- **11 Millionen Diabetiker**
- **350 000 Herz- und Kreislauftote pro Jahr = 48 Prozent aller Sterbefälle**
- **250 000 Krebstote und ca. 330 000 Neuerkrankungen jährlich**
- **25 Millionen Übergewichtige**
- **Ausgaben für ernährungsbedingte Zivilisationskrankheiten ca. 120 Milliarden Euro**

(Quelle: Statistisches Bundesamt)

Allein für ernährungsbedingte Zivilisationskrankheiten betrugen die Kosten im Jahre 1987 42 Milliarden DM (Bericht des Bundesministeriums für Jugend, Familie und Gesundheit), im Jahr 1993 mehr als 50 Milliarden DM, 1997 bereits 133 Milliarden DM und aktuell? Hier stimmt offensichtlich etwas Grundsätzliches in der Gesundheitspolitik nicht. Man spricht von der Krise in der dogmatischen Medizin. Geblendet durch die angeblichen Fortschritte in der Medizin, dass man z. B. Herzen transplantieren kann, hat sich in der Behandlung von Krankheiten ein System entwickelt, das sich auf Linderung von Symptomen beschränkt. Mit einer vorwiegend symptomatischen Linderungsbehandlung ist aber niemals eine echte Heilung zu erzielen. Heilen kann man nur, wenn man die Ursachen kennt und sie ausschaltet. Es gibt aber keine Krankheit ohne Ursachen. Die etablierte Medizin treibt aber keine echte Ursachenforschung. In diesem verantwortungslosen Versäumnis liegt einer der Hauptgründe, weshalb immer mehr Menschen an immer mehr Krankheiten erkranken. Eine Abhilfe ist nur möglich, wenn die Ursachen erforscht und erkannt werden und für die Abstellung gesorgt wird. Eine Einteilung der Krankheiten nach Ursachen anstatt wie bisher in spezialistische Fachgebiete ist daher eine erste Voraussetzung. Aus didaktischen und praktischen Gründen ist die Einteilung in drei große Gruppen sinnvoll: in die ernährungsbedingten Zivilisationskrankheiten, die sogenannten lebensbedingten Krankheiten und die durch Umweltvergiftung hervorgerufenen Schäden. Die ernährungsbedingten werden deshalb als Zivilisationskrankheiten bezeichnet, weil das, was sich im Laufe der letzten 100 Jahre auf dem Ernährungsgebiet als gefährlich erwiesen hat, ein Ergebnis der Zivilisation ist.

Als lebensbedingt werden diejenigen Krankheiten bezeichnet, die nur verstehbar sind, wenn man das Leben des Menschen, d. h. seine Vergangenheit und Erlebnisse in die Betrachtung einbezieht.

Bei jeder Krankheit sind alle ursächlichen Komponenten zu berücksichtigen, die Ernährung des Menschen und seine geistige Haltung, die ein Produkt der Erziehung im weitesten Sinne durch Eltern, Familie, Sippe, Schule, den Zeitgeist und die Massenmedien ist. Die Erfahrung hat gezeigt, dass eine notwendige Änderung des individuellen Weltbildes leichter gelingt, wenn vorweg der Kranke am Beispiel der Ernährung erkannt hat, dass so gut wie alles, was in der Ernährung üblich ist, falsch ist, sofern man wissenschaftliche Maßstäbe anlegt. Da aber das, was üblich ist, den Vorstellungen der bisherigen Ernährungslehre entspricht, wie sie heute noch den Medizinstudenten an den Universitäten und den fertigen Ärzten in ihren Zeitschriften gelehrt wird, ist der Schluss zwingend, dass es die dogmatische Medizin ist, die an unnötigen Krankheiten von Millionen die Schuld trägt. Dieser ungeheuerliche Vorwurf bedarf näherer Begründung. Dazu seien zunächst diejenigen Krankheiten aufgezählt, die nach den Forschungsergebnissen der modernen Ernährungswissenschaft absolut sicher ernährungsbedingt sind:

- **der Gebissverfall, die Zahnkaries und Parodontose**
- **die Erkrankungen des Bewegungsapparates, die sogenannten rheumatischen Erkrankungen, die Arthrose und Arthritis, Wirbelsäulen- und Bandscheibenschäden**
- **alle Stoffwechselkrankheiten wie Fettsucht, Zuckerkrankheit, Leberschäden, Gallensteine, Nierensteine, Gicht usw.**
- **die meisten Erkrankungen der Verdauungsorgane wie Stuhlverstopfung, Gallenblasen-, Bauchspeicheldrüsen-, Dünn- und Dickdarmerkrankungen, Verdauungs- und Fermentstörungen**
- **Gefäßerkrankungen wie Arteriosklerose, Herzinfarkt, Schlaganfall und Thrombosen**
- **mangelnde Infektabwehr, die sich in immer wiederkehrenden Katarrhen und Entzündungen der Luftwege, den sogenannten Erkältungen, und als Nierenbecken- und Blasenentzündungen äußern**
- **sogenannte Allergien**
- **manche organische Erkrankungen des Nervensystems**
- **auch an der Entstehung des Krebses ist die Fehlernährung in erheblichem Maße beteiligt**

Im Durchschnitt dauert es ca. 20 bis 40 Jahre, bis als Folge eines chronischen Vitalstoffmangels eine Krankheit sich so weit entwickelt hat, dass sie nachweisbar ist. Diese lange Anlaufzeit verschleiert den Zusammenhang zwischen Ursache und Wirkung.

Die Forschungsergebnisse, die den Zusammenhang zwischen der Fehlernährung und diesen Krankheiten signifikant beweisen, werden aber von der spezialisierten Medizin nicht zur Kenntnis genommen. **Es gibt kein Fach an der Universität, in dem dies gelehrt wird, so dass ein Arzt, der das beste Examen gemacht hat, über die einfachsten Zusammenhänge zwischen Ernährung und Krankheit weniger weiß als jeder an diesen Fragen interessierte Laie; ein**

Zustand, der so absurd ist, dass er keinen Glauben finden kann. Hier müsste nun die Aufklärung einsetzen. Sie findet aber nicht nur deshalb nicht statt, weil die etablierte Medizin aus Unkenntnis schweigt, sondern weil sie das Feld der Information auf dem Gebiet der Ernährung völlig der Nahrungsmittelindustrie überlassen hat. Diese hat sich, ursprünglich auf der Basis der herkömmlichen Ernährungsphysiologie aufbauend, aus kleinen Anfängen zu einer weltumspannenden Macht entwickelt, die selbst bei einem Erwachen der etablierten Medizin jede Information von dieser Seite neutralisieren könnte. Dass dies bereits geschieht, erfahren die wenigen Ernährungswissenschaftler, die die Bevölkerung aufzuklären versuchen, mit brutaler Deutlichkeit.

Man kann die Ursachen der ernährungsbedingten Zivilisationskrankheiten auf einen einfachen Nenner bringen: Es sind die fabrikatorisch hergestellten Nahrungsmittel. Der Einbruch der Technik in den Nahrungsmittelsektor hat zu dem Siegeszug der raffinierten Kohlenhydrate, des Fabrikzuckers und der Auszugsmehle geführt. Sie stellen reine Konzentrate dar, die in der Natur in dieser Isoliertheit nicht vorkommen. Beim Verzehr dieser industriell hergestellten Kunststoffe enthält die Nahrung nicht mehr genügend biologische Wirkstoffe, die zum ungestörten Ablauf der Stoffwechselvorgänge im Organismus notwendig sind. Man fasst heute diese biologischen Wirkstoffe als Vitalstoffe zusammen und versteht darunter die Gruppe der wasser- und fettlöslichen Vitamine, der Mineralstoffe, Spurenelemente, Enzyme, ungesättigten Fettsäuren, Aromastoffe und Faserstoffe (sog. Ballaststoffe).

Die Kombination von Grau- und Weißmehl mit Fabrikzucker, wie es in allen süßen Gebäcken der Fall ist, führt zu einer chronischen Unterversorgung mit Vitamin B1, da dabei der Hauptlieferant von B1, das volle Getreidekorn, wegfällt. Dies gilt für **alle** Fabrikzuckerarten: weißer Zucker, brauner Zucker, Fruchtzucker, Traubenzucker, Milchzucker, Malzzucker, Ahornsirup, Apfeldicksaft, Birnendicksaft, sog. Vollrohrzucker, Sucanat, Ur-Süße, Ur-Zucker, Rübensirup, Melasse usw.

Die industrielle Veränderung der Lebensmittel findet nicht nur auf dem Kohlenhydratgebiet statt. Sie hat eine Parallele auf dem Fettgebiet. Heute beherrschen Fabrikfette wie Margarine und durch Raffinationsmethoden gewonnene Öle den Markt. Die Raffinierung wird vorgenommen, um haltbare Öle herzustellen. Diese „toten" Öle enthalten keine ungesättigten Fettsäuren und keine fettlöslichen Vitamine mehr.

Auch auf dem Eiweißgebiet hält sich die Bevölkerung heute noch an die alte Irrlehre, dass pflanzliches Eiweiß nicht vollwertig sei, da es nicht alle Aminosäuren enthalte. Schon längst ist jedoch wissenschaftlich nachgewiesen, dass diese Behauptung nicht den Tatsachen entspricht und dass der Eiweißbedarf mühelos mit pflanzlicher Nahrung gedeckt werden kann. Kollath hat nachgewiesen, dass es nicht entscheidend ist, ob das Eiweiß von der Pflanze oder vom Tier stammt, sondern ob es nativ oder denaturiert ist. Dies ist eine revolutionierende Entdeckung. Wer sie zu verbreiten versucht, wird aber flugs wieder in die Ecke des Außenseiters gestellt.

Die übermäßige Eiweißzufuhr bei den zivilisierten Völkern ist an der Zunahme der rheumatischen und allergischen Erkrankungen maßgeblich beteiligt. Eine ganz erhebliche Einschränkung des tierischen Eiweißes, wozu nicht nur das Fleisch, der Fisch und die Wurst zählen, sondern auch der Quark, Käse, Eier und Milch, würde den Gesundheitszustand noch erheblich verbessern.

Die einfache Formel zur Vermeidung und Behandlung der ernährungsbedingten Zivilisationskrankheiten liegt in einer vitalstoffreichen Vollwertkost. Auf einfache Weise, die ohne große „Revolution" in jedem Haushalt durchführbar ist, können nicht nur die ernährungsbedingten Zivilisationskrankheiten zum Stillstand gebracht, sondern ihre Entstehung, was viel wichtiger wäre, verhütet werden.

Mit meinen Büchern liegt ein Programm vor, mit dem die Lawine der ernährungsbedingten Zivilisationskrankheiten aufgehalten werden kann. Wie dargestellt, liegt das Haupthindernis darin, dass in der ärztlichen Ausbildung das Kapitel Ernährung ausgeklammert ist. Das Fachwissen liegt daher nur in der Hand der wenigen, die sich mit Ernährungswissenschaften beschäftigen. Der Kranke aber, der den Arzt aufsucht, möchte von ihm erfahren, woher seine Krankheit kommt. Der Arzt aber, der auf diesem Gebiet nicht ausgebildet wurde, greift zu grotesken Erklärungen. Die „Wissenschaft" hat ihm dazu eine Fülle von Scheinursachen geliefert, mit denen die Unwissenheit so geschickt getarnt wird, dass auch der klügste Patient jahrzehntelang getäuscht werden kann.

Als Beispiel seien zwei Krankheiten genannt, der Herzinfarkt und die Arthrose. **Mehr als ein Jahrzehnt hat man den Menschen vorgeredet, der Herzinfarkt habe sieben „Ursachen". Die erste Ursache sei der hohe Blutdruck.** In Wirklichkeit ist natürlich der erhöhte Blutdruck keine Ursache des Herzinfarkts, sondern der hohe Blutdruck hat Ursachen, die dieselben sein können wie die Ursachen des Herzinfarkts, zum Beispiel gesteigerter Verzehr von tierischem Eiweiß. Diese echten Ursachen werden aber nicht genannt, sondern man verordnet ein Arzneimittel, das den Blutdruck senkt.

Mit der zweiten angeblichen Ursache, dem erhöhten **Cholesteringehalt im Blut,** der Hypercholesterinämie, liegt es ähnlich. Auch sie ist nicht die Ursache des Herzinfarkts, sondern bereits ein Krankheitssymptom, das seinerseits Ursachen haben muss. Es soll hier nicht näher darauf eingegangen werden, dass selbst die Ursachen der Hypercholesterinämie falsch angegeben werden, nämlich mit dem Verzehr von tierischem Fett. Die wirklichen Verursacher, die raffinierten Kohlenhydrate, werden nicht erwähnt.

Auch die dritte Ursache, die genannt wird, ist bereits eine Krankheit, die ihrerseits Ursachen hat, nämlich die **Zuckerkrankheit.** Man gibt sie als Ursache an, weil die Statistik ergeben hat, dass Zuckerkranke vom Herzinfarkt etwas häufiger betroffen sind als die Nichtzuckerkranken.

Genau dasselbe gilt für die angebliche vierte Ursache, die **Fettsucht.** Sie hat ähnliche Ursachen wie der Herzinfarkt, eben den Verzehr raffinierter Kohlenhydrate, aber sie ist nicht die Ursache, sondern bereits ein Zeichen einer ernsten Stoffwechselstörung.

Als nächste Ursache wird der **Bewegungsmangel** genannt. Bei genauer wissenschaftlicher Betrachtung stimmt aber auch diese Angabe nicht. Bei richtiger Ernährung eines Tieres im Versuch ist auch bei extremer Bewegungseinschränkung keine Arteriosklerose der Kranzgefäße zu beobachten, während diese krankhaften Veränderungen bei Fehlernährung durch viel Bewegung nicht zu verhindern sind. Dieselben Verhältnisse gelten auch für den Menschen. Ein Hauptgrund, weshalb heute der Bewegungsmangel als Ursache für viele Krankheiten so stark betont wird, liegt darin, dass damit kein finanzmächtiger Industriezweig in seinem Umsatz geschmälert wird. Man kann im Gegenteil noch Gymnastikgeräte, Fahrräder und Ähnliches verkaufen. Aber es sei betont, dass trotz Bewegungsmangel bei richtiger Ernährung keine Herzkranzgefäßveränderungen entstehen. Damit soll selbstverständlich nichts gegen sinnvollen Sport und körperliche Bewegung gesagt sein, im Gegenteil, sie sind wichtige Methoden zur Erhaltung der Gesundheit. Es sollen nur die Akzente richtig gesetzt werden.

Selbst die sechste Ursache, das **Rauchen,** genügt allein nicht, um entsprechende Gefäßveränderungen hervorzurufen, die zu einem Herzinfarkt führen können. Bei der üblichen zivilisatorischen Fehlernährung besteht aber beim Raucher tatsächlich eine erheblich höhere Infarktgefahr als beim Nichtraucher.

Und schließlich erweist sich auch die siebte angebliche Ursache, die **seelische Belastung,** als keine echte Ursache, sondern häufig als eine Auslösung des Infarkts. Bei einem völlig intakten Gefäßsystem, bedingt durch vitalstoffreiche Vollwertkost, ist selbst der schwerste seelische Schock nicht imstande, einen Infarkt auszulösen. **Absolute Voraussetzung ist, dass jahrzehntelang eine zivilisatorische Fehlernährung stattgefunden hat. Sie ist die eigentliche und wahre Ursache, die aber verschwiegen wird.** Sie wird verschwiegen, weil sie in der medizinischen Wissenschaft unbekannt ist. Sie ist unbekannt, weil die Fabriknahrungsmittel kein medizinisches Forschungsobjekt sind. Diese sind kein Forschungsobjekt und werden fein säuberlich und konsequent aus der Schusslinie gehalten, weil die Nahrungsmittelindustrie die Macht hat, zu bestimmen, was in den Massenmedien Verbreitung findet und was unterdrückt wird. Damit schließt sich der Kreis.

Natürlich hatten die Vertreter der etablierten Medizin, die diese Pseudoursachen dem Volk lange Zeit angeboten haben, kein gutes Gewissen. Denn schließlich konnte ja jeder medizinische Laie durch einfaches logisches Denken erkennen, dass es sich bei den genannten „Ursachen" bereits um Krankheitserscheinungen handelt, die selbst Ursachen haben müssen. Man hat dieses Problem sozusagen über Nacht „gelöst", indem man einfach das Wort „Ursachen" durch den Begriff „Risikofaktoren" ersetzt hat. Mit diesem simplen Trick hat sich im Prinzip nichts geändert. Es wurde aber dadurch erreicht, dass man die wahren Ursachen weiterhin verschweigen konnte. Die Unlogik der Argumente wurde nur etwas besser verschleiert.

An einem zweiten Beispiel, dem **Rheuma,** soll noch einmal deutlich werden, wozu es führt, wenn statt einer ursächlichen Heilbehandlung auf eine rein symptomatische Linderung von Beschwerden ausgewichen wird. Man kann alle Erkrankungen im Bewegungsapparat mit dem Sammelbegriff „Rheuma" zusammenfassen. Die Zahl der Rheumakranken in der Bundesrepublik wird mit ca. 20 Millionen angegeben.

In allen Artikeln über Rheuma in den Tageszeitungen und Illustrierten, in allen Fernsehsendungen, aber auch in Abhandlungen in der Fachpresse wird das Ursachenproblem geschickt umgangen, indem man ausweichend erklärt, bei den entzündlichen Formen dieses Leidens handle es sich um Autoimmunaggressionskrankheiten, also um Vorgänge, bei denen der Organismus sich gegen sein eigenes Gewebe aggressiv verhalte. Bei den degenerativen Formen, den Arthrosen, wird erklärt, es handle sich um Verschleiß- und Alterserscheinungen. Stellt in einer Fernsehdiskussion etwa jemand die Frage, ob Rheuma nicht, wie man manchmal höre, etwas mit Ernährung zu tun habe, wird mit größter Entrüstung dieser Zusammenhang als völlig indiskutabel abgelehnt: Man wisse zwar nicht genau, wodurch das Rheuma entstehe, aber eines sei ganz sicher, mit Ernährung habe es nicht das Geringste zu tun. Seine Behandlung könne daher nur in drei Methoden bestehen, lindernden Medikamenten, in physikalischen Maßnahmen wie Bädern, Massage usw. und in operativen Eingriffen.

Es ist kaum glaublich, aber das Heer der an Arthrose, Wirbelsäulenschäden und Bandscheibenschäden Erkrankten schluckt den Unsinn, dass es sich um Verschleiß handeln soll, widerspruchslos. Unter Verschleiß versteht man im allgemeinen Sprachgebrauch, nicht nur in der

Technik, eine Abnützung durch Gebrauch. Auf die Arthrose angewandt würde dies bedeuten, dass das Gelenk durch Gebrauch abgenützt wird. In einem Zeitalter der Maschinen und des Autos, in dem den Menschen Bewegungsmangel vorgeworfen wird, wirkt es besonders absurd, wenn nun im Widerspruch dazu die Gelenkerkrankungen mit zu starker Benützung bis zur Abnützung begründet werden. Noch grotesker ist aber, wenn gleichzeitig bei Arthrosen geraten wird, die Gelenke viel zu benützen und viel zu gehen. Logischerweise müsste sich dann das Gelenk ja noch mehr abnützen. Der falsche Rat, die kranken Gelenke möglichst viel zu benützen, zeigt aber deutlich, dass diejenigen, die von Verschleiß reden, an den Unsinn selbst nicht glauben, ihn aber als Ausrede erfunden haben, da ihnen die wahren Ursachen tatsächlich nicht bekannt sind. Organe erkranken niemals durch ihre Benützung. Der Magen wird nicht krank durch Essen, die Beine nicht durch Gehen, die Augen nicht durch Sehen, und die Ohren nützen sich nicht durch die Anhörung eines Konzertes ab.

Als Ursache für die degenerativen Erkrankungen im Bewegungsapparat wird außer Verschleiß auch oft das Alter angeführt. Es gibt aber keine Alterskrankheiten, das heißt Krankheiten, die spezifisch aus dem Älterwerden entstehen. Die Krankheiten kommen im Alter, aber nicht durch das Alter. Im Alter machen sich die Folgen jahrzehntelanger Fehler in der Lebensfühng bemerkbar. Bei den ernährungsbedingten Zivilisationskrankheiten, zu denen die Erkrankungen im Bewegungsapparat gehören, dauert es im Durchschnitt 20 bis 40 Jahre, bis die Folgen der Fehlernährung sich auswirken. Es ist daher logisch, dass sie im Alter auftreten. Aber auch diese Verlegenheitserklärung, dass Krankheiten durch das Alter entstünden, hat böse Folgen. Der Betroffene selbst nimmt die Erkrankung als Schicksal hin, dem er machtlos ausgeliefert ist. Und jüngere Menschen glauben ebenfalls, dass sie im Alter schicksalhaft diese Krankheit erwartet. Die zwangsläufige Folge davon ist, dass nichts unternommen wird, um ihr vorzubeugen. Vorbeugen setzt ja Kenntnis der Ursachen voraus. Hält man aber das Alter für eine Ursache von Krankheit, so wird eine Vorbeugung überhaupt nicht erwogen. Zu einer solchen grotesken Geistesakrobatik müssen die Vertreter einer sogenannten Wissenschaft, der medizinischen, greifen, um die Wahrheit nicht suchen und sagen zu müssen.

Professor Mommsen kennzeichnet die Situation wie folgt: „Hinter der analytischen Forschung versteckt und verschanzt sich das Geschäft, welches nach Umsätzen und materiellem Gewinn strebt und Erkenntnisse zu entmachten bestrebt ist, die dem Verkauf und dem Vertrieb bestimmter Produkte entgegenstehen. Die Wissenschaft wird zu einer Hure des Geschäftes abgewertet".

Der Ausweg

Nicht alle ernährungsbedingten Zivilisationskrankheiten sind heilbar. In den meisten Fällen kann jedoch die Krankheit zum Stillstand gebracht oder eine Linderung der Beschwerden erzielt werden. Wie aus dem oben Gesagten hervorgeht, sind es rein wirtschaftliche Gründe, die eine Aufklärung der Bevölkerung verhindern. Die Nahrungsmittelindustrie hat kein Interesse an „gesunder Kost". Die Supermärkte sind angefüllt mit Dauerbackwaren, Konserven und Präparaten.

Da von den dafür zuständigen Verantwortlichen – Gesundheitsministerien, Gesundheitsbehörden, Krankenkassen – nichts Grundlegendes unternommen wird, um den katastrophalen Gesundheitsverfall der Bevölkerung aufzuhalten, habe ich in einer Art Selbsthilfeaktion 1978 die Gesellschaft

für Gesundheitsberatung (GGB) gegründet. In mehrwöchigen Seminaren werden interessierte Menschen zu Gesundheitsberatern (GGB) ausgebildet. In speziellen Seminaren werden Ärzte und Lehrer informiert, um das hier erlernte Wissen in ihre Berufe einfließen zu lassen. Die Nachfrage ist so groß, dass Monate im voraus alle Seminartermine ausgebucht sind und Zusatztermine geplant werden.

Die Gesellschaft für Gesundheitsberatung (GGB) ist ein gemeinnütziger Verein. Sie ist parteipolitisch und konfessionell neutral und wirtschaftlich vollkommen unabhängig. Sie finanziert sich ausschließlich durch die Seminargebühren, die so niedrig wie möglich gehalten werden, und durch Mitgliedsbeiträge. Sie erstrebt keinen Gewinn.

Ziel des Vereins ist es, die Allgemeinheit über die Gefahren falscher, hauptsächlich zivilisationsbedingter Lebensweise, insbesondere auf den Gebieten von Ernährung, Bekleidung, Wohnen und Sport zu informieren. Es werden Wege zur Rückkehr zu einer naturgerechten Lebensführung und zur Wiederherstellung bzw. Erhaltung der Gesundheit aufgezeigt. Der Verein wirkt ebenfalls an geeigneten Maßnahmen zu deren Verwirklichung mit.

Dieses Modell hat inzwischen viele Nachahmer gefunden. Es muss jedoch zum Nachdenken anregen, warum den anderen der Erfolg und die starke Nachfrage bisher versagt blieben. Es liegt sicher daran, dass die GGB keinerlei Rücksicht auf die Nahrungsmittelindustrie nehmen muss. Sie kann z. B. offen aussprechen, dass die heute vielfach propagierte H-Milch eines der minderwertigsten Molkereiprodukte ist. Sie muss ebenfalls keine Rücksicht nehmen auf die Zuckerindustrie und damit verbundene Interessengruppen. Ein Schwerpunkt der GGB-Aktionen ist „der Kampf dem Gebissverfall". Damit verbunden entstand mein Buch „Vorsicht Fluor!" Diese Gesellschaft ist daher ohne Frage die einzige, die in dieser Art unabhängig informiert. Die Seminare sind für jeden, der sich Gedanken um seine Gesundheit und die Zukunft unserer Kinder macht, von Interesse.

Selbstverständlich gibt es auch die Mitgliedschaft für diejenigen, die lediglich regelmäßig Informationen erhalten möchten. Die Zeitschrift „DER GESUNDHEITSBERATER" mit aktuellen Fragen und Antworten wird monatlich zugestellt. Zweimal im Jahr finden Tagungen der GGB für alle Mitglieder und Freunde statt, auf denen hochkarätige Dozenten zu aktuellen Themen sprechen.

Mit diesen vielfältigen Aufgaben ist der GGB damit eine wichtige Rolle im gesundheitspolitischen Raum zugewiesen worden. Alle anstehenden Probleme wurden in den vergangenen Jahren überwiegend von der sogenannten „Wissenschaft" angegangen, ohne Lösungen mit durchschlagendem Erfolg erreicht zu haben.

Die Bewegung muss jedoch vom Einzelnen ausgehen, der mit ganzem Herzen dahintersteht und sich ausschließlich in den Dienst der Wahrheit stellt. Erst dann wirkt er überzeugend und kann auch andere zu neuem Wissen und Erkenntnissen führen. Diese Aufgabe erfüllt die GGB mit ihren Dozenten und Mitarbeitern in hohem Maße. Ihr wird zwangsläufig – auch für die Zukunft – der Erfolg beschieden sein, wenn sie dieses klare Konzept beibehält.

Prof. Kötschau:
„In der gegenwärtigen Situation gilt es nur zu erkennen, dass nichts nötiger tut als die Wiederherstellung der Ordnung im Sinne exakter, wissenschaftlich nicht bestreitbarer Naturgesetze, auf die wir ohne Gefährdung des Lebens nicht verzichten können".

Literaturhinweis:
Dr. M. O. Bruker
„Unsere Nahrung – unser Schicksal"
Jubiäums Ausgabe, emu-Verlag, Lahnstein
ISBN 978-3-89189-223-7

Dr. med. Max Otto Bruker

Kleinschrift
Nr. 13

Fett macht nicht fett (Fett)

Die Fettsucht kein kalorisches Problem

emu verlag

ernährung • medizin • umwelt

Fett macht nicht fett (Fett)

Dr. med. M. O. Bruker

Diesen Slogan „Fett macht nicht fett" habe ich mit voller Absicht so provokatorisch geprägt, um der primitiven und falschen Ansicht entgegenzutreten, dass die Fettsucht durch den Verzehr von Fett zustandekomme und dass sie durch Verzicht auf Fett geheilt werden könne. Die Behauptung, dass es nicht das Fett sei, dass fett (Fett) mache, sondern dass andere Umstände an der Entstehung der Krankheit Fettsucht schuld seien, hat eine Flut von Protesten hervorgerufen, sodass es nötig erscheint, die Aussage, dass Fett nicht fett mache, genauer zu begründen. Ich habe die wissenschaftliche Begründung dafür zwar in meinem Buch „Idealgewicht ohne Hungerkur" dargestellt. Aus den Argumenten der Kritiker geht aber hervor, dass sie die Abhandlung nicht studiert haben.

Es ist nicht nur die gesamte Presse, voran die Illustrierten, sondern auch Fernsehen und Rundfunk, die seit Jahrzehnten glauben machen wollen, dass der Übergewichtige eben deshalb zu dick sei, weil er zu viel und vor allem zu viel Fett esse. Es sind auch Vertreter der herkömmlichen Ernährungsphysiologie, die es als die Lösung des Fettsuchtproblems ansehen, dass der Dicke eben kein Fett essen soll, da Fett fett mache. Es wird behauptet, die Fettsucht sei ein rein kalorisches Problem; wer sich durch Verzehr von Fett viele Kalorien zuführe, müsse zwangsläufig fett werden, da Fett im Körper Fett erzeuge und der Organismus keine Möglichkeit habe, Fett abzubauen. Fett mache eben Fett und deshalb mache eben Fett fett.

In einer Fernsehdiskussion (Mosaik) um dieses Problem haben zwei Vertreter der Deutschen Gesellschaft für Ernährung (DGE) diese These mit Nachdruck vertreten, Prof. Pudel als Psychologe (Nicht-Arzt) und Prof. Wolfram als Oecotrophologe (ebenfalls Nicht-Arzt). Der Psychologe stritt ab, dass Fett im Stoffwechsel zu Kohlendioxid und Wasser abgebaut werde; er vertrat die Ansicht, dass verzehrtes Fett im Körper nur als Fett auftreten könne. Jeder Medizinstudent lernt bereits in der Vorlesung Physiologie, dass Fett zu Kohlendioxid (CO_2) und Wasser (H_2O) abgebaut wird, genau wie die Kohlenhydrate. Um diesen einfachen Sachverhalt dem einfachen Bürger klar zu machen, habe ich den Vergleich benützt, dass Fett ebenso wenig Fett mache, wie sich Spinat als Spinat im Körper wiederfinde. Der Psychologe ließ die Verwandlungsmöglichkeit nur für Spinat gelten, und meinte, für Fett gelte das nicht. Dieses sei eine Ideologie. Es handelt sich aber um eine Ideologie, wenn der Psychologe das Faktum abstreitet, dass Fett im Stoffwechsel einen Stoff-Wechsel durchläuft und als CO_2 und H_2O endet. Der Organismus kann auch – das weiß auch jeder Medizinstudent im ersten Semester – aus Kohlenhydraten Fett machen; er braucht es aber nicht zu tun. Der Oecotrophologe versuchte, die These des Psychologen mit dem Hinweis zu stützen, dass eine Kalorie eine Kalorie sei und eine Kalorie bleibe. Es hat aber nie jemand bestritten, dass eine Kalorie eine Kalorie ist und niemand wird dies je bestreiten. Der Oecotrophologe wollte damit wohl sagen, dass eine Kalorie aus Fett nur als Fett-Kalorie auftrete, also nur als Fett in Erscheinung treten könne. Aber dies ist ein fundamentaler Irrtum.

Ob aber eine Kalorie, sei sie als Fett, als Kohlenhydrat, oder als Eiweiß zugeführt, im Organismus als Wärme erscheint, oder in was sie verwandelt wird, hängt von den jeweiligen Stoffwechselvorgängen ab. Dafür, dass die Fettsucht kein rein kalorisches Problem ist, sondern der Ausdruck einer Stoffwechselkrankheit, gibt es zahlreiche unwiderlegbare Beweise. Jeder Arzt weiß, dass die laienhafte Vorstellung, Fett mache fett, die aus nichtärztlichen Kreisen stammt, nicht stimmt. Da gibt es z. B. Krankheiten der Schilddrüse, deren Überfunktion sich u. a. darin äußert, dass der Kranke riesige Mengen, mehr als 4000 Kalorien, isst, und trotzdem dabei bis zum Skelett abmagern kann. Das Fett wird verbrannt und nicht als Fett deponiert. Umgekehrt gibt es Stoffwechselkrankheiten, z. B. die Fettsucht, bei der es dem Organismus nicht möglich ist, Kohlenhydrate (und Fett) zu CO_2 und H_2O abzubauen; es wird in krankhafter Weise als Fett deponiert. Diese Stoffwechselkrankheiten werden nicht durch den Verzehr von Fett verursacht, sondern sind meist die Folge eines langzeitigen Vitalstoffmangels. Wenn allerdings die Krankheit besteht, dann kann es sein, dass die mit der Nahrung aufgenommenen Fette und Kohlenhydrate als Fett abgelagert werden, selbstverständlich bei der überkalorischen Zufuhr mehr als bei weniger Kalorien. **Die Krankheit Fettsucht aber entsteht nicht durch Fettverzehr.** Dies kann nicht eindrücklich genug betont werden. Ein klassischer Beweis dafür ist, dass der Organismus bei einem Kranken mit Fettsucht das Fett auch bei überkalorischer Ernährung abbauen kann, wenn die Kost ausreichend Vitalstoffe enthält, um diesen Abbau vorzunehmen. Praktisch heißt dies, dass ein Patient mit 140 kg bei einer üblichen Reduktionskost mit 800 Kalorien relativ wenig abnimmt, aber bei einer Frischkost, die täglich 2000-3000 Kalorien enthält, rapide an Gewicht verliert. **Aus dieser Beobachtung, die jeder täglich machen kann, geht hervor, dass nicht die Kalorien entscheidend sind, sondern die heilende vitalstoffreiche Frischkost. In über 40jähriger klinischer exakter Beobachtung und Registrierung ist dieser Sachverhalt bei Tausenden von Patienten mit extremem Übergewicht nachgewiesen. Eine Nachprüfung ist jederzeit jedem in beliebiger Zahl möglich.**

Der in Kalorien denkende physiologische Chemiker und der Psychologe streiten die Möglichkeiten dieser Fakten ab. Der Arzt, der sie erlebt, erlebt sie in der Realität. Der Oecotrophologe und Psychologe streiten die realen Fakten der Erklärung ab, wenn ein Dicker bei 3000 Kalorien abnähme (was ja nicht sein könne), müsse entweder der Patient (heimlich) die Speisen nicht verzehrt haben oder die Gewichtsabnahme habe nicht stattgefunden (es bleibt noch die Erklärung, dass der Arzt Unwahres behauptet oder sich täuscht wie Tausende von Patienten seit Jahrzehnten).

Es wäre für diejenigen, die die Gewichtsabnahme bei Frischkost mit reichlich Kalorien abstreiten, ein Leichtes, das Rätsel zu lösen: Sie brauchten nur einen einzigen Fettsüchtigen, der alle Methoden der Gewichtsreduktion durch Kalorienbeschränkung erfolglos hinter sich gebracht hat, mit einer überkalorischen Frischkost behandeln; er würde das Unmögliche erleben: Der Patient nimmt ab.

Wer begriffen hat, dass die Fettsucht eine Krankheit ist, deren Ursache im Fehlen von biologischen Wirkstoffen liegt, für den ist es kein Rätsel mehr, warum Nahrungskonzentrate wie Auszugsmehle und Fabrikzucker Fettsucht erzeugen. Der Grund liegt nicht in den Kalorien, sondern im Fehlen der biologischen Wirkstoffe, die der Organismus benötigt, um die Konzentrate zu verarbeiten. In dieser Hinsicht ist auch sehr wichtig, welche Fette verwendet werden. Ob durch Raffinationsmethoden gewonnene „tote" Fette oder naturbelassene wie Butter und sogenannte kaltgepresste Öle. Entscheidend ist also nicht die Quantität (Kalorien), sondern die Qualität. Führt man die Vitalstoffe gleichzeitig zu, so kann der Organismus seine physiologische Arbeit vollführen und es tritt keine Fettsucht auf bzw. die vorhandene verschwindet.

Warum wird dieses einfache Experiment in der Praxis nicht nachgeahmt und stattdessen am grünen Tisch theoretisiert?

Zur Illustration erwähne ich eine interessante historische Geschichte. Vor etwa 20 Jahren arbeiteten zwei Studenten der Oecotrophologie als Praktikanten in der von mir ärztlich geleiteten psychosomatischen Klinik in Bad Salzuflen. Es fiel diesen Studenten bald auf, dass die Fettsüchtigen der Klinik bei reiner Frischkost gut an Gewicht abnahmen, während dies bei den Patienten der LVA, die im gleichen Gebäude untergebracht waren, trotz strenger Reduktionskost mit ca. 800 Kalorien nicht der Fall war. Da sie gelernt hatten, dass das Verhalten des Gewichts ein rein kalorisches Problem sei, konnten sie sich das, was sie mit eigenen Augen erlebten, nicht erklären. Sie erhielten deshalb selbstverständlich die Erlaubnis, die Kalorien zu berechnen. Dabei stellte sich das Unmögliche heraus, dass die Patienten mit Frischkost, die 2000 Kalorien enthielt, stark abnahmen, während die Patienten der LVA mit vitalstoffarmer Kost mit 800 Kalorien kaum abnahmen.

Schaut man zurück auf die historische Entwicklung und sucht eine Erklärung für diese diskrepanten Auffassungen, so wird immer klarer, dass hier zwei verschiedene Erfahrungsbereiche vorliegen, der ärztliche und der chemisch-analytische. Zu lange war der Nahrungsbereich beherrscht von den Ergebnissen des Labors und wirtschaftlichen Interessen der Nahrungsmittelindustrie, die mit Freuden sich auf Labordaten der herkömmlichen Ernährungsphysiologie stützte. Dabei fehlte jahrzehntelang die Kontrolle von ärztlicher Seite am Krankenbett, zum Teil auch dadurch bedingt, dass in der Medizin keine eigenständige Ernährungsforschung betrieben wurde und man kritiklos die Ergebnisse der rein chemisch orientierten Ernährungslehre übernahm.

Die Verantwortung für die Handlung am Kranken und für die Maßnahmen zur Vorbeugung der ernährungsbedingten Zivilisationskrankheiten trägt der Arzt aufgrund ärztlicher Beobachtung und Forschung. So gesehen, muss den Vertretern nicht-ärztlicher Theoretiker die Berechtigung abgesprochen werden, in die verantwortungsvolle ärztliche Entscheidung in der Krankenbehandlung durch Meinungen einzugreifen, die am Schreibtisch erdacht, den Erfahrungen der ärztlichen Praxis aber widersprechen.

Es gibt unter den ernährungsbedingten Zivilisationskrankheiten kaum ein besseres Beispiel als das Problem der Fettsucht, um zu zeigen, wie ganze Völker jahrzehntelang mit falschen Parolen (Fett macht fett) irregeführt werden können.

Ausführliche Literatur:
Idealgewicht ohne Hungerkur
ISBN 978-3-89189-005-9

7/2018 gr

Dr. med. Max Otto Bruker

Kleinschrift
Nr. 14

Bakterien im Frischkornbrei

Getreide – einweichen oder nicht?

emu verlag

ernährung • medizin • umwelt

Bakterien im Frischkornbrei

Dr. med. M. O. Bruker

Die Zahl der besorgten Anfragen über die angebliche Schädlichkeit von eingeweichten Getreidekörnern hält unentwegt an, nachdem vor einigen Jahren entsprechende Pressenotizen erschienen waren und einen großen Leserkreis verunsicherten. Es erschien z. B. folgende Meldung:

> **Einweichen erzeugt Gift in Nahrung.** Vollkornprodukte, die nach Herstellerangaben über Nacht eingeweicht werden sollten, sind wahrscheinlich gesundheitsgefährdend. In einer Untersuchung über mikrobiologische und hygienische Aspekte einiger Produkte kam ein Ernährungswissenschaftler zu dem alarmierenden Ergebnis, dass diese Produkte Lebensmittelvergiftungen im Magen-Darm-Trakt, möglicherweise sogar Leberkrebs hervorrufen können.

Da solche unverantwortlichen Äußerungen böse Folgen haben können, ist es leider notwendig, dazu erneut ausführlich Stellung zu nehmen.

1. **Mehr als 30 000 Patienten weichen ihren Frischkornbrei ein.** Den damaligen benannten neunmonatigen Laboruntersuchungen stehen meine 40jährigen praktischen Erfahrungen am Kranken in Klinik und Sprechstunde gegenüber und solche vieler anderer Kollegen. Mehr als 30 000 Patienten genießen über lange Zeit den eingeweichten Frischkornbrei nach Prof. Kollath und haben damit – im Zusammenhang mit einer vitalstoffreichen Vollwertkost – Heilung von jahrelang ungeheilten Erkrankungen erfahren bzw. einen Stillstand vorher fortschreitender Erkrankungen erzielt. Eine Gesundheitsschädigung wurde in keinem einzigen Fall beobachtet. Dieselben Beobachtungen haben eine große Zahl von Ärzten gemacht, die praktische Erfahrungen in der Bekämpfung und Behandlung ernährungsbedingter Zivilisationskrankheiten haben.
2. **Es ist wissenschaftlich eindeutig erwiesen, dass Bakterien keinen Krebs erzeugen;** also können auch Staphylokokken – wie in ähnlichen Berichten behauptet wurde – keinen Krebs erzeugen. Wer durch diese Behauptung Angst erzeugen will, handelt im höchsten Maße unverantwortlich.
3. Staphylokokken gehören in die Gruppe der Eitererreger. Sie sind aber „ubiquitär“ d. h. sie kommen normalerweise überall vor. Wenn dies nicht so wäre, müsste es sich ja im Labor von dem damals zitierten Wissenschaftler um eine hygienisch zu beanstandende Arbeitsstätte handeln.
4. Staphylokokken erzeugen nur dann Eiter, wenn der Mensch durch Mangelernährung oder durch Lebensbelastung in seiner Widerstandsfähigkeit geschwächt ist. Genießt er eingeweichte Körner, wird er zunehmend gegen Infekte gefeit.
5. **Unerhitzte Getreidegerichte sind nicht nur die beste Vorbeugung gegen Infekte,** sondern auch gegen alle ernährungsbedingten Zivilisationskrankheiten wie Parodontose, Gelenkerkrankungen, Wirbelsäulenschäden, Rheuma, Arthrosen, Gicht, Leberer-

krankungen, Zuckerkrankheit, Fettsucht, Herzinfarkt, Thrombose, u. a. m.

6. **Die Angstmacherei vor Bakterien passt in unsere „schizophrene" Zeit:** Harmlose Bakterien werden dem Bürger als Schreckgespenst an die Wand gemalt, aber die Vergiftung unserer Umwelt durch radioaktive Substanzen aus Atomkraftwerken, durch giftige Abgase aus Motoren und die Gesundheitsschädigung durch gifthaltige Nahrungsmittel werden bagatellisiert und für gesundheitsschädigende Genussmittel wird Werbung gemacht.
7. **Nach Prof. Mommsen sind Bakterien Gesundheitserreger.** Die Zufuhr lebendiger Bakterien ist für viele Ärzte ein bedeutendes Heilmittel.
8. **Ohne Bakterien wäre ein Leben auf dieser Erde nicht möglich.** Sie stellen eine Art Gesundheitspolizei und einen bedeutenden Auslesefaktor dar, indem sie das nicht mehr Lebensfähige vernichten.
9. Prof. Pettenkofer schluckte vor einem Gremium von Wissenschaftlern eine Reinkultur von Choleraerregern und blieb gesund.
10. Im Speichel der Mundhöhle finden sich in jedem ccm Milliarden von Bakterien. Trotzdem küssen sich Menschen ohne Infektionsfolgen (da sie es nicht wissen).
11. Bei jeder Nahrungsaufnahme werden Milliarden von Bakterien geschluckt, nach einer halben Stunde ist der Mageninhalt jedoch steril, weil die Verdauungssäfte die Bakterien töten.
12. **Der Dünndarm ist immer keimfrei,** auch wenn Bakterien in der Nahrung enthalten sind. Verdauungssäfte verdauen nicht nur die Nahrung, sondern auch die Bakterien.
13. Wenn nach Angaben des zitierten Wissenschaftlers im gesamten Frischkornbrei Milliarden Bakterien sind, so heißt das in der Fachsprache, dass im Kubikzentimeter wahrscheinlich nur Millionen sind, also unbedeutende Mengen.
    Nur der unwissende Laie bekommt vor den Milliarden Angst.
14. In jedem Wasser, das bei Zimmertemperatur zwölf Stunden steht, vermehren sich Bakterien, nicht nur im eingeweichten Körnerbrei. In viel stärkerem Maße findet dies z. B. bei der Milch statt. Eine Warnung vor dem Genuss von Milch wäre daher viel berechtigter. Grundsätzlich müsste aber vor jeder Nahrungsaufnahme gewarnt werden, da die Speisen Bakterien enthalten.
15. Es ist daher eine böse Täuschung der Bevölkerung, wenn der Eindruck erweckt wird, nur in eingeweichten Körnern seien Bakterien.
16. **Leberschädigungen entstehen durch Gifte, Medikamente.** Es ist wissenschaftlich gesichert, dass Staphylokokken keine Leberschädigung erzeugen. Die Leber ist für Virusinfektionen anfällig nur bei vitalstoffarmer Ernährung, vor allem durch den Genuss von Fabrikzucker und Auszugsmehlen. Das beste Vorbeugungsmittel gegen Virusinfektionen der Leber sind eingeweichte Körner, da sie die Widerstandskraft des Organismus gegen Viren stärken.
17. Falls durch eingeweichte Körner Infektionen entstehen könnten, wäre gerade dann die Krebsgefahr besonders gering, da Menschen, die Infektionen durchmachen, besonders selten Krebs bekommen. Infektionen schließen Krebs sozusagen aus. Deshalb ist die Erzeugung von künstlichem Fieber eine wichtige Waffe gegen den Krebs.

18. Bei der Behauptung, eingeweichtes Getreide könnte tödliche Folgen haben, betreten wir das Gebiet, wo der Staatsanwalt zuständig ist.

19. **Immer wieder kommen auch Fragen über die Einweichzeiten.**

Die Einweichzeiten sind zweitrangig. Es kommt ihnen keine besondere Bedeutung zu.

Um einen Anhaltspunkt zu geben, habe ich in meinen Büchern in Anlehnung an Professor Kollath etwa fünf bis zwölf Stunden Einweichzeit empfohlen. Dies berücksichtigt auch den häufig schlechten Gebisszustand vor allem älterer Menschen. Schließlich kann das Mahlgut auch sofort verzehrt werden, wenn es jemandem Spaß macht.

Aber warum soll man daraus nicht ein wohlschmeckendes Gericht machen?

Auch die enzymatischen Vorgänge und die Phytinfrage werden oft überbewertet und sind für die Bedeutung des Frischkorngerichts ohne Belang.

Übrigens benutzen wir den Ausdruck Müsli nicht mehr, den wir früher zu Ehren Bircher-Benners übernommen hatten, nachdem die findige Nahrungsmittelindustrie Fertigmüslis auf den Markt bringt, die die Vorteile eines Frischkorngerichts gar nicht mehr bieten.

Deshalb sprechen wir jetzt von **Frischkornbrei** bzw. Frischkorngerichten.

7/2018 gr

Dr. med. Max Otto Bruker

Kleinschrift
Nr. 15

Sie vertragen Vollkornbrot nicht?

ernährung • medizin • umwelt

emu verlag

Sie vertragen Vollkornbrot nicht?

Dr. med. M. O. Bruker

Haben Sie keine Sorge: Das Vollkornbrot, das Sie eben gekauft haben, werden Sie auf jeden Fall hervorragend vertragen. Sie müssen nur vorher die „Gebrauchsanweisung“ genau durchlesen. Denn was nützt das beste Vollkornbrot, wenn durch fehlerhaften Gebrauch nach seinem Genuss Beschwerden auftreten. Wenn Sie aber wissen, wo die Fehler liegen, können Sie sie leicht vermeiden.

Die Frage nach der Verträglichkeit

des Vollkornbrots und überhaupt aller Vollkornprodukte ist von außerordentlicher Bedeutung, weil ihr Verzehr zur Erhaltung und Wiedergewinnung der Gesundheit absolut unentbehrlich ist. Obgleich es wohl kaum einen Menschen in den zivilisierten Völkern geben wird, der nicht schon mehrfach gehört hat, dass die feinen Auszugsmehle, die zur Herstellung von Graubrot, Weißbrot und mancher Schwarzbrote verwendet werden, zahlreiche Krankheiten verursachen und dass zur Verhütung dieser Krankheiten der Genuss von Vollkornbrot und anderer Vollkornprodukte unerlässlich ist, gibt es doch zu denken, weshalb trotz dieses Wissens so wenig Menschen zum Vollkornbrot greifen.

Umfangreiche Befragungen haben ergeben, dass das Vollkornbrot hauptsächlich aus 2 Gründen gemieden wird. Die Menschen geben an, sie vertrügen es nicht, und es schmecke ihnen nicht.

Zunächst darf man die Verträglichkeit nicht mit der Verdaulichkeit verwechseln.

Den Grad der Verdaulichkeit eines Nahrungsmittels kann man z. B. an der Verweildauer im Magen und Darrn prüfen. Je schwerer verdaulich eine Speise ist, umso länger bleibt sie im Magen. Dabei zeigt sich nun, dass Vollkornbrot wesentlich leichter verdaulich ist als Graubrot oder Weißbrot. Dies hängt damit zusammen, dass im Vollkornbrot noch Vitalstoffe enthalten sind, welche die Verdauung fördern, während beim Graubrot und Weißbrot diese Eigenfermente fehlen.

Trotz der viel besseren Verdaulichkeit des Vollkornbrotes gegenüber den Broten aus Auszugsmehlen können bei Kranken nach Genuss von Vollkornbrot Beschwerden auftreten, die mit ganz anderen Umständen zusammenhängen. Den besten Test für diese Verträglichkeitsfragen können wir an Magen-, Darm- und Gallenkranken gewinnen. An ihnen zeigt sich, dass die Unverträglichkeit des Vollkornbrotes gar nicht am Brot selbst liegt, sondern von der Zusammensetzung der übrigen Nahrung abhängig ist. Die Ernährung ist als ein Ganzes zu betrachten, wobei die Verträglichkeit eines Nahrungsmittels von der Art der Zusammenstellung mit den anderen Speisen bestimmt wird. Um dies deutlicher zu machen, kann man die Nahrung im Ganzen mit einem Orchester vergleichen, bei dem der einzelne Musiker dem einzelnen Nahrungsmittel entspricht. Wenn in einem Orchester von 30 Musikern 29 richtig spielen und nur einer falsch, so ist das ganze Konzert verdorben. Wählen wir in einer Kostform, die aus 30 Einzelnahrungsmitteln besteht, 29 richtig aus und nur 1 Nahrungsmitte! ist falsch und passt nicht dazu, so wird die ganze Kostform nicht vertragen. Dabei vermag aber der Kranke meistens nicht festzustellen, welches unter den 30 Nahrungsmitteln die Beschwerden hervorgerufen hat, so dass oft das falsche beschuldigt wird. In diesen Verdacht gerät auch oft zu Unrecht das Vollkornbrot.

Um Vollkornbrot vertragen zu können, muss der Empfindliche 3 Dinge in seiner Nahrung vermeiden

Alle Nahrungsmittel, die mit künstlichen Fabrikzuckerarten gesüßt sind, bewirken, dass Beschwerden auftreten, falls auch Vollkornbrot genossen wird. Ebenso machen eingemachtes und gekochtes Obst, sowie Säfte von Obst und Gemüse das Vollkornbrot unverträglich. Das heißt mit anderen Worten, dass Fabrikzucker, gekochtes Obst und Säfte vermieden werden müssen, falls Vollkornbrot nicht vertragen wird. Diese Regel gilt vor allem in der Übergangszeit, wenn ein Magenempfindlicher, der bisher Grau- und Weißbrot gegessen hat, auf Vollkornbrot übergehen will. Wenn er in dieser Umstellungszeit die 3 Nahrungsgruppen Fabrikzucker, eingemachtes Obst und alle Saftarten meidet, wird er jedes Vollkornbrot hervorragend vertragen. Selbstverständlich sind die Beschwerden, die von der Krankheit selbst stammen, damit noch nicht verschwunden. Fängt der Kranke nach einiger Zeit an, z. B. Kuchen zu essen, so merkt er, dass es der Kuchen ist, der die Störung hervorruft, und nicht das anfangs fälschlich beschuldigte Vollkornbrot. Durch diese am eigenen Leibe gemachten Beobachtungen kann jeder sich in einfacher Weise rasch davon überzeugen, dass es gar nicht das Vollkornbrot ist, das schlecht vertragen wird, sondern dass es die anderen Störenfriede sind, die die Unverträglichkeit erzeugen. Er hat damit für sein ganzes Leben ein Wissen erworben, das ihm in allen diätetischen Fragen eine große Sicherheit vermittelt.

Für Schwerkranke und besonders Empfindliche

und alle, die mit Erkrankungen des Magens, der Leber, der Gallenwege und Gallenblase, der Bauchspeicheldrüse und des Darms in irgendeiner Form zu tun haben, ist außer der strengen Beachtung der angegebenen Ratschläge noch zu empfehlen, die Gemüse und andere Speisen nicht mit Fett zu kochen, sondern das Fett erst nach dem Kochprozess zuzusetzen. Auch dies erhöht die Verträglichkeit und Verdaulichkeit der gesamten Kostform, was sich wiederum an der guten Verträglichkeit des Vollkornbrotes bemerkbar macht. So kann das Vollkornbrot überhaupt als bester Test dafür benutzt werden, ob die übrige Gesamtnahrung richtig zusammengesetzt ist und keine schädlichen Bestandteile enthält. So liegt ein weiterer unschätzbarer Vorteil des Vollkornbrotes darin, dass es die Menschen indirekt dazu zwingt, sich im Ganzen gesünder zu ernähren. Das gute Orchester duldet keinen schlechten Spieler unter sich. Und da eben die Ernährung ein Ganzes ist und man nicht einzelne Teile verordnen darf, ohne die übrige Ernährung so zu gestalten, dass diese Teile hineinpassen, ist es nötig, darauf hinzuweisen, dass zu einer gesunden und zugleich bekömmlichen Ernährung unbedingt auch ein Anteil von rohem Obst und rohem Gemüse in Form von Salaten gehört. Und nun ist es besonders interessant, dass diese Frischkost sich hervorragend mit Vollkornbrot verträgt, während sie ebenfalls durch Fabrikzucker, gekochtes Obst und Säfte unverträglich gemacht wird.

Zusammenfassend kann also festgestellt werden, dass die Lösung des Verträglichkeitsproblems einer gesunden Vollwertkost überhaupt und damit auch des Vollkornbrotes in der Vermeidung von Fabrikzucker, gekochtem Obst und Säften liegt.

Wie lange diese 3 störenden Nahrungsmittel gemieden werden müssen

hängt natürlich von der Grundkrankheit und der persönlichen Empfindlichkeit des Einzelnen ab. Ist durch die Einhaltung der richtigen Ernährung die Krankheit inzwischen geheilt, so sind später die Richtlinien nicht mehr so streng einzuhalten. Wer von Anfang an überhaupt keine Verträglichkeitsschwierigkeiten hat, braucht sich natürlich nicht an die Ratschläge zu halten. Wenn er es aber dennoch tut, hat er den unbezahlbaren Vorteil, damit zugleich die beste Vorbeugung gegen alle ernährungsbedingten Zivilisationskrankheiten zu treiben. Je früher er damit beginnt, um so größer ist die Chance, keine Leber- und Gallenleiden zu bekommen, nicht an degenerativen Gelenk- und Wirbelsäulenschäden zu erkranken; das Gebiss wird gesund erhalten, die Entstehung von Arteriosklerose, Herzinfarkt, Stoffwechselstörungen aller Art, der Übergewichtigkeit, vieler Haut- und Nervenkrankheiten wird vermieden. Und als Nebengeschenk verschwindet die Stuhlverstopfung in wenigen Tagen.

Nun noch einige Worte zu dem oft vorgebrachten Einwand, Graubrot und Weißbrot schmeckten besser als Vollkornbrot.

Diese Ansicht ist der zweite Hauptgrund, weshalb sich das Vollkornbrot nicht als tägliches Brot durchsetzt. Was gut und was schlecht schmeckt, ist eine reine Sache des persönlichen Geschmacks, und dieser ist viel mehr, als es dem Einzelnen bewusst ist, von der Gewohnheit abhängig.

Wer im fremden Lande aufgewachsen ist und sich an das dort übliche Essen gewöhnt hat, wird viele Speisen, die er in Deutschland kennenlernt, zunächst nicht mögen. Wenn er sich aber nach einiger Zeit daran gewöhnt hat, isst er sie ebenso gerne wie seine Kindheitsnahrung. Auch an das Vollkornbrot tritt selbstverständlich schnell eine Gewöhnung ein. Und jeder, der lange Zeit nur Vollkornbrot gegessen hat, wird zugeben, dass nun das Graubrot und Weißbrot fade und langweilig schmeckt. Das Vollkornbrot hat einen starken Eigengeschmack, dass es sogar ohne Auflagen mit Genuss verzehrbar ist, während man dies von Graubrot und Weißbrot nicht behaupten kann. Aber gerade dieser natürliche aromatische Eigengeschmack des Getreides ist der Grund, weshalb manche sagen, Vollkornbrot schmecke ihnen nicht. Ist aber nach einigen Wochen die Gewöhnung erfolgt, ist es wiederum gerade der kräftige Eigengeschmack des Vollkornbrotes, der dazu führt, dass die Rückkehr zum nun langweilig empfundenen Graubrot ausbleibt. Es ist deshalb auch zu empfehlen, nicht immer dieselbe Sorte Vollkornbrot zu verwenden, sondern durch Abwechslung den Gaumen zu befriedigen, umso mehr, als die verschiedenen Brotauflagen nicht mit jeder Vollkornsorte gleich gut zusammenpassen und durch reichliche Abwechslung eine Erhöhung des Genusses erzielt werden kann.

Dadurch, dass die Beachtung dieser Ratschläge die Garantie für hervorragende Bekömmlichkeit des Vollkornbrotes bietet, ist für jedermann der Weg frei, als tägliches Brot nur Vollkornbrot zu genießen, das die Grundlage gesunder Ernährung bildet und zur Erhaltung und Wiedergewinnung der Gesundheit unerlässlich ist.

4/2017 gr

Dr. med. Max Otto Bruker

Kleinschrift
Nr. 16

Krankheiten durch Fabrikzucker

emu verlag

ernährung • medizin • umwelt

Krankheiten durch Fabrikzucker

Dr. med. M. O. Bruker

Immer mehr Menschen erkranken an immer mehr Krankheiten. Diese Krankheitslawine hat andererseits dazu geführt, dass sich auch immer mehr Menschen mit Gesundheitsfragen beschäftigen. Vor allem machen sich die Menschen mehr Gedanken über die eigentlichen Ursachen der Krankheiten und über deren ständige weitere Ausbreitung. Im Rahmen dieses wachsenden Interesses hat sich in den letzten Jahren auch eine lebhafte Diskussion über das Für und Wider des Fabrikzuckers entwickelt.

Bei jeder Diskussion um den Zucker stoßen zwei gegensätzliche Auffassungen hart aufeinander. Die einen behaupten, der Zucker sei als wichtigster Energiespender für die Erhaltung der Gesundheit und körperlichen Leistungsfähigkeit besonders wichtig; der Genuss von möglichst viel Zucker sei daher anzuraten. Die anderen behaupten, der Genuss von Zucker sei gesundheitsschädlich und er sei für die Entstehung vieler Krankheiten mitverantwortlich.

Wie ist es möglich, dass solche gegensätzlichen Ansichten entstehen können? Bei dem hohen Stand unserer wissenschaftlichen Erkenntnisse müsste es doch wohl ein Leichtes sein, diese Fragen klar zu entscheiden. Tatsächlich sind sie auch schon längst geklärt: Beide Behauptungen sind richtig, so gegensätzlich sie auch erscheinen. Das Rätsel löst sich leicht, wenn man weiß, dass es sich um ein Missverständnis handelt, das durch unscharfe Begriffe entstanden ist.

Was versteht man unter Fabrikzucker?

Die beiden Gruppen reden aneinander vorbei, weil sie von ganz verschiedenen Dingen sprechen. Diejenigen, die den Zucker als schädlich bezeichnen, denken an den **Fabrikzucker.** Dabei versteht man unter **Fabrikzucker alle** Zuckerarten, die in der Fabrik aus zuckerhaltigen Lebensmitteln durch Raffinationsprozesse künstlich hergestellt werden und die reine isolierte Konzentrate darstellen; dazu rechnen außer dem gewöhnlichen Verbrauchszucker der braune Zucker, Traubenzucker, Fruchtzucker, Malzzucker, Milchzucker, Ahornsirup, Apfeldicksaft, Birnendicksaft, Sirup, Vollrohrzucker, Sucanat, Rapadura, Ur-Süße, Ur-Zucker, Melasse usw. Der weiße Zucker, der zum Süßen der Speisen benützt wird, ist Rohrzucker. Die chemische Bezeichnung Rohrzucker stammt daher, dass er ursprünglich aus dem Zuckerrohr hergestellt wurde. In Europa wird er aus der Zuckerrübe hergestellt. Dieser Rübenzucker ist also genauso Rohrzucker wie der aus dem Zuckerrohr hergestellte. Der braune Zucker ist nicht besser als der weiße; auch er besteht zu 99 % aus Rohrzucker. Die geringen Spuren von Mineralien haben keinen Gesundheitswert und können einfacher durch jedes andere Lebensmittel zugeführt werden. Die noch enthaltenen „Verunreinigungen“ haben eher nachteilige Wirkung. Wichtig ist zu wissen, dass auch Fruchtzucker nicht aus Früchten und Traubenzucker nicht aus Trauben hergestellt wird, sondern es sich lediglich um chemische Bezeichnungen handelt.

Wer dagegen vom Zucker als Energiespender spricht, der im grünen Blatt der Pflanze durch die Lichtkraft der Sonne entsteht, meint damit nicht den Fabrikzucker, sondern die in der Natur vorkommenden natürlichen Zuckerstoffe.

Der grundsätzliche Unterschied zwischen allen Fabrikzuckerarten und den natürlichen zuckerhaltigen Lebensmitteln

Wir haben es also mit zwei verschiedenen Begriffen zu tun: Auf der einen Seite geht es um den Fabrikzucker, auf der anderen Seite um die natürlichen Kohlenhydrate, die im Körper zu Zucker umgewandelt werden. Wenn diese beiden Begriffe streng auseinandergehalten werden, ist auch ein Aneinandervorbeireden nicht mehr möglich. Der Fabrikzucker ist also von den natürlichen Kohlenhydraten streng zu unterscheiden, die als Stärke, Rohrzucker, Fruchtzucker und Traubenzucker in der Pflanze gebildet und im menschlichen Körper im „Stoffwechsel" verwandelt werden.

Es ist ein erheblicher Unterschied in der Wirkung auf den menschlichen Organismus und im Ablauf der Stoffwechselvorgänge, ob der Mensch (oder ein Tier) isolierten Fabrikzucker zu sich nimmt oder naturbelassene Lebensmittel, die Zucker und zuckerbildende Stoffe enthalten. Um bei jedem Gespräch über Zucker die Möglichkeit eines Missverständnisses im Keim zu ersticken, ist es daher unerlässlich, jeweils klar zum Ausdruck zu bringen, was für ein Zucker gemeint ist, ob Fabrikzucker oder Zucker im Sinne eines Sammelbegriffes für zuckerhaltige natürliche Lebensmittel.

Der Zuckerstoffwechsel …

Um das Wesentliche dieses Unterschiedes auch dem Nichtchemiker klarzumachen, ist das Wissen folgender Grundtatsachen nötig. Der Organismus des Menschen braucht bekanntlich Eiweiß, Fett und Kohlenhydrate. Früher glaubte man, dass der Mensch gesund bleiben könne, wenn er von diesen Grundstoffen sich täglich so viel zuführe, dass der Brennwert ca. 2000-4000 Kalorien betrage und wenn diese Grundstoffe in einem bestimmten Verhältnis zueinander stünden. Diese Vorstellungen entsprechen der herkömmlichen Ernährungslehre. Die wissenschaftlichen Forschungen der letzten Jahrzehnte haben aber eindeutig ergeben, dass die Gesundheit nur erhalten werden kann, wenn diese drei Grundnährstoffe durch die lebensnotwendigen **Vitalstoffe** ergänzt werden. Unter Vitalstoffen versteht man die Vitamine, die Mineralstoffe, Spurenelemente, Enzyme, ungesättigte Fettsäuren, Aromastoffe und Faserstoffe (sog. Ballaststoffe). Natürliche Lebensmittel, wie sie die Natur uns darreicht (z. B. das ganze Getreidekorn, Gemüse, rohes Obst, Kartoffeln, Milch), enthalten immer genug von diesen Vitalstoffen. Die Grundnährstoffe werden im Körper einem Abbau und einer Verwandlung unterzogen. Die Summe all dieser chemischen Umsetzungen wird als Stoffwechsel bezeichnet. In den natürlichen süßen Lebensmitteln (Obst, Zuckerrohr, Zuckerrübe usw.) kommen verschiedene Zuckerarten vor, Rohrzucker, Fruchtzucker und Traubenzucker.

… gesteuert vom Vitamin-B-Komplex

Alle Kohlenhydrate, also auch der Rohrzucker, werden im menschlichen Körper über Traubenzucker zu Kohlendioxid und Wasser abgebaut. Bei diesem Abbau werden Energien frei, von denen der Mensch lebt. Nun ist es aber von entscheidender Wichtigkeit, dass dieser chemische Abbau von Rohrzucker und Traubenzucker zu den erwähnten Endprodukten nur möglich ist bei Anwesenheit von fünf Vitaminen, die zum VItamin-B-Komplex gehören: Aneurin = Vitamin B 1, Lactoflavin = Vitamin B 2, Nikotinsäure, Pantothensäure und Biotin. Da also bei dem Abbau von Zucker Vitamin B gebraucht bzw. verbraucht wird, kann man den Zucker auch als „Vitamin-B-Räuber" bezeichnen. So wird z. B. für den Abbau von 1 g Zucker 4,1 Gamma Aneurin benötigt (1 Gamma = 1 Millionstel g). Nun enthalten aber die natürlichen süßen Lebensmittel zugleich auch Vitamin B, so dass bei deren Genuss keine Vitamin-B-Verarmung auftritt. Besonders deutlich lassen sich die Verhältnisse am Beispiel des Getreidekorns zeigen. Ein Getreidekorn enthält gerade so viel Vitamin B, wie notwendig ist, um die Stärke des Getreidekorns abzubauen.

Ganz anders aber liegen die Verhältnisse beim Genuss isolierten Fabrikzuckers, da er ja von allen Zusatzstoffen befreit ist, also auch kein Vitamin B und keine Mineralstoffe enthält. Je mehr Fabrikzucker der Mensch genießt, umso größer wird seine Vitaminverarmung bzw. umso größer ist sein Vitamin B-Bedarf. Diese Nachteile könnten also nur durch den Zusatz von Vitamin B ausgeglichen werden. Da der Vitamin B-Komplex nicht nur eine Schlüsselstellung im Kohlenhydrat-, sondern auch im Eiweiß-, Fett- und Mineralstoffwechsel einnimmt und außerdem eine wichtige Rolle für die Funktion des Nervensystems spielt, ist es leicht erklärlich, weshalb der Genuss von Fabrikzucker zahllose Krankheiten verursachen kann.

Diese Gefahr wird noch dadurch erhöht, dass der größte Teil der Bevölkerung durch Verzehr von Grau- und Weißbrot ungenügend mit Vitamin B versorgt ist. Der Getreidekeim, der der Hauptlieferant für das wichtige Vitamin B ist, ist nur im Vollkornbrot enthalten und fehlt im Grau- und Weißbrot fast vollständig. So wird der durch Grau- und Weißbrot hervorgerufene Vitaminmangel noch durch den Zuckergenuss erhöht. Dies ist auch einer der Gründe, weshalb Kuchen besonders gesundheitsschädlich ist. Man bezeichnet die Mehle, welche die Randschichten und den Keim nicht mehr enthalten, als Auszugsmehle. Das Graubrot wird aus Roggenauszugsmehl, das Weißbrot aus Weizenauszugsmehl hergestellt. Beide sind biologisch gleich minderwertig.

Durch Vitalstoffmangel hervorgerufene Zivilisationskrankheiten

Die durch den Vitalstoffmangel entstehenden Schäden gehören zu den sogenannten Zivilisationskrankheiten. Von den wichtigsten Gruppen seien erwähnt: der Gebissverfall, Erkrankungen der Verdauungsorgane, Stoffwechselstörungen, Leber- und Gallenkrankheiten, die Fettsucht, alle Erkrankungen der Bewegungsorgane (sogenannte rheumatische Krankheiten), die Zuckerkrankheit, unter den Gefäßerkrankungen besonders die Arteriosklerose und der Herzinfarkt und manche Hautkrankheit. Auch hinter vielen sogenannten nervösen Störungen verbirgt sich häufig ein Vitalstoffmangel. Der Gebissverfall kann wiederum der Ausgangspunkt für Erkrankungen des Bewegungsapparates werden, wodurch das lawinenartige Anwachsen der Bandscheiben- und Wirbelsäulenschäden und der Gelenkerkrankungen erklärbar ist.

Besonders eindrucksvoll berichtet Albert von Haller in seinem Buch „Gefährdete Menschheit" von dem Zusammenhang zwischen Gebissverfall und dem Verzehr von Fabriknahrungsmitteln. In demselben Maße, in dem in den einzelnen Völkern der Genuss von natürlichen Lebensmitteln abnimmt und der Anteil an Zivilisationsprodukten wie Auszugsmehlen und Fabrikzucker zunimmt, treten Zivilisationsschäden auf. Am Gebiss sind sie am deutlichsten erkennbar, so dass der Zustand des Gebisses geradezu als Maßstab für den Grad des Zivilisationsschadens des einzelnen Menschen und ganzer Völker dienen kann.

Aber auch die Abwehrkraft gegen Infektionen mit Bakterien und Viren wird herabgesetzt. So berichtet Dr. Sandler in seinem Buch „Vollwerternährung schützt vor Kinderlähmung", (emu-Verlag, 56112 Lahnstein) von der wichtigen Rolle, die der Fabrikzucker bei der Entstehung dieser Krankheit spielt. Auch in Zeiten der Virusgrippe empfiehlt sich eine Enthaltung von Fabrikzucker und der Verzehr einer vitaminreichen Kost, um die Ansteckungsfähigkeit zu verringern. Jeder Anfällige kann sich durch einen Selbstversuch leicht von diesen Zusammenhängen überzeugen.

Fabrikzucker erzeugt Unverträglichkeit von Vollkornprodukten und Frischkost

Die gesundheitlichen Nachteile, die der Genuss von raffiniertem Zucker bringt, liegen noch auf einem anderen Gebiet. Der Fabrikzucker ist bei manchen Kranken, vor allem bei Magen-, Darm-, Leber- und Gallenkranken die Ursache dafür, dass diese Menschen bestimmte Lebensmittel nicht vertragen können, die sie zur Erreichung oder Erhaltung ihrer Gesundheit nötig hätten. So ist es eine interessante, aber noch wenig bekannte Erscheinung, dass gerade die so notwendigen vitamin- und mineralstoffreichen Lebensmittel wie Vollkornbrot, Obst und Frischkost von vielen Magen-Darm-Empfindlichen und Leber-Galle-Kranken nicht vertragen werden, wenn diese Fabrikzucker zu sich nehmen. Vermeiden diese Menschen Speisen, die Fabrikzucker enthalten, so stellen sie zu ihrer Verwunderung fest, dass sie die erwähnten anderen Nahrungsmittel, die sie unter Umständen jahrelang wegen Unverträglichkeiten meiden mussten, nun plötzlich vertragen.

Diese Erscheinung, dass der Fabrikzucker für die Unverträglichkeit gerade der lebenswichtigen vitaminreichen Lebensmittel so ausschlaggebend verantwortlich ist, konnte durch jahrzehntelange klinische Erfahrung eindeutig bewiesen werden. Natürlich sind diese Beobachtungen jederzeit leicht nachprüfbar. Wie sich diese für die ganze Diätetik fast revolutionär auswirkende Entdeckung erklären lässt, ist für die Praxis weniger wichtig als die Tatsache an sich. Wahrscheinlich hängt die Erzeugung von Unverträglichkeiten mit der Einwirkung auf die Darmflora zusammen; vielleicht beruht sie aber auch auf der erwähnten Störung des Stoffwechsels, der sich zum größten Teil in der Leber abspielt. Von einer aufschlussreichen Ermittlung berichtet in diesem Zusammenhang die englische Zeitschrift Lancet. Es ließ sich nachweisen, dass alle Magengeschwürskranken mehr Süßigkeiten zu sich nahmen als Kontrollpersonen gleichen Alters und Geschlechtes.

Auch für die geschwürige Dickdarmerkrankung (Colitis ulcerosa) und die Crohn'sche Krankheit (geschwürige Dünndarmerkrankung) ist statistisch nachgewiesen, dass sich bei diesen Kranken in der Vorgeschichte ein erhöhter Verzehr von Fabrikzucker nachweisen lässt.

Fabrikzucker und Krebs

Dass auch eindeutige Beziehungen des Zuckerstoffwechsels zur Krebsentstehung bestehen, hat in sehr gründlichen 30jährigen Forschungen Professor Leupold nachgewiesen. Natürlich spielen bei der Krebsentstehung auch noch andere Faktoren, vor allem aber chemische Giftstoffe, ionisierende Strahlen und radioaktive Substanzen eine Rolle.

Fabrikzucker als Konservierungsmittel

Ein brauchbarer Verwendungszweck für Fabrikzucker darf nicht unerwähnt bleiben:

Er ist ein gutes Konservierungsmittel für Früchte. Es ist selbstverständlich, dass ein Stoff, der als Konservierungsmittel dienen kann, nicht zugleich ein harmloses Nahrungsmittel sein kann.

Das schlecht essende Kind

Fabrikzucker ist der häufigste Grund für die Appetitlosigkeit von Kindern; je mehr er genossen wird, umso heftiger wird das Verlangen nach ihm. Dieses „Verlangen nach Süßem", das man besonders bei Kindern beobachten kann, wird sehr häufig falsch gedeutet. Man liest und hört immer wieder, dass es sich um ein natürliches Verlangen der Kinder nach Zucker handele, woraus dann der ebenso falsche Schluss gezogen wird, dass man den Kindern möglichst viel Süßes geben soll, „weil der Körper es verlangt". Hier liegt ein verhängnisvoller Irrtum vor. Die Gier nach Süßigkeiten ist bereits ein Symptom, dass dem Kind etwas fehlt; allerdings fehlt ihm nicht der Fabrikzucker, sondern andere Wirkstoffe, vor allem Vitamin B 1.

Über das „natürliche Verlangen" der Kinder nach Süßem

Die Zuckergier der Kinder ist ein klassisches Zeichen des Vitalstoffmangels. Die Probe aufs Exempel ist leicht zu machen: Gibt man diesen Kindern süße Früchte anstelle der mit Fabrikzucker gesüßten Nahrungsmittel und versorgt man sie durch Vollkornprodukte anstelle von Auszugsmehlen und durch tägliche Beilagen von Frischkost ausreichend mit Vitalstoffen, dann dauert es nur wenige Tage, bis der ganze Spuk des „natürlichen Verlangens" verschwunden ist. Mit dem Weglassen des Fabrikzuckers kehrt auch der Appetit zurück, der bei diesen Kindern immer schlecht ist. Gerade diese Beobachtungen, die jeder leicht nachprüfen kann, zeigen, dass im Fabrikzucker nicht ein „Ernährungsproblem", sondern noch viel mehr ein psychologisches Problem steckt. Es ist in diesem Zusammenhang interessant, dass mit keinem Lebensmittel eine echte Sucht erzeugt werden kann. Im Gegenteil, wenn man täglich z. B. Spinat essen würde, könnte bald eine gewisse Abneigung gegen Spinat auftreten. Der Organismus sichert sich durch diese Abneigung gegen Schäden, die durch einseitige Nahrung entstehen können.

Dass es beim Fabrikzucker im Gegensatz z. B. zum Obst zu einem immer größeren Verlangen kommt, je mehr man davon isst, stellt ihn auf dieselbe Stufe mit den anderen Genussmitteln Alkohol, Kaffee und Tabak. Wer in den Teufelskreis der Genussmittel kommt, ist in Gefahr, darin hängen zu bleiben. So ist tatsächlich der Fabrikzucker imstande, echte Sucht wie die Genussmittel zu erzeugen, wodurch seine gefährliche Sonderstellung unter den „Nährstoffen" besonders deutlich wird. Die Gefahr, vom Fabrikzucker nicht mehr loszukommen, ist natürlich auch durch den süßen – also lustbetonten – Geschmack unterstützt, bzw. überhaupt erst ermöglicht.

Die Ersatzbefriedigung mit Süßigkeiten

Da Kinder noch im Aufbau begriffen sind, wirken sich diese Tatsachen bei ihnen besonders nachteilig aus. Der katastrophale Gebisszustand der Jugend ist ein trauriger Beweis dafür. Aber auch bei manchen Erwachsenen spielt der Zucker die dem Psychologen wohlbekannte Rolle der Ersatzbefriedigung. Unbefriedigt sein in manchen Lebensbereichen, in der Liebe oder auf dem Gebiet des Geltungs- und Besitzstrebens führt manchen dazu, dass er sich durch den leicht zu erreichenden Genuss von Süßem einen billigen Ausgleich verschafft. In diesem Fall steht die

Süßigkeit wieder auf derselben Stufe mit dem Alkohol, Kaffee und Tabak. Wie der eine seine Enttäuschung und seinen Ärger im Leben durch Alkohol zu lindern sucht und der andere behauptet, wenn er nicht mehr rauchen dürfe, so habe er nichts mehr vom Leben, so sucht der Dritte den ebenso billigen wie fruchtlosen Ersatz im Kuchen. Das Verlangen nach Süßem bei seelischem Kummer ist also eine klassische Ersatzbefriedigung, die letzten Endes keine echte Lösung ist.

Süßigkeiten in der Erziehung

So beginnt das Zuckerproblem als **Erziehungsproblem** in der Jugend und hat im Erwachsenenalter seine Bedeutung nicht verloren. Die Süßigkeiten sind die Genussmittel der Kinder; Erwachsene aber, die selbst in der Genusssucht stecken, sind wenig geeignet, Vorbilder für die Jugend zu sein.

Ausführliche Literatur:
Zucker, Zucker
Krank durch Fabrikzucker
ISBN 978-3-89189-034-9
emu-Verlag,
56112 Lahnstein
geb., 345 S., € 17,80

Weitere Kleinschriften von Dr. med Max Otto Bruker

1. Unser täglich Brot und der Zucker als Hauptursache für die modernen Zivilisationskrankheiten
2. Schlank werden ohne Hungerkur
3. Herzinfarkt, Asteriosklerose und Gallensteine sind verhütbar
4. Wie beugt man den ernährungsbedingten Zivilisationskrankheiten vor?
5. Ernährungsbehandlung der Leber-, Galle, Magen-, Darm- und Bauchspeicheldrüsenerkrankungen
6. Butter – ein hochwertiges Lebensmittel?
7. Vom Kaffee und seinen Wirkungen
8. Ärztliches Memorandum zur industriellen Nutzung der Atomenergie
9. Über den Unwert der heutigen Milch
10. Gesund durch richtige Ernährung (LVA-Schrift)
11. Die Story von den 2 »richtigen« Ernährungen
12. Ursachen der ernährungsbedingten Zivilisationskrankheiten (Mörder bekannt – kein Kläger)
13. Fett macht nicht fett (Fett)
14. Bakterien im Frischkornbrei
15. Sie vertragen Vollkornbrot nicht?
16. Krankheiten durch Fabrikzucker
17. Unser täglich Brot – eine tote Nahrung?
18. Wieviel und was soll man täglich trinken
19. Ballaststoffe sind kein Ballast
20. Scheinursachen verschleiern Zusammenhänge
21. Die Ernährung des älteren Menschen
22. Die Deckung des Eiweißbedarfs
23. Vitamin B12
24. Wissenswertes über Säfte
25. Rheuma – ernährungsbedingte Zivilisationskrankheit
26. Zöliakie
27. Das Allergie-Problem
28. Die Zuckerkrankheit –Verhütung und Behandlung
29. Gebissverfall
30. Weil du beim Reaktor wohnst
31. Die Ernährung des Kindes
32. Neurodermitis
33. Der Darmpilzrummel – Fehldiagnose Candida albicans –

Auch komplett als Sammelmappe zum Sonderpreis erhältlich!

Dr. med. Max Otto Bruker

Kleinschrift
Nr. 17

Unser tägliches Brot – eine tote Nahrung?

ernährung • medizin • umwelt

emu verlag

Unser tägliches Brot – eine tote Nahrung?

Dr. med. M. O. Bruker

Seit Jahrtausenden Vollgetreide

Das Getreide gehört seit vielen Jahrtausenden zu den Grundnahrungsmitteln der Menschen. Das kommt auch im Gebet „Unser tägliches Brot gib uns heute“ zum Ausdruck. Ist die Versorgung eines Volkes mit Getreide gesichert, so ist auch seine Ernährung nicht in Gefahr.

Bis vor etwa 100 Jahren verzehrten die Menschen das Getreide in seiner Ganzheit, einschließlich Randschichten und Keim. In Mühlen wurde das Korn zu Mehl und Schrot vermahlen. Dieses Vollkornmehl hatte den Nachteil, dass es nicht haltbar und lagerfähig war, da der Fettanteil des Getreidekeims ranzig wurde.

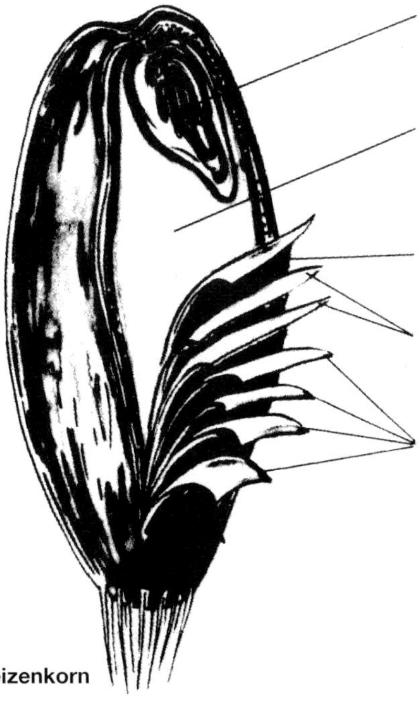

Weizenkorn

Naturkraft im ungeschälten Korn

Ein Jahrhundert Fabriknahrung

Im Industriezeitalter fand man Möglichkeiten, die Grundnahrungsmittel technisch und chemisch zu verändern. Beim Getreide entfernte man vor dem Mahlen Randschichten und Keim. Damit machte man das Mehl lagerfähig, aber auch zu einer **„Mehlkonserve“,** die kaum noch lebenswichtige Vitalstoffe enthielt. Dies war die Geburtsstunde der ernährungsbedingten Zivilisationskrankheiten, denn im Keim und in den Randschichten befinden sich biologische Wirkstoffe, die für die Erhaltung der Gesundheit unerlässlich sind. Man fasst diese Stoffe als **Vitalstoffe** zusammen und versteht darunter die wasserlöslichen Vitamine, besonders den Vitamin-B-Komplex, die fettlöslichen Vitamine, die Mineralstoffe, Spurenelemente, Enzyme, ungesättigte Fettsäuren, Aromastoffe und Faserstoffe (sog. Ballaststoffe). Alle sind im Auszugsmehl nicht mehr in ausreichender Menge enthalten; dies gilt vor allem für das Vitamin B1. Sein Fehlen wirkt sich besonders deshalb nachteilig aus, weil das Getreidekorn der Hauptlieferant für Vitamin B1 überhaupt ist.

Die Mehle, die nur noch aus dem Stärkekern bestehen, nennt man Auszugsmehle. Das Auszugsmehl des Weizens heißt Weißmehl, das des Roggens Graumehl. Was die Minderwertigkeit dieses Mehles infolge des Fehlens der Randschichten und des Keims betrifft, besteht daher zwischen Graubrot und Weißbrot kein Unterschied.

Zwei Kilo Auszugsmehl benötigt etwa drei Kilo Getreidekorn. Das restliche Kilo wird als Kraftfutter an das Vieh verfüttert.

Schwerwiegende Folgen

Leider hat man erst viele Jahrzehnte nach der Einführung der Auszugsmehle festgestellt, dass deren Verzehr zu Krankheiten führt. Die späte Entdeckung hatte mehrere Gründe: Erstens dauerte es ca. 30 Jahre, bis die Degenerationserscheinungen durch den Vitalstoffmangel so weit fortgeschritten waren, dass sie nachweisbar wurden. Zweitens war es zunächst gar nicht möglich, die Ursachen für die rätselhaften Erkrankungen zu erkennen, da die Entdeckung der Vitamine noch nicht erfolgt war. Aber auch nach deren Entdeckung vergingen Jahrzehnte, bis zu erkennen war, in welchem Maße die ernährungsbedingten Zivilisationskrankheiten durch den Verzehr raffinierter Kohlenhydrate, eben der Auszugsmehle – und des Fabrikzuckers – verursacht sind.

Die Ernährungswissenschaft hat nun genügend Beweise erbracht, **dass volle Gesundheit ohne volles Korn nicht möglich ist.** Folgende ernährungsbedingten Zivilisationskrankheiten können durch Vollgetreide verhütet oder ihr Fortschreiten verlangsamt bzw. aufgehalten werden:

- der Gebissverfall, die Zahnkaries und die Parodontose,
- die Erkrankungen des Bewegungsapparates, die sogenannten rheumatischen Erkrankungen, die Arthrose und Arthritis, die Wirbelsäulen- und Bandscheibenschäden,
- alle Stoffwechselkrankheiten wie Fettsucht, Zuckerkrankheit, Leberschäden, Gallensteine, Nierensteine, Gicht, usw., die meisten Erkrankungen der Verdauungsorgane wie Stuhlverstopfung, Leber-, Gallenblasen-, Bauchspeicheldrüsen- sowie Dünn- und Dickdarmerkrankungen, Verdauungs- und Fermentstörungen,
- Gefäßerkrankungen wie Arteriosklerose, Herzinfarkt, Schlaganfall und Thrombosen,
- mangelnde Infektabwehr, die sich in immer wiederkehrenden Katarrhen und Entzündungen der Luftwege, den sogenannten Erkältungen und in Nierenbecken- und Blasenentzündungen äußern sowie manche organische Erkrankungen des Nervensystems.

- Die meisten sogenannten Allergien und Neurodermitis.
- Auch an der Entstehung des Krebses ist die Fehlernährung in erheblichem Maße beteiligt.

Vollgetreide bringt die Wende

Zur Herstellung von Vollkornbroten und -brötchen, Vollkornkuchen und -plätzchen, Vollkornnudeln usw. ist also frisch gemahlenes Mehl notwendig.

Wegen seiner raschen Verderblichkeit wird es selten in Läden zum Verkauf vorrätig gehalten.

Die Forschungen des bedeutenden Ernährungswissenschaftlers Professor Kollath haben ergeben, dass bei der Herstellung der Vollkornbrote infolge der Erhitzung beim Backprozess Vitalstoffe in ihrer Wirkung herabgesetzt werden. Zur Erhaltung der vollen Gesundheit ist daher der Verzehr einer gewissen Menge **unerhitzten,** frisch gemahlenen Vollgetreides Voraussetzung. Dies geschieht am einfachsten mit dem von Professor Kollath angegebenen Frischkornbrei. Hier ist sein Grundrezept, das natürlich je nach Geschmack vielseitig variiert werden kann.

Rezept für Frischkornbrei

Er wird aus einer einzelnen Getreideart oder aus einer Mischung (z. B. Weizen, Roggen, Hafer, Gerste) hergestellt. Drei Esslöffel (50 g) Getreide werden durch eine Kaffeemühle oder Getreidemühle grob geschrotet. Das Mahlen muss jedesmal frisch vor der Zubereitung vorgenommen werden. Dabei spielt es keine Rolle, ob die Getreidemühle mit Mahlsteinen oder einem Stahlmahlwerk arbeitet.
Nicht auf Vorrat mahlen!
Das gemahlene Getreide wird mit ungekochtem, kaltem Leitungswasser zu einem Brei gerührt und mehrere Stunden (bis zu zwölf) stehengelassen. Die Wassermenge wird so berechnet, dass nach der Quellung nichts weggegossen zu werden braucht. Nach etwa fünf bis zwölf Stunden wird dieser Brei genussfähig gemacht durch Zusatz von frischem Obst (je nach Jahreszeit), Zitronensaft, 1 Teelöffel Honig (nur manchmal, regelmäßig Honig kann Karies erzeugen), 1 Esslöffel Sahne, geriebenen Nüssen, nach Art des Bircher-Benner-Müslis.
Solange verfügbar, sollte man immer einen Apfel hineinreiben und sogleich untermischen. Der geriebene Apfel macht den Frischkornbrei besonders luftig und wohlschmeckend. Diese Zubereitungsart bekommt jedem, auch dem Magen-Darm-Empfindlichen. Es ist ohne Belang, zu welcher Tageszeit dieser Brei genossen wird.

Die Haushalts-Getreidemühle macht's möglich

Zur Herstellung frischer Vollkorngerichte ist eine Haushalts-Mühle die Voraussetzung, umso mehr, als heute die Tendenz besteht, wieder Vollkornbrote und -gebäcke selbst herzustellen. Eine elektrische Mühle ist empfehlenswert, weil sie in kurzer Zeit mühelos auch für eine größere Familie das frische Mehl herstellt, das ja aus den genannten Gründen nicht käuflich erworben werden kann.

Es gibt Meinungsverschiedenheiten, ob Mahlwerke aus Stahl oder Steinen zu empfehlen seien. Die angeblichen Vor- und Nachteile des unterschiedlichen Materials werden vorwiegend aus Werbezwecken überbetont.

Was die wesentlichen Faktoren, die Erwärmung des Mahlgutes und den Abrieb von Stahl oder Stein betrifft, so sind vom gesundheitlichen Standpunkt aus die Unterschiede absolut unwesentlich. Das Entscheidende ist, dass das Mehl jeweils **frisch** vor der Verwendung gemahlen wird.

Wichtig ist ferner, dass mit der Mühle nicht nur eine grobe Schrotung möglich ist, wie z. B. für den Frischkornbrei, sondern dass für Vollkorngebäcke auch feinstes Mehl herstellbar ist. Schließlich ist darauf zu achten, dass die Mühle auch zum Mahlen von Ölsaat verwendet werden kann.

Römische Getreidemühle mit kegelförmigem Mahlwerk

Als die Römer Germanien eroberten, waren Getreidemühlen, neben den Waffen, ein wichtiges Requisit. Funde in den Befestigungsanlagen des Limes brachten Mahlwerke zutage, mit deren Hilfe sich die Römer über Wochen und Monate, unabhängig von der feindlichen Umgebung, ernährten. Man kann sich fragen, ob sie ohne die mitgeführten Mühlen und die Naturkonserve Getreide ihr Weltreich überhaupt hätten errichten können. Überlegenswert: Wie wäre es, wenn auch wir einen gewissen Getreidevorrat im Hause halten würden, um in Krisenzeiten unabhängiger zu sein?

Hefe-Weizenvollkornbrötchen

schnelles, sicheres Rezept für 1 Backblech

500 g	frisch gemahlenen Weizen, Feinstufe
350 g	Leitungswasser
30 g	Hefe
10 g	Salz (geh. TL)
etwas	Weizenschrot als Streumehl

Weizenvollkornmehl und Wasser genau wiegen (Messbecher haben im Allgemeinen zu große Toleranzen); in einer großen Schüssel Wasser, Salz und zerbröckelte Hefe verrühren, Vollkornmehl hinzugeben, alles zu einem festen, jedoch elastischen Hefekloß kneten, das kann per Hand ca. 6 oder 10 Min. dauern.

Kneten Sie in der Schüssel, sind Sie nicht versucht, am Anfang, wenn sich der

Teig weich und klebrig zeigt, zusätzlich Streumehl zuzugeben. Während des Knetens merken Sie sehr bald, dass der Teig durch den Quellvorgang an Festigkeit zunimmt.

Knetmethode: mit einer Hand den Kloß stets von oben nach unten und gleichzeitig von außen nach innen arbeiten, diese Form hat sich bewährt, und es bleibt Ihnen stets eine saubere Hand frei.

Nach dem Kneten gönnen wir dem Teigling eine erste Teigruhezeit von 15-20 Min. gut zugedeckt in der Schüssel. Das Geschirrtuch allein genügt nicht, ein Gärsack/tüte* soll verhindern, dass die Teighaut austrocknet und dadurch den Gärvorgang stört. E-Herd auf 250 °C vorheizen; ein Gefäß mit heißem Wasser in den Ofen setzen für Schwadenbildung.

Nach der Ruhezeit kneten wir den Kloß noch einmal gründlich durch, teilen ihn in 4 Partien, formen daraus 4 Stränge und daraus 4 oder 5 Teile, so dass 4 x 4 oder 4 x 5 Brötchen entstehen. Das Ausschleifen von Brötchen kann so gehen: Sie bewegen einen Teigling auf der Arbeitsplatte mit Ihrer Handfläche sehr schnell kreisend gegen den Uhrzeiger. Drücken Sie dabei den Teigling sehr fest auf die Arbeitsplatte, Sie merken bald, wie sich der Teigling mitdreht, formen Sie mit der Hand ein Körbchen, und der darin mitrollende Teigling wird zum runden Brötchen. Setzen Sie die Brötchen mit Abstand gleichmäßig auf ein gefettetes Backblech. Geht Ihnen das Brötchenrollen schließlich schnell von der Hand (2 Stück in 3 Sekunden!!) bzw. den Händen, müssten Sie den Teiglingen auf dem Blech – wieder gut zugedeckt – noch eine 2. Teigruhezeit gönnen (ca. 5-8 Min.). Am Anfang dauert das Ausformen so lange, dass Sie sofort den nächsten Schritt machen: die Teighaut mit kaltem Wasser besprühen (gibt mehr Kruste). Teighaut einschneiden. Inzwischen sollte das Wasser im Backofen kochen und ausreichend Schwaden geben. „Schießen" Sie das Blech in die 2. Schiene von oben ein, Tür schnell wieder schließen.

Backen: ca. 25 Min., 250 °C, die Schwaden wirken die gesamte Backzeit ein. Das Ergebnis sollten knusprige, gut aufgegangene Weizenvollkornbrötchen sein, die etwas rustikal aussehen (mit dem Einschnitt = ausgebundene Brötchen), vorzüglich schmecken und ausgezeichnet bekommen.

*Gärsack Best.-Nr. 35 zu beziehen über www.emu-verlag.de

Dr. med. Max Otto Bruker

Kleinschrift
Nr. 18

Wieviel und was soll man täglich trinken?

Ist es richtig, dass der Mensch 2 – 3 Liter Flüssigkeit täglich zu sich nehmen soll?

ernährung • medizin • umwelt

emu verlag

Wieviel und was soll man täglich trinken?

von Dr. med. M. O. Bruker

Es ist wenige Jahre her, dass die Behauptung aufgestellt wurde, der Mensch müsse täglich 2-3 l Flüssigkeit trinken. Diese Meinung verbreitete sich mit Windeseile. Heute gilt diese Auffassung als allgemein gültiger Ratschlag. Wer ihn befolgt, glaubt, etwas für seine Gesundheit zu tun. In der ärztlichen Sprechstunde begegnet man kaum mehr einem Kranken, der nicht stolz berichtet, er trinke täglich 3 l Tee, was ihm jedoch sehr schwer falle. Er tue dies aber trotzdem, da er wisse, dass es nötig sei, um die Schlacken herauszuspülen.

Geht man der Frage nach, wie eine solche Vorstellung zustande gekommen ist, so stößt man zunächst auf die Tatsache, dass der Mensch bei üblicher Ernährung täglich etwa 1½ l Flüssigkeit zu sich nimmt, auch wenn er nur wenig oder gar nichts trinkt. Dies bedeutet, dass seine Nahrung etwa 1½ l Flüssigkeit enthält. Tatsächlich besteht die Nahrung zu etwa 80% aus Flüssigkeit. In 2 kg Nahrungsmitteln, die der Mensch im Laufe eines Tages als Durchschnittsmenge verzehrt, sind etwa 1½ l versteckte Flüssigkeit. Dies entspricht etwa der Menge Flüssigkeit, die er als Harn innerhalb von 24 Stunden ausscheidet. Er kann aber auf die Dauer nicht mehr ausscheiden, als er eingenommen hat. Zwar variiert die Menge der täglichen Ausscheidung und Einnahme, sie ist – gleichbleibende Nahrungs- und Flüssigkeitsaufnahme angenommen – abhängig von der Abgabe von Flüssigkeit über die Haut durch mehr oder weniger starkes Schwitzen, von der Flüssigkeitsabgabe durch den Darm bei wechselnder Konsistenz des Kots und vor allem von dem Kochsalzgehalt der Nahrung. Da die Körperflüssigkeit 0,9%ige Salzlösungen sind – in Bezug auf Kochsalz 0,8%ig – und das Gewebe dieselbe Salzkonzentration aufweist, erfordert jedes Gramm Kochsalz, das mit der Nahrung zugeführt wird, etwas mehr als 100 g Lösungsmittel, damit eine 0,8%ige Kochsalzlösung zustande kommt.

Im Blut und Gewebe muss der Salzgehalt ziemlich konstant gehalten werden. Daraus folgt, dass bei einer Zufuhr von z. B. 5 g Kochsalz zugleich 500 g Flüssigkeit zugeführt werden müssen, damit eine 1%ige Kochsalzlösung (aufgerundet) zustande kommt. Enthält die Nahrung nicht so viel überschüssige Flüssigkeit, so bekommt der Mensch soviel Durst, bis er die nötige Flüssigkeitsmenge erreicht hat. Jedermann weiß, dass er auf eine gesalzene Speise Durst bekommt. Wer sich mit einer vitalstoffreichen Vollwertkost ernährt, nimmt relativ wenig Kochsalz zu sich, da der Frischkostanteil kochsalzfrei ist und schon dadurch die Gesamtkochsalzmenge gegenüber der zivilisatorisch üblichen Kost kochsalzarm ist. Meist salzen die Menschen, die sich frischkostreich ernähren, auch den gekochten Anteil der Speisen weniger als diejenigen, die sich üblich zivilisatorisch mit Fleisch, Wurst und nur Gekochtem ernähren.

Eine ähnliche Rolle wie das Kochsalz spielt für den Wasserhaushalt auch der Fabrikzucker. Auch das weiß jedermann, dass man nach süßen Speisen Durst bekommt. Ein lehrreiches Beispiel ist der Zuckerkranke, der Durst bekommt – eine bekannte Erscheinung –, wenn der Zuckergehalt im Blut ansteigt.

Der Wasserhaushalt wird durch den Durst geregelt

Schon aus diesen wenigen Beispielen geht hervor, dass der Wasserhaushalt im Organismus in entscheidender Weise durch den Durst geregelt ist. Benötigt der Mensch zur Erfüllung seiner Stoffwechselaufgabe Flüssigkeit, so bekommt er Durst und zwar so lange, bis ihm eben durch Trinken die nötige Flüssigkeitsmenge zur Verfügung gestellt wird. Benötigt der Stoffwechsel, in diesem Fall der Wasserhaushalt, wenig oder keine zusätzliche Flüssigkeit, so bekommt der Mensch eben keinen Durst. Wie viel bzw. wie wenig Flüssigkeit der Organismus benötigt, wird also eindeutig durch das Verlangen des Menschen nach Flüssigkeit, d. h. durch den Durst gesteuert.

Es fragt sich nun, ob es davon Ausnahmen gibt und ob der Mensch sich auf seinen Instinkt in Bezug auf den Durst verlassen kann oder ob er diese Steuerung nach dem Verstand vornehmen muss.

Für den gesunden Menschen, den es früher ja noch häufiger gab, ist es seit allen Zeiten sicher, dass er sich, was die Menge der Flüssigkeitszufuhr betrifft, auf seinen Durst verließ und dass er sich darauf verlassen konnte. Die Menschen früherer Zeiten kamen gar nicht auf die absurde Idee, die notwendige Flüssigkeitszufuhr anders zu regeln als nach dem Verlangen, das sich im Durst äußert. Man trank eben, wenn man Durst hatte und trank nicht, wenn man keinen hatte. Es wäre ihnen absurd erschienen, hier überhaupt ein Problem zu sehen.

Auch beim Kranken wird der Wasserhaushalt durch den Durst gesteuert

Aber vielleicht ist beim Kranken die Steuerung des Wasserhaushaltes durch den Durst gestört, so dass der Kranke sich nicht mehr auf ihn als Regulator verlassen kann? Dies ist mit absoluter Sicherheit nicht der Fall. Gerade im Krankheitsfall kann und muss sich der Mensch in besonderem Maße auf seinen Instinkt verlassen. Er soll nicht essen, wenn er keinen Hunger hat; er soll nicht trinken, wenn er keinen Durst hat. Diese Regel kann nicht eindrücklich genug ausgesprochen und wiederholt werden. Es gibt keine Ausnahme von ihr. Es wurde bereits die Zuckerkrankheit erwähnt, man kann aber die Gültigkeit des Prinzips bei allen Krankheiten feststellen, nicht nur bei solchen, bei denen der Wasserhaushalt gestört ist. Es gibt z. B. eine Nierenerkrankung, die sogenannte Schrumpfniere, bei der die Niere nicht mehr imstande ist, die harnpflichtigen Stoffe in ausreichendem Maße auszuscheiden, so dass diese sich im Körper und Blut (Urämie) anreichern. Diese Phase der Krankheit ist durch Durst gekennzeichnet. Der Organismus braucht mehr Lösungsmittel.

Wir haben gesehen, dass die Gefahr zu geringer Flüssigkeitsaufnahme nicht besteht, da sie unweigerlich und ausnahmslos durch den Durst, das Verlangen nach Trinken, ausgeschaltet wird. Gibt es entsprechend auch ein Regulativ, das vor der Aufnahme von zu viel Flüssigkeit warnt? Ein so forderndes Verlangen, wie es der Durst bei zu wenig Flüssigkeitszufuhr darstellt, gibt es bei zu viel Zufuhr nicht. Dies ist damit zu erklären, dass der Organismus den Überschuss an Flüssigkeit verhältnismäßig leicht ausschalten kann; gegen den Mangel steht ihm aber keine andere Maßnahme zur Verfügung, als die Flüssigkeitszufuhr durch Trinken, d. h. Durst, zu erzwingen.

Trinken Sie nur, wenn Sie Durst haben

Wenn es auch kein so ausgesprochenes Verlangen, das Nichtdurst heißen müsste, gibt, so besteht doch eine Abneigung gegen Trinken, wenn kein Durst vorhanden ist. Man kann sich zwar bis zu einem gewissen Grad zwingen, ohne Durst zu trinken, aber dies bringt keine Befriedigung wie das Löschen des Durstes. Diejenigen Menschen aber, die dem theoretischen Rat gefolgt sind und sich täglich zu 3 Liter Flüssigkeitsaufnahme zwingen, geben alle an, dass sie sich wirklich dazu zwingen müssen und dass sie es nicht immer schaffen. Dabei muss man bedenken, dass es sich bei diesem Trinken von 2-3 l Tee oder anderer Flüssigkeit um eine zusätzliche Flüssigkeitszufuhr handelt, die zu den $1\frac{1}{2}$ l Flüssigkeit dazukommen, die normalerweise mit der Nahrung zugeführt werden.

Zweifellos stellt die übermäßige Flüssigkeitszufuhr eine erhebliche Belastung für den Organismus dar. Er muss unnötigerweise diese Flüssigkeitsmenge durch den Körper treiben, die Därme müssen sie resorbieren, das Herz muss sie durch die Gefäße transportieren, die Nieren müssen sie ausscheiden. Die Parallele zu einer zu reichlichen Nahrungsaufnahme ist durchaus erlaubt. Vor zu viel Essen wird ständig gewarnt; aber zu viel Trinken wird empfohlen. Beides aber stellt eine unnötige Belastung dar. Warum soll man sich zwingen, gegen den Instinkt mehr zu essen, als man Hunger hat bzw. mit aller Gewalt in sich hineinfressen müsste? Die Vermeidung des Übermaßes gilt auch für das Trinken. Warum sollte man mehr trinken, als man Durst hat, und als instinktlose Handlung trinken, was man mit Gewalt in sich hineinschütten müsste?

Der Begriff Schlacken führt zu Missverständnissen und falschen Handlungen

Sicher ist die Frage interessant, wie es zu dem unbiologischen Rat gekommen ist, täglich 2-3 l zu trinken. Dies hat mehrere Gründe. Ein wesentlicher Grund liegt darin, dass infolge der ungenügenden Ursachenforschung in der traditionellen Medizin der größte Teil der ernährungsbedingten Zivilisationskrankheiten gar nicht als durch Ernährungsfehler verursacht erkannt ist. Die zwangsläufige Folge ist, dass nach anderen Ursachen gesucht wird. So werden z. B. Krankheitssymptome wie erhöhter Blutdruck, erhöhtes Cholesterin, Leberfunktionsstörungen und Fettsucht zu Krankheitsursachen, neuerdings Risikofaktoren, ernannt.

In den Rahmen dieser Verlegensheitserklärungen gehört auch die Vorstellung, man könnte durch viel Trinken die Schäden ausgleichen, verhüten oder beheben.

Dabei spielt der Begriff der Verschlakkung, der in den Kreisen der Reformbewegung viel gebraucht wird, eine wichtige Rolle. Bei exakt wissenschaftlicher Betrachtung der Krankheitsentstehung und der krankhaften Befunde und Vorgänge ist für den Begriff Verschlackung kein Platz. Das, was laienhaft als Verschlackung bezeichnet wird, sind in Wirklichkeit meist degenerative Schäden an den Organen durch jahrzehntelange vitalstoffarme Mangelernährung. Die Schlacken sucht man vergeblich bei allen ernährungsbedingten Zivilisationskrankheiten. Sie fehlen bei der Zahnkaries genauso wie bei der Parodontose und bei den degenerativen Erkrankungen des Bewegungsapparates (Arthrose); sie fehlen aber auch bei den entzündlichen Gelenkerkrankungen (Arthritis), bei Diabetes, bei der Fettsucht, beim Herzinfarkt und den Lebererkrankungen; dies gilt für die Neigung zu Infekten ebenso wie für den Krebs. Es ist verständlich, dass die

Vorstellung, die ernährungsbedingten Zivilisationskrankheiten beruhten auf Verschlackung, jemand auf den Gedanken bringt, man könnte dem Krankheitsgeschehen begegnen, indem man die Schlacken ausschwemmt oder ihre Ansiedlung erst gar nicht eintreten lässt. Diese mechanischen Vorstellungen sind aber primitiv, objektiv nicht belegbar und wissenschaftlich nicht haltbar. Es fehlt ihnen das morphologische Substrat.

Zeitlich gingen die ersten Empfehlungen, viel zu trinken, von Urologen aus. So wurde zunächst bei Nierensteinen zur Behandlung und Verhütung, später auch bei anderen Nierenerkrankungen dem Kranken empfohlen, möglichst viel zu trinken, in der Vorstellung, man müsste die Niere durchspülen: In dieser Form ist dies aber nicht möglich. Das vermehrte Trinken stellt eine Belastung für die Niere dar; denn man kann die Niere nicht einfach durchspülen wie etwa schmutzige Wäsche, die man so lange mit Wasser spült, bis sie sauber ist. Die Niere muss jedes einzelne Tröpfchen, das als Harn ausgeschieden wird, aktiv bearbeiten, und kann es nicht passiv durch sich hindurchspülen lassen. **Viel Trinken ist also keine Nierenentlastung, sondern eine Belastung.**

Viel wesentlicher ist aber, dass man Stoffwechselstörungen, die infolge falscher zivilisatorischer Ernährung auch zu Nierensteinen führen, nicht durch einen mechanischen Akt der Durchspülung beseitigen oder verhindern kann. Dies ist nur durch Abstellung der Fehler, d. h. eine vitalstoffreiche Vollwertkost möglich.

Die Bildung von Nierensteinen ist nicht durch Trinken verhütbar

Zur Nierensteinbildung kommt es dadurch, dass z. B. harnsaure, phosphorsaure und oxalsaure Salze, die die Niere normalerweise ausscheidet, im Harn des Nierenbeckens nicht gelöst bleiben, sondern ausfallen. Harnsäure ist z. B. in Wasser nur zu 1% löslich, im Urin ist jedoch eine größere Menge löslich, ohne dass es zur Ausfällung kommt. Diese Löslichkeit in höherer Konzentration beruht auf der Wirkung der sogenannten Schutzkolloide. Zu ihrer Bildung sind ihrerseits die Haut- und Schleimhautschutzvitamine A, D und E notwendig. Werden diese durch die Nahrung nicht in ausreichender Menge zugeführt, so kann es zur Ausfällung der Salze im Urin, d. h. zur Steinbildung kommen. Dies ist also eine Folge falscher Ernährung (ähnlich wie die Gallensteinbildung). Die Fehler in der Nahrung können aber nicht durch vermehrtes Trinken ausgeglichen oder gar aufgehoben werden.

Die übermäßige Flüssigkeitszufuhr bedeutet vielmehr, wie bereits ausgeführt, eine Belastung der Nieren und führt außerdem zu einer nachteiligen Verdünnung der Schutzkolloide. Mit einer vitalstoffreichen Vollwertkost (Näheres siehe auch im Buch des Autors „Unsere Nahrung – unser Schicksal", emu-Verlag) sind jedoch Nierensteine, die zu den ernährungsbedingten Zivilisationskrankheiten zählen, verhütbar. Wieweit die Getränkeindustrie an der Verbreitung der Empfehlung, täglich 2-3 l zu trinken, beteiligt ist, entzieht sich einem direkten Nachweis. Tatsache ist jedoch, dass dieser Gedanke in der Werbung aufgegriffen und vermarktet wird.

Noch ein Wort zu den Getränken

Es ist wichtig, zwischen echten Getränken und flüssigen Nahrungsmitteln zu unterscheiden. Nur echte Getränke sind imstande, den Durst zu löschen, d. h. die Aufgaben zu erfüllen, die der zugeführten Flüssigkeit im Wasserhaushalt zugedacht sind. Man kann **echte Flüssigkeiten** auch als **leere Flüssigkeiten** bezeichnen. Nur sie sind imstande, Stoffe aufzunehmen, zu lösen und zu transportieren. Flüssigkeiten, die bereits mit Nährstoffen und Salzen gesättigt sind, können diese Aufgabe nicht erfüllen; sie fungieren als Nährstoffträger. Sie können auch den Durst nicht stillen, sondern sie erzeugen sogar Durst – je nach Konzentration mehr oder weniger. So verlangt z. B. bereits eine 2%ige Kochsalzlösung zusätzliche Flüssigkeit, da jene ja, wie wir gesehen haben, im Blut und Gewebe zu einer 0,8%igen Kochsalzlösung verdünnt werden muss.

Echte Getränke sind nur die verschiedenen Wässer aller Art und Tees. Bei Tees muss man wiederum unterscheiden zwischen sogenannten Arzneitees und harmlosen unarzneilichen Tees. Zu den letzteren gehören z. B. Tees aus Äpfeln, anderen Früchten, Malve, Hibiskus.

Wegen des Gehaltes an Arzneistoffen sollen arzneiliche Tees nicht über lange Zeit getrunken werden, sondern nur zur Behandlung einer Krankheit. Wenn der Tee geholfen, d. h. seine Pflicht erfüllt hat, soll er nicht weiter eingenommen werden, genauso wenig wie eine andere Arznei.

Kräutertees abwechselnd trinken

Zu den arzneilichen Tees gehören alle, die zur Behandlung einer Krankheit verwendet werden. Sie müssen genauso wie Tabletten als Medikamente angesehen werden. Der Unterschied zur Tablette besteht lediglich darin, dass die Heilstoffe aus der Natur stammen und in wässriger Form dargereicht werden. So kann man z. B. mit einer Teezubereitung aus dem Fingerhut (Digitalis) genauso eine Digitalisvergiftung erzeugen, wie mit Digitalis als Tablette oder Spritze.

Unter den Tees mit arzneilichen Wirkstoffen gibt es welche, die zwar auch als Hausmittel bei leichten Störungen, aber nicht für die Behandlung von Krankheiten direkt Verwendung finden, wie z. B. Pfefferminz, Kamille, Fenchel, Anis, Brombeerblätter und viele andere Kräutertees. Wenn ein Tee dieser Art nicht über lange Zeit getrunken wird, sondern mit den verschiedenen Sorten ständig gewechselt wird, so ist gegen ihren Gebrauch natürlich nichts einzuwenden. Bei den Gemüsen wird ja auch täglich gewechselt und nicht 1 Jahr lang täglich nur Spinat gegessen. Nur bei den Getränken hat es sich eingebürgert, dass man sich täglich auf dasselbe festgelegt hat. Warum soll die Abwechslung nicht auch für die Getränke gelten wie für die Nahrungsmittel?

Obstsäfte und Milch sind keine echten Getränke

Obstsäfte und **Milch** sind keine echten Getränke, sondern flüssige Nahrungsmittel, also zur Stillung von Durst ungeeignet. Auch sie erzeugen Durst. Der Nachteil der Obstsäfte besteht zusätzlich darin, dass sie sogenannte Teilnahrungsmittel sind. Im Apfel z. B. sind noch **alle** Nährstoffe und **alle** zur Verarbeitung der Nährstoffe nötigen biologischen Wirkstoffe enthalten, im Saft befindet sich nur noch ein Teil der löslichen Vitamine, ein wesentlicher Teil bleibt in den Trestern zurück. Zudem stören Säfte die Verträglichkeit von Vollkornbrot und Frischkost. (Näheres über das Verträglichkeitsproblem finden Sie in dem u. g. Buch*). Essen Sie also lieber den ganzen Apfel, anstatt Apfelsaft zu trinken. Ausnahmen sind Fastenkuren, Fastentage oder Feiern.

Die Milch ist von Natur aus lediglich als Überbrückungsnahrungsmittel gedacht – und zwar menschliche Muttermilch für den menschlichen Säugling und Kuhmilch für den tierischen Säugling, das Kalb. Für sogenannte lymphatische Kinder ist Kuhmilch ein krankmachendes Getränk. (Näheres siehe „Biologischer Ratgeber für Mutter und Kind", Bruker/Gutjahr, emu-Verlag).

Bier, Wein, Bohnenkaffee und schwarzer Tee rechnen zu den Genussmitteln. Ihr Schaden beginnt da, wo der Genuss zur Abhängigkeit geführt hat. Zum Löschen von Durst sind sie daher auch aus diesem Grund ungeeignet.

Schließlich soll noch darauf hingewiesen werden, dass viele Menschen nur aus Gewohnheit trinken. Dazu ist es meist nur deshalb gekommen, weil sie eben meinen, man müsse trinken, das sei für die Erhaltung der Gesundheit nötig. Dass Trinken ohne Durst aus gesundheitlichen Gründen nicht nötig ist, ist wohl inzwischen deutlich geworden. So ist es wichtig, dass nicht schon bei Kindern falsche Gewohnheiten gesetzt werden, indem man sie zwingt, morgens vor der Schule etwas zu trinken. Diejenigen Kinder, die morgens das Trinken ablehnen, tun dies aus natürlichem Instinkt; es sind meistens Abendkinder, d. h. Kinder, die abends schlecht ins Bett finden und morgens eine lange Anlaufzeit haben. Bei richtiger vitalstoffreicher Vollwertkost kommt kein Durst auf, meist nur nach Schwitzen infolge körperlicher Anstrengung. **Dieser Durst benötigt echte Getränke, keine Milch, keinen Kakao und keine Säfte.**

Zusammenfassend sei hier nochmals gesagt: Am besten fährt man, wenn nur so viel getrunken wird, wie es der Durst anzeigt. Dies entspricht den instinktgebundenen Gesetzen der Natur.

* Dr. med. M. O. Bruker

Leber- Galle-, Magen-, Darm- und Bauchspeicheldrüsenerkrankungen

187 Seiten, gebunden
ISBN 978-3-89189-008-0

copyright by
emu-Verlags- und Vertriebs-GmbH
Dr.-Max-Otto-Bruker-Straße 3
56112 Lahnstein
www.emu-verlag.de

Weitere Kleinschriften von Dr. med Max Otto Bruker

Dr. med. Max Otto Bruker

Kleinschrift Nr. 19

Ballaststoffe sind kein Ballast

emu verlag

ernährung • medizin • umwelt

Ballaststoffe sind kein Ballast

Dr. med. M. O. Bruker

Kritik an dem Begriff Ballaststoffe

In der Geschichte der Ernährungslehre tauchte der Begriff *Ballast* zum ersten Mal ganz früh auf, als man feststellte, dass jedes Lebensmittel nur drei Nährstoffe enthielt, nämlich Eiweiß, Fett und Kohlenhydrate. Man nahm damals an, als Vitamine noch nicht entdeckt waren, dass alles andere, was außer den Nährstoffen in Lebensmitteln enthalten war, wertlos und für die Ernährung unnötig sei. Nach der damaligen Vorstellung erschien es berechtigt, eben alles, was nicht zu den Nährstoffen rechnete, als unnötigen Ballast zu bezeichnen.

Schon früh erkannte man, dass der tierische und menschliche Organismus auch Mineralstoffe benötigt. Sie wurden, da als notwendig erkannt, nicht als Ballast angesehen, ebensowenig wie die später entdeckten Vitamine. Im Lauf der weiteren Ernährungsforschung wurden immer mehr Substanzen entdeckt, die nicht zu den drei Grundnährstoffen gehörten, aber als biologische Wirkstoffe für die Erhaltung der Gesundheit als wichtig und notwendig erkannt wurden. Heute fasst man diese Substanzen unter dem praktischen Sammelbegriff *Vitalstoffe* zusammen, zu denen bisher als Hauptvertreter die wasser- und fettlöslichen Vitamine, insbesondere der Vitamin B-Komplex, die Mineralstoffe, Spurenelemente, Enzyme, ungesättigten Fettsäuren und Aromastoffe gezählt werden.

Sicher kommt niemand auf den Gedanken, diese Stoffe, die für die Erhaltung der Gesundheit notwendig sind, als Ballast anzusehen, bzw. als Ballast zu bezeichnen. Nach dem üblichen Sprachgebrauch versteht man unter Ballast eine Last, etwas Belastendes, etwas Unnötiges, Wertloses. Im Duden ist Ballast als Bürde bezeichnet; im Brockhaus-Wörterbuch steht unter Ballast (aus dem Niederdeutschen barlast = bare und Last): Gegenstände von geringem Wert, aber großem Gewicht (Wasser, Sand, Steine), verwendet bei Schiffen zur Regelung von Stabilität und Tiefgang, bei Ballonen und Luftschiffen zur Regelung des Auftriebs, bei Brücken, Kranen u. a. zur Tieferlegung des Schwerpunktes und damit Erhöhung der Standfestigkeit.

Ballaststoffe sind gerade das Gegenteil von *Ballast*

Nach dieser Definition ist es sicher nicht statthaft, von Nahrungsteilen, deren Bedeutung noch nicht voll erkannt ist, als Ballast zu sprechen. Will man sich im streng wissenschaftlichen Bereich bewegen, so ist für jede Erörterung als Erstes eine klare Begriffsbestimmung nötig, um Missverständnisse und ein Aneinander-vor-bei-Reden aufgrund unscharfer und verwaschener Definition auszuschließen und zu verhindern. Man denke an den alten chinesischen Spruch von Konfuzius: „Wenn die Worte nicht stimmen, stimmen die Begriffe nicht. Wenn die Begriffe nicht richtig sind, so stimmen die Worte nicht; und stimmen die Worte nicht, so kommen auch die Werke nicht zustande."

In der Frühzeit der alten Ernährungslehre, die leider heute noch in vielen Köpfen spukt, ist die Vorstellung, dass in Lebensmitteln etwas enthalten sein könne, was für den Organismus wertlos, sogar eine bare Last sein könne, noch entschuldbar. Galt doch in der rein naturwissenschaftlich ausgerichteten Medizin nur das, was physikalisch und chemisch nachweisbar war und erklärbar schien. Diese Art zu denken, lässt verstehen, dass man damals bei der Verwertung von Getreide die Herstellung von Auszugsmehlen für einen Fortschritt ansah, da sie fast nur aus Stärke, also aus etwas für wertvoll Gehaltenem bestanden, während man die Kleie für Ballast hielt. Nachdem man aber die Bedeutung der Kleie und der Randschichten aufgrund ihres Gehalts an wichtigen biologischen Wirkstoffen erkannt hatte, verschwand jahrzehntelang der Begriff Ballast. Man hatte ihn als falsch erkannt und gebrauchte ihn infolgedessen nicht mehr.

Umso schlimmer und unverständlicher ist es aus wissenschaftlicher Sicht, dass in der letzten Zeit der Ballast-Begriff wieder aus der Mottenkiste hervorgeholt wird. Allenthalben erscheinen Artikel, in denen die Bedeutung der Ballaststoffe hervorgehoben wird, und in der Laienpresse, vor allem in der sogenannten Reformbranche, wird mit dem Begriff Ballaststoffe intensive Werbung getrieben. Was steckt dahinter?

Ballaststoffe verhüten Krankheiten

Der Ballaststoffrummel nahm seinen Ausgang von dem Hinweis Cleaves in dem Buch „Die Saccharidose", dass bei Völkern, die keine raffinierten Kohlenhydrate (Fabrikzucker und Auszugsmehle) verzehren, bestimmte Erkrankungen, die sie als Saccharidose bezeichneten, nicht vorkommen. Sie wiesen dies nach für die Fettsucht, den Herzinfarkt, die Zuckerkrankheit, Krampfadern, Hämorrhoiden und – was in diesem Zusammenhang besonders interessant ist – für bestimmte Dickdarmerkrankungen. Die Bildung von Divertikeln (Ausstülpungen) am Dickdarm, die Diverticulose, und entzündliche Folgezustände, die Diverticulitis, ist bei Völkern, die keine raffinierten Kohlenhydrate essen, völlig unbekannt. Besonders bekannt wurden später Untersuchungen von Burkitt, der diesen Zusammenhang nicht nur bestätigt, sondern auch darauf hinwies, dass die Häufigkeit des Dickdarmkrebses mit dem Verzehr von raffinierten Kohlenhydraten parallel geht. Er sah allerdings den Unterschied zwischen Auszugsmehlen und Vollkornmehlen und -produkten vorwiegend in dem Gehalt an Faserstoffen, von fibre, wie es in der angelsächsischen Literatur heißt. In der deutschsprachigen Literatur wurde von manchen Seiten statt des Begriffs Faserstoffe in inkorrekter Weise der Begriff Ballaststoffe verwendet. Schließlich waren es vor allem wirtschaftliche Kreise, die Präparate aus Kleie herstellten und in der Werbung das Wort Ballaststoffe benützten. So hat sich mit großer Geschwindigkeit der Begriff Ballast *eingebürgert*.

Faserstoffe sind ein wichtiger Bestandteil der Vitalstoffe

Es ist aber aus wissenschaftlicher Sicht eine böse Irreführung, wenn in der Bevölkerung der Eindruck erweckt wird, als beruhe der Unterschied zwischen Auszugsmehlen und Vollkornprodukten lediglich in dem Gehalt an *Faserstoffen, die fälschlich als Ballast bezeichnet werden.* Tatsächlich wird damit der Eindruck erweckt, als beruhe die regulierende Wirkung der Vollkornprodukte auf die Darmtätigkeit einfach darauf, dass die Rohfaser einen Ballast darstelle und auf rein mechanische Weise die Darmschleimhaut reize und den Darm sozusagen scheuere. Solche primitiven und falschen Vorstellungen haben in einer Zeit keinen Platz mehr, in der die Abhängigkeit der komplizierten

Stoffwechselvorgänge von biologischen Wirkstoffen bekannt ist. Die Verwendung des einfachen Begriffs Ballast anstelle der Summe vielfältiger Wirkstoffe verbindet sich beim Laien automatisch mit der Vorstellung, es handele sich um einen rein mechanischen Vorgang. Wäre dies so, müsste eine Handvoll Sand oder in kleine Teilchen zerriebene Steine oder der Nahrung beigemengte Wollfasern oder feingemahlenes Stroh denselben Effekt haben. Raffinierte Mehle, sogenannte Auszugsmehle, unterscheiden sich aber vornehmlich durch ganz andere Substanzen vom Vollkornmehl als nur durch Faserstoffe, eben durch die zahlreichen biologischen Wirkstoffe, die man heute am einfachsten mit Vitalstoffen zusammenfasst.

Die Faserstoffe sind weitgehend mit Zellulose identisch. Die Zellulose ist eine makromolekulare organische Verbindung, aus der die pflanzlichen Zellwände aufgebaut sind; sie gehört zu den Kohlenhydraten und baut sich aus langen Ketten (bis zu 100 000 Gliedern) von Glucoseresten auf. Die Bedeutung der Zellulose für die Ernährung wurde immer unterschätzt, da man sie für unverdaulich hielt und ihr damit die Rolle einer füllenden und rein mechanisch als Ballast wirkenden Substanz zuschob.

Im Widerspruch zu der angeblichen Unverdaulichkeit stand allerdings schon immer die Tatsache, dass Verdauungsfermente namens Zellulasen und Hemizellulasen für die Verdauung der Zellulose und Hemizellulose nicht nur bekannt sind, sondern auch als Medikamente zur Unterstützung der Verdauung, d. h. der Nahrungsaufschließung ärztlich verordnet werden. Wenn es Fermente gibt, die die Zellulose verdauen, eben die Zellulasen, muss ja wohl die *Zellulose* nicht ganz unverdaulich sein; *sie kann also nicht nur Ballast sein.* Auf der anderen Seite darf aber aus der Unverwertbarkeit eines Stoffes nicht auf seine Wirkungslosigkeit oder gar Wertlosigkeit geschlossen werden. So sind ja z. B. Katalysatoren Stoffe, deren Anwesenheit zum Ablauf einer bestimmten chemischen Reaktion notwendig ist, die selbst aber an der Reaktion nicht teilnehmen. Mit dem Urin werden laufend Stoffe ausgeschieden, z. B. Kochsalz, Hormone, Vitamine, ohne dass es erlaubt ist, diese Stoffe deshalb generell als unnötig zu bezeichnen. Im Schöpfungsplan ist nichts unnötig, sicher auch die Zellulose nicht, auch wenn unsere heutige chemisch-physikalische Betrachtungsweise nicht ausreicht, ihre Bedeutung zu erkennen. Der geisteswissenschaftlich und ganzheitlich Denkende wehrt sich dagegen, solche noch unbekannten Prozesse auf die mechanische Ebene des Ballastes zu schieben.

Faserstoffe haben vielfältige Wirkungen

Auch der Begriff Rohfaser deckt sich nicht ganz mit dem, was als Ballaststoff angesehen wird, da außer der Zellulose und Hemizellulose auch Pektine und Lignine dazugehören. Der Gehalt an diesen Stoffen ist enzymatisch bestimmbar und liegt etwa 4-5 mal höher als der entsprechende Rohfaserwert; er kann aber auch 15 mal höher liegen. Schon daran ist erkennbar, dass mit dem, was als Ballaststoffe zusammengefaßt wird, verschiedenartige Substanzen erfasst werden, die ihrerseits unterschiedliche Wirkungen haben. Das Entscheidende ist aber, dass sie überhaupt eine Wirkung haben, also nicht wirkungslos sind. Auf alle Fälle sind diese Faserstoffe ein Sammelbegriff für biologische Wirkstoffe. Im Vollgetreide z. B. schwankt ihr Anteil zwischen 6 und 10% je nach Getreideart. Entsprechend dem, was heute besser mit dem Begriff Vitalstoffe zusammengefasst wird, befinden sich die Faserstoffe hauptsächlich in den Randschichten. Ihr Gehalt ist daher vom Ausmahlungsgrad abhängig. So enthält das hellste Weizenmehl nur noch 5% der Faserstoffmenge des ganzen Getreidekorns, das hellste Roggenmehl noch 19%.

Aber selbst bei der mechanischen Betrachtungsweise *besteht heute keine Berechtigung dazu, die Faserstoffe als Ballaststoffe zu bezeichnen.* Denn es sind folgende Wirkungen nachgewiesen: Sie haben quellende und absorptive (aufsaugende) Eigenschaften. Durch das Absorptionsvermögen und durch die Anwesenheit von Mineralstoffen und Eiweiß aus den benachbarten Aleuronzellen wird die Pufferkapazität im Magen erhöht, so dass der ungünstige Einfluss überschüssiger Magensäure abgeschwächt werden kann. Das große Quellvermögen der Faserstoffe hat eine Vergrößerung des Volumens und des Wassergehalts des Speisebreis zur Folge. Dadurch werden vermehrte Reize auf die Darmwandungen ausgelöst, die mit einer Aktivierung verschiedener Darmfunktionen beantwortet werden. Auch die Sekretion und Peristaltik werden verstärkt, und die Verweildauer im Zwölffinger-, Dünn- und Dickdarm wird verkürzt.

Der faserreiche Speisebrei liefert einen besseren Nährboden für das Wachstum der Darmbakterien. Die Bedeutung der Bakterien ist bekannt, da ihre verschiedenen Abbaustufen und Stoffwechselprodukte, unter denen auch Aminosäuren, Vitamine und noch unbekannte Stoffe von schutzstoffähnlichem Charakter vorhanden sind, vom Organismus wieder resorbiert werden.

Die Faserstoffe tragen auch zur Bindung freier Gallensäuren bei. Diese werden dadurch einer erneuten Resorption entzogen und tragen zu einer Entlastung des Cholesteringehalts in Leber und Serum bei. So erklären manche Forscher den cholesterinsenkenden Einfluss der Faserstoffe. Diese Wirkung wird größer eingeschätzt als die durch Verabfolgung ungesättigter Fettsäuren. Die Anwesenheit von Faserstoffen trägt auch zur Erniedrigung der Serumtriglyzerid- und Phospholipidwerte im Blut sowie zur Senkung des Fettgehalts des Körpergewebes bei. Faserstoffe haben einen dämpfenden Einfluss auf den Anstieg der Blutzuckerkurve nach Kohlenhydratverzehr.

Nennen Sie *Ballaststoffe* ab sofort nur noch *Faserstoffe*

Schon diese wenigen Fakten genügen, um zu erkennen, dass hier keine Ballaststoffe vorliegen, sondern Substanzen, die zweifellos wirksam sind und deren Wirksamkeit eindeutig nachweisbar ist. Sie können daher nicht als Ballast bezeichnet werden.

Bezieht man aber alles das mit ein, was seit Jahrzehnten über den Unterschied zwischen dem vollen Korn und den Auszugsmehlprodukten wissenschaftlich erarbeitet ist, so wird noch deutlicher, wie grotesk es ist, den wesentlichen Unterschied eines ganzheitlichen Lebensmittels gegenüber einem Teilprodukt auf den einfachen Nenner zu bringen, dass Ballaststoffe fehlen.

Sollte jedoch mit dem Begriff Faserstoff zum Ausdruck kommen, dass damit zu den zahlreichen Vitalstoffen ein weiterer gefunden wurde, so wäre es folgerichtig, die Faserstoffe als einen neuen Komplex von Vitalstoffen dieser Rubrik zuzuordnen. Aber Ballaststoffe können sie auf keinen Fall sein und dürfen auch nicht so heißen. Wem es also nicht ausreicht, die Bedeutung der Vollkornprodukte mit ihrem Gehalt an den vielseitigen Vitalstoffen zu begründen, dem steht in Zukunft frei, außer den bereits bekannten Gruppen von Vitalstoffen, den Vitaminen, Mineralstoffen, Spurenelementen, ungesättigten Fettsäuren, Enzymen und Aromastoffen auch noch die Faserstoffe mit anzuführen.

Der Begriff Ballaststoffe ist wissenschaftlich nicht haltbar, irreführend, verwaschen, überflüssig und im strengen Sinne falsch. Er gehört in die Technik und ist auf dem Gebiet der Ernährung eine Anklage an den Schöpfer, dem unterstellt wird, unsere Lebensmittel mit Nutzlosem zu belasten. Wer diesen Ausdruck benützt und weiterträgt, vertritt damit die Ansicht, dass die Natur Unnützes hervorbringt.

Ich rufe daher alle Gesundheitsbewussten auf, den Begriff Ballaststoffe zu vermeiden, aber auch alle diejenigen, die sich mit Ernährungsfragen beschäftigen und erkannt haben, wie unklare und falsche Begriffe von bestimmten Kreisen dazu benützt werden, um Unsicherheit ins Volk zu tragen. Angesichts des katastrophalen Gesundheitszustandes durch das lawinenartige Anwachsen ernährungsbedingter Zivilisationskrankheiten sind klare Richtlinien in der Aufklärung der Bevölkerung notwendig. Dazu sind klare Begriffe eine unerlässliche Voraussetzung. Auf eine solche klare Sprache müssten gerade diejenigen Kreise achten, die von Interessengruppen als Außenseiter und Unwissenschaftliche abgewertet werden.

emu-Verlags- und Vertriebs-GmbH
Dr.-Max-Otto-Bruker-Straße 3
56112 Lahnstein
www.emu-verlag.de

Weitere Kleinschriften von Dr. med Max Otto Bruker

1. Unser täglich Brot und der Zucker als Hauptursache für die modernen Zivilisationskrankheiten
2. Schlank werden ohne Hungerkur
3. Herzinfarkt, Asteriosklerose und Gallensteine sind verhütbar
4. Wie beugt man den ernährungsbedingten Zivilisationskrankheiten vor?
5. Ernährungsbehandlung der Leber-, Galle, Magen-, Darm- und Bauchspeicheldrüsenerkrankungen
6. Butter – ein hochwertiges Lebensmittel?
7. Vom Kaffee und seinen Wirkungen
8. Ärztliches Memorandum zur industriellen Nutzung der Atomenergie
9. Über den Unwert der heutigen Milch
10. Gesund durch richtige Ernährung (LVA-Schrift)
11. Die Story von den 2 »richtigen« Ernährungen
12. Ursachen der ernährungsbedingten Zivilisationskrankheiten (Mörder bekannt – kein Kläger)
13. Fett macht nicht fett (Fett)
14. Bakterien im Frischkornbrei
15. Sie vertragen Vollkornbrot nicht?
16. Krankheiten durch Fabrikzucker
17. Unser täglich Brot – eine tote Nahrung?
18. Wieviel und was soll man täglich trinken
19. Ballaststoffe sind kein Ballast
20. Scheinursachen verschleiern Zusammenhänge
21. Die Ernährung des älteren Menschen
22. Die Deckung des Eiweißbedarfs
23. Vitamin B12
24. Wissenswertes über Säfte
25. Rheuma – ernährungsbedingte Zivilisationskrankheit
26. Zöliakie
27. Das Allergie-Problem
28. Die Zuckerkrankheit –Verhütung und Behandlung
29. Gebissverfall
30. Weil du beim Reaktor wohnst
31. Die Ernährung des Kindes
32. Neurodermitis
33. Der Darmpilzrummel – Fehldiagnose Candida albicans –

Auch komplett als Sammelmappe zum Sonderpreis erhältlich!

emu Verlags- und Vertriebs GmbH · Dr.-Max-Otto-Bruker-Straße 3 · 56112 Lahnstein · www.emu-verlag.de

Dr. med. Max Otto Bruker

Kleinschrift
Nr. 20

Scheinursachen verschleiern Zusammenhänge

Statt symptomatischer Linderungsbehandlung ist eine ursächliche Heilbehandlung nötig

emu verlag

ernährung • medizin • umwelt

Scheinursachen verschleiern Zusammenhänge

Dr. med. M. O. Bruker

Wenn mir jemand erklären würde, dass in der medizinischen Wissenschaft keine echte Ursachenforschung getrieben wird, so würde ich dies nicht glauben. Und doch ist es so.

Dieses unverständliche Verhalten hat groteske Folgen: Es müssen Scheinursachen erfunden werden. Dies trifft in besonderem Maße für die ernährungsbedingten Zivilisationskrankheiten zu. Da auf diesem Gebiet keine wissenschaftliche Ursachenforschung getrieben wird, sind dem Arzt diejenigen Krankheiten, deren Ursachen in zivilisatorischer Fehlernährung liegen, gar nicht als ernährungsbedingt bekannt. Er steht bei diesen Krankheiten, was die Ursachen betrifft, vor einem **Rätsel.** Eigentlich ist dies aber nur Unwissenheit, an der der einzelne Arzt wenig Schuld trägt, da ihm dieses Wissen über **Fehlernährung als Krankheitsursache** unverständlicherweise nicht vermittelt wird, er also in seiner Fachliteratur so gut wie nichts über diese Zusammenhänge erfahren kann.

Woher kommt die Krankheit?

Jeder Patient, der den Arzt aufsucht, will wissen, woher seine Krankheit kommt. Er meint damit die Ursachen seiner Krankheit und wäre enttäuscht, wenn er sie nicht erführe.

Der Arzt steht also vor der schweren Aufgabe, dem Patienten Auskunft zu geben über etwas, das ihm unbekannt ist. Hier werden nun die von der traditionellen Medizin gelieferten Scheinursachen eingesetzt. Dem Patienten wird gesagt, die Ursache seiner **Beschwerden** (nicht seiner **Krankheit**) liege in Kreislauf- bzw. Durchblutungsstörungen oder in einem Bandscheibenschaden, oder es komme alles von seiner Schilddrüse, oder alles sei nervös; auch vegetative Störungen werden häufig als **Ursache** genannt; bei den Erkrankungen der Bewegungsorgane muss häufig das Alter oder der **Verschleiß** herhalten, um zu verdecken, dass die eigentlichen Ursachen unbekannt sind.

An den wenigen Beispielen sieht man, dass an die Stelle (unbekannter) Ursachen Krankheitssymptome gesetzt werden. Es wird dem Kranken nicht bewusst, dass hier Krankheits**ursachen** und Krankheits**symptome** vertauscht werden. Der Kranke gibt sich meist damit zufrieden, dass ihm als Erklärung für seine Beschwerden (etwa Müdigkeit, Schwindel, Schmerzen) Kreislaufstörungen, niedriger Blutdruck oder die Bandscheibe genannt werden. Damit ist aber die Frage nach der Ursache geschickt umgangen; sie ist nicht beantwortet, ohne dass dies dem Patienten bewusst wird. Es gibt nur wenige Patienten, die weiter fragen, etwa: Was ist die Ursache meiner Kreislaufstörungen oder meines Bandscheibenschadens. Aber selbst auf diese auf die eigentlichen Krankheitsursachen hinzielenden Fragen werden wiederum nur Symptome genannt, zum Beispiel niedriger Blutdruck oder Verschleiß. Schließlich werden als **Ausreden** ganze Lebensabschnitte als Ursache genannt, etwa das Alter oder die Wechseljahre. Ist der Patient mit diesen Erklärungen anstelle der Nennung der echten Krankheitsursachen nicht einverstanden und bohrt er weiter mit der Frage, wo die Ursachen dafür liegen, dass heute 18 Millionen Bundesbürger an Rheuma leiden, so lautet die Antwort meist, das bringe eben die heutige Zeit mit sich.

Krankheitssymptome sind niemals die Ursache der Krankheit

Um es nochmals ganz deutlich zu machen: Dem Kranken wird nicht die Ursache der Krankheit genannt, sondern seine Krankheitsäußerungen (Symptome) werden zur Erklärung seiner Beschwerden herangezogen. Die einzelnen Krankheitssymptome haben aber selbst keine Ursachen, sondern sind bereits Zeichen, dass eine Krankheit vorliegt. Nur die Krankheit selbst hat Ursachen; sie äußert sich in Symptomen; die Symptome ihrerseits sind ebenfalls nicht die Ursache der subjektiven Beschwerden, sondern bereits Krankheitszeichen.

Um ein Aneinander-Vorbeireden zu vermeiden, ist es daher korrekter zu sagen: Die Krankheitssymptome haben keine Ursachen, sondern die **sind Ausdruck der Krankheit;** nur die Krankheit hat Ursachen.

Ein besonders eindrucksvolles Beispiel bietet der Herzinfarkt. Da die traditionelle Medizin die Ursachen, die in der zivilisatorischen Fehlernährung liegen, nicht kennt, werden folgende **Ursachen** genannt:

1. Der erhöhte Blutdruck; er **ist** aber keine Ursache, sondern **hat** Ursachen. Die Ursachen, die zur Erhöhung des Druckes führen, können auch zum Herzinfarkt führen, z. B. Fehlernährung mit raffinierten Kohlenhydraten oder Stress.
2. Die Hypercholesterinämie. Der vermehrte Cholesteringehalt im Blut **ist** keine Ursache für den Herzinfarkt; er **hat** seinerseits Ursachen, die in Ernährungsfehlern liegen, die ihrerseits zum Herzinfarkt führen können.
3. Die Fettsucht. Die Fettsucht selbst **ist** keine Ursache des Herzinfarktes; aber sie **hat** ihre Ursachen in Ernährungsfehlern, die ihrerseits zum Herzinfarkt führen können.
4. Die Zuckerkrankheit. Auch sie **ist** keine Ursache des Herzinfarktes, sondern **hat** gemeinsame Ursachen mit dem Herzinfarkt.
5. Der Bewegungsmangel ist keine Ursache des Herzinfarktes. Bei richtiger Ernährung kann man beim Versuchstier durch Bewegungsmangel keine Gefäßveränderungen erzeugen, wie sie beim Herzinfarkt vorkommen. Bewegungsarmut kann zwar die Folgen der Fehlernährung verschlimmern, allein genügt sie aber bei richtiger Ernährung nicht zur Erzeugung eines Herzinfarktes. Die Überbetonung des Bewegungsmangels hat seine Gründe vorwiegend darin, dass mit der Empfehlung von Jogging kein Industriezweig Umsatzeinbußen erleidet, sondern der Verkauf von Sportkleidung sogar industriefreundlich wirkt.
6. Das Rauchen. Auch das Rauchen allein, das bestimmte Gefäßschäden erzeugt, genügt – vitalstoffreiche Vollwertkost vorausgesetzt – nicht zur Verursachung eines Herzinfarktes. In Kombination mit Fehlernährung bedeutet Rauchen jedoch eine zusätzliche Schädigung.
7. Selbst seelische Belastung ist keine Ursache des Herzinfarktes, sondern häufig seine **Auslösung.** Selbst ein extremer seelischer Schock genügt bei intaktem Gefäßsystem nicht zur Auslösung eines Herzinfarktes. Vor-

aussetzung dafür ist ein bereits vorliegender Gefäßschaden, der durch jahrelange Fehlernährung bedingt ist.

Auch die sogenannten „Risikofaktoren" sind in der Regel bereits Krankheitserscheinungen

Im Bewusstsein, dass es vom wissenschaftlichen Standpunkt aus nicht angängig ist, diese genannten Punkte als Ursachen zu bezeichnen, hat man sich vor kurzem entschlossen, diese Scheinursachen als **Risikofaktoren** zu bezeichnen. Durch diese Namensänderung hat sich natürlich im Prinzip nichts geändert. Auch die Risikofaktoren sind mit Ausnahme der Bewegungsarmut, des Rauchens und des Stress keine Ursachen, sondern bereits Krankheitserscheinungen, die ihrerseits Ursachen haben.

Es geht hier nicht um einen Streit mit Worten, sondern um die Gefahr, die darin liegt, dass die Nennung von Scheinursachen eine echte Heilbehandlung und Vorbeugung verhindert. Denn eine Heilbehandlung setzt die Kenntnis von Krankheitsursachen voraus; sonst bleibt die Behandlung in der Linderung und Unterdrückung von Symptomen stecken.

Echte Krankheitsursachen liegen immer in der Vergangenheit des Menschen, in seiner Lebensführung, seiner geistigen Einstellung und seiner Ernährung. Die Ursachen liegen immer außerhalb des Menschen, niemals aber in seinen Organen. An erkrankten Organen, die sich mit Beschwerden äußern, zeigen sich lediglich die Folgen.

Eine indirekte, aber zwangsläufige, Folge der Unkenntnis der Krankheitsursachen ist das Schlucken von Tabletten und die Einspritzung von Arzneien, was groteske Ausmaße angenommen hat und in beträchtlichem Maße zur Kostenexplosion im Krankheitswesen beiträgt. Für jedes Symptom gibt es ein Medikament. Die Zahl der Patienten ist groß, die jahrelang täglich 10 verschiedene Medikamente und mehr einnehmen. Sie warten vergeblich auf Heilung; denn auf diese Weise, das heißt durch Unterdrückung der einzelnen Symptome, ist eine Heilung nicht zu erreichen.

7/2018 gr

Dr. med. Max Otto Bruker

Kleinschrift
Nr. 21

Die Ernährung des älteren Menschen

emu verlag

ernährung • medizin • umwelt

Die Ernährung des älteren Menschen

Dr. med. M. O. Bruker

Grundsätzlich sei vorweggenommen, dass die richtige Ernährung für den alten Menschen dieselbe ist wie für jeden Menschen anderen Alters – nämlich eine vitalstoffreiche Vollwerternährung.

Der gravierendste Fehler, der heute unentwegt gemacht wird, ist der, eine Spezialernährung für ältere Menschen zu empfehlen. Es erweisen sich die üblichen Ratschläge nicht nur als unbegründet, sondern geradezu als falsch und gefährlich.

Machen Sie ab sofort alles genau umgekehrt, als es die üblichen Ratschläge und Diätpläne empfehlen, dann liegen Sie mit der Ernährung richtig.

Eiweißbedarf

Es ist falsch, zu behaupten, dass der Eiweißbedarf im Alter höher ist als beim jüngeren Menschen, weshalb die Zufuhr von 50–70 g pro Tag anzustreben sei.

Richtig ist:
Der Eiweißbedarf ist im Alter nicht höher als bei anderen Altersstufen, sondern sogar niedriger, da kein Aufbau-, sondern nur noch ein Betriebsstoffwechsel besteht.

Die üblichen Empfehlungen von amtlichen Stellen, eiweißreiche Nahrung zuzuführen, sind nachteilig und ursächlich gerade für die Arteriosklerose des älteren Menschen verantwortlich. Besonders der übermäßige Verzehr von tierischem Eiweiß ist schädlich. Wir verdanken vor allem den epochemachenden Forschungen von Prof. Kollath die wichtige Erkenntnis, dass Eiweiß durch Erhitzung seine natürliche Beschaffenheit verliert. Es wird „denaturiert“.

Da der Mensch tierische Produkte nicht roh verzehrt, sondern kocht und brät, ist der Wert dieser Nahrung stark gemindert. Zum tierischen Eiweiß rechnet außer Fleisch auch Fisch, Wurst, Eier, Quark, Milch und Käse. Aus diesen Gründen muss daher täglich auch etwas unerhitztes Eiweiß gegessen werden, und zwar aus dem Pflanzenreich, denn pflanzliches Eiweiß ist genauso vollwertig wie tierisches.

Wichtig ist zu wissen, dass der Mensch sehr viel weniger Eiweiß benötigt als allgemein bisher angenommen wurde, nämlich nur etwa 4 %. Wenn man aber die Nahrung des deutschen Bürgers im Durchschnitt auf den Eiweißgehalt prüft, kommt man in nicht wenigen Fällen auf das Mehrfache des Notwendigen. Es findet eine regelrechte Eiweißüberfütterung statt.

Das Entscheidende ist also, täglich etwas unerhitztes, natives Eiweiß aus dem Pflanzenreich – man kann ja wohl kaum den Verzehr roher Tiere empfehlen – zu essen, und zwar in Form von Gemüse, Obst und Getreide. Dann braucht sich der ältere Mensch auch um die Deckung seines Eiweißbedarfs keine Sorgen zu machen.

Verdauungsleistung

Es ist falsch, zu behaupten, dass die Verdauungsleistung des älteren Menschen an sich nachlässt.

Richtig ist:
Auch beim älteren Menschen richtet sich die Nahrungsmenge nach dem Appetit. Der gesunde Organismus des älteren Menschen ist imstande, dieselbe Verdauungs-

leistung zu bringen wie der eines Jugendlichen, so dass eine verringerte Nahrungszufuhr nicht sinnvoll ist. Die Stoffwechselvorgänge im Alter sind dieselben wie in jüngeren Jahren.

Wenn beim älteren Menschen die Leistung der Verdauungsorgane eingeschränkt ist, so handelt es sich in diesen Fällen um einen Krankheitszustand oder einen Zustand, der durch Krankheit, aber nicht durch das Alter bedingt ist. In diesen Fällen ist zur Heilung bzw. Besserung des krankhaften Zustandes eine vitalstoffreiche Vollwertkost besonders notwendig. Die stellt dann in diesem Fall eine Heilnahrung dar.

Sollte eine Heilung nicht mehr möglich sein, so handelt es sich um ein nicht mehr heilbares Leiden, aber wiederum nicht um ein Kennzeichen des Alters. In solchen Fällen sind dann unter Umständen Hilfen in Form von Enzympräparaten zur Behandlung notwendig.

Dadurch, dass durch jahrzehntelange vitalstoffarme Fehlernährung solche Verdauungsstörungen entstanden sind, ist es in breiten Kreisen der Bevölkerung und auch in Ärztekreisen zu der falschen Vorstellung gekommen, dass eben solche Defekte ein Merkmal des Alters wären.

Hier muss an dieser Stelle einmal mit Nachdruck gesagt werden, dass es keine Krankheiten gibt, die **durch** das Alter kommen.

Es gibt lediglich Krankheiten, die durch jahrzehntelange falsche Lebensführung entstehen und somit erst **im** Alter zum Aus bruch kommen. Das heißt mit anderen Worten: Wer diese Fehler rechtzeitig meidet, wird ein beschwerdefreies und gesundes Alter erleben.

Tägliche Mahlzeiten

Es ist falsch, zu behaupten, dass der ältere Mensch mehrere Mahlzeiten täglich zu sich nehmen sollte anstelle der üblichen drei Mahlzeiten.

Richtig ist:
Diese Empfehlungen beruhen auf der eben geschilderten falschen Vorstellung, dass der Magen und Darm keine großen Mahlzeiten mehr verdauen könne und der ältere Mensch deshalb eben häufigere Mahlzeiten essen müsse. Dass dies nicht der Fall ist, ist im vorherigen Abschnitt ausreichend begründet. Sämtliche Verdauungsorgane müssen schon beim Säugling und Kleinkind alle Verdauungsaufgaben erfüllen. Sie müssen und können dies auch beim alten Menschen.

Auch für den älteren Menschen ist es vorteilhaft, einen sinnvollen Rhythmus von Arbeit und Ruhe (auch für die Verdauungsorgane) einzuhalten. Deshalb gilt auch hier genau dasselbe wie für jedes andere Lebensalter. Drei Mahlzeiten genügen vollauf. Sinnvolle Pausen zwischen den Mahlzeiten sind gesünder als häufiges Essen.

Bei Kindern in Wachstumsphasen ist sicher nichts dagegen einzuwenden, wenn sie häufigere Mahlzeiten zu sich nehmen, falls sie bei sportlichen Leistungen und körperlichen Anstrengungen entsprechendes Hungergefühl entwickeln.

Trinkmenge

Es ist falsch, zu behaupten, der ältere Mensch sollte viel trinken, da der Organismus zum Austrocknen neige.

Richtig ist:
Die derzeit propagierten Trinkmengen von 2-3 Litern zusätzlich zu den ca. $1^1/_2$ Litern, die mit der Nahrung sowieso aufgenommen werden, sind eine Belastung für den gesamten Organismus, speziell für Herz, Leber, Niere und Kreislauf. Die Niere ist kein Sieb, durch das die Flüssigkeit einfach durchläuft. Man kann sie deshalb nicht, wie immer behauptet wird, „durchspülen".

Jeder Tropfen muss von der Niere aktiv erarbeitet und ausgeschieden werden. Wie die Essmenge durch den Hunger, wird die Trinkmenge ausschließlich durch den Durst geregelt.

Bei einer vitalstoffreichen Vollwertkost ist bereits so viel Flüssigkeit mit der Nahrung zugeführt, dass relativ wenig oder oftmals gar nichts getrunken werden muss.

Auch hier gibt es für den älteren Menschen keine Sonderregelungen: Allein der Durst bestimmt die Trinkmenge.

Die Ausführungen über das Trinken in der Schrift: „Wieviel und was soll der Mensch täglich trinken?“ gelten uneingeschränkt für jedes Alter.

Kalorienbedarf

Es ist falsch, zu behaupten, der Kalorienbedarf des älteren Menschen sei bedeutend geringer und daher zu drosseln.

Richtig ist:
Nach der modernen Ernährungslehre spielt das Kalorienzählen bei richtig zusammengestellter Vollwertkost überhaupt keine Rolle. Diese zeitraubende Beschäftigung kann vergessen werden. Es kommt nämlich auf die biologische Wertigkeit der Nahrung an, auf die Qualität und nicht auf die Quantität.

Übergewicht entsteht z. B. nicht durch ein Zuviel an Kalorien, sondern durch eine minderwertige Mangelkost, wie sie in Form von Weißbrot, Graubrot, Kuchen aus Auszugsmehl, Fabrikzuckerarten, Konserven und anderen Fabriknahrungsmitteln eingenommen wird. Dieser Kost fehlen wichtige Wirkstoffe .

Vom Kalorienstandpunkt aus kann dadurch allerdings eine überkalorische (falsche) Nahrung zustandekommen.

Die richtige Ernährung im Alter

Wie könnte die richtige Ernährung im Alter also aussehen? Zur Vollwerternährung gehören 4 Dinge, die gegessen und 4 Dinge, die gemieden werden sollten.

Gemieden werden sollte:
Jede Fabrikzuckerart (weißer und brauner Zucker, Traubenzucker, Fruchtzucker, Malzzucker, Milchzucker, Rübensirup, Apfeldicksaft, Birnendicksaft, Ahornsirup sog. Vollrohrzucker, Ur-Süße, Ur-Zucker Sucanat, Melasse, Maltodextrin, Frutilose u.a.) und damit gesüßte Nahrungsmittel;
Auszugsmehl und Produkte daraus;
Fabrikfette (z. B. Margarine, spezielle Bratfette, raffinierte Öle)
Säfte, gekochtes Obst.
Dieser letzte Punkt gilt besonders für Leber-, Galle-, Magen-, Darmempfindliche.

Gegessen werden sollte:
frisches Getreide, z. B. als Frischkornbrei, Vollkornprodukte, z.B. Vollkornbrot, Vollkornnudeln, Vollkorngebäck. Frischkost (Salate aus rohem Gemüse und rohem Obst), natürliche Fette (Butter, Sahne, sogenannte kaltgepresste Öle)

Aus diesen Ausführungen geht deutlich hervor, dass es nie zu spät ist, mit einer vitalstoffreichen Vollwerternährung zu beginnen. Je mehr Beschwerden sich im Alter zeigen, um so schneller und exakter sollte mit der Änderung der Ernährungsgewohnheiten angefangen werden. Es ist natürlich so, dass Fehler, die in früheren Jahren in der Lebensführung gemacht wurden, im Alter besonders ausgebadet werden müssen.

Der zivilisierte Mensch erkrankt heute durchschnittlich 30-40 Jahre vor seinem Tod an chronischen Zivilisationskrankheiten, die sich absolut verhüten lassen oder, wenn sie schon aufgetreten sind, auch im Alter meistens noch aufzuhalten oder zu lindern sind. Dazu gehören u. a. Gebissverfall, Rheuma, Herzinfarkt, Steinbildung, Diabetes, Fettsucht, Leber-, Galle-, Magen-, Darm- und Bauchspeicheldrüsenerkrankungen, Infektanfälligkeit.

Beginnen Sie also gleich heute mit der Ernährungsumstellung. Machen Sie genau das Gegenteil von dem, was üblicherweise propagiert wird – dann kann es Ihnen nur besser gehen!

4/2017 gr

Dr. med. Max Otto Bruker

Kleinschrift Nr. 22

Die Deckung des Eiweißbedarfs

emu verlag

ernährung • medizin • umwelt

Die Deckung des Eiweißbedarfs

von Dr. med. M. O. Bruker

Wenn man in der ärztlichen Beratung bei der Besprechung von Ernährungsfragen es sich zur Regel macht, den Patienten zu fragen, weshalb er Fleisch, Wurst und andere Fleischprodukte isst, so ergibt sich etwas Erstaunliches: Viel mehr Kranke, als man vermuten würde, geben als Grund an, sie wüssten, dass der Verzehr dieser tierischen Nahrungsmittel nötig sei, um den Eiweißbedarf zu decken. Viele geben sogar an, sie äßen nicht gerne Fleisch und Wurst, sie würden es lieber vermeiden, aber aus Angst vor Gesundheitsschäden zwängen sie sich dazu; denn es sei doch bekannt und jeder Arzt bestätige es, dass eine Ernährung ohne tierisches Eiweiß gefährlich sei. Diesen inneren Zwang zum Verzehr von tierischen Nahrungsmitteln, ohne dass Verlangen danach besteht, findet man vor allem bei Frauen.

Der Einfachheit halber wird in diesem Artikel nur der Begriff „Fleisch" verwendet. Damit ist aber selbstverständlich auch die Wurst und sonstige Zubereitungen aus Fleisch und der Fisch mit einbezogen. Der Fisch wird ausdrücklich erwähnt, da viele Menschen erstaunt sind, wenn man bei der Aufzählung der tierischen Nahrungsmittel auch den Fisch nennt. Für viele ist Fisch kein Fleisch; sie verstehen unter Fleisch nur die Bestandteile des auf dem Lande lebenden Tieres; die im Wasser lebenden Tiere, wie die Fische, rechnen sie nicht unter „Fleisch". Wenn also in dieser Abhandlung der Begriff Fleisch benutzt wird, so sind damit sowohl die auf dem Lande wie die im Wasser lebenden Tiere und die daraus hergestellten Produkte gemeint. Da es hier besonders um die Eiweißfrage geht, sollen die tierischen Fette außer Betracht bleiben.

Im weiteren Beratungsgespräch über Ernährungsfragen ergeben sich noch eine Reihe von anderen Aspekten, aus denen hervorgeht, was für eine zentrale Rolle das tierische Eiweiß in den Vorstellungen des Kranken spielt. Die meisten verstehen unter Eiweiß eben nur tierische Produkte. Sie identifizieren den Verzehr von Tieren mit dem Verzehr von Eiweiß. Eiweiß ist für sie identisch mit Nahrung aus dem Tierreich.

Rät man Patienten, sie sollten nur so viel Tiere essen, wie sie selbst zu schlachten imstande wären, kommt meist die Antwort: Wenn ich das Töten selbst vornehmen müsste, äße ich kein Fleisch; ich nehme es aber in Kauf, dass andere für mich dieses widerliche Geschäft übernehmen, da ich ja sonst meinen Eiweißbedarf nicht decken könnte. Diese Äußerung hört man vorwiegend von Frauen, die ja meist die Nahrungsmittel für die Familie einkaufen und die Mahlzeiten zubereiten.

Diese Angst vor einer Eiweißunterbilanz, die von der klassischen Ernährungslehre nun schon fast ein Jahrhundert lang ständig erzeugt und stetig erneuert wird und dies gerade in den letzten Jahrzehnten in gesteigertem Maße, sitzt auch vielen Vegetariern im Nacken. Jede Ernährungsberatung ist durch diese tiefsitzende Angst sehr erschwert. Es handelt sich bei dieser Angst aber nicht um eine Urangst des Menschen, die ihm eingeboren ist, sondern um eine durch systematische und pausenlos wiederholte Fehlinformation künstlich erzeugte.

Beim Vegetarier bekommt diese Angst ihren Ausdruck in dem oft hohen Verzehr von Milcheiweiß, Quark und Käse. Dieses Verhalten entspringt, wie gesagt, nicht dem natürlichen Bedürfnis, sondern ist angelernt und entspricht der Doktrin der klassischen Ernährungslehre, die besagt, dass der Mensch ohne tierisches Eiweiß nicht leben könne. Was ist für den Vegetarier, der an diese Irrlehre glaubt, die logische Folge? Wenn er schon aus ethischen oder ernährungsphysiologischen Gründen nicht bereit ist, Tiere zu töten oder für sich töten zu lassen, um sie zu essen, so muss er auf Produkte der Tiere ausweichen, die ihm ohne Tötung derselben zur Verfügung stehen: Milch, Käse und Eier.

Dies gilt aber auch für den Nichtvegetarier, der von der Richtigkeit der üblichen Vorstellung überzeugt ist, dass nämlich Fleisch eine kräftige Nahrung und ohne Fleisch Gesundheit und volle körperliche und geistige Leistungsfähigkeit nicht erreichbar sei. Ein Zweifel an dieser „Selbstverständlichkeit“, die ja in jeder ärztlichen Beratung bestätigt und befestigt wird – schon jedem Kind wird sie eingeimpft –, käme dem Menschen etwa so vor, als ob er an der feststehenden Beobachtung zweifle, dass die Sonne im Osten auf- und im Westen untergeht. Eine Debatte über Selbstverständlichkeiten, die jedes Kind „weiß“ (= ihm beigebracht wurden), kann leicht damit erledigt werden, dass sie auf die Ebene der Spinnerei und des Außenseitertums abgeschoben wird. Anstatt der scheinbar nutzlosen Debatte oder der Bemühung um besseres Wissen sieht der Durchschnittsbürger die Lösung darin, dass er nicht nur Fleisch, sondern zusätzlich möglichst viel Quark und Käse isst, nach dem Motto: Von Eiweiß kann man nie genug kriegen; es ist ja die Quelle von Kraft. Diese Irrlehre hat zu dem Quarkrummel der letzten Jahrzehnte geführt.

In besonders gefährlicher Weise zeigt sich die Auswirkung dieser Eiweißanbetung bei Kranken. Täglich erlebe ich Patienten, die auf den Ausbruch ihrer Krankheit mit vermehrtem Verzehr von tierischem Eiweiß in Form von Quark reagieren, manchmal täglich bis zu 1 – 2 Pfund. Bei Verschlimmerung der Krankheit wird die Menge gesteigert und dies oft gerade bei Erkrankungen, bei denen eine drastische Reduktion des (tierischen) Eiweißes nötig wäre.

Diese Tendenz wird leider durch die Ärzte unterstützt, denen ja noch heute an der Universität gelehrt wird, dass Verzicht auf Fleisch ein gefährliches und nicht zu verantwortendes Wagnis sei. So ist es verständlich, dass der Arzt, der kraft seiner Ausbildung auf dieses Dogma eingeschworen ist, bei jedem Vegetarier, der ihn aufsucht, von ernster Sorge erfüllt ist. Er versucht daher zunächst, den Vegetarier zu überreden, unbedingt Fleisch zu essen. Da ihm dies aber bei einem überzeugten Vegetarier, der gewöhnlich gründlichere Kenntnisse auf dem Ernährungsgebiet hat als der Arzt, schlecht gelingt, versucht er im nächsten Schritt, dem Kranken klarzumachen, dass seine Krankheit – gleich welcher Art – daher komme, dass er kein Fleisch esse. Wenn auch dieser Versuch scheitert, bemüht er sich, das vermeintliche Unheil, das dem Kranken droht, dadurch abzuschwächen, dass er ihm rät, dann wenigstens viel Quark zu essen. Denn der im Dogma der Unersetzlichkeit des tierischen Eiweißes verhaftete Arzt sieht im Ernst seinen Kranken bedroht, wenn er kein Fleisch isst. Zweifellos trägt dieses Verhalten mit dazu bei, dass das Volk in seinem Glauben an die überragende Bedeutung des tierischen Eiweißes bestärkt wird.

Wir sehen also, von welcher Seite wir auch immer das Problem anpacken, wir kommen immer wieder auf die zentrale Frage: **„Braucht der Mensch tierisches Eiweiß, um seinen Eiweißbedarf zu decken?“**

Nach dem heutigen Stand der Wissenschaft muss diese Frage mit einem uneingeschränkten Nein beantwortet werden.

Der Grund, weshalb es überhaupt zu der Annahme kam, dass tierisches Eiweiß unersetzlich sei, lag, wie gesagt, in den Vorstellungen der alten Ernährungslehre. Im Zuge der analytischen Naturwissenschaft stellte man fest, dass die Eiweiße aus Aminosäuren bestehen. Die einzelnen Eiweiße enthalten die Aminosäuren in unterschiedlichen Verhältnissen. Die Eiweiße sind durch ihre spezifischen Aminogramme gekennzeichnet. So wie man aus 26 Buchstaben des Alphabets eine unbegrenzte Zahl von Wörtern, Sätzen und Büchern herstellen kann, so können aus den etwa 20 Aminosäuren eine unbegrenzte Fülle verschiedener Eiweiße aufgebaut werden. So besteht z. B. das Molekül des roten Blutfarbstoffes aus etwa 600 Aminosäurekombinationen. Es gibt aber viele Eiweiße, die aus mehr als 4000 Aminosäurekombinationen bestehen. Von den 20 Aminosäuren kann der menschliche Organismus 8 Aminosäuren nicht selbst herstellen. Man nennt diese die essentiellen Aminosäuren. Die Nahrungseiweiße nun enthalten unterschiedliche Mengen der verschiedenen Aminosäuren. Die meisten enthalten alle essentiellen Aminosäuren. Es gibt Nahrungseiweiße, die alle essentiellen Aminosäuren enthalten, aber nur eine geringe Menge einer bestimmten Aminosäure. Die Folge ist, dass die verschiedenen Nahrungseiweiße in der Versorgung des Organismus mit den nötigen Aminosäuren von unterschiedlichem Wert sind. Fehlt eine Aminosäure, so können manche Eiweiße nicht gebildet werden. Wenn vergleichsweise der Buchstabe E fehlen würde, könnte das Wort „Eigenschaft“ nicht gebildet werden. Unter den Körpereiweißen gibt es nur wenige, denen eine oder mehrere Aminosäuren fehlen; die meisten enthalten alle.

Nun hat man früher angenommen, dass nur die tierischen Eiweiße alle essentiellen Aminosäuren enthielten. Man weiß aber schon sehr lange, dass pflanzliche Eiweiße genauso alle essentiellen Aminosäuren enthalten, aber ebenso wie die tierischen die einzelnen Aminosäuren in verschiedenen Mengen. Um nur ein Beispiel zu nennen: Getreideeiweiß ist relativ arm an der Aminosäure Lysin, Gemüse dafür reich an Lysin. Besonders aufschlussreich und im Hinblick auf die üblichen Vorstellungen überraschend ist als weiteres Beispiel die Gegenüberstellung der Aminogramme vom Rindermuskel (also Fleisch) und Blattgemüse, wie untenstehende Tabelle zeigt. Sie ist dem Vitalstofftabellarium von Prof. Schweigart entnommen.

Aus der Verschiedenartigkeit der Aminogramme der einzelnen Nahrungsmittel lässt sich die einfache logische Schlussfolgerung ableiten, dass es nötig ist, sich nicht nur von einem einzigen pflanzlichen Lebensmittel zu ernähren – aber wer macht schon so etwas? –, sondern die Nahrung abwechslungsreich und vielseitig zu gestalten, wenn man den Eiweißbedarf

Prozentualer Anteil exogen-essentieller Aminosäuren und biologische Nutzungswerte
(nach H. A. Schweigart und G. Quellmalz)

	Arginin	Histidin	Lysin	Tryptophan	Phenylalanin	Methionin	Threonin
Rindermuskel	6,70	2,52	7,05	1,13	4,26	2,87	4,0
Blattgemüse	6,09	1,825	4,96	1,65	3,91	2,0	3,565

	Leucin	Isoleucin	Valin	Cystin	Exogene Aminosäuren	Biologische Gesamtnutzung
Rindermuskel	6,7	5,48	5,04	1,13	46,88	71,3
Blattgemüse	9,58	4,69	5,21	1,74	45,22	73,0

aus dem Pflanzenreich decken will. Aus dem Lysinbeispiel ergibt sich, dass die besonders empfehlenswerte Kombination von Getreide und Blattgemüse eine vollwertige Eiweißversorgung garantiert.

Mit der Feststellung, dass bei Beachtung genannter Regeln der Eiweißbedarf des Menschen mit Sicherheit aus rein pflanzlicher Nahrung gedeckt werden kann, ist aber das Wesentliche des Eiweißproblems keineswegs erfasst. Es ist damit lediglich die Irrlehre widerlegt, dass die pflanzlichen Eiweiße nicht vollwertig seien, dass sie nicht alle essentiellen Aminosäuren enthielten.

Dafür aber, dass das Eiweißproblem nicht nur ein Aminosäureproblem ist, gibt es eine ganze Reihe anderer Gesichtspunkte. Den gewichtigsten Beitrag haben die Forschungen Kollaths gebracht. Sie sind bis heute so gut wie unbekannt. Es erscheint daher dringend nötig, darüber zu berichten.

Bei Tierfütterungen, in denen es ursprünglich um den Wirkungsnachweis von Vitaminen ging, entdeckte Kollath sozusagen durch Zufall die Schlüsselstellung des Eiweißes. Viele Wirkungen, die in der vorangegangenen Ernährungsforschung Vitaminen zugeschrieben worden waren, entpuppten sich als Eiweißwirkung. Früher war bei allen klassischen Vitaminversuchen als Eiweißanteil in den verschiedensten Diäten Kasein (Milcheiweiß) verwendet worden, das bei 74 °C mit Alkohol extrahiert worden war. Durch besondere Umstände stand Kollath dieses Kasein nicht zur Verfügung. Er benutzte deshalb für seine Versuche Kasein, das bei niedriger Temperatur 24 Stunden mit Äther extrahiert wurde. Obwohl es sich bei beiden Kaseinarten um reines Kasein handelt, waren die Versuchsergebnisse völlig verschieden. Während z. B. in den früheren Fütterungsversuchen (mit Alkohol extrahiertem Kasein) die Tiere nach kurzer Zeit starben, wenn die klassischen Vitamine fehlten, blieben die Tiere bei Verfütterung des mit Äther extrahierten Kaseins am Leben. Es ergab sich sogar das scheinbar Paradoxe, dass die Zugabe von Vitaminen das Leben verkürzte.

Die Versuche Kollaths zeigten, dass ein grundsätzlicher Unterschied besteht zwischen **nativem*** Eiweiß und denaturiertem (obwohl er den letzteren Ausdruck selbst nicht gebraucht). Wegen der Wichtigkeit dieser Entdeckung seien einige Sätze aus Kollaths „Vollwert der Nahrung“ Band II, Seite 111, über das Kernproblem: Was ist „natives Eiweiß?“ zitiert. Kollath schreibt:

> „Zunächst die Tatsachen:
>
> 1.) Der Mesotrophie**-Versuch gelingt nur, wenn ein weißes natives Kasein verwendet wird, das seine ‚natürlichen‘ Eigenschaften behalten hat.
>
> 2.) Der Versuch gelingt nicht, wenn das Kasein durch Alkohol-Extraktion ‚verändert‘ ist. Während Äther-Extraktion nicht schadet.
>
> Nur im Falle der ‚Nativität‘ des Kaseins können Vitamin B_1, Phosphate, Zink ihre oben beschriebenen Eigenschaften entfalten …
>
> Das Eiweiß scheint also eine Sonderstellung zu besitzen, indem es Nahrungsstoff, Erhaltungsstoff und „Vitamin-Ersatz“ zu gleicher Zeit ist. Nur eines kann es nicht, es kann keine volle Gesundheit bringen, wenn Vitamin B-Komplex und Mineralien fehlen…
>
> Es ist mir bisher nicht möglich, diese Wirkung des ‚nativen’ Kaseins auf bekannte Stoffe oder Eigenschaften zurückzuführen; trotzdem aber besteht der Unterschied und ist so markant, dass ich aus allen diesen Gründen dazu neige, den Mesotrophie-Komplex **primär** als Eiweißproblem, **sekundär** als Vitamin- und Mineral-Problem zu betrachten.“

So weit Kollath. Eigentlich bestätigen diese Versuchsergebnisse lediglich die Tatsache, dass zwischen Lebendigem und Totem ein Unterschied besteht, der aber bei rein

* Natürliches, nicht erhitztes oder durch andere Einwirkungen verändertes Eiweiß.

** Von Kollath eingeführter Begriff für „Halbernährung“.

chemischer Betrachtung nicht erklärbar ist. Die Tatsache, dass das mit Alkohol extrahierte Kasein auf 74 °C erhitzt wurde und das mit Äther extrahierte keine Erhitzung erfuhr, legt den Gedanken nahe, dass das Wesentliche im Unterschied der beiden Eiweißzubereitungen in der Erhitzung liegt. Der über 43 °C erhitzte Mensch stirbt. **Chemisch** betrachtet ist zwischen dem lebendigen und toten Menschen kein Unterschied. So mag es auch nicht verwundern, dass zwischen erhitztem Eiweiß und nativem, unerhitztem ein chemischer Unterschied nicht nachweisbar ist. Im **biologischen** Versuch aber ist der Unterschied zwischen lebendigem (nicht erhitztem) und totem (erhitztem) Eiweiß erkennbar. Scheint es daher nicht müßig, nach der „Substanz" zu suchen, die das Native vom Denaturierten, das Lebendige vom Toten, das unter 43 °C Erhitzte vom höher Erhitzten unterscheidet?

Eigentlich bedürfte es für den beobachtenden und denkenden Menschen keiner Experimente, um zu erfassen, dass es nicht ohne Belang sein kann, dass alle im Freien lebenden Tiere sich von unerhitzter Nahrung ernähren. In dieser Hinsicht ist kein Unterschied zwischen den Tieren, die von Tieren leben, und denen, die von Pflanzen leben. Beide fressen die Nahrung unerhitzt. Das Raubtier frisst seine Beute roh und ganz. Ein Löwe, der nur erhitztes Muskelfleisch (Fleisch im engeren Sinne) bekäme, ginge nach kurzer Zeit zu Grunde. Er benötigt alle Teile des Tieres und in unerhitzter Form. Auch das Kaninchen ginge zu Grunde, wenn es nur erhitzte Nahrung bekäme. Insofern müssen wir Kollath dankbar sein, dass aus seinen Versuchen abzuleiten ist, dass die Ernährungsschäden der sogenannten Mesotrophie, die den ernährungsbedingten Zivilisationsschäden beim Menschen entsprechen, nicht nur durch den Vitamin- und Mineralstoffmangel entstehen, sondern dass die Denaturierung des Eiweißes mindestens von gleicher Bedeutung ist. Aus mehrfachen Gründen ist es erlaubt, die „Mesotrophie" der Ratten in den Kollath'schen Versuchen weitgehend mit den ernährungsbedingten Zivilisationskrankheiten des Menschen gleichzusetzen.

Die Akzente des Eiweißproblems haben sich nun verschoben. Die zentrale Frage ist nicht mehr, ob das Eiweiß tierischer oder pflanzlicher Herkunft ist, sondern ob es nativ ist oder nicht. Das würde bedeuten, dass vom ernährungsphysiologischen Standpunkt aus der Mensch sein Eiweiß durchaus wie das Raubtier durch den Verzehr von Tieren beschaffen könnte. Er müsste aber die Tiere roh fressen und ganz. Dass dies aber dem Wesen des Menschen nicht entspricht, bedarf sicher keiner näheren Erläuterung. Was jedoch das Eiweiß betrifft, so gilt auch für jedes Lebewesen, das von pflanzlicher Nahrung lebt, das Prinzip „roh und ganz". Dann allerdings ist der Bedarf an Eiweiß wesentlich geringer als üblich angegeben. Es ist eben nicht möglich, den Nachteil des denaturierten Eiweißes durch Verzehr größerer Mengen auszugleichen. Demnach ist das Eiweißproblem viel mehr ein qualitatives als ein quantitatives.

Für die überragende Heilwirkung reiner Frischkost spielt sicher das native Eiweiß eine wesentliche Rolle und erklärt, weshalb bei dieser Kostform relativ wenig Eiweiß nötig ist, ohne dass Eiweißmangelschäden auftreten.

Auf eine Inkonsequenz der Vertreter der herkömmlichen Ernährungsphysiologie sei noch hingewiesen. Der Medizinstudent lernt im Fach Physiologie, wie die Stoffwechselvorgänge ablaufen. Die Fakten, die er lernt, sind so gut wie alle am Tier gewonnen. Es hat sich dabei gezeigt, dass die grundsätzlichen Faktoren im Ablauf des Eiweiß-, Fett- und Kohlenhydratstoffwechsels bei Mensch und Tier dieselben sind. Eine Übertragung vom Tier auf den Menschen ist in diesem Bereich üblich und die Berechtigung dazu erwiesen. Die pflanzenfressenden Tiere decken ihren

Eiweißbedarf durch den Verzehr von Pflanzen. Niemand äußert Angst und Bedenken, dass das Tier Schaden nähme durch zu wenig Eiweiß. Erwähnt man aber in einer Diskussion über Eiweiß, dass die pflanzenfressenden Tiere doch wohl ihren Eiweißbedarf zur Genüge decken, sonst wären sie doch nicht leistungsfähig und gesund, dann kommt prompt der Einwand, man könne doch Beobachtungen am Tier nicht auf den Menschen übertragen. Das Dogma, dass der Mensch nicht ohne Fleisch leben könne, lässt also nur diejenigen Fakten gelten, die es stützen; den Fakten, die es widerlegen, wird die Beweiskraft abgesprochen. Zweierlei Maß in der „Wissenschaft".

Es gibt eine Reihe von Erkrankungen, bei denen der Entzug von tierischem Eiweiß unerlässlich ist. Dazu gehören vor allem die allergischen Erkrankungen und die Erkrankungen des Bewegungsapparates, die Arthritis und die Arthrose. Aber auch bei der Infektanfälligkeit des Kindes spielt das tierische Eiweiß eine negative Rolle. Da viele Kranke in zunehmendem Maße das Fleisch durch Quark ersetzen, scheinen einige (ketzerische) Gedanken über die Milch notwendig. Der Mensch gehört zu den Säugern. Alle im Freien lebenden Säugetiere ernähren ihre Jungen in der Säuglingszeit mit der Milch ihrer Art, das Reh mit Rehmilch, der Tiger mit Tigermilch usw. Dies geschieht aber nur in der Säuglingszeit. Anschließend fressen auch die jungen Tiere dasselbe wie die erwachsenen Tiere; jedenfalls wird nach der Stillzeit die arteigene Milch nicht durch die Milch einer anderen Tierart ersetzt. Diese Sitte hat sich nur beim Menschen eingebürgert. Die Mütter sind überzeugt, dass ein Kind nicht gedeiht ohne Kuhmilch. Dies ist jedoch ein Vorurteil, das zum einen wieder auf der Vorstellung beruht, dass das Kind tierisches Eiweiß benötige, zum anderen aber auch dadurch entstanden ist, dass viele Mütter durch Fehlernährung in der Schwangerschaft nicht mehr imstande sind zu stillen und deshalb auf den Ersatz durch Kuhmilch ausweichen müssen. Später wird dann automatisch die Kuhmilch weiter verabreicht.

Nun gibt es eine nicht geringe Anzahl von Kindern, die auf das artfremde Eiweiß der Kuhmilch schlecht reagieren: Sie bekommen Hautausschläge, vergrößerte Lymphknoten und Mandeln und neigen zu Katarrhen der Luftwege. Nach Absetzen der Kuhmilch gehen die Krankheitserscheinungen zurück.

Die Milch kann uns andererseits einen einfachen Maßstab liefern, wieviel Prozent Eiweiß die Natur wohl für den Menschen als optimal vorgesehen hat. Der Säugling, der nur von einem einzigen Lebensmittel, eben der Milch, lebt, gedeiht dabei, verdoppelt im ersten Jahr sein Gewicht. Dies geschieht mit einem Eiweißgehalt von 2 bis 2,5%, dem Prozentsatz der Muttermilch. Die Kuhmilch ist etwas eiweißreicher, 3 bis 3,5%. Wir können daran ablesen, dass selbst in einer Aufbau- und Wachstumszeit nur geringe Eiweißmengen benötigt werden. Wäre ein höherer Eiweißgehalt nötig, würde die Milch sicher mit einem höheren Eiweißgehalt ausgestattet. Der Erwachsene, der keinen Aufbau, sondern nur noch einen Erhaltungsstoffwechsel hat, benötigt eher weniger Eiweiß. Mit dem Verzehr von Quark, der reines Eiweiß darstellt, werden wesentlich höhere Eiweißprozente in der Nahrung erzielt als die 2% in der Muttermilch, besonders, wenn noch zusätzlich Fleisch und Eier verzehrt werden. In vielen Krankheitsfällen ist daher auch der Quark und der Käseverzehr einzustellen.

Dass die Angst vor ungenügender Deckung des Eiweißbedarfs unberechtigt ist, falls genügend unerhitzte Pflanzenkost in Form von Getreide, Blatt- und Wurzelgemüse und Obst genossen wird, sollte damit ausreichend dargelegt sein.

Weitere Kleinschriften von Dr. med Max Otto Bruker

1. Unser täglich Brot und der Zucker als Hauptursache für die modernen Zivilisationskrankheiten
2. Schlank werden ohne Hungerkur
3. Herzinfarkt, Asteriosklerose und Gallensteine sind verhütbar
4. Wie beugt man den ernährungsbedingten Zivilisationskrankheiten vor?
5. Ernährungsbehandlung der Leber-, Galle, Magen-, Darm- und Bauchspeicheldrüsenerkrankungen
6. Butter – ein hochwertiges Lebensmittel?
7. Vom Kaffee und seinen Wirkungen
8. Ärztliches Memorandum zur industriellen Nutzung der Atomenergie
9. Über den Unwert der heutigen Milch
10. Gesund durch richtige Ernährung (LVA-Schrift)
11. Die Story von den 2 »richtigen« Ernährungen
12. Ursachen der ernährungsbedingten Zivilisationskrankheiten (Mörder bekannt – kein Kläger)
13. Fett macht nicht fett (Fett)
14. Bakterien im Frischkornbrei
15. Sie vertragen Vollkornbrot nicht?
16. Krankheiten durch Fabrikzucker
17. Unser täglich Brot – eine tote Nahrung?
18. Wieviel und was soll man täglich trinken
19. Ballaststoffe sind kein Ballast
20. Scheinursachen verschleiern Zusammenhänge
21. Die Ernährung des älteren Menschen
22. Die Deckung des Eiweißbedarfs
23. Vitamin B12
24. Wissenswertes über Säfte
25. Rheuma – ernährungsbedingte Zivilisationskrankheit
26. Zöliakie
27. Das Allergie-Problem
28. Die Zuckerkrankheit –Verhütung und Behandlung
29. Gebissverfall
30. Weil du beim Reaktor wohnst
31. Die Ernährung des Kindes
32. Neurodermitis
33. Der Darmpilzrummel – Fehldiagnose Candida albicans –

Auch komplett als Sammelmappe zum Sonderpreis erhältlich!

emu Verlags- und Vertriebs GmbH · Dr.-Max-Otto-Bruker-Straße 3 · 56112 Lahnstein · www.emu-verlag.de

Dr. med. Max Otto Bruker

Kleinschrift Nr. 23

Vitamin B 12

emu verlag

ernährung • medizin • umwelt

Vitamin B 12

Dr. med. M. O. Bruker

Die etablierte medizinische Wissenschaft vertritt immer noch das Dogma, dass der Mensch ohne tierisches Eiweiß nicht existieren könne. Die scheinbar zugkräftigsten Argumente gegen die vegetarische Ernährung stützen sich auf rein chemisch-analytische Untersuchungsmethoden, wogegen geographische Beobachtungen an riesigen Bevölkerungsgruppen über Jahrtausende nicht zur Beurteilung herangezogen werden. Gründliche Durchsicht der wissenschaftlichen Literatur über ein halbes Jahrhundert liefert keine wissenschaftlich haltbare Begründung für die These, dass ein Drittel der Eiweißzufuhr aus tierischen Nahrungsmitteln stammen müsse. Trotzdem wird unentwegt an den Universitäten, in Lehr- und Schulbüchern, in der Tagespresse und bei jeder sonstigen Gelegenheit die Fleischthese als ein Lehrsatz vorgebracht, an dem überhaupt kein Zweifel möglich sei. Es ist nicht nur aus Gründen der wissenschaftlichen Sauberkeit und Wahrheit notwendig, mit allen zur Verfügung stehenden Mitteln gegen diese These des Tieressenmüssens vorzugehen, sondern genauso dringend im Hinblick auf die Welternährungslage. Könnten doch auf dieser Erde fünfmal mehr Menschen ernährt werden, wenn nicht der verschwenderische und unnötige Umweg über das Tier gegangen würde. Dabei steigt der Verzehr von tierischem Eiweiß in den „reichen" Ländern immer noch unablässig.

Diese nüchternen Fakten, dass seit Bestehen der Welt Milliarden Menschen ohne tierisches Eiweiß gelebt haben und dabei gesund waren, stehen also in krassem Gegensatz zu dem Dogma der Lehrmedizin, dass es ohne tierisches Eiweiß nicht ginge. Solche Widersprüche sind in der Wissenschaft nicht selten. Claude Bernard sagt dazu: „Wenn die Tatsache, mit der wir es zu tun haben, im Gegensatz zu einer herrschenden Theorie steht, muss man die Tatsache akzeptieren und die Theorie abtun."

Dies trifft genau auf das vegetarische Problem zu und ganz besonders auf die These, der Mensch benötige deshalb tierische Nahrung, weil sonst die Gefahr ungenügender Versorgung mit Vitamin B 12 bestünde; denn dieses lebensnotwendige Vitamin käme nur in tierischen Nahrungsmitteln vor, also sei deren Verzehr unerlässlich.

Gesunde Veganvölker ohne B 12-Zufuhr

Dafür, dass auch an dieser These etwas nicht stimmen kann, spricht, ähnlich wie bei der Frage des Eiweißbedarfs, die Tatsache, dass Milliarden Menschen aus der Vergangenheit und Millionen in der Gegenwart ohne Tierprodukte leben. Da Vitamin B 12 nicht nur im Fleisch, sondern auch in den Tierprodukten Milch und Ei vorkommt, können alle Völker, die jegliche Terprodukte meiden, ebenso als Beweis angeführt werden, dass eine Ernährung ohne B 12-haltige Tierprodukte nicht zu Gesundheitsschäden führt, wie dies für die Deckung des Eiweißbedarfs gilt. Auch für diese Bevölkerungsgruppen, die regelmäßig keine tierischen Nahrungsmittel verwenden und die Milch nicht kannten und trotzdem genug Vitamin B 12 zur Verfügung haben mussten, können ausgedehnte geographische Zonen angeführt werden. Solche Völker finden sich in Indonesien, Afrika, Asien und Ozeanien. Riesige Bevölkerungen lebten jahrtausendelang ohne Milch und fast ohne Fleisch und Ei, dies eben nur bei seltenen Ausnahmen. Da diese Bevölkerungen sehr fruchtbar waren (und sind) und die Fruchtbarkeit des Spermas stark von genügender Versorgung mit Vitamin B 12 abhängt, müssen sie genug von diesem Vitamin bekommen haben, auch ohne tierische Nahrung. Die Binnenlandpapua von Neuseeland zum Beispiel sind bei praktisch reiner Pflanzenkost körperlich gut entwickelt und zur Leistung von Schwerarbeit fähig, ohne dass irgendwelche B 12-Mangelschäden gefunden wurden – und dies bei nur 30 g rein pflanzlichem Eiweiß pro Tag. Dies geht aus Untersuchungen von Oomen, Voeding et al, der Sektion für menschliche Anpassungsformen des internationalen biologischen Programms hervor. Darüber ist referiert in „Wendepunkt“ Nr. 8/1968, S. 348. Dasselbe ist berichtet von den Einwohnern von Okinawa, den Nordchinesen und den jemenitischen Juden.

Nun liegen aber zudem aus neuerer Zeit wissenschaftliche Untersuchungen von Prof. Per-Arne Öckermann vor, die an einer Gruppe von Personen durchgeführt wurden, die sich drei bis dreißig Jahre lang von reiner Vegankost, also ohne Fleisch und jegliche Tierprodukte, ernährt haben. Prof. Öckermann hat das Untersuchungsergebnis auf einer Ärzteversammlung in Stockholm Ende 1979 vorgelegt. In der schwedischen „Tidskrift för Hälsa“, Heft 2/79 ist darüber berichtet.

Die Menge an Vitamin B 12 lag in der Vegankost außerordentlich niedrig. Nur in milchsauren Gemüsen und Getreidebrei konnte eine geringe Menge B 12 nachgewiesen werden. Ein Vergleich mit einer Kontrollgruppe von Rentnern ergab, dass diese zehnmal so viel Vitamin B 12 zu sich nahmen. Das Überraschende war jedoch, dass im Blut der Vegans ausreichend Vitamin B 12 vorhanden war. Als Nebenbefund fand sich, dass die Veganer zwei- bis dreimal mehr Kalium, Magnesium, Zink zu sich nahmen als die Kontrollgruppe. Zusammenfassend urteilte Prof. Öckermann, dass die Veganernährung eine realistische Alternative im Kostsystem darstellt.

Mit der Feststellung, dass in Wirklichkeit Leben und Gesundheit ohne Vitamin B 12-haltige Tierprodukte möglich ist, könnte man das Thema „Vitamin B 12“ eigentlich ad acta legen. Es ist aber interessant und erscheint auch notwendig, im Einzelnen aufzuzeigen, wie sich die Widersprüche zwischen den analytischen Forschungsergebnissen und den Beobachtungen in der Wirklichkeit erklären lassen. Dabei sollen folgende Ausführungen helfen.

Vorkommen von Vitamin B 12

Vitamin B 12 ist lebensnotwendig. Chemisch ist es Cobalamin. Das Molekül ist ein Coenzym und enthält das Spurenelement Kobalt. Es gibt mehrere B 12-Formen, deren Wirkungsweise verschieden ist, das Cyanocobalamin, das Hydroxocobalamin und das Methylcobalamin. Im Blut findet es sich als Methylcobalamin. Die in der Therapie verwendeten Formen entsprechen nicht der im Körper vorkommenden Coenzymform. Der Entdecker von Vitamin B 12 ist Lester Smith. Die Reindarstellung gelang erstmalig 1948. Das Vitamin ist sehr stabil, sodass es durch Hitze, Licht, Alkali oder Bestrahlung kaum etwas von seinen Eigenschaften verliert.

Schon die verschiedenen Formen von B 12 und ihre unterschiedliche Wirkung weisen darauf hin, dass das Vitamin B 12-Problem komplizierter ist als allgemein dargestellt. Zur weiteren Kompliziertheit trägt die interessante Tatsache bei, dass B12-Mangel genau dieselben Schäden hervorruft wie die Vergiftung durch ein Cyanid. Zur Entgiftung des Cyanids benötigt der Körper genug schwefelhaltige Aminosäuren im Eiweißmolekül, nämlich Methionin und Cystin. Diese Aminosäuren finden sich in pflanzlicher Kost eher als in tierischer. Es kommt darauf an, die Pflanzenkost richtig zu kombinieren. Es gibt auch cyanidhaltige pflanzliche Nahrungsmittel, die nachteilig wirken können. Zu wenig B 12 und zuviel Cyanid können dann zusammentreffen. Die Lage kann aber auch durch Rauchen verschärft werden.

B 12-Mangelschäden entstehen nur durch Mangel an **brauchbarem** B 12, und die Wirkung des Cyanids entsteht, wie man jetzt weiß, dadurch, dass es das verfügbare B 12 unverwendbar macht. Aber auch dazu kommt es meistens erst dann, wenn zu wenig Coenzym zur Verfügung steht. Überdies ist ausreichende Folsäure wichtig, weil ein Mangel daran die B 12-Wirksamkeit ebenfalls herabsetzt. Unerhitzte Grünblattpflanzen sind die besten Großlieferanten von Folsäure. (Dr. Frank Wokes).

Lange Zeit wurde angenommen, dass B 12 nur in Nahrungsmitteln tierischer Herkunft vorkomme, nicht in Obst und Gemüse. Diese Aussage erweckt den Eindruck, als ob Vitamin B 12 tierischer Herkunft sei. Dies trifft aber nicht zu; denn Vitamin B 12 wird ausschließlich von Bakterien und anderen pflanzlichen Mikroorganismen und Schimmelpilzen gebildet, ist also vom Ursprung her durchaus keine Gabe des Tierreichs. Auch die als Medikament verwendete Form stammt aus natürlicher Synthese, nämlich aus Gärungsprozessen, bei denen die Mikroorganismen (Propionsäurebakterien) mit rein pflanzlichen und mineralischen Stoffen gefüttert werden. Das Tier ist also bestenfalls ein Zwischenträger des Vitamins.

Die Beobachtung, daß bei geringer B 12-Zufuhr in der Nahrung sich im Blut Vitamin B 12 in mehr als ausreichender Menge findet, hat von jeher vermuten lassen, daß B 12 im Darm von Mikroben gebildet wird. Diese Vermutung hat heute der Sicherheit Platz gemacht. Als Erster wies Dr. Wolfgang Tilling nach, dass B 12 im Darm produziert und auch genügend resorbiert werden kann. In einer Studie des Frances Stern Nutritional Center an der Tuffs Medical School in Boston wird gezeigt, dass Kinder, die noch nie in ihrem Leben Tierkost bekommen haben, reichlich mit Vitamin B 12 versorgt waren.

William Shurleff, Direktor des New Age Food Center in Lafayette/USA, weist auf die Möglichkeit der innerleiblichen Produktion von B 12 im Menschen hin. Dass dies im Darm durch Mikroorganismen statffindet, steht heute außer Zweifel.

Wenn auch der hohe B 12-Gehalt im Blut bei Vegans bei dem niedrigen Gehalt an B 12 in pflanzlichen Lebensmitteln dafür spricht, dass eine Quelle der B 12-Produktion im Körper selbst – also mit Sicherheit Mikroorganismen im Darm – stattfindet, so darf andererseits der Gehalt an B12 in pflanzlichen Lebensmitteln nicht unterschätzt werden.

Nach dem Vitalstofftabellarium von Prof. Schweigart findet sich in Weizen und Roggen je 0,1, in Hafer 0,3 y/100 g; zum Vergleich in Vollmilch 0,7 y/100 g
(y = 1 gamma = 1 Millionstel Gramm).

Shurleff nennt noch andere Lebensmittel, in denen B 12, wenn auch in geringen Mengen, nachgewiesen ist und die eine regelmäßige Zufuhr von B 12 garantieren. Er unterscheidet drei Gruppen:

1. durch Fermentation mit Hilfe von Bakterien und Schimmelpilzen gewonnene Sojaprodukte wie Miso, Tempeh und Natto
2. Einzeller-Proteine, vor allem Mikroalgen (Spirulina, Chlorella und Scenedesmus) und Hefen
3. Nahrungspflanzen des Meeres.

Bei Hefen ist wesentlich, ob sie auf entsprechenden Nährböden gewachsen sind. Grundsätzlich wichtig ist aber, dass sie imstande sind, B 12 zu produzieren. Manche dieser Lebensmittel enthalten so viel

B 12, dass schon kleine Mengen ausreichen, um den Tagesbedarf eines Erwachsenen zu decken; so enthalten z. B. 6,5 g Spirulina das 5½-fache der von National Research Council der National Academy of Science festgelegten Bedarfsmenge. Es gibt also pflanzliche Lebensmittel, die reiche Quellen von B 12 sind.

In der Literatur finden sich noch Angaben über andere Nahrungsmittel, in denen B 12 nachgewiesen wurde. Es werden genannt: Petersilie, Pfirsiche, Schwarzwurzeln, Getreidekeime, Zitronenmelisse, Beinwell (Symphytum) = Comfrey, Erdnüsse und Sauerkraut. Die vergorenen Sojaprodukte sind schon erwähnt. Bei Sauerkraut, bei dem eine bakterielle Gärung stattfindet, lässt sich der B 12-Gehalt leicht erklären, ebenfalls in Getränken, die durch besondere Gärungsprozesse auf Getreidebasis hergestellt werden.

Für den Gehalt an B 12 in Pflanzen spielen auch Bodeneigenschaften, d. h. Humusreichtum und Kobaltgehalt eine Rolle. In Böden mit langer Kunstdüngerbewirtschaftung ist sowohl der Humus wie der Kobaltgehalt geringer. Dies kommt z.B. am wechselnden Gehalt von B12 in der Kuhmilch zum Ausdruck.

Es sei nochmals betont: B 12 herstellen können nur Bakterien, Schimmelpilze, Algen und Hefen und zwar im Übermaß. Alles höhere Leben bezieht seinen Bedarf von ihnen.

Bedarf an Vitamin B 12

Auch über den täglichen Bedarf an B 12 besteht in wissenschaftlichen Kreisen noch keine Einigkeit. Man schätzte früher die nötige Menge auf 3 y.

Nach Shurleff ist eine Anzahl namhafter Ernährungsforscher der Überzeugung, dass der tägliche Bedarf wesentlich niedriger liegt als offiziell angenommen (nach UNO 2 y). Shurleff erwähnt Untersuchungen von Victor Herbert, wonach statt 3 y schon 0,1 y täglich für einen normalen Menschen ausreichend sind. Zum gleichen Resultat gelangten Ärzte bei Untersuchungen von Siebenten-Tags-Adventisten an der Loma-Linda-Universität. Zen-Mönche beschränkten sich jahrhundertelang streng auf Pflanzenkost, dabei galten sie als die gesündesten und langlebigsten Glieder der Gesellschaft. Was sie sich an B 12 zuführten, kam im Regelfall aus vergorenen Sojaprodukten und aus Meerespflanzen.

Ralph Bircher berichtet im „Geheimarchiv der Ernährungslehre“ (S. 46ff.) über die Untersuchungen von Bergersen und Hipsley, die 1979 im Darm der Batatenesser im Hochland von Neuguinea Bakterien nachgewiesen haben, die aus dem im Darm vorgefundenen Luftstickstoff hochwertige Aminosäuren synthetisierten. Die Bataten, von denen sich diese Menschen fast ausschließlich (80–90%) ernähren, sind eine Art Süßkartoffel. Wichtig ist in diesem Zusammenhang, dass diese von den Bakterien im Dickdarm erzeugten Aminosäuren vom Dickdarm resorbiert werden, also in Blut und Lymphe übergehen. Auf diese Weise decken die Batatenesser ihren Eiweißbedarf. Damit haben sich die Zweifel, ob Bakterienprodukte vom Dickdarm in den Organismus gelangen, als unbegründet erwiesen. Bemerkenswert ist in diesem Zusammenhang die Parallele zu B 12, das ebenfalls in erheblichen Mengen von Bakterien im Dickdarm erzeugt wird. So erklärt es sich, dass bei diesen Vegans keinerlei Erscheinungen von B 12-Mangel gefunden wurden, obwohl diese Menschen hart und hurtig arbeiten. Dies ist deshalb so bedeutungsvoll, da immer wieder die Aufnahmefähigkeit von B 12 aus dem Dickdarm bezweifelt wurde, während die Resorption des mit der Nahrung aufgenommenen B 12 im Dünndarm bekannt ist. Hierzu ist allerdings der Begleitstoff des intrinsic faktors notwendig.

Der Bedarf an B 12 ist bei Ernährung

mit reiner Pflanzenkost wesentlich geringer als beim Verzehr von Tierprodukten. Man nimmt an, dass dies darauf beruht, dass die Vegans durch den reichlichen Genuss von Frisch-Grünkost viel mehr Folsäure zu sich nehmen, die beim Blutaufbau das Vitamin B 12 teilweise ersetzen kann. Da die Folsäure thermolabil ist, kann Kochen die Hälfte der Folsäure vernichten.

Die Erzeugung von Vitamin B 12 setzt eine gesunde Darmflora voraus. Die enzymreiche Rohkost hat auf die Darmflora einen ausgesprochen regenerierenden Einfluss, während Fleischkost ungünstig wirkt. Ralph Bircher weist darauf hin, dass Fleischesser trotz aller B 12-Zufuhr an B 12-Mangel leiden, da ihr Organismus nicht auf wirksame Eigenproduktion umschalten kann. Dem oft gerühmten Vorteil, dass gemischte Kost eine so schöne Zufuhr von B 12 garantiert, steht der Nachteil gegenüber, dass sie die bakterielle Grundlage seiner Produktion im Körper selbst gefährdet.

Nach I. J. Hutchins scheint sich die Tüchtigkeit der Darmflora in der Vitaminerzeugung umgekehrt proportional zur Vitaminzufuhr zu verhalten. Wenn ein Vitamin in der Nahrung fehlt, wird es im Darm erzeugt, und umgekehrt werden Vitamine weniger erzeugt, wenn die Nahrung genug davon zuführt. Die Anpassung benötigt allerdings eine gewisse Zeit. Nach meinen klinischen Erfahrungen ist die Darmflora die Resultante der Kostform, die in den letzten drei Monaten verzehrt wurde. **Vitamin B 12-Mangel ist also kein vegetarisches Problem, sondern erweist sich angesichts der Tatsache, dass B 12 ausschließlich von Mikroben produziert wird, in erster Linie als ein Problem der Darmflora.** Bei den Wiederkäuern unter den Pflanzenfressern (Rind, Schaf, Ziege usw.) wird das B 12 durch die Bakterienflora des Pansen erzeugt und geht in den Organismus und die Milch über. Bei nicht wiederkäuenden Pflanzenfressern (Kaninchen, Elefant) geschieht die Aufnahme des von den Darmbakterien erzeugten B 12 teilweise durch Koprophagie (Kotfressen). Andere monogastrische Tierarten (mit einem Magen) resorbieren das B 12 in größerem Umfang aus dem Dickdarm. Es ist unverständlich, weshalb beim Menschen die Aufnahme von B 12 aus dem Dickdarm angezweifelt wurde. Es gibt aber keine andere Erklärung für die volle Gesundheit von Vegans und deren hohem B 12-Gehalt im Blut trotz des geringen B 12-Gehalts in der Nahrung.

Vitamin B 12-Mangelerscheinungen

Am bekanntesten ist, dass Vitamin B 12 zur Blutbildung notwendig ist. Eine bestimmte Form der Blutarmut (hyperchrome Anämie) ist daher eine der Folgen von B 12-Mangel. Für die Entstehung der perniziösen Anämie infolge Vitamin B 12-Mangel sind aber noch andere Faktoren von Bedeutung: Für die Verwertung des mit der Nahrung zugeführten Vitamin B 12 ist eine Art „Begleitschutz“ bis zur Resorptionsstelle im Dünndarm in Form des intrinsic faktors nötig, an den es im Magen gekoppelt wird. Der Intrinsic-Faktor ist ein Glykoprotein, das bei der Eiweißverdauung im Magen entsteht. Bei fehlender Magensäure oder bei fehlendem Magen infolge Operation fällt die Eiweißverdauung und damit die Bildung des Intrinsic-Faktors und der Begleitstoff für B 12 aus. Aber selbst bei intaktem Magen kann der intrinsic faktor durch Antikörper blockiert werden.

Zur Vermeidung von Missverständnissen ist vielleicht der Hinweis nötig, daß in der heutigen Zivilisation Anämien sehr zahlreich sind, die mit Vitamin B12-Mangel nichts zu tun haben. Interessant ist auch, dass solche Anämien bei Fleischessern häufiger sind als bei Vegetariern und dass sie bei Fleischessern sich rasch durch zusätzlichen Verzehr von Frischkost beheben lassen. Einzelne Fälle von Anämien bei Vegans werden verständlicherweise in der Literatur hochgespielt, sind aber im Vergleich zu der Zahl von Anämien bei der üblichen Zivilisationskost, die oft sehr einseitig ist, eine Ausnahme.

Andere mögliche Folgen von Vitamin B 12-Mangel sind degenerative Erkrankungen des Nervensystems, z. B. die funikuläre Myelose. Aber auch im psychischen Bereich kann B 12-Mangel zu Störungen wie Depressionen und neurasthenischen Zuständen führen.

Da Vitamin B 12 bei vielen intermediären Prozessen im Eiweiß-, Fett- und Kohlenhydratstoffwechsel der einzelnen Zellen beteiligt ist, kann es im weitesten Sinne als stoffwechselnotwendig und für die körperliche und geistige Gesundheit als unerlässlich bezeichnet werden. Infolge seiner universellen Funktionen wird es in der Medizin heute auch sehr vielseitig verwendet, aber nicht bei Vegetariern und Vegans, sondern eben bei den zahlreichen ernährungsbedingten Zivilisationskrankheiten. Die therapeutisch verwendeten Präparate stehen aus mikrobieller Synthese billig zur Verfügung.

In den einzelnen Organen kommt B 12 in unterschiedlichen Konzentrationen vor, am stärksten in der Leber und den blutbildenden Organen des Knochenmarks. In der Leber ist eine Speicherung bis zu 5000 y möglich, so dass vorübergehend verringerte B 12-Zufuhr über lange Zeit ausgeglichen werden kann. Gefahr der Unterversorgung besteht bei einem Blutspiegel unter 100 y/ml. Ein Spiegel von 300–400 y/ml im Blut ist die Norm. Bei ausreichender Eiweißzufuhr sinkt der Bedarf an B 12 um so mehr, je höher die Folsäurezufuhr ist.

Einige Zusammenbrüche von Vegans nach dem zweiten Weltkrieg, auf die in der Literatur immer wieder Bezug genommen wird, auf B 12-Mangel zurückzuführen, erscheint angesichts der Tatsache, dass Milliarden Menschen seit Jahrtausenden bei einer solchen Kostform gesund und leistungsfähig blieben, nicht berechtigt. Stellt man diesen Einzelfällen die große Zahl von „Zusammenbrüchen" bei Gemischtessern gegenüber, deren Ursache nicht geklärt ist, so verlieren jene Fälle an Relevanz.

Zusammenfassend ist aus den zahlreichen angeführten Fakten der Schluss zu ziehen, dass vom wissenschaftlichen Standpunkt aus ungenügende B 12-Versorgung kein stichhaltiges Argument gegen vegetarische Ernährung ist, auch in der strengen Form der Vegans ohne Milchprodukte und Ei. Gesunde und leistungsfähige Menschen, die sich so ernähren, sind ein unumstößlicher Beweis. Wenn bei chemisch-analytischer Betrachtung noch Lücken in der Erklärung der nicht zu widerlegenden Realität bestehen, so soll dies zwar zu weiterer wissenschaftlicher Forschung anregen; ungenügende Forschung berechtigt aber nicht, sie als Beweis gegen die Realität zu verwenden.

Literaturnachweis:

Bircher, Ralph: Fleisch und Anaemie, Wendepunkt 1972/10

Bircher, Ralph: Pflanzenesser auf dem Prüfstand, Wendepunkt 1970, Bd. 2, Heft 1 bzw. Geheimarchiv der Ernährungslehre, S. 456ff.

Bircher, Ralph: Geheimarchiv der Ernährungslehre, Verlag Edition Wendepunkt

Harding, M. G. und Crooks, H.: Non-flesh dietaries adequate and inadequate. J. Am. Diet. Ass. 1964/45, 537 n. Plant Foods f. H. N. 1969/2

Höppl, Karl Albrecht: Die Versorgung mit Vitamin B 12, Wendepunkt 2/1976, S. 59-63, Wendepunkt 3/1976, S. 118-122, Wendepunkt 4/1976, S. 162-167

Höppl, Karl Albrecht: Erfreuliches über Vitamin B 12, Der Vegetarier 3/1980, S. 52

Hutchins, I. J.: Nutritional Observatory 10:45, 1949 in R. Turrell: Diseases of the Colon and Anorectum 1, p. 92, 1959

Long, A. und Wokes, F: Vitamins and minerals in plants; in Plant Foods for Human Nutrition, Bd.1, Heft 1, Mai 1968

Oomen, Voeding: Wendepunkt 8/1968, S. 348

Shurleff: Vegetarian Times Mai/Juni 1979, New York, S. 36ff.

Schweigart, Hans Adalbert: Vitalstoff-Tabellarium, Verlag Hans Zauner, Dachau-München, S. 53ff.

Weitere Kleinschriften von Dr. med Max Otto Bruker

1. Unser täglich Brot und der Zucker als Hauptursache für die modernen Zivilisationskrankheiten
2. Schlank werden ohne Hungerkur
3. Herzinfarkt, Asteriosklerose und Gallensteine sind verhütbar
4. Wie beugt man den ernährungsbedingten Zivilisationskrankheiten vor?
5. Ernährungsbehandlung der Leber-, Galle, Magen-, Darm- und Bauchspeicheldrüsenerkrankungen
6. Butter – ein hochwertiges Lebensmittel?
7. Vom Kaffee und seinen Wirkungen
8. Ärztliches Memorandum zur industriellen Nutzung der Atomenergie
9. Über den Unwert der heutigen Milch
10. Gesund durch richtige Ernährung (LVA-Schrift)
11. Die Story von den 2 »richtigen« Ernährungen
12. Ursachen der ernährungsbedingten Zivilisationskrankheiten (Mörder bekannt – kein Kläger)
13. Fett macht nicht fett (Fett)
14. Bakterien im Frischkornbrei
15. Sie vertragen Vollkornbrot nicht?
16. Krankheiten durch Fabrikzucker
17. Unser täglich Brot – eine tote Nahrung?
18. Wieviel und was soll man täglich trinken
19. Ballaststoffe sind kein Ballast
20. Scheinursachen verschleiern Zusammenhänge
21. Die Ernährung des älteren Menschen
22. Die Deckung des Eiweißbedarfs
23. Vitamin B12
24. Wissenswertes über Säfte
25. Rheuma – ernährungsbedingte Zivilisationskrankheit
26. Zöliakie
27. Das Allergie-Problem
28. Die Zuckerkrankheit –Verhütung und Behandlung
29. Gebissverfall
30. Weil du beim Reaktor wohnst
31. Die Ernährung des Kindes
32. Neurodermitis
33. Der Darmpilzrummel – Fehldiagnose Candida albicans –

Auch komplett als Sammelmappe zum Sonderpreis erhältlich!

emu Verlags- und Vertriebs GmbH · Dr.-Max-Otto-Bruker-Straße 3 · 56112 Lahnstein · www.emu-verlag.de

Dr. med. Max Otto Bruker

Kleinschrift
Nr. 24

Wissenswertes über Säfte

emu verlag

ernährung • medizin • umwelt

Wissenswertes über Säfte

Dr. med. M. O. Bruker

Es sind jetzt ziemlich genau 90 Jahre, seit Bircher-Benner mit der Entdeckung der Frischkost als Heilkost an die Öffentlichkeit getreten ist. Dabei drängt sich die Frage auf, weshalb es in den vergangenen 90 Jahren nicht gelungen ist, seine genialen Erkenntnisse zur Erhaltung der Gesundheit und Heilung von Krankheiten allen Menschen auf dieser Erde zugänglich zu machen.

Das Problem der Verträglichkeit in der Kombinationsdiätetik

Langfristige Beobachtungen haben ergeben, dass das Haupthindernis für die Verbreitung einer frischkostreichen Ernährung im Problem der Verträglichkeit liegt. Der gesunde Mensch sieht im allgemeinen kein Motiv, seine übliche bürgerliche Zivilisationskost, die auf die Dauer krank macht, zu ändern. Solange er nicht krank ist, nimmt er an, sein Essen sei in Ordnung. Wenn er krank wird, erfährt er bei der üblichen Behandlung nicht, dass seine Erkrankung eventuell mit Ernährungsfehlern zusammenhängen könnte. Der Grund dafür liegt darin, dass wir Ärzte an der Universität in Fragen der Ernährung nicht ausgebildet werden. Der Medizinstudent hört kein Wort über die wahren Ursachen der ernährungsbedingten Zivilisationskrankheiten. Erst wenn der Kranke erfährt, dass seine Krankheit nicht mehr heilbar ist und er sich eben auf symptomunterdrückende Medikamente beschränken muss, um seine Beschwerden zu lindern, erst dann wird er hellhörig und Fragen der Ernährung zugänglich.

Zu Vollkornprodukten

Wenn diesen Kranken nun eine Kostform mit Frischkost und Vollkornprodukten empfohlen wird, so stellen sie meist fest, dass sie sie nicht vertragen. Sie bekommen Völlegefühl, Unpässlichkeit im Leib, Blähungen, Aufstoßen, Rumoren in den Därmen, Übelkeit und manche anderen Beschwerden. Es ist naheliegend, dass sie diese Beschwerden auf diejenigen Teile der Nahrung schieben, die sie bisher nicht gegessen haben, eben den Frischkostanteil und die Vollkornprodukte. Man kann es ihnen nicht verargen, wenn sie den für sie logischen Schluss ziehen, dass sie leider diese Kost nicht vertragen. Sie verlieren den Glauben daran, dass diese Ernährung für sie eine Heilkost darstellen soll.

Es sind sicher Millionen von Menschen, darunter auch Gesunde, die schon einmal gehört haben, dass Vollkornbrot gesünder sein soll als Grau- und Weißbrot aus Auszugsmehl, und es auch versuchen, aber sofort wieder aufgeben, da sie dadurch die oben genannten Beschwerden bekommen.

Die bei vielen auftretende Unbekömmlichkeit ist aber ein Hinweis, dass bei denen, die sich für gesund hielten, bereits nachweisbare Störungen der Verdauungsorgane vorliegen, die bei der bisherigen Kost nicht in Erscheinung traten. Die Lösung des Problems der Verträglichkeit einer vitalstoffreichen Vollwertkost beseitigt gleichzeitig ein wesentliches Hindernis für eine weltweite Ausbreitung dieser gesunderhaltenden Kost.

Zum Fabrikzucker

Die Lösung liegt in der Beachtung der richtigen Kombination der einzelnen Speisen. Dabei hat sich herausgestellt, dass die Verträglichkeit von Vollkornprodukten und Frischkost von wenigen Störenfrieden abhängt. Hauptstörfaktoren sind die Fabrikzuckerarten. An ihnen ist das grundsätzliche Prinzip am einfachsten erkennbar. Jedermann kann diese Erfahrungen, die an Magen-Darm-Empfindlichen gemacht wurden, durch eigene Beobachtung bestätigen. Die zahllosen chronischen Magen-, Darm-, Leber- und Gallenkranken, die jeder klassischen oder naturheilerischen Behandlung trotzen, verlieren bei einer vitalstoffreichen Vollwertkost ihre Beschwerden, wenn diese frei ist von Fabrikzucker aller Art. Die Erfahrung hat gezeigt, dass alle Zuckerkonzentrate, die fabrikatorisch hergestellt sind, bei Magen-Darm-Empfindlichen dieselbe nachteilige Wirkung haben. Dazu gehören: Weißer und brauner Zucker, Fruchtzucker, Traubenzucker, Malzzucker, sog. Vollrohrzucker, Sucanat, Ur-Süße, Ur-Zucker, Ahornsirup, Apfeldicksaft, Birnendicksaft, Rübensirup, Melasse usw.

Zu den Säften

Das Geheimnis ist also die richtige Kombinationsdiätetik. Dabei hat sich nun ergeben, dass leider auch die *Säfte* eine solche störende Rolle spielen können genauso wie der Fabrikzucker.

Zur Erläuterung des Grundsätzlichen eignet sich ein einfaches Bild, das auch dem Kranken über das Wesentliche schnell die Augen öffnet: Wenn in einem Orchester von 30 Musikern 29 richtig spielen und nur einer falsch, so ist das ganze Konzert verdorben. Wählen wir in einer Kostform, die aus 30 Einzelnahrungsmitteln besteht, 29 richtig aus und nur ein Nahrungsmittel ist falsch und passt nicht dazu, so wird die ganze Kostform nicht vertragen, d.h. das Konzert der Diät ist verdorben. Das Leidige dabei ist, dass der Kranke nicht feststellen kann, welches unter den 30 Nahrungsmitteln die Beschwerden hervorruft und meist das Falsche beschuldigt. Für das Beispiel des Vollkornbrotes heißt dies, dass man nicht Vollkornbrot verordnen darf, ohne dass man die gesamte übrige Nahrung so gestaltet, dass das Vollkornbrot dazu passt. Was für das Vollkornbrot als Beispiel gesagt wird, gilt für jedes Nahrungsmittel. Es gibt demnach keine absolute Unverträglichkeit eines einzelnen Nahrungsmittels, sondern nur eine relative im Rahmen einer Gesamternährung.

Neben den Fabrikzuckerarten erzeugen also auch die Säfte und bei manchen auch gekochtes und eingemachtes Obst Unverträglichkeitserscheinungen, wenn in der jeweiligen Kostform sowohl gekochte wie unerhitzte Speisen kombiniert werden. Am eindrücklichsten zeigt sich dies wie bereits betont, wenn die Kostform Vollkornprodukte aller Art in gebackener oder roher Form und frische Rohkostsalate und rohes Obst enthält. Auch dies kann wie in einem mathematischen Experiment an bestimmten Magen-Darm-Kranken beliebig oft wiederholt werden: Werden Fabrikzucker, Säfte, gekochtes und eingemachtes Obst, Trockenfrüchte und bei manchen auch Honig in den Kostplan aufgenommen, treten die Beschwerden erneut auf.

Man beachte, dass der Saft selbst – immer den Magen-Darm-Empfindlichen vorausgesetzt – durchaus vertragen werden kann, dass er aber andere Nahrungsmittel unverträglich *macht.* Dieser Unterschied ist sehr wesentlich, denn der Kranke selbst ahnt solche Zusammenhänge nicht, weil er den Saft an sich ja gut verträgt. Natürlich versucht der Wissenschaftler eine Erklärung für die unbestreitbare Beobachtung zu finden, dass Säfte Unverträglichkeit hervorrufen. Nach den herkömmlichen Vorstellungen, die weitgehend auch durch Werbung beeinflusst sind, stößt selbstverständlich auf Zweifel und Abwehr, Säfte aus frischen Gemüsen und rohem Obst als nicht unbedenklich zu bezeichnen. Es erscheint daher eine genauere Betrachtung des Säfteproblems notwendig.

Der Saft ist ein Teilnahrungsmittel

Die allgemein anzutreffende Vorstellung, dass Säfte etwas ganz besonders Gesundheitsförderndes seien, hängt zweifellos damit zusammen, dass in dem Saft ein besonders stark vitaminhaltiges Produkt gesehen wird. Dass in dieser Vorstellung etwas Falsches steckt, haben die Forschungen Professor Kollaths ergeben. Wenn man – wie üblich – hört, Säfte seien vitaminreich, so versteht der Laie unter Vitaminen alle notwendigen Stoffe und glaubt, dass im Saft eben alle Vitamine, d. h. gesundheitsnotwendigen Wirkstoffe, enthalten seien. Professor Kollath hat nachgewiesen, dass bei der Saftherstellung zwar die wasserlöslichen Vitamine in den Saft gehen, dass aber biologische Wirkstoffe, die er damals zunächst Auxone nannte, in den Rückständen, den Trestern, bleiben. Er zeigte aber auch, dass zur vollen Wirksamkeit der klassischen Vitamine die gleichzeitige Anwesenheit der Auxone nötig ist.

Die Verteilung dieser biologischen Wirkstoffe ist aus der Tabelle ersichtlich.

auxonhaltig	auxonfrei
Getreide	Auszugsmehl
Kartoffel	Stärke
Zuckerrübe	Fabrikzucker
Ölfrüchte	Öle
Obst	Säfte
Vollmilch	Butter
Eier	Weißei
keimhaltige Kleie	
Schlempe	
Schnitzel	
Preßkuchen	
Trester	
Buttermilch	
Gelbei	

Aus der Tabelle geht also hervor, dass die Säfte auxonfrei sind, während das Obst und Trester auxonhaltig sind. Der Saft als Teilnahrungsmittel unterscheidet sich in seinem biologischen Wert wesentlich von dem ursprünglichen ganzen Lebensmittel. Gerade darin, dass der Saft in Unkenntnis der wahren Verhältnisse als wertvolles Lebensmittel angesehen wird, während er in Wirklichkeit ein unvollständiges Teilnahrungsmittel ist, dem notwendige Wirkstoffe fehlen, liegt eine Gefahr.

Besonders bei Kranken zeigt sich dieser Nachteil, indem sie glauben, etwas besonders Gutes für Ihre Gesundheit durch das Trinken von Säften zu tun, während sie dadurch die Zufuhr notwendiger Vitalstoffe versäumen.

Noch ein anderes Missverständnis haftet den Säften an. Man kann z. B. von rohen Möhren nur eine begrenzte Menge essen; wenn man die Möhren aber auspresst, kann man sich die Vitamine von einem ganzen Kilo zuführen. Der Genuss von Säften ermöglicht also scheinbar eine wesentlich höhere Vitaminzufuhr als der Genuss des ganzen Lebensmittels. Diese Auffassung kommt nicht nur dadurch zustande, dass der Betreffende von der Existenz anderer Wirkstoffe nichts weiß, die ebenfalls zugeführt werden müssten, sondern sie beruht auf der unrichtigen Annahme, man würde um so gesünder, je mehr *Vitamine* man zu sich nehme. Ganz abgesehen davon, dass man nicht gesünder werden kann als gesund, gilt bei den Vitaminen dasselbe wie bei Arzneien: Es geht nicht nach dem Grundsatz „viel hilft viel". Außerdem ist eine hohe Zufuhr *einer* Vitamingruppe, etwa allein der wasserlöslichen, ohne gleichzeitige Versorgung mit den Wirkstoffen anderer Gruppen nicht nur nutzlos, sondern sogar imstande, Schäden hervorzurufen. So beobachtete Kollath, dass in einer Kostform, in der eine bestimmte Wirkstoffgruppe (Vitamin B1) fehlt, die Verabreichung von Vitamin C Blutungen hervorrief, während sonst gerade umgekehrt das Fehlen von Vitamin C zu Blutungen führte.

Obstsaft und Gemüsesaft kann Obst und Gemüse nicht ersetzen

Den grundsätzlichen Unterschied zwischen einem vollwertigen Lebensmittel und dem Saft kann man am einfachsten an einigen Fragen deutlich machen: Warum essen Sie Fleisch und trinken nicht nur Fleischsaft, wenn Sie annehmen, dass kein Unterschied zwischen beiden besteht? Oder glauben Sie, dass ein Löwe, statt das ganze Wild zu fressen, auch gedeihen würde, wenn man ihn nur mit Tiersaft aufzöge? Wäre es nicht einfacher, wir würden, statt mühsam das Brot zu kauen, Brotsaft trinken? Dann könnten wir täglich nicht nur einige Scheiben, sondern mehrere Laibe essen.

Diese Fragen genügen meist, um rasch das Empfinden für den Unterschied zwischen einem Nahrungsteil und einem ganzheitlichen Lebensmittel zu wecken. Vor mehreren Generationen hatten die Menschen dieses natürliche Empfinden für das Richtige noch in höherem Maße, während sie heute in der technischen Welt und in der Dauerberieselung durch Reklame in instinktlose Unsicherheit geraten sind.

Die beschleunigte Resorptionsgeschwindigkeit von Säften erzeugt Störungen

Neben der Störung der Harmonie innerhalb der Vitalstoffe, die den Saft gegenüber dem ganzen Lebensmittel kennzeichnet, ist es auch die beschleunigte Resorptionsgeschwindigkeit des Saftes, die krankhafte Reaktionen auslösen kann. Um 1 kg Möhren zu essen, benötigt es eine beträchtliche Zeit, da jeder einzelne Bissen durch Kauen zerkleinert werden muss. Langsam gelangt ein Bissen nach dem anderen, mit Speichel durchsetzt, in den Magen, und auch hier im Dünndarm werden aus dem Speisebrei die Nährstoffe allmählich herausgelöst und verdaut. Ebenso allmählich werden die einzelnen Abbauprodukte der Eiweiße, Fette und Kohlenhydrate sowie die Mineralien und anderen Stoffe durch die Darmwand hindurch ins Blut geschleust.

Erheblich anders liegen die Verhältnisse, wenn der Saft von 1 kg Möhren getrunken wird, was in Sekunden möglich ist. Die Geschwindigkeit, mit der die einzelnen Stoffe ins Blut gelangen, ist beim Trinken von Säften wesentlich rascher. Man kann diese Vorgänge leicht nachprüfen, indem man mehrere Blutuntersuchungen hintereinander vornimmt. Prüft man z. B. nach Genuss eines süßen Saftes den Verlauf der Blutzuckerkurve, so stellt man fest, dass es zu unphysiologischen, steil ansteigenden Blutzuckerkurven kommt, während nach dem Kauen eines natürlichen Lebensmittels flache, normale (physiologische) Blutzuckerkurven auftreten. Beim raschen Trinken von Saft wird der

Organismus stoßweise mit Nährstoffen in einem Tempo überschüttet, auf das er in seinen Verarbeitungsorganen nicht eingerichtet ist. Der Organismus ist nicht auf Stoßgeschäfte programmiert; er versucht aber, die plötzliche Überschüttung, z. B. mit Zuckerstoffen nach dem Trinken eines süßen Saftes, zu korrigieren, indem die Bauchspeicheldrüse zu vermehrter Insulinausschüttung angeregt wird. Kommt es häufig zu einer solchen Belastung der Bauchspeicheldrüse, so kann dies später zu Zuckerkrankheit führen. Es kann aber auch zu einer überschießenden Reaktion kommen, indem auf den steilen Blutzuckeranstieg ein gegenregulatorisches Absinken unter normale Blutzuckerwerte folgt. Diese unnatürlich starken Blutzuckerschwankungen können nicht nur mit unangenehmen Empfindungen einhergehen, sondern auch andere Regulationsstörungen verschiedenster Art im Organismus auslösen.

Ein gesunder Organismus ist meistens imstande, mit diesen Störfaktoren ohne Schaden fertig zu werden. Aber leider sind es meistens gerade Kranke, die zu Säften greifen, da sie meinen, dadurch gesund zu werden. Die Kranken sind aber weniger fähig, die unphysiologischen Eingriffe auszugleichen. Und leider macht die Verschlechterung des Befindens durch den Genuss von Säften die Menschen nicht klug. Sie sind von dem gesundheitlichen Wert der Säfte so überzeugt, dass sie eine mögliche Schädigung gar nicht in Erwägung ziehen. Anstatt bei Verschlechterung des Befindens die Säfte zu meiden, wird meistens versucht, durch Steigerung der Menge Besserung zu erzwingen. Der Teufelskreis ist geschlossen.

Mancher Kranke kommt darauf mit dem Einwand, dass alle diese Nachteile für seine Säfte nicht zutreffen, da er sie ja selbst zu Hause mit einer Saftpresse herstelle. Wer aber das Wesentliche begriffen hat, wird sofort einsehen, dass zwischen einem Saft, der selbst ausgepresst und einem solchen, der von einem anderen hergestellt ist, kein grundsätzlicher Unterschied besteht. Im einen Fall stand die Maschine, mit der die Auspressung erfolgte, in einem fremden Raum, im anderen Fall im eigenen Haus. Da die Presse in einer Fabrik hergestellt ist, sind beide Säfte gleichermaßen durch einen technischen Akt gewonnen, also Fabrikprodukte.

Der Saft bei Geselligkeiten

Um leicht mögliche Missverständnisse zu vermeiden, ist der Hinweis dringend nötig, dass es selbstverständlich etwas völlig anderes ist, wenn gesunde Menschen bei einer Festlichkeit oder bei anderen Gelegenheiten Obstsäfte trinken. In diesen Fällen wird ja der Saft nicht als Nahrungsmittel getrunken, sondern als Genussmittel. Als Getränk in geselligem Kreis ist er ganz sicher nicht imstande, Schaden zu stiften; es wäre sogar zu begrüßen, wenn er in größerem Maße den Platz alkoholischer bzw. colahaltiger Getränke einnähme. Im allgemeinen zieht sich der in geselligem Kreise geübte Genuss über längere Stunden hin und ist nicht wie bei der Verwendung als Nahrungsmittel auf die kurze Zeit der Mahlzeit beschränkt.

Der Saft als Arzneimittel

Säfte können auch als Arzneimittel bei Krankheiten verwendet werden. Eine solche Ausnahme stellt z. B. der Rote-Bete-Saft dar, der zur Behandlung von Krebskrankheiten ein unentbehrliches Heilmittel darstellt. Die wirksamen Anthocyane finden sich im Saft, so dass durch das Trinken von Rote-Bete-Saft wesentlich mehr arzneiliche Wirkstoffe zuführbar sind als durch den Verzehr der Rübe selbst.

Eine Säftekur ist eine wirksame Heilmaßnahme

In diesem Zusammenhang auch noch ein Wort über die Verwendung der Säfte beim sogenannten Saftfasten oder bei Säftekuren. In diesem Fall ist die Tatsache, dass der Saft kein vollwertiges Nahrungsmittel ist, natürlich kein Nachteil; denn bei diesen Kuren, die nichts anderes sind als eine modifizierte weniger strenge Fastenbehandlung, wird ja gerade eine vorübergehende Nahrungsentziehung angestrebt. Die Verwendung von Teilnahrungsmitteln ist dabei durchaus sinnvoll. Außerdem wird bei der Fastenkur der Saft nur schluckweise und langsam in größeren Abständen genossen.

Zum Schluss kann das Wesentliche eines Teilnahrungsmittels auch noch durch eine mathematische Gleichung klargemacht werden: Der Saft eines Apfels verhält sich zum ganzen Apfel wie ein Auszugsmehl zum ganzen Getreidekorn. Und damit kommen wir zu dem bewährten Leitspruch Kollaths:

Lasst die Nahrung so natürlich wie möglich.

Dr. med. Max Otto Bruker

Kleinschrift
Nr. 25

Rheuma – ernährungsbedingte Zivilisationskrankheit

ernährung • medizin • umwelt

emu verlag

Rheuma – ernährungsbedingte Zivilisationskrankheit

von Dr. med. M. O. Bruker

Die Erkrankungen der Bewegungsorgane haben im Laufe der letzten Jahrzehnte in einem Maße zugenommen, dass man von einer Volksseuche sprechen muss. Nach neuesten Angaben sind etwa 30 Millionen Bundesbürger an Rheuma erkrankt, das heißt, dass jeder 3. Bürger an dieser Krankheit akut oder chronisch leidet. Sämtliche Erkrankungen des lockeren und festen Bindegewebes, der Bänder, Sehnen, Muskeln und Knochen und der von ihnen gebildeten Organsysteme, der Gelenke und der Wirbelsäule gehören in die Rheuma-Gruppe. Sie haben alle etwas gemeinsam: nicht nur dle Beschwerden und die Schmerzzeiten wechseln, sondern auch dle befallenen Körpergebiete. Dieser häufige Wechsel hat eben zu der Bezeichnung „Rheuma“, die Wandernde, Wechselnde, geführt.

Rheuma ist ein Sammelbegriff für zahlreiche verschiedene Erkrankungen der Bewegungsorgane. Die zwei Hauptgruppen sind die entzündlichen Formen, erkennbar an der Endung -itis, die Arthritis, wenn **ein** Gelenk, die Polyarthritis, wenn viele Gelenke erkrankt sind, die Spondylitis, Spondylarthritis, Osteochondritis, wenn sich die Erkrankung an der Wirbelsäule und den Gelenken abspielt. Wenn mehr das Bindegewebe und weniger die Gelenke betroffen sind, spricht man von Fibrositis. Die andere Hauptgruppe sind die degenerativen Formen mit der Endung -ose, also die Arthrose, die Polyarthrose, die Spondylose, Spondylarthrose, Osteochondrose usw. Auch die Bandscheibenschäden gehören in diese Gruppe. Häufig kommen Kombinationen von entzündlichen und degenerativen Formen vor. Die degenerativen sind therapeutisch besser beeinflussbar als die entzündlichen.

Wissenschaft versäumte Ursachenforschung

Die ständige Zunahme dieser Erkrankungen beruht auf zwei Gründen: der eine liegt darin, dass in der etablierten medizinischen Wissenschaft keine echte Ursachenforschung betrieben wird. Dies ist zwar kaum glaubhaft, aber leider nüchterne Tatsache. Man beschränkt sich auf die Nennung von Scheinursachen, indem man die nachweisbaren vielfältigen krankhaften Veränderungen des Blutes, z. B. von Enzymen bzw. bereits eingetretene Gewebsveränderungen, zu Ursachen erklärt, obwohl es sich dabei bereits um Krankheitssymptome handelt, die selbstverständlich Ursachen haben. Ein zweiter Grund für die Zunahme der rheumatischen Erkrankungen liegt in der Spezialisierung in der Medizin. Der einzelne Spezialist ist ein Teilarzt, der nicht mehr das Ganze übersieht.

So findet z. B. keine Ausbildung in dem Fach „Ernährung“ statt, so dass es unter den vielen Spezialisten nur solche für einzelne Organe und spezielle Behandlungen gibt, aber keinen, der im

Spezialgebiet der ernährungsbedingten Zivilisationskrankheiten ausgebildet ist. Die rheumatischen Krankheiten sind aber ernährungsbedingt.

So kommt es, dass nur der Ernährungswissenschaftler von diesen Zusammenhängen etwas weiß, aber nicht der Arzt, da Ernährung kein ärztliches Fachgebiet ist und an der Universität nichts darüber gelehrt wird.

Seit über 60 Jahren frage ich jeden Kranken, der an einer rheumatischen Krankheit leidet, ob er die Ursachen seiner Krankheit kennt. Nicht einem Einzigen ist die Ursache bekannt, auch wenn das Leiden schon Jahrzehnte besteht.

Die Scheinursachen

Wie aber kann man eine Krankheit verhüten, bessern oder heilen, wenn man ihre Ursache nicht kennt? Auch in der medizinischen Fachliteratur wird auf die Ursachen – da in diesen Kreisen unbekannt – überhaupt nicht eingegangen, oder es werden zur Verschleierung der Unkenntnis lediglich nur Scheinursachen angeführt. So kommt es zu den widersprüchlichen Angaben, dass einerseits Bewegungsmangel als Ursache angegeben wird und andererseits Abnutzung und Verschleiß, also ein Zuviel an Bewegung als Ursache genannt wird. Außerdem wird das Alter, körperliche Belastung, das Wetter, Kälte, Feuchtigkeit und anderes mehr zur Erklärung herangezogen.

Erkrankungen des Bewegungsapparates: falsches Essen

Die Ursachen dieser Erkrankungen liegen einzig und allein in Fehlern der Ernährung.

Der Zunahme von Rheuma geht die Zunahme anderer ernährungsbedingter Zivilisationskrankheiten parallel.

Die Tatsache, dass die zivilisatorische Fehlernährung nicht als Ursache der rheumatischen Erkrankungen bekannt ist, haben sie mit der großen Zahl anderer ernährungsbedingter Zivilisationskrankheiten gemeinsam. Dazu zählen:

- der Gebissverfall, die Zahnkaries und Parodontose;
- alle Stoffwechselkrankheiten wie Fettsucht, Zuckerkrankheit, Leberschäden, Gallensteine, Nierensteine, Gicht usw;
- die meisten Erkrankungen der Verdauungsorgane wie Stuhlverstopfung, Leber-, Gallenblasen-, Bauchspeicheldrüsen- sowie Dünn- und Dickdarmerkrankungen, Verdauungs- und Fermentstörungen;
- Gefäßerkrankungen wie Arteriosklerose, Herzinfarkt, Schlaganfall und Thrombosen;
- mangelnde Infektabwehr, die sich in immer wiederkehrenden Katarrhen und Entzündungen der Luftwege, den sogenannten Erkältungen, und in Nierenbekken- und Blasenentzündungen äußert;
- sogenannte Allergien;
- manche organische Erkrankungen des Nervensystems;
- auch an der Entstehung des Krebses ist die Fehlernährung in erheblichen Maße beteiligt.

In der Bundesrepublik gibt es etwa

- 30 Millionen Rheumakranke
- 9 Millionen Diabetiker
- 400.000 Herz- u. Kreislauftote in 2015
- 250.000 Krebstote in 2015
- 1.500.000 vollstationäre Patienten wegen bösartiger Neubildungen (1994)
- jeder 5. Bundesbürger hat Übergewicht
- Ausgaben für Krankheiten 2008 266 Milliarden Euro (Stat. Bundesamt Wiesbaden)

Allein für ernährungsbedingte Zivilisationskrankheiten werden die Kosten mit 120 Milliarden Euro genannt.

Alle diese Erkrankungen sind genauso wenig wie Rheuma in den Griff zu bekommen, solange der Zusammenhang mit der Nahrung verschwiegen wird. Die gemeinsame Ursache erklärt sich auch, dass viele Patienten von mehreren dieser Erkrankungen gleichzeitig befallen sind.

Es handelt sich eben nur um verschiedene Erscheinungsformen derselben Grundkrankheit, nämlich eines Schadens durch chronische Fehlernährung. Von seiten der Ernährungsforschung ist der Zusammenhang zwischen Fehlernährung und den Erkrankungen der Bewegungsorgane über jeden Zweifel erhaben.

Das Hindernis, weshalb diese Zusammenhänge im Volk nicht bekannt werden, liegt neben der erwähnten mangelnden ärztlichen Ausbildung auch auf wirtschaftlichem Gebiet.

Die Interessengruppen, welche die krankmachenden Nahrungsmittel herstellen, haben die Macht, die Verbreitung einschlägiger wissenschaftlicher Forschungsergebnisse zu verhindern.

Die Bedeutung der Ernährung

Es sind vor allem die Forschungen von Prof. Kollath, der in Fütterungsversuchen gezeigt hat, dass der für die Degeneration der Bewegungsorgane verantwortliche **Mangel an Vitalstoffen** hauptsächlich durch den Verzehr raffinierter Kohlenhydrate, das sind Auszugsmehle und alle Fabrikzuckerarten, entsteht. Diese Beobachtungen decken sich mit den Ergebnissen, die zum Beispiel die englischen Forscher Cleave und Campbell in Studien an Bevölkerungsgruppen mit verschiedener Ernährung gewonnen haben und in dem Buch „Diabetes, Coronary Thrombosis and the Saccharine Disease“ zusammenfassten.

Für die rheumatischen Erkrankungen spielt außer den raffinierten Kohlenhydraten der vermehrte Verzehr tierischen Eiweißes eine wesentliche Rolle.

Der Einbruch der Technik in den Bereich der Lebensmittel hat dazu geführt, dass heute den Menschen Nahrungsmittel zur Verfügung stehen, die es vor 100 Jahren überhaupt nicht gab. Damals lebten die Menschen von natürlichen Lebensmitteln, die der Bauer erzeugte. Heute ist zwischen Lebensmittelproduzenten, den Bauern und den Verbrauchern eine weltweite Nahrungsmittelindustrie dazwischengeschaltet. Durch die fabrikatorische Verarbeitung der ursprünglichen Lebensmittel zu Nahrungsmitteln kommt es zu erheblichen Veränderungen in dem Verhältnis der einzelnen Nährstoffe zueinander und zu einem Verlust an wichtigen biologischen Wirkstoffen, die man heute als **Vitalstoffe** zusammenfasst. Dazu gehören die wasser- und fettlöslichen Vitamine einschließlich des besonders bedeutungsvollen Vitamin B-Komplexes, die Mineralstoffe, Spurenelemente, Enzyme, hochungesättigte Fettsäuren, Aromastoffe und Faserstoffe (sog. Ballaststoffe). Die Vitalstoffe sind zur Erhaltung der Gesundheit unerlässlich.

Bei der technisch-fabrikatorischen Verarbeitung der Lebensmittel gehen die meisten Vitalstoffe verloren. Deshalb sind Präparate aus Nahrungsmitteln am nachteiligsten. Dies gilt besonders für den **Fabrikzucker,** die **Auszugsmehle** und **Fabrikfette.** Diese sind auch deshalb so gesundheitsschädlich, weil sie täglich regelmäßig in relativ großen Mengen verzehrt werden.

Unter **Auszugsmehlen** versteht man solche Mehle, die nicht mehr wie früher aus dem ganzen Getreidekorn hergestellt sind, sondern nur noch den Stärkekern enthalten und bei denen die Randschichten und der Keim fehlen. Da die letzteren sehr wichtige Vitalstoffe, den Vitamin-B-Komplex und fettlösliche Vitamine enthalten, ist ihr Fehlen über Jahrzehnte besonders

ders gefährlich. Auszugsmehl vom Roggen heißt Graumehl, solches vom Weizen Weißmehl. Was die biologische Minderwertigkeit betrifft, so besteht kein Unterschied zwischen Schwarz- und Weißbrot.

Vitamin-Räuber

Ähnlich liegt es bei den verschiedenen **Fabrikzuckerarten.** Auch hier besteht zwischen Fruchtzucker, Traubenzucker und Rohrzucker kein wesentlicher Unterschied, soweit es den Mangel an Vitalstoffen betrifft. Der gewöhnliche Verbrauchszucker wird aus Zuckerrüben oder Zuckerrohr hergestallt. In Europa wird er vor allem aus Zuckerrüben gewonnen. Brauner und weißer Zucker sind gleichermaßen gesundheitsschädlich. Einzelheiten hat der Verfasser in dem Buch „Zucker, Zucker“, emu-Verlag, dargestellt. Die Schädlichkeit aller Fabrikzuckerarten liegt nicht nur in dem völligen Fehlen der Vitalstoffe, sondern sie bewirken auch indirekten Vitamin B1-Mangel (Vitamin B1-Räuber), verursachen Kalkstoffwechselstörungen und erzeugen Unverträglichkeit von Vollkornprodukten und Frischkost im Verdauungsapparat.

Der Vitamin B1-Mangel, der durch den Verzehr von Auszugsmehlprodukten entsteht, wird durch den gleichzeitigen Genuss von Fabrikzucker verstärkt. So erklärt es sich, dass süße Gebäcke und der gleichzeitige Genuss von Süßigkeiten und Grau- und Weißbrot bei der Entstehung der rheumatischen Erkrankungen eine zentrale Rolle spielen.

Die Rolle des tierischen Eiweißes

Die meisten Krankheiten haben mehrere Ursachen. Dies gilt auch für die Erkrankungen der Bewegungsorgane. So spielt bei allen rheumatischen Erkrankungen neben den erwähnten Ursachen auch das tierische Eiweiß eine wichtige Rolle, sowohl für die Entstehung, wie entsprechend für die Behandlung und Heilung. Bei den meisten Erkrankungen der Bewegungsorgane ist eine Besserung bzw. Heilung nicht zu erzielen, wenn nicht auf tierisches Eiweiß verzichtet wird. Zum tierischen Eiweiß werden folgende Nahrungsmittel gerechnet: Quark, Käse, Milch, Joghurt, Wurst, Fleisch, Ei und Fisch. Butter und Rahm stammen zwar auch vom Tier, bestehen aber vorwiegend aus Fett; der Eiweißgehalt ist gering. Je schwerer die Erkrankungsform ist, um so konsequenter ist der Verzicht auf Nahrungsmittel notwendig, die tierisches Eiweiß enthalten.

Pflanzliches Eiweiß ist vollwertig

Da weite Kreise der Bevölkerung und leider auch die meisten Ärzte noch unter dem Einfluss des Dogmas der etablierten Ernährungslehre stehen, die bekanntlich behauptet, der Mensch könne ohne tierisches Eiweiß nicht leben, ruft der Hinweis auf den Verzicht von tierischem Eiweiß sofort die bange Frage hervor: Wie deckt der Mensch dann seinen Eiweißbedarf? Die Deckung des Eiweißbedarfs aus pflanzlicher Nahrung ist aber sehr einfach möglich. Man muss nur wissen, dass pflanzliches Eiweiß genauso vollwertig ist wie tierisches. Ausschlaggebend für die Vollwertigkeit der Eiweiße ist ihr Gehalt an Aminosäuren. Die Zufuhr aller notwendigen Aminosäuren durch pflanzliche Nahrungsmittel ist garantiert, wenn zwei wichtige Regeln beachtet werden:

1. Die pflanzliche Nahrung muss vielseitig sein, da das Verhältnis der einzelnen Aminosäuren in den verschiedenen Pflanzen und Pflanzenteilen unterschiedlich ist. **Dabei hat es sich aufgrund der sogenannten Aminogramme bewährt, wenn täglich mindestens**

zwei Pflanzenteile gegessen werden, die unter der Erde wachsen, also Wurzeln, und zwei Pflanzenteile, die oberhalb der Erde gewachsen sind, d. h. Blätter und Früchte. Eine hervorragende und nötige Ergänzung bilden die ganzen Getreidekörner in Form von Vollkornbroten und Gerichten aus frischem Getreide. Durch eine derartige Kombination ist die Garantie für ausreichende Versorgung mit vollwertigem Eiweiß gegeben.

2. Genauso wichtig ist aber auch die Beachtung der zweiten Regel: **Ein Teil dieser Nahrungsmittel muss in unerhitzter Form genossen werden.** Ernährungsforschungen von Kollath und anderen haben nämlich ergeben, dass das Wesentliche nicht darin besteht, ob das Eiweiß vom Tier oder der Pflanze stammt, sondern ob es unerhitzt (nativ) oder erhitzt (denaturiert) ist. In diesem Zusammenhang ist der Hinweis interessant, dass pflanzenfressende Tiere zugrundegehen, wenn sie nur erhitzte Nahrung bekommen. Sie sind auf rohe Nahrung angewiesen. Damit ist gewährleistet, dass ihr Bedarf sowohl an Vitalstoffen wie an nativem Eiweiß gedeckt ist. Auch für Raubtiere, die von anderen Tieren leben, gilt Ähnliches: Sie müssen die Tiere roh fressen und ganz. Eine Ernährung nur mit erhitztem Muskelfleisch, das der Mensch irrtümlich für „kräftig" hält, führt in kurzer Zeit zum Tod des Tieres und zeigt, dass es sich um eine Mangelkost handelt.

Die Behandlung

Im Schema gestaltet sich die Kosfform für die ernährungsbedingten Erkrankungen der Bewegungsorgane wie folgt.

Die Nahrung darf **nicht enthalten:**

1. Auszugsmehlprodukte (Graubrot, Weißbrot, Zwieback, Pudding, Kuchen und Teigwaren aus weißem und grauem Mehl, geschälten Reis),
2. Fabrikzuckerarten aller Art. d. h. den gewöhnlichen Verbrauchszucker (= Rohrzucker), gleichgültig ob braun oder weiß, Fruchtzucker, Traubenzucker, sogenannter Vollrohrzucker, Ahornsirup, Süßigkeiten, Konfitüren und andere Zuckerkonzentrate.
3. Fabrikfette, d. h. durch Raffination gewonnene Öle und Fette, Margarinen,
4. tierisches Eiweiß: Quark, Käse, Milch, Joghurt, Eier, Wurst, Fleisch, Fisch.

Unbedingt gegessen werden müssen:

1. Vollkornbrote (verschiedene Sorten Vollkornprodukte)
2. Ein Frischkorngericht, am besten in Form des Frischkornbreis nach Prof. Kollath.

Rezept: Er wird aus einer einzelnen Getreideart oder einer Mischung hergestellt. Es kann z. B. Weizen, Roggen, Hafer, Gerste, Hirse gemischt werden. Von dieser Mischung werden 3 Esslöffel durch eine Kaffeemühle oder Getreidemühle grob geschrotet. Das Mahlen muss jedesmal frisch vor der Zubereitung vorgenommen werden. Dabei spielt es keine Rolle, ob die Getreidemühle mit Mahlsteinen oder einem Stahlmahlwerk arbeitet.
Nicht auf Vorrat mahlen!
Das gemahlene Getreide wird mit ungekochtem, kaltem Leitungswasser zu einem Brei gerührt und mehrere Stunden (bis zu zwölf) stehengelassen. Die Wassermenge wird so berechnet, dass nach der Quellung nichts weggegossen zu werden braucht. Nach etwa fünf bis zwölf Stunden wird dieser Brei genussfähig gemacht durch Zusatz von frischem Obst (je nach Jahreszeit), Zitronensaft, 1 Teelöffel Honig (nur manchmal, regelmäßig Honig kann Karies erzeugen), 1 Esslöffel Sahne, gerie-

benen Nüssen, nach Art des Bircher-Benner-Müslis.
Solange verfügbar, sollte man immer einen Apfel hineinreiben und sogleich untermischen. Der geriebene Apfel macht den Frischkornbrei besonders luftig und wohlschmeckend.
Es ist ohne Belang, zu welcher Tageszeit dieser Brei genossen wird.

3. Frischkost. Etwa ein Drittel der Gesamtkost in Form von Salaten, möglichst 2 unter der Erde und 2 über der Erde gewachsene Pflanzenteile.

Alle übrigen Speisen sind erlaubt.

Schweres Rheuma: reine Frischkost

Je schwerer die rheumatische Erkrankungsform ist, umso strenger müssen die Richtlinien eingehalten werden. Bei den schwersten Formen, die üblicherweise als unheilbar gelten, sind Erfolge nur durch reine Frischkost über lange Zeit erzielbar. Dies gilt besonders für fortgeschrittene Fälle der sogenannten primär chronischen Polyarthritis (pcP), während Fälle, die noch im Anfangsstadium und noch nicht lange mit Cortisonpräparaten behandelt sind, bessere Heilungsaussichten haben. Die Entscheidung darüber und die genaueren Anweisungen gehören natürlich in die Hand eines Arztes, der in Ernährungsfragen erfahren ist. Zur Vorbeugung, vor allem in Familien, in denen rheumatische Erkrankungen vorkommen, genügt es, wenn die Ernährungsrichtlinien großzügig gehandhabt werden.

Obwohl logischerweise die Ernährung die Grundlage für die Verhütung und Behandlung aller Erkrankungen des Bewegungsapparates darstellt, da es sich ja um ernährungsbedingte Krankheiten handelt, sind natürlich die bekannten anderen Behandlungsmaßnahmen wie Bäder, Kneippsche Anwendungen, Massagen, Chiropraktik, Homöopathie ebenfalls nötig. In vielen Fällen ist auch die Entfernung toter Zähne und anderer Störungsfelder Vorraussetzung für einen Behandlungserfolg.

Allopathische Medikamente haben lediglich schmerzlindernde Wirkung. Sie sind in fortgeschrittenen Fällen, wenn eine ursächliche Heilbehandlung versäumt wurde, nicht zu entbehren. Eine Heilwirkung kommt ihnen jedoch nicht zu. Dies lässt sich leicht daran erkennen, dass nach ihrem Weglassen die Schmerzen und Beschwerden unverändert sind wie vorher. Ein weiterer Nachteil besteht darin, dass der Kranke sich durch die Schmerzlinderung über den wahren Zustand täuscht und die ursächlichen Heilmaßnahmen der Ernährung versäumt. Die Heilungsaussichten sind selbstverständlich auch davon abhängig, wie frühzeitig mit den Heilmaßnahmen, d. h. der Beseitigung der Ursachen, begonnen wird. Hier gilt der Satz von Prof. Lickint:

„Jede chronische Krankheit ist verdächtig auf unterlassene Prophylaxe."

Je frühzeitiger und konsequenter die erwähnten Behandlungsmaßnahmen einsetzen, umso größer ist die Aussicht auf Heilung. Wenn diese auch bei weit fortgeschrittenen bösartigen Formen, die schon zu Versteifungen geführt haben, natürlich nicht mehr möglich ist, so kann der Krankheitsprozess doch in allen Fällen durch die Ernährungsmaßnahmen im obigen Sinne noch erheblich verlangsamt und gelindert werden.

Ausführliche Literatur:
Dr. M. O. Bruker:
Rheuma – Ursache und Heilbehandlung
176 S., gebunden, ISBN 978-3-89189-010-3

Weitere Kleinschriften von Dr. med Max Otto Bruker

1. Unser täglich Brot und der Zucker als Hauptursache für die modernen Zivilisationskrankheiten
2. Schlank werden ohne Hungerkur
3. Herzinfarkt, Asteriosklerose und Gallensteine sind verhütbar
4. Wie beugt man den ernährungsbedingten Zivilisationskrankheiten vor?
5. Ernährungsbehandlung der Leber-, Galle, Magen-, Darm- und Bauchspeicheldrüsenerkrankungen
6. Butter – ein hochwertiges Lebensmittel?
7. Vom Kaffee und seinen Wirkungen
8. Ärztliches Memorandum zur industriellen Nutzung der Atomenergie
9. Über den Unwert der heutigen Milch
10. Gesund durch richtige Ernährung (LVA-Schrift)
11. Die Story von den 2 »richtigen« Ernährungen
12. Ursachen der ernährungsbedingten Zivilisationskrankheiten (Mörder bekannt – kein Kläger)
13. Fett macht nicht fett (Fett)
14. Bakterien im Frischkornbrei
15. Sie vertragen Vollkornbrot nicht?
16. Krankheiten durch Fabrikzucker
17. Unser täglich Brot – eine tote Nahrung?
18. Wieviel und was soll man täglich trinken
19. Ballaststoffe sind kein Ballast
20. Scheinursachen verschleiern Zusammenhänge
21. Die Ernährung des älteren Menschen
22. Die Deckung des Eiweißbedarfs
23. Vitamin B12
24. Wissenswertes über Säfte
25. Rheuma – ernährungsbedingte Zivilisationskrankheit
26. Zöliakie
27. Das Allergie-Problem
28. Die Zuckerkrankheit –Verhütung und Behandlung
29. Gebissverfall
30. Weil du beim Reaktor wohnst
31. Die Ernährung des Kindes
32. Neurodermitis
33. Der Darmpilzrummel – Fehldiagnose Candida albicans –

Auch komplett als Sammelmappe zum Sonderpreis erhältlich!

Dr. med. Max Otto Bruker

Kleinschrift
Nr. 26

Zöliakie

emu verlag

ernährung • medizin • umwelt

Ist Zöliakie heilbar?

Dr. med. M. O. Bruker

Ursachen der Zöliakie

Die Zöliakie ist eine ernährungsbedingte Zivilisationskrankheit. Dies bedeutet, dass sie durch Fehlernährung verursacht wird und die Behandlung in der Abstellung der Ernährungsfehler liegt.

Die Zöliakie ist eine Erkrankung der Darmschleimhaut, die schon im frühesten Kindesalter beginnen kann. Das Allgemeinbefinden ist beeinträchtigt, die Gewichtszunahme mangelhaft, der Leib aufgetrieben, die Stühle reichlich und schaumig. Bei längerem Bestehen der Erkrankung kommt es zu einer Degeneration der Dünndarmschleimhaut mit Befall des Zottenepithels. Diese Befunde sind mikroskopisch durch Biopsie nachweisbar. Da eine Unverträglichkeit von Gluten, dem Klebereiweiß der Getreidesorten Weizen, Roggen, Gerste und Hafer besteht, beschränkte sich bisher die übliche Behandlung in einer Vermeidung dieser Getreidearten. Diese Behandlungsart stellt aber lediglich eine symptomatische Linderung, keine Heilbehandlung dar. Denn die Unverträglichkeit von Gluten ist nicht die Ursache, sondern lediglich ein charakteristisches Symptom der Zöliakie.

So kommt es, dass man die Erkrankung als unheilbar ansieht. Man begnügt sich in der Behandlung mit der Vermeidung von glutenhaltigen Getreidearten, zumal es bei längerer Durchführung dieser diätetischen Maßnahmen zu einer Regeneration der Dünndarmschleimhaut kommt, falls die Erkrankung noch nicht zu lange bestanden hat.

Man braucht aber auf eine echte Heilung nicht zu verzichten, wenn man die eigentlichen Ursachen der Erkrankung kennt und damit die Möglichkeit hat, die Fehler abzustellen. Mindestens ebenso wichtig ist es, dass man durch frühzeitige Vermeidung der Ursachen die Erkrankung verhüten kann.

Historisch betrachtet ist es auffallend dass die Zöliakie früher sehr selten war. Vor ca. 100 Jahren wurde sie als Heubner-Herter'sche Erkrankung bezeichnet. In den letzten Jahrzehnten hat die Zöliakie entsprechend der Zunahme anderer ernährungsbedingter Zivilisationskrankheiten deutlich zugenommen, so dass heute nach statistischen Angaben auf 1000 Einwohner ein krankes Kind kommt. In der Bundesrepublik Deutschland würde dies etwa 60000 Zöliakiekranke ergeben. Zu den klassischen ernährungsbedingten Zivilisationskrankheiten gehören der Gebissverfall durch Zahnkaries und Parodontose, die Erkrankungen der Bewegungsorgane (20 Millionen!), die Gefäßerkrankungen mit Arteriosklerose und Herzinfarkt, die Stuhlverstopfung, die meisten Lebererkrankungen, die Steinbildungen, die Zuckerkrankheit, die Übergewichtigkeit und teilweise die Infektanfälligkeit und der Krebs. Da diese Krankheiten mit Ausnahme der Zahnkaries im Durchschnitt 20–40 Jahre benötigen, bis sie nachweisbar in Erscheinung treten, werden die meisten nicht als ernährungsbedingt erkannt und irrtümlich als Alterskrankheiten bezeichnet. Im Hinblick auf die lange Entstehungszeit der ernährungsbedingten Zivilisationskrankheiten ist es verständlich, dass die Folgen im Kindesalter erst in geringem Maße in Erscheinung treten. Die zivilisatorischen Veränderungen, die durch den Einbruch der Technik in den Nahrungsmittelbereich entstanden sind, machen sich bei entsprechender Konstitution des Kindes bereits als Zöliakie bemerkbar.

Die Ursachen der Zöliakie als ernährungsbedingtem Zivilisationsschaden liegen im Grunde in denselben Faktoren wie bei den im späteren Alter auftretenden Krankheiten: Es sind die fabrikatorisch hergestellten Nahrungsmittel in Verbindung mit dem vermehrten Verzehr artfremden Eiweißes.

Die Ernährungsmaßnahmen, die zur Verhütung der Zöliakie notwendig sind, sind grundsätzlich dieselben wie bei der Behandlung bereits bestehender Erkrankungen. Nur müssen im letzteren Fall selbstverständlich trotz einsetzender Heilbehandlung anfangs die glutenhaltigen Getreide gemieden werden. Mit zunehmender Besserung durch die Heilbehandlung werden allmählich kleine Mengen Vollgetreide zugelegt, unter keinen Umständen jedoch in Form von Auszugsmehlen, auch nicht in kleinsten Mengen.

Ehe die Einzelheiten der Heilbehandlung besprochen werden, sei nochmals betont, dass die Unverträglichkeit von Gluten bei der Zöliakie zwar das klassische Kennzeichen dieser Erkrankung ist; aber sie ist nicht durch den Verzehr von glutenhaltigen Getreiden verursacht. Die Ursachen der Zöliakie liegen bei der Zivilisationskost. Diese ist durch mehrere Faktoren gekennzeichnet, in erster Linie durch den Mangel an Vitalstoffen. Die Vitalstoffe sind ein Sammelbegriff für biologische Wirkstoffe, nämlich Vitamine, Mineralstoffe, Spurenelemente, Enzyme (Fermente), ungesättigte Fettsäuren, Aromastoffe und Faserstoffe (sogenannte Ballaststoffe). Dieser Vitalstoffmangel ist verursacht durch einen zu großen Anteil von erhitzter Nahrung und den Verzehr raffinierter Kohlenhydrate, d. h. von Auszugsmehlen und Fabrikzucker, ferner von raffinierten, fabrikatorisch hergestellten Fetten. Eine weitere nachteilige Komponente ist beim Kind das artfremde Eiweiß durch Kuhmilch, was beim Erwachsenen dem zu großen Verzehr von tierischem Eiweiß in Form von Fleisch, Wurst und Fisch entspricht.

Die Verhütung und Behandlung der Zöliakie

erfordert folgende Maßnahmen:

1. Unerlässlich ist die strengste Vermeidung des artfremden Eiweißes der Kuhmilch. Jede Art von Milch ist daher aus der Kostform zu streichen: Erhitzte Milch in Form von H-Milch, pasteurisierte Milch und sonstwie erhitzte Milch, Sauermilch, Joghurt, Kefir, Quark und rohe Milch. Im Fall der Zöliakie kommt es nicht auf den Vitamingehalt der Milch an, der durch Erhitzung verringert wird, sondern auf den Eiweißgehalt.

   Hier bestehen deutliche Parallelen zwischen Erkrankungen der Haut und der Schleimhäute. Man könnte sagen, dass bei der Zöliakie an der Schleimhaut Ähnliches passiert wie bei den Erscheinungen der Neurodermitis an der Haut. Eine weitere Parallele besteht darin, dass beide Erkrankungen als unheilbar angesehen werden und dass sie auch tatsächlich mit der üblichen Behandlung unheilbar sind, während sie durch konsequente Heilnahrung über längere Zeit geheilt werden können. Wie lange es dauert, bis die Zöliakie ausgeheilt ist, ist vor allem davon abhängig, wie weit die Erkrankung fortgeschritten ist, ehe die Heilbehandlung einsetzt. Es kann nicht stark genug betont werden, dass die Vermeidung glutenhaltigen Getreides nicht zur Heilung der Zöliakie führt. Es ist wenig bekannt, dass es zahlreiche KInder gibt – es ist etwa ein Drittel aller Kinder – deren Stoffwechsel mit der Kuhmilch nicht fertig wird. Die Unverträglichkeit der Kuhmilch kann sich auf verschiedene Weise äußern: als Hautausschläge (Ekzem), als rezidivierende Infekte, als Schwellung der Lymphknoten, als allergische Phänomene an der Haut und den Schleimhäuten (Asthma). In diese Rubrik gehört auch die Zöliakie.

Zur Erklärung der Unverträglichkeit des Kuhmilcheiweißes mag die Tatsache dienen, dass es kaum ein im Freien lebendes Säugetier gibt, das nach Beendigung der Säuglingszeit noch Milch seiner eigenen Art trinkt, schon gar nicht Milch einer anderen Tierart. Der Gedanke wirkt grotesk, dass ein Löwe nach der Säuglingszeit nicht gedeiht, weil er nicht Eselmilch tränke und der Elefant Giraffenmilch benötige. Nur der menschlichen Mutter wird vorgeredet, dass ihr Kind ohne Kuhmilch nicht gedeihe, die eigentlich für das Kalb bestimmt ist. Bei dem sogenannten lymphatischen Kind kann man die Nachteile des artfremden Eiweißes klassisch nachweisen. Interessant ist in diesem Zusammenhang, dass zahlreiche sogenannte allergische Erkrankungen beim Kind und Erwachsenen durch **strenge** Vermeidung von tierischem Eiweiß (Milch, Joghurt, Quark, Eier, Käse, Wurst, Fleisch, Fisch) heilbar sind, im Gegensatz zur nur symptomatischen Linderung mit Cortison.

2. Ebenso streng muss die Vermeidung aller Auszugsmehlprodukte eingehalten werden. Unter Auszugsmehlen versteht man alle Mehle, denen die Randschichten und der Keim fehlen, die also nur noch aus dem vitalstoffarmen Stärkekern bestehen. Aus dem Weizen entsteht das Weißmehl, aus dem Roggen das Graumehl. Durch das Fehlen der in dem Keim und den Randschichten vorhandenen Vitalstoffe, vor allem des Vitamin-B-Komplexes, insbesondere des Vitamin B 1, kommt es zu tiefgreifenden Stoffwechselstörungen.
3. Diese Stoffwechselstörungen werden verstärkt durch den gleichzeitigen Verzehr der verschiedenen Arten von **Fabrikzucker,** d. h. von industriell hergestelltem Fruchtzucker, Traubenzucker, von gewöhnlichem Haushaltszucker (Rohrzucker), der in der Bundesrepublik aus Zuckerrüben hergestellt wird. Der braune Zucker ist genauso schädlich wie andere Zuckerkonzentrate, z. B. Ahornsirup, Rübensirup, Birnendicksaft, Apfeldicksaft, Sucanat, Ur-Zucker u. a. m. Unschädlich sind dagegen Süßstoffe, die jedoch nicht zu empfehlen sind, da sie geeignet sind, das Verlangen nach Süßem zu unterhalten.
   Die Kombination von Auszugsmehlen und Fabrikzucker ist besonders krankheitserzeugend, weil schon durch die Auszugsmehle eine Vitamin-B1-Unterversorung entsteht, die durch den Vitamin-B-Räuber Fabrikzucker noch verstärkt wird.
4. Besonders zur Verhütung und Behandlung von Haut- und Schleimhauterkrankungen ist eine ausreichende Zufuhr der fettlöslichen VItamine A, D, E und K nötig. Die Deckung des Bedarfs an fettlöslichen Vitaminen ist durch den Verzehr naturbelassener Fette gewährleistet, d. h. durch Butter und sogenannte kalt gepresste Öle, unter Vermeidung von Fabrikfetten, d. h. von Ölen, die durch Raffination gewonnen sind, und von Margarinen.
5. Zur vitalstoffreichen Heilkost gehört auch ein gewisser Anteil von unerhitzten Lebensmitteln, d. h. von Frischkost. Dazu rechnen rohes Obst und rohe Gemüse. Es empfiehlt sich dabei, täglich möglichst zwei Gemüseteile zu essen, die unter der Erde gewachsen sind, wie z. B. Möhren, Rettich, rote Bete, und zwei, die oberhalb der Erde gewachsen sind, wie Blattsalate aus grünem Salat, Feldsalat, Weißkohl, Rotkohl, Tomaten, Gurken usw. Je größer der Frischkostanteil ist, umso rascher

erfolgt die Heilung. Der Anteil von Frischkost sollte mindestens ein Drittel der Gesamtnahrung ausmachen; in schweren Fällen ist aber eine ausschließliche Frischkosternährung am erfolgreichsten.

6. Schließlich ist wieder die Einbeziehung von Vollgetreide notwendig, da die Randschichten und der Keim biologische Wirkstoffe enthalten, die zur Verwertung der im Stärkekern enthaltenen Kohlenhydrate notwendig sind. Dies ist ein wesentlicher Faktor der Heilkost. Wie schon mehrfach erwähnt, kann mit fortschreitender Besserung durch die vitalstoffreiche Vollwertkost die Menge des Vollgetreides als Vollkornbrot und andere Vollkornprodukte allmählich gesteigert werden, während der Anteil an glutenfreien Mehlen allmählich entsprechend verringert und schließlich unnötig wird.
7. Unter den Vollkornprodukten nimmt der Frischkornbrei nach Kollath eine besondere Zentralstellung ein. Hier ist sein Rezept:
   Er wird aus einer einzelnen Getreideart oder aus einer Mischung von Roggen, Weizen, Gerste, Hafer und Hirse wie in Waerland's Kruska (erhältlich im Reformhaus) hergestellt. Von dieser Mischung werden 3 Esslöffel durch die Getreidemühle, in einem Mixapparat oder in einer alten (nicht neuen) Kaffeemühle grob geschrotet. Das Mahlen muss jedesmal frisch vor der Zubereitung vorgenommen werden! **Nicht** auf Vorrat mahlen !
   Das gemahlene Getreide wird mit ungekochtem, kaltem Leitungswasser zu einem Brei gerührt und 5-12 Stunden stehen gelassen. Die Wassermenge wird so berechnet, dass nach der Quellung nichts weggegossen zu werden braucht.
   Der Brei wird genussfähig gemacht durch Zusatz von frischem Obst (je nach Jahreszeit), Zitronensaft, 1 Teelöffel Honig (nur manchmal; regelmäßig Honig kann Karies erzeugen), 1 Esslöffel Sahne, geriebenen Nüssen.
   Solange verfügbar, sollte man immer einen Apfel hineinreiben und sogleich untermischen, bevor er braun wird. Der geriebene Apfel macht den Frischkornbrei besonders luftig und wohlschmekkend.
   Es ist ohne Belang, zu welcher Tageszeit der Brei genossen wird.
8. Zur besseren Verträglichkeit der Frischkost und der Vollkornprodukte hat sich bewährt, mindestens in der Anfangs- und Übergangszeit die Säfte aus Obst und Gemüsen und gekochtes Obst zu meiden.

Zusammenfassend sei das Wesentliche der Ernährungsbehandlung in Stichworten nochmals aufgeführt:

Streng zu meiden sind:

1. Milch, Joghurt, Quark, Käse, Eier, Wurst, Fisch und Fleisch wegen des artfremden Eiweißes.
2. Auszugsmehle aus Weizen (Weißmehl) und Roggen (Graumehl).
3. Alle Arten von Fabrikzucker: Fruchtzucker, Traubenzucker, Rohrzucker (gewöhnlicher Haushaltszucker), gleichgültig ob weiß oder braun, Süßigkeiten, Süßspeisen, Marmeladen usw.
4. Fabrikfette (Margarinen und raffinierte Öle).
5. Säfte aus Obst und Gemüsen und eingemachtes Obst.

Notwendig sind:

1. Ein gewisser Anteil an Frischkost aus Obst und Gemüsen.
2. Naturbelassene Fette wie Butter und kalt gepresste Ole.
3. Vollkornbrote aus Weizen, Gerste, Roggen, Hafer, Hirse, Buchweizen und Voll-

kornprodukte, allmählich einschleichend und steigernd – je nach Befinden.
4. Frischkornbrei nach Kollath.

Alle übrigen Speisen, die nicht erwähnt sind, sind erlaubt.

Eine Unterstützung dieser Behandlung durch homöopathische Medikamente ist zu empfehlen.

Da es sich bei der angegebenen Ernährung um eine Kostform handelt, die nicht nur jede ernährungsbedingte Zivilisationskrankheit verhütet, sondern auch die Idealkost zur optimalen Entwicklung der Kinder und für gesunde Erwachsene zur Erhaltung der Leistungsfähigkeit und Vitalität ist, kann sie unbegrenzt lange fortgesetzt werden. Wenn die Eltern eines kranken Kindes mitmachen, haben sie selbst ebenfalls gesundheitliche Vorteile.

Literaturhinweis

Dr. M. O. Bruker
Unsere Nahrung – unser Schicksal
50. Auflage – Sonderausgabe
geb., 464 S., ISBN 978-3-89189-223-7
emu-Verlag, 56112 Lahnstein

Bruker/Gutjahr
Biologischer Ratgeber für Mutter und Kind
geb., 352 S., ISBN 978-3-89189-011-0
emu-Verlag, 56112 Lahnstein

Weitere Kleinschriften von Dr. med Max Otto Bruker

1. Unser täglich Brot und der Zucker als Hauptursache für die modernen Zivilisationskrankheiten
2. Schlank werden ohne Hungerkur
3. Herzinfarkt, Asteriosklerose und Gallensteine sind verhütbar
4. Wie beugt man den ernährungsbedingten Zivilisationskrankheiten vor?
5. Ernährungsbehandlung der Leber-, Galle, Magen-, Darm- und Bauchspeicheldrüsenerkrankungen
6. Butter – ein hochwertiges Lebensmittel?
7. Vom Kaffee und seinen Wirkungen
8. Ärztliches Memorandum zur industriellen Nutzung der Atomenergie
9. Über den Unwert der heutigen Milch
10. Gesund durch richtige Ernährung (LVA-Schrift)
11. Die Story von den 2 »richtigen« Ernährungen
12. Ursachen der ernährungsbedingten Zivilisationskrankheiten (Mörder bekannt – kein Kläger)
13. Fett macht nicht fett (Fett)
14. Bakterien im Frischkornbrei
15. Sie vertragen Vollkornbrot nicht?
16. Krankheiten durch Fabrikzucker
17. Unser täglich Brot – eine tote Nahrung?
18. Wieviel und was soll man täglich trinken
19. Ballaststoffe sind kein Ballast
20. Scheinursachen verschleiern Zusammenhänge
21. Die Ernährung des älteren Menschen
22. Die Deckung des Eiweißbedarfs
23. Vitamin B12
24. Wissenswertes über Säfte
25. Rheuma – ernährungsbedingte Zivilisationskrankheit
26. Zöliakie
27. Das Allergie-Problem
28. Die Zuckerkrankheit –Verhütung und Behandlung
29. Gebissverfall
30. Weil du beim Reaktor wohnst
31. Die Ernährung des Kindes
32. Neurodermitis
33. Der Darmpilzrummel – Fehldiagnose Candida albicans –

Auch komplett als Sammelmappe zum Sonderpreis erhältlich!

emu Verlags- und Vertriebs GmbH · Dr.-Max-Otto-Bruker-Straße 3 · 56112 Lahnstein · www.emu-verlag.de

Dr. med. Max Otto Bruker

Kleinschrift
Nr. 27

Das Allergie-Problem

Über die Heilbarkeit allergischer Krankheiten

ernährung • medizin • umwelt

emu verlag

Das Allergie-Problem

Über die Heilbarkeit allergischer Krankheiten

Dr. med. M. O. Bruker

Allergische Krankheiten sind heilbar

„Und allergisch bin ich auch", diese Worte hört der Arzt so häufig in der Sprechstunde, dass man den Eindruck gewinnen könnte, als ob fast alle Menschen eine Allergie hätten.

Prüft man die Verhältnisse genau, so zeigt sich zwar, dass statistisch eine erhebliche Zunahme der allergischen Krankheiten registriert wird. Es werden Zahlen genannt, dass in den 60er-Jahren bei jedem hundertsten Bundesbürger eine Allergie festgestellt wurde, heute aber 10% der Erwachsenen und 20% der Kinder allergische Erscheinungen zeigen. Andererseits ergibt sich aber auch, dass viele krankhafte Störungen, die pauschal als Allergie bezeichnet werden, sich als Störungen herausstellen, deren Entstehung auf anderen Faktoren beruht.

Allergie ist keine ausreichende Diagnose

Tatsächlich meinen die meisten, mit der Diagnose „Allergie" sei die Ursache der Krankheit erkannt. Dies ist aber ein schwerwiegender Irrtum. Die schlimmste Folge dieser irrigen Vorstellung ist die Schlussfolgerung des Kranken, dass seine Krankheit unheilbar sei. Denn er nimmt an, dass die Allergie die Ursache seiner Krankheit sei und dass er eben das Pech habe, allergisch zu sein. Da er die Allergie für etwas hält, was er eben habe, hält er sich logischerweise für unheilbar. So kommt es, dass tatsächlich die meisten die Allergie für etwas Unabänderliches, eben ihnen Eigenes ansehen, mit dem sie sich als zu ihrem Wesen Gehöriges abfinden müssten.

Allergie ist nicht angeboren, sondern erworben

Eine Allergie ist aber nichts Angeborenes, nichts, was vorgegeben als eine Art unglücklicher Anlage unabänderlich vorhanden ist, sondern die allergische Reaktion ist **erworben.** Der Allergiekranke ist also vor dem Auftreten der Allergie gesund gewesen und ist daher auch wieder heilbar.

Allergie ist ein Symptom

Damit wird zugleich klar, dass strenggenommen die Allergie nicht die Ursache einer Erkrankung sein kann, sondern lediglich eine **Erklärung** dafür darstellt, dass jemand krank geworden ist. Oder mit anderen Worten, jede Allergie **hat** Ursachen. Die Allergie **ist** also nicht die Ursache einer Krankheit, sondern sie stellt selbst eine krankhafte Störung dar, die ihrerseits Ursachen **hat.**

Allergie ist zum Modewort geworden

Das Wort Allergie stammt aus dem Griechischen und bedeutet lediglich „anders reagieren“ (all = anders; ergein = reagieren). Der Allergiker reagiert also anders als erwartet, anders als üblich, anders als „normal“. Man kennt in der medizinischen Fachsprache Begriffe wie Normergie = normale Reaktion, Hyperergie = übermäßige Reaktion und Hypergie = herabgesetzte Reaktion. So ist der Begriff der Allergie relativ nichtssagend; denn damit, dass festgestellt wird, dass ein Mensch anders reagiert als die Norm, ist keine große Weisheit verkündet, und so ist auch erklärbar, dass dieser dehnbare Begriff zu einer Art Allerweltswort, zu einem Modewort geworden ist, das für eine exakte Diagnose nicht viel taugt.

Allergie hat Ursachen

Wenn ein Mensch anders, d. h. krankhaft reagiert, so muss dies Ursachen haben. Damit sind wir beim zentralen Problem, den Ursachen der Allergie.

Hier stehen wir aber bereits vor einem neuen Problem, nämlich dem Umstand, dass in der etablierten Schulmedizin echte Ursachenforschung kaum betrieben wird. Dies ist unter anderem auch daran erkennbar, dass die ärztliche Behandlung sich vorwiegend auf eine Linderung der Symptome beschränkt und dass auf eine Heilung der Krankheit durch Abstellung der Ursachen meist verzichtet wird. Wenn der Kranke vom Arzt wissen will, weshalb er krank geworden ist, möchte er eigentlich die Krankheitsursache erfahren. Der Arzt nennt ihm jedoch statt der Ursachen, da er sie selbst nicht kennt, eine Diagnose; er sagt etwa, das sind Kreislaufstörungen, oder das kommt von Ihrer Schilddrüse oder Ihrer Leber, oder das kommt von Ihren Hormonstörungen usw. Er sagt aber nicht, welches die Ursachen der Kreislaufstörungen, der Leber- bzw. Schilddrüsenkrankheit und der Hormonstörungen sind. Er umgeht mit den Krankheitsbezeichnungen geschickt die Nennung der Ursachen, weil er auf dem Gebiet der Krankheitsursachen nicht ausgebildet ist. So wird z. B. an der Universität nicht gelehrt, dass die Erkrankungen des Bewegungsapparates, die sogenannten rheumatischen Krankheiten, ernährungsbedingte Zivilisationskrankheiten sind. Die Ursachen werden vielmehr als unbekannt angesehen oder als Alters- oder Verschleißkrankheiten bezeichnet, als ob durch den Gebrauch der Glieder oder durch das Alter Krankheiten entstünden. Das gleiche gilt für die zahlreichen Stoffwechselkrankheiten wie Fettsucht, Zuckerkrankheit, Gallen- und Nierensteine, Leberstörungen, Gefäßerkrankungen und nicht zuletzt für die Allergien. Noch viel weniger wird darauf hingewiesen, dass es hauptsächlich die industriell hergestellten vitalstoffarmen Nahrungsmittel wie Auszugsmehle, Fabrikzucker und Fabrikfette sind, die diese Erkrankungen verursachen. Auch bei der großen Gruppe der funktionellen Störungen, der vegetativen und sogenannten nervösen Störungen, der Depression und psychosomatischen Erkrankungen wird nicht ausreichend darauf hingewiesen, dass die Ursachen in der Lebensführung, der Erziehung, der religiösen und geistigen Haltung zu suchen sind. Bei diesen sogenannten lebensbedingten Krankheiten liegt eine mangelnde Fähigkeit vor, mit den vielfältigen Problemen des Lebens fertig zu werden. Auch diese Faktoren spielen bei der Entstehung aller Krankheiten, auch bei den Allergien, ursächlich eine Rolle.

Werden diese Zusammenhänge nicht erkannt – und sie werden tatsächlich nicht erkannt –, so kommt es dazu, dass Pseudoursachen, Scheinursachen an deren Stelle treten.

Scheinursachen der Allergie

So wird einfach ein Stoff zur Ursache erklärt; beim Heuschnupfen z. B. sind es die verschiedenen Pollen, für das Asthma der Hausstaub oder Pferdehaare. Tausende von Stoffen wurden inzwischen durch Testung als Allergene, d. h. als Stoffe erkannt, auf die der Einzelne mit allergischen Erscheinungen reagiert. So gesehen ist das Problem auf einen einfachen Nenner reduziert. Man muss nur den Stoff suchen, auf den der Kranke allergisch reagiert; dann muss man den Stoff meiden. Theoretisch scheint das Problem damit gelöst. In Wirklichkeit liegen aber die Verhältnisse anders.

Es gibt keine Allergie an sich

Es gibt keine Allergie an sich, sondern nur eine Allergie auf bestimmte Stoffe. Den Stoff, auf den der Mensch allergisch reagiert, nennt man Allergen bzw. Antigen. Der gesunde Organismus bildet gegen diese Antigene als Maßnahme der Unschädlichmachung bzw. „Entgiftung" spezifische Antikörper; dadurch wird die Wirkung der Antigene aufgehoben. Findet keine Neutralisation durch die Antigen-Antikörper-Reaktion statt, so kommt es zu allergischen Erscheinungen. Man kann also die Allergie als eine Folge mangelhafter Antigen-Antikörper-Reaktion ansehen. Das bedeutet, dass nicht durch Antigene Allergie entsteht, sondern durch die gestörte Antigen-Antikörper-Reaktion.

Heuschnupfen als Beispiel

Um das Grundsätzliche an einem Beispiel zu erläutern, betrachten wir die Verhältnisse an einer bekannten Allergie, dem Heuschnupfen. Im Prinzip gilt dasselbe für alle allergischen Phänomene. Bei der Geburt besteht noch kein Heuschnupfen, d. h. die Antigen-Antikörper-Reaktion ist in Ordnung. Das kann so Jahre und Jahrzehnte bleiben; d. h. der Mensch bekommt keinen Heuschnupfen, obwohl er mit den Pollen genauso in Berührung kommt wie jemand, der in einem bestimmten Lebensalter Heuschnupfen bekommt. Ob ein Mensch je an Heuschnupfen – oder einer anderen allergischen Störung erkrankt, ist also lediglich davon abhängig, ob er Antikörper auf Eindringen der Antigene bildet oder nicht. Da man sich praktisch im Leben der möglichen Einwirkung zahlreicher Antigene nicht entziehen kann, kann das Problem der Verhütung (oder Heilung) einer Allergie niemals darin bestehen, dass man Antigene vermeidet, sondern nur darin, dass man die Ursachen gestörter Antikörperbildung ausschaltet. Dazu muss man natürlich die Ursachen kennen.

Die Bedeutung der Ernährung

Die Antigen-Antikörper-Reaktion ist ein Vorgang, der sich im Eiweißstoffwechsel abspielt. Eine Störung der Antikörperbildung beruht auf einer Eiweißstoffwechselstörung. Diese Eiweißstoffwechselstörung ist ihrerseits eine Folge einer fehlerhaften Ernährung. Es ist in erster Linie das tierische Eiweiß, das zu einer Belastung des Stoffwechsels führt.

Der Verzehr von tierischem Eiweiß hat im letzten Jahrhundert ständig zugenommen. Der Fleischkonsum ist von 1890 bis 1980 um das Achtfache auf 90 Kilogramm pro Kopf und Jahr angewachsen. Es ist aber nicht nur der Fleischverbrauch gestiegen, sondern auch der Verzehr von anderem tierischem Eiweiß: Milch, Joghurt, Quark, Käse, Eiern, Wurst und Fisch. Diese tragen zusätzlich zu dem übersteigerten Eiweißverbrauch bei. Die Eiweißmast in den zivilisierten Völkern hat aber nicht nur zu einer Zunahme der Allergie geführt, sondern auch zu einem Heer der rheumatischen Krankheiten und der Zunahme der Gefäßerkrankungen. Gerade an diesen konnte Professor Lothar Wendt den Zusammenhang mit tierischem Eiweiß nachweisen. Bei Überfütterung mit tierischem Eiweiß lagern sich krankhafte Stoffe (Polymucosaccharide) auf der Basalmembram der Kapillaren ab. Es kommt dadurch zu einer Verdickung der normalerweise nur μ (= 1 tausendstel Millimeter) dicken Kapillarwand, durch die hindurch der Stoffaustausch vom Blut ins Gewebe stattfindet. Die Folgen dieses erschwerten Stoffaustausches sind vielseitig; es kommt zu einer Erhöhung der Blutwerte, z. B. des Cholesterins, und zu erhöhtem Blutdruck. Im weiteren Verlauf kann es zu der häufigen Komplikation des Herzinfarktes durch arteriosklerotische Gefäßveränderungen kommen.

Zusätzliche Stoffwechselstörungen durch raffinierte Kohlenhydrate

Die Stoffwechselvorgänge liegen in Wirklichkeit viel komplizierter, als es bei der Betrachtung einer Komponente, hier des Eiweißanteils, erscheint. Man spricht zwar zum besseren Verständnis von einem Eiweiß-, einem Fett- und einem Kohlenhydratstoffwechsel. In Wirklichkeit bestehen aber enge Verflechtungen dieser Vorgänge, die im Organismus nicht getrennt voneinander ablaufen. So wirken sich Störungen im Kohlenhydrat- und Fettstoffwechsel auch im Eiweißstoffwechsel aus und umgekehrt.

Langfristige Beobachtungen bestätigen, dass es sich bei den ernährungsbedingten Zivilisationskrankheiten um komplexe krankhafte Vorgänge handelt, bei denen gleichzeitige und nebeneinander herlaufende Störungen des Eiweiß- und Kohlenhydratstoffwechsels eine Rolle spielen, parallel zu den veränderten Essgewohnheiten, wie sie die Zivilisation mit sich gebracht hat.

Es ist genügend bekannt, auf welche Weise die raffinierten Kohlenhydrate, die Auszugsmehle und Fabrikzuckerarten, an der Entstehung der sogenannten ernährungsbedingten Zivilisationskrankheiten beteiligt sind. In diese Gruppe gehören neben den beiden Volksseuchen Zahnkaries und Rheuma die zahlreichen Stoffwechselstörungen der Fettsucht, der Zuckerkrankheit, der Gallen- und Nierensteine, die bereits erwähnten Gefäßerkrankungen und zum Teil der Krebs. Aber auch Allergien müssen hier genannt werden. Ein Organismus, der durch den Verzehr von Auszugsmehl und Fabrikzucker geschädigt ist, wird mit den tierischen Eiweißen schlechter fertig als ein Organismus, der nicht durch vitalstoffarme Fabriknahrungsmittel zusätzlich geschädigt ist. Die Schädlichkeit der Fabriknahrungsmittel beruht vor allem darauf, dass sie nicht nur selbst vitalstoffarm sind, sondern auch noch und indirekt Vitamine verbrauchen, die der übrigen Nahrung zur Verfügung stehen müssten. Bei den Vitalstoffen handelt es sich um die Gruppen der wasser- und fettlöslichen Vitamine, der Mineralstoffe, Spurenelemente, der Enzyme, der ungesättigten Fettsäuren, der Aromastoffe und der Faserstoffe (sogenannte Ballaststoffe). Es ist bekannt, dass der isolierte Fabrikzucker als Vitamin-B1-Räuber wirkt, was vielseitige Stoffwechselstörungen zur Folge hat.

So ist es kein Zufall, dass wir bei den Ursachen von Rheuma, Gefäßschäden und Allergien auf beide Komponenten stoßen, die raffinierten Kohlenhydrate und den vermehrten Verzehr von tierischem Eiweiß.

Es gibt verschiedene Eiweißarten

Nun gibt es zahlreiche Allergiefälle, die nicht durch ein Übermaß an tierischem Eiweiß zustandekommen, sondern bei denen eine Unverträglichkeit auch kleinster Mengen von tierischem Eiweiß vorliegt. An diesem Kranken lassen sich die Zusammenhänge mit der Allergie mit tierischem Eiweiß besonders deutlich erkennen. Dies gilt vor allem für Hautausschläge, Ekzeme und in besonderem Maße für das sogenannte konstitutionelle Ekzem, auch als Neurodermitis bezeichnet. Die Neurodermitis gilt üblicherweise als unheilbar. Sie ist aber durch entsprechende Behandlung heilbar, die alle ursächlichen Komponenten berücksichtigt. Die Heilung ist dann außerdem ein indirekter Beweis für die Richtigkeit des ursächlichen Zusammenhangs zwischen Nahrungskomponenten und der Erkrankung.

Die Neurodermitis als Test für die negative Wirkung der Tiermilch

Die Neurodermitis beginnt meist bereits im Säuglingsalter und zwar in dem Augenblick, in dem Milch verabreicht wird. Es ist das artfremde Eiweiß, das den Hautausschlag verursacht. Da der Säugling in der Regel nur mit einem einzigen Lebensmittel, der Milch, ernährt wird, ist der Unterschied zwischen verschiedenen Milcharten, der Muttermilch und der Kuhmilch, besonders gut erkennbar. Der Unterschied liegt in der **Eiweißart,** nicht im Fett- und Kohlenhydratanteil. Man unterscheidet in dieser Hinsicht arteigenes Eiweiß der Muttermilch und artfremdes der von der Kuh stammenden Milch.

In diesem Zusammenhang ist ein Blick auf die Tierwelt interessant. Alle im Freien lebenden Säugetiere – der Mensch gehört zu den Säugern – werden in der Säuglingszeit mit arteigener Milch ernährt; nach der Säuglingszeit aber nimmt kein frei lebendes Säugetier Milch zu sich, schon gar nicht Milch einer anderen Art. Schon der Gedanke wirkt lächerlich, ein Löwe könnte nicht gedeihen ohne Elefantenmilch, und der Elefant würde nicht groß und kräftig ohne Esel- und Pferdemilch. Nur der Menschenmutter wird eingeredet, das Kind gedeihe nicht ohne Kuhmilch. Die Zahl der Kinder, die durch Kuhmilch krank werden, ist groß. Es sind schätzungsweise ein Drittel bis ein Viertel aller Kinder. Es sind besonders die lymphatischen Kinder, die mit der Kuhmilch nicht zurechtkommen. Sie bekommen Hautausschläge, Asthma, vergrößerte Lymphknoten, besonders große Mandeln und immer wiederkehrende Infekte, sogenannte Erkältungen, d. h. Anfälligkeit der Schleimhäute. Bei manchen machen sich die Störungen durch das artfremde Eiweiß mehr auf der Haut, bei anderen mehr an den Schleimhäuten bemerkbar, und nicht selten wechseln die befallenen Stellen, mal zeigt sich der befallene Ort an der Schleimhaut als Asthma, mal als Ekzem auf der Haut oder gleichzeitig in beiden Erscheinungsformen.

An dem Beispiel der Milch ist eben die nachteilige Wirkung tierischen Eiweißes besonders eindrucksvoll zu erkennen und nachzuweisen. Auf der anderen Seite erklärt sich damit auch, weshalb allergische Erkrankungen schon frühzeitig und besonders bei Kindern auftreten. Die Schlussfolgerung für die Behandlung allergischer Erkrankungen wie Asthma und Ekzem ist die Vermeidung von tierischem Eiweiß, d. h. von Milch, Joghurt, Quark, Käse, Eiern, Wurst, Fleisch, Fisch.

Bei allergischen Erkrankungen des Erwachsenen spielt die Milch nicht mehr die zentrale Rolle, hier kommt neben der Milch noch der Verzehr der eiweißhaltigen Milchprodukte wie Quark, Käse sowie die tierischen Eiweiße in Fleisch, Wurst, Eiern und dem Fisch dazu.

Leider genügt in vielen Fällen, vor allem bei schweren und hartnäckigen Formen, die Einschränkung tierischen Eiweißes nicht, um den Erfolg zu erzielen. Es ist über längere Zeit eine völlige Vermeidung notwendig. Wie lange dies erforderlich ist, richtet sich nach dem Verlauf bzw. der Schwere der Erkrankung. Wenn bei

Zulage von tierischem Eiweiß wieder Beschwerden auftreten, muss es natürlich wieder vom Speiseplan abgesetzt und der Versuch später wiederholt werden.

Übrigens besteht bei den einzelnen Menschen eine unterschiedliche Empfindlichkeit auf die verschiedenen Eiweißarten. Es kann sein, dass der eine mehr auf Ei, ein anderer mehr auf Fleisch oder Fisch schlecht reagiert. Am schlechtesten wird meist das Eiweiß (nicht das Fett) der Milch als Quark, Käse und die Milch selbst in jeder Form vertragen. Dazu gehören auch die Sauermilcharten, z. B. Joghurt, bei denen nur der Milchzucker durch Bakterien in Milchsäure verwandelt, der Eiweißanteil aber unverändert ist. Am deutlichsten zeigt sich dies beim Kind.

Die Deckung des Eiweißbedarfs mit pflanzlicher Nahrung

Nun haben die Vorstellungen der herkömmlichen Ernährungsphysiologie dazu geführt, dass die Menschen Angst haben, der Eiweißbedarf sei nicht gedeckt, wenn sie das tierische Eiweiß weglassen. Schon das Weglassen von Fleisch führt zu ängstlichen Fragen. Wenn dann noch Milch, Quark, Käse, Eier, Wurst und Fisch vermieden werden sollen, sind die meisten der Ansicht, sie würden dadurch gesundheitliche Schäden erleiden. Diese falsche Meinung ist das Resultat der früheren Ernährungslehre, die tatsächlich die Meinung vertritt und sie mit Nachdruck verbreitet hat, der Mensch könne ohne tierisches Eiweiß nicht leben. Diese alte Vorstellung sitzt so fest in den Köpfen der Menschen, dass sie auch heute noch der üblichen Volksmeinung entspricht. Diese Irrlehre kam dadurch zustande, dass man auf Grund mangelhafter chemischer Analyse früher annahm, dass das pflanzliche Eiweiß nicht alle notwendigen Aminosäuren enthalte. Die Eiweiße sind aus ca. 20 Aminosäuren, den Eiweißbausteinen, zusammengesetzt. Von diesen kann der Mensch ca. acht nicht selbst herstellen; er ist auf deren Zufuhr mit der Nahrung angewiesen. Diese Aminosäuren werden als essentiell bezeichnet.

Nun nahm man aber früher an, dass die Pflanzen nicht alle essentiellen Aminosäuren enthielten. Man weiß aber schon seit Jahrzehnten, dass dies ein Irrtum ist, d. h. dass das pflanzliche Eiweiß alle essentiellen Aminosäuren enthält. Das bedeutet, dass der Mensch zur Deckung seines Eiweißbedarfs nicht auf den Verzehr von tierischen Produkten angewiesen ist.

Auch über die Menge des notwendigen Eiweißes bestehen falsche Vorstellungen, die ebenfalls aus der überholten Ernährungslehre stammen. Den besten Maßstab für die Eiweißmenge liefert die Muttermilch. Sie enthält sehr wenig Eiweiß, nur zwischen 1,4 und 2,5%. Und bei diesen geringen Mengen gedeiht der Säugling so hervorragend, dass er in weniger als einem Jahr sein Gewicht verdoppelt hat. Die Natur gibt also einen anschaulichen Unterricht, wieviel (bzw. wie wenig) Eiweiß der Mensch benötigt. Wenn man nun außerdem weiß, dass die Pflanzen durchschnittlich ca. 3%, also mehr als das ideale Lebensmittel, die Muttermilch, enthalten, begreift man, wie unberechtigt die Angstmacherei vor zu wenig Eiweiß ist.

Die Eiweißqualität

Bei der Eiweißfrage ist allerdings zu berücksichtigen, dass es nicht nur auf die Menge, sondern auch auf die Qualität ankommt. Nach den Forschungen Kollaths unterscheidet man heute natives und denaturiertes Eiweiß. Natives Eiweiß ist noch natürlich, lebendig, während denaturiertes Eiweiss durch Erhitzung seine Lebendigkeit verloren hat. Bei Tierfütterungen ist nachweisbar, dass das Gedeihen der Tiere entscheidend davon abhängig ist, ob das Eiweiß natürlich (nativ) oder erhitzt ist. Die im Freien lebenden Tiere nehmen ja keine gekochte Nahrung zu sich. Nur der Mensch erhitzt seine Nahrung, ehe er sie verzehrt. Füttert man Tiere zwangsweise mit erhitzter Nahrung, bekommen sie ähnliche Krankheiten wie der zivilisierte Mensch und gehen bald zugrunde. Früher nahm man an, dies beruhe auf Vitaminmangel. Durch die Forschungen Kollaths weiß man, dass die Denaturierung des Eiweißes daran schuld ist. Der Mensch verzehrt tierisches Eiweiß meist in erhitztem, also denaturiertem Zustand.

Wenn der Eiweißbedarf mit Pflanzen zu decken ist, besteht der große Vorteil darin, dass sie im Gegensatz zum Fleisch – in frischem, rohem Zustand verzehrt werden können, das Eiweiß also noch nativ ist. Dadurch ist der Eiweißbedarf bei vegetarischer Ernährung mit relativ geringen Mengen zu decken. Gute Anleitungen für eine tierisch eiweißfreie Ernährung finden Sie in der kurzen Broschüre „Vollwertkost – ohne tierisches Eiweiß" von Ilse Gutjahr im emu-Verlag, 56112 Lahnstein.

Die Entstehung der Allergie braucht lange Zeit

Wenn allergische Erkrankungen wie Asthma, Heuschnupfen und Ekzeme erst im früheren und späteren Erwachsenenalter auftreten, so ist dies ein Hinweis, dass die Entstehung von Eiweißstoffwechselstörungen, z. B. der Störung der Antikörperbildung, oft lange Zeit benötigt. Dieser Zeitfaktor verschleiert den Zusammenhang zwischen der schädlichen Substanz und der Krankheit. Die Zeitspanne, die vergeht, bis die Stoffwechselstörung so weit fortgeschritten ist, dass die allergischen Krankheitserscheinungen sichtbar werden, ist bei den einzelnen Menschen sehr verschieden. Die Länge der Zeit ist abhängig von der Konstitution (Anlage) des Einzelnen und von der Menge und Art des verzehrten Tiereiweißes, aber auch von zusätzlicher Schädigung durch sonstige Ernährungsfehler und Lebensbelastungen. Die Stoffwechselschädigungen durch Auszugsmehle, Fabrikzucker und alle Fabrikfette spielen eine zusätzliche Rolle. Der Zeitfaktor ist aber nicht nur bei der Entstehung der Allergie von Bedeutung, sondern auch dafür, wie lange Behandlung nötig und ob noch eine Heilung möglich ist. Es braucht keiner besonderen Begründung, dass Krankheiten, die Jahrzehnte zu ihrer Entstehung benötigen, auch eine gewisse Zeit brauchen, bis nach Weglassen der Krankheitsursachen der Organismus sich erholt und eventuell noch eine Heilung zu erzielen ist. Es ist selbstverständlich, je früher mit der Behandlung, d. h. dem Abstellen der krankmachenden Faktoren, begonnen wird, und je konsequenter dies durchgeführt wird, um so rascher wird der Erfolg eintreten. Dabei ist aber zu bedenken, dass eine Erkrankung, die erst spät im Leben auftritt, auf einen relativ gesunden Organismus hinweist, der lange Zeit mit schädlichen Einwirkungen fertig geworden ist, ohne krank zu werden. In diesen Fällen sind die Heilungschancen besser als bei jemand, dessen Organismus aus konstitutionellen Gründen schon früh erkrankt. Je früher die Erkrankung in Erscheinung tritt, um so geringer sind gemäß der Anlage die Abwehrmechanismen, um so gründlicher, intensiver und langzeitiger sind auch die krankmachenden Ursachen zu meiden.

Eine in der Anlage verankerte vermehrte Krankheitsanfälligkeit mit verringerten Abwehrmechanismen hat natürlich auch Ursachen; nur liegen sie nicht bei den Betroffenen selbst, sondern bei ihren Vorfahren. Eltern bzw. Großeltern, die bereits zivilisatorischen Einflüssen ausgesetzt waren und sich mit Fabriknahrungsmitteln (raffinierten Kohlenhydraten) und reichlich tierischem Eiweiß ernährt oder anderweitig verursachte Krankheiten durchgemacht haben, übertragen diese Schwachstellen auf die nächsten Generationen. Man weiß heute, dass solche durch Mangelernährung bedingten Substanzdefekte, vor allem der Desoxyribonukleinsäure (DNS), vererbt werden. Diese Vorgänge erklären auch, weshalb heute in zunehmendem Maße Krankheiten schon bei Kindern auftreten, die es früher erst bei älteren Menschen gab (z. B. die Zuckerkrankheit).

Für einen Heuschnupfen z. B., der bei einem Menschen erst mit 30 Jahren auftritt, genügen meist drei Jahre strenger Enthaltung von tierischem Eiweiß, bis die Krankheit völlig verschwunden ist. Der Organismus hat ja 30 Jahre lang gezeigt, dass er mit dem tierischen Eiweiß fertig wurde; denn die Pollen waren ja seit Geburt vorhanden, haben ihn aber nicht krank gemacht. Wenn der Heuschnupfen aber schon im Alter von sieben Jahren beginnt, ist dies ein Hinweis, dass der Organismus empfindlich ist gegenüber tierischem Eiweiß; dementsprechend müssen die Ursachen über längere Zeit, vielleicht zeitlebens, streng gemieden werden.

Ähnlich wie beim Heuschnupfen liegen die Verhältnisse auch beim Asthma, soweit es die allergische Komponente betrifft. Beim Asthma spielen aber noch andere Faktoren eine Rolle, weshalb eine Heilung hier sehr viel schwieriger ist und die Richtigstellung der Ernährung in vielen Fällen allein nicht ausreicht. Sie ist allerdings eine wesentliche Voraussetzung in der Behandlung.

Beim Asthma liegt oft auch eine entzündliche Komponente vor, was daran zu erkennen ist, dass die Beschwerden mit einem Infekt der oberen Luftwege beginnen. Für diese Komponente der Infektanfälligkeit ist eine vitalstoffreiche Vollwertkost notwendig, bei der die raffinierten Kohlenhydrate zu meiden sind und der Frischkostanteil möglichst groß zu halten ist.

Die dritte Komponente ist die psychologische. Asthma ist eine Spannungskrankheit. Vom Typ her ist der Asthmakranke meist introvertiert; er versucht, seine Probleme mit sich selbst abzumachen. Entsprechend gestaltet sich auch eine psychotherapeutische Lebensberatung schwieriger als bei einem Extravertierten.

Schon im Kindesalter findet man Spannungen im seelischen Bereich. Ein Kind, das in der beengten Atmosphäre einer gespannten elterlichen Ehe oder unter einem autoritären Vater atmen muss, bekommt keine Luft. Das häusliche „Klima“ kann Asthma erzeugen. Man könnte in übertragenem Sinne von Allergie auf seelische Beengung sprechen.

Ein Kind spürt auch die Spannung in der Atmosphäre der Eltern, wenn Konflikte dem Kind verheimlicht werden und die Auseinandersetzungen nicht in seinem Beisein stattfinden.

Auch das Kind gibt nicht zu erkennen, dass es unter der Atmosphäre, die nach außen in Ordnung scheint, leidet. Diese Vorgänge spielen sich im unbewussten Bereich ab. Dass dies so ist, wird oft erst bei der Psychotherapie später im Erwachsenenalter deutlich.

Der Einwand liegt auf der Hand, dass es schwer, wenn nicht gar unmöglich sei, umgeben von einer süßigkeits- und tieressenden Gesellschaft, eine Ernährung durchzuhalten, die keine Süßigkeiten, keine Auszugsmehlprodukte und kein tierisches Eiweiß enthalten soll. Man werde dadurch zum Außenseiter und bekomme frustrierende Beziehungen zu den Mitmenschen. Dies muss jedoch nicht zwangsläufig so sein, vielmehr kann die Befreiung von einer chronischen, sonst als unheilbar angesehenen Krankheit auch zu einer Befreiung der Persönlichkeit im geistigen Bereich führen, die nicht mehr das Weltbild der anderen zum Maßstab nimmt. Neue, vorher nicht geahnte Aufgaben wachsen ihm zu. Eine Hilfe durch rechtzeitige Lebensberatung ist häufig notwendig.

Andererseits gibt es viele Kranke, die sehr bereit wären, auch scheinbar Schweres auf sich zu nehmen, wenn sie nur den Weg wüssten, die Krankheit zu überwinden. Leichte Aufgaben kann jeder lösen, aber schwere Aufgaben in Angriff nehmen, die einen Fortschritt in der Persönlichkeitsentwicklung bringen, lohnt sich. Solange aber dem Kranken kein Ausweg bekannt ist, weil er nicht gezeigt wird, ist er eben gezwungen, die üblichen Methoden der Behandlung allergischer Krankheiten zu gehen. Ein kritisches Wort zu diesen Behandlungsversuchen erscheint daher nötig.

Die übliche symptomatische Linderungsbehandlung bringt keine Heilung

Das Übliche ist heute, dass die allergischen Erscheinungen durch Cortison unterdrückt werden, bei Hautausschlägen eventuell äußerlich durch cortisonhaltige Salben. Der zeitlich begrenzte Heuschnupfen kann durch eine entsprechende Depotspritze mit Cortison verhindert werden. Nach Weglassen der Präparate zeigt sich aber, dass nur die lästigen Symptome unterdrückt waren, dass eine Heilung damit nicht erreicht wird. Auch die örtliche Behandlung der Ekzeme mit vorübergehend lindernden Salben, die kein Cortison enthalten, bringt auf die Dauer keine Besserung. Im Gegenteil, durch lange Behandlung z. B. mit fetthaltigen Salben wird die Haut trocken, so dass sie selbst nicht mehr ausreichend Fett produziert. Aus diesem Grund möchte der Patient die Salbe gerne weiter verwenden, was aber die Heilung des Ekzems verhindert. Diese durch die Salbenbehandlung entstandene Trockenheit der Haut verliert sich aber nach Weglassen der Salben bald, da allmählich die Haut selbst Fett erzeugt, wenn es nicht mehr von außen künstlich aufgebracht wird.

Die lokale Behandlung mit Salben hat aber noch andere Nachteile. Sie werden häufig zur Stillung von Juckreiz verwendet. Wenn sie abgesetzt werden, ohne dass die Nahrung richtiggestellt wird, zwingt der Juckreiz meist zu erneuter Anwendung. Dabei hat sich in vielen Fällen durch die langzeitige Anwendung eine Allergie auf die Salbengrundlage entwickelt.

Das Medikament, das in der Salbenbehandlung auf die Haut gebracht werden soll, z. B. Cortison, Schwefel oder Salicylsäure, muss ja in einen Trägerstoff, eben die Salbengrundlage, etwa Vaseline, Lanolin, Eucerin usw. eingebracht werden. Die Haut entwickelt aber oftmals auf eine lange Zeit aufgebrachte Salbengrundlage eine Überempfindlichkeit, die auch durch das eingebrachte Medikament nicht beseitigt werden kann. In der Praxis zeigt sich dies daran, dass trotz streng durchgeführter richtiger Ernährung im dargestellten Sinn keine Abheilung des Ekzems eintritt, solange gewohnheitshalber noch weiter Salben verwendet werden. Nach Weglassen der Salben lässt der Juckreiz von Tag zu Tag nach, so dass der Patient nach kurzer Zeit erlebt, dass er ohne Salben besser hinkommt als mit. Dem ärztlichen Rat, unbedingt die Salbe wegzulassen, folgt der Kranke trotz genauer Erklärung der Vorgänge nur ungern, da er den Mechanismus nicht durchschauen kann und nur die momentan lindernde Wirkung sieht.

Bei der Behandlung mit Corticoiden besteht außerdem die Gefahr, dass man von ihnen nicht mehr loskommt und unter Umständen zeitlebens an das Medikament gebunden ist. Man muss seine Nebenwirkungen bei langfristiger Einnahme in Kauf nehmen. Auf diese Weise kann man sich den fragwürdigen Vorteil erkaufen, seine Lebensführung nicht ändern zu müssen.

Eine andere vielgeübte Methode ist die Desensibilisierung durch eine Serie von

Einspritzungen hochverdünnter Antigene, um auf diese Weise den Organismus zur Bildung von Antikörpern anzuregen. Theoretisch erscheint dies eine sinnvolle Methode; in der Praxis ist sie doch trotz ihrer Aufwendigkeit sehr enttäuschend. Voraussetzung für diese Behandlung ist zunächst die Feststellung des bzw. der Allergene (Antigene). Dazu ist eine Testung mit den verschiedenen in Frage kommenden Stoffen nötig. Die pharmazeutische Industrie stellt für diese Zwecke eine fast unbegrenzte Fülle von Teststoffen zur Verfügung, da ja theoretisch fast jeder Stoff in seiner Umgebung in Frage kommt, jede Pflanze, jeder Baum, jede industriell erzeugte Chemikalie usw.

Bei dieser Testung zeigt sich ein sehr interessantes Phänomen: Zu Beginn einer allergischen Krankheit ergibt die Testung oft nur wenige Stoffe, auf die der Patient reagiert; je länger die Krankheit besteht, auf um so mehr Stoffe reagiert er allergisch. Dies beweist genau den Umstand, dass das Entscheidende nicht der allergieerzeugende Stoff ist, sondern die ständig zunehmende Verschlechterung der Abwehrlage. Bei fortschreitender Krankheit, wenn die in der Nahrung liegenden Ursachen nicht abgestellt werden, nimmt die Zahl der allergisierenden Stoffe bei der Testung ständig zu. Umgekehrt, wenn die Behandlung einsetzt, wobei die Nahrung richtiggestellt wird, nimmt die Zahl der Stoffe wieder ab, die allergische Reaktionen hervorrufen. Daraus geht hervor, dass bei der Testung die Reaktionslage des Organismus geprüft wird und weniger die Antigene. Diese Beobachtungen erklären, weshalb die Desensibilisierung aufgrund der Testungen wenig praktischen Erfolg bringt; sie bleibt auf der Ebene der Symptomlinderung.

Auch die häufig angewandte Behandlung mit Antihistamin-Präparaten bringt nur eine Linderung der Beschwerden, aber natürlich keine Heilung.

Zusammengefasst stellt sich das Allergieproblem als Eiweißproblem dar. Die Allergie beruht auf mangelhafter Antikörperbildung gegen Antigene infolge einer Störung des Eiweißstoffwechsels, der durch den Verzehr tierischen Eiweißes verursacht ist. In der Vermeidung von tierischem Eiweiß liegt daher die wichtigste therapeutische Maßnahme. Zusätzlich ist für ausreichende Vitalstoffzufuhr zu sorgen. Dies geschieht durch Vermeidung von Fabriknahrungsmitteln wie Fabrikzuckerarten, Auszugsmehlen und Fabrikfetten. Notwendig sind Vollkornprodukte in Form von Frischkorngerichten, Vollkornbroten und Vollkorngebäcken sowie ein großer Anteil von Frischkost in Form von frischem Obst und rohen Salaten aus rohen Gemüsen. Dies ist die Basisbehandlung für Hautausschläge aller Art, Ekzeme, Neurodermitis, Heuschnupfen und Asthma.

Ausführliche Literatur: Dr. M. O. Bruker, **Allergien müssen nicht sein**
248 S., gebunden, ISBN 978-3-89189-033-2, emu-verlag

Weitere Kleinschriften von Dr. med Max Otto Bruker

1. Unser täglich Brot und der Zucker als Hauptursache für die modernen Zivilisationskrankheiten
2. Schlank werden ohne Hungerkur
3. Herzinfarkt, Asteriosklerose und Gallensteine sind verhütbar
4. Wie beugt man den ernährungsbedingten Zivilisationskrankheiten vor?
5. Ernährungsbehandlung der Leber-, Galle, Magen-, Darm- und Bauchspeicheldrüsenerkrankungen
6. Butter – ein hochwertiges Lebensmittel?
7. Vom Kaffee und seinen Wirkungen
8. Ärztliches Memorandum zur industriellen Nutzung der Atomenergie
9. Über den Unwert der heutigen Milch
10. Gesund durch richtige Ernährung (LVA-Schrift)
11. Die Story von den 2 »richtigen« Ernährungen
12. Ursachen der ernährungsbedingten Zivilisationskrankheiten (Mörder bekannt – kein Kläger)
13. Fett macht nicht fett (Fett)
14. Bakterien im Frischkornbrei
15. Sie vertragen Vollkornbrot nicht?
16. Krankheiten durch Fabrikzucker
17. Unser täglich Brot – eine tote Nahrung?
18. Wieviel und was soll man täglich trinken
19. Ballaststoffe sind kein Ballast
20. Scheinursachen verschleiern Zusammenhänge
21. Die Ernährung des älteren Menschen
22. Die Deckung des Eiweißbedarfs
23. Vitamin B12
24. Wissenswertes über Säfte
25. Rheuma – ernährungsbedingte Zivilisationskrankheit
26. Zöliakie
27. Das Allergie-Problem
28. Die Zuckerkrankheit –Verhütung und Behandlung
29. Gebissverfall
30. Weil du beim Reaktor wohnst
31. Die Ernährung des Kindes
32. Neurodermitis
33. Der Darmpilzrummel – Fehldiagnose Candida albicans –

Auch komplett als Sammelmappe zum Sonderpreis erhältlich!

Dr. med. Max Otto Bruker

Kleinschrift
Nr. 28

Fehlernährung = Zuckerkrankheit

emu verlag

ernährung • medizin • umwelt

Fehlernährung = Zuckerkrankheit

Dr. med. M. O. Bruker

Krankheiten entstehen nicht grundlos, sozusagen aus heiterem Himmel. Krankheiten haben Ursachen. So hat natürlich auch die Zuckerkrankheit, der Diabetes mellitus, Ursachen. Wenn man nun erfährt, dass die Zahl der Zuckerkranken in den letzten Jahrzehnten in zivilisierten Völkern unentwegt angestiegen ist, so liegt der Verdacht nahe, dass die Menschen über die Ursachen zu wenig wissen und ungenügend informiert werden. Geht man den Gründen nach, wie es angesichts der fortgeschrittenen Medizin und bei dem Überangebot von Informationen durch die Massenmedien zu dieser Wissenslücke kommen kann, so stößt man auf höchst merkwürdige, aber interessante Umstände.

Die Zuckerkrankheit gehört in die große Gruppe der Erkrankungen, deren Ursachen in Fehlern der Ernährung liegen. Man nennt sie die ernährungsbedingten Zivilisationskrankheiten. Damit ist zugleich ausgedrückt, dass die Fehler in der Ernährung mit der Zivilisation eng verknüpft sind. Es ist der Einfluss der Technik im Nahrungsmittelbereich, die uns die industriell verarbeiteten, verfeinerten Nahrungsmittel beschert hat. Unter diesen sind es besonders die sogenannten raffinierten Kohlenhydrate, die Auszugsmehle und die verschiedenen Arten von Fabrikzucker.

Es gibt keine ernährungsbedingte Zivilisationskrankheit, die sich so gut dazu eignet, die klassischen Zusammenhänge zwischen Nahrung und Krankheit darzustellen wie die Zuckerkrankheit. Man kann daher den Diabetes als die klassische ernährungsbedingte Zivilisationskrankheit bezeichnen. Was für sie gilt, gilt im Prinzip auch für alle anderen ernährungsbedingten Zivilisationskrankheiten, nur sind bei ihr die wissenschaftlich nachgewiesenen Zusammenhänge viel klarer durchschaubar. Bei den übrigen Krankheiten, mit denen die Zuckerkrankheit die Ursachen gemeinsam hat und die daher oft auch gemeinsam vorkommen, handelt es sich um folgende:

- die Erkrankungen des Bewegungsapparates,
- die sogenannten rheumatischen Erkrankungen Arthrose und Arthritis, die Wirbelsäulen- und Bandscheibenschäden,
- alle Stoffwechselkrankheiten wie Fettsucht, Leberschäden, Gallensteine, Nierensteine, Gicht und andere,
- der Gebissverfall,
- die Parodontose,
- Zahnkaries und die Gebissanomalien,
- die meisten Erkrankungen der Verdauungsorgane wie Stuhlverstopfung, Leber-, Gallenblasen-, Dünndarm- und Dickdarmerkrankungen,
- Verdauungs- und Fermentstörungen,
- Gefäßerkrankungen wie Arteriosklerose, Herzinfarkt, Schlaganfall und Thrombose,
- mangelnde Infektabwehr, die sich in immer wiederkehrenden Katarrhen und Entzündungen der Luftwege, den sogenannten Erkältungen, und in Nierenbekken- und Blasenentzündungen äußert,
- manche Erkrankungen des Nervensystems.

– Auch bei der Entstehung des Krebses ist die Fehlernährung in erheblichem Maße beteiligt.

Um Missverständnisse auszuschließen, soll hier darauf hingewiesen werden, dass es selbstverständlich auch Krankheiten gibt, die nicht auf Fehlern in der Ernährung beruhen. Man kann sie am besten als lebens- und spannungsbedingte Krankheiten zusammenfassen. Sie sind nur zu verstehen, wenn man die Lebensgeschichte des Patienten berücksichtigt. Nur so gewinnt man Verständnis für seine geistige Haltung, die bestimmt, wie der Einzelne mit den Belangen des täglichen Lebens fertig wird. Auch auf dem Lebensgebiet kann ein Mangel an Kenntnissen und Erkenntnissen zu Krankheiten führen.

Wenn nun von wissenschaftlicher Seite nicht der geringste Zweifel besteht, dass die Ursachen der Zuckerkrankheit und der großen Zahl der anderen ernährungsbedingten Zivilisationskrankheiten in den Fehlern der üblichen bürgerlichen Kost liegen, so drängt sich die Frage auf, welche Kräfte es fertigbringen, der gesamten Weltbevölkerung durch hermetische Abschirmung das Wissen vorzuenthalten. Die Wissenslücke beruht nicht auf einer passiven Unterlassung wichtiger Informationen, sondern auf aktiver Unterdrückung der Wissensverbreitung.

Die erste Barriere wird im Medizinstudium bei der ärztlichen Ausbildung errichtet. In der sonst hervorragenden Ausbildung von Ärzten in Anatomie, Physiologie, Diagnostik und Therapie ist echte Ursachenforschung ausgeklammert. So unglaublich es ist: *Der Arzt erfährt weder im Studium noch nachher in der Weiterbildung durch Fachzeitschriften und Seminare das Geringste darüber, dass es zahlreiche Krankheiten gibt, die durch Fehlernährung verursacht sind.* Als kleine Ausnahme mag die Rachitis gelten, während von der Fettsucht und dem Herzinfarkt angenommen wird, sie hingen mit zu viel und zu fettem Essen zusammen. Die Ernährungsforschung hat zwar erwiesen, dass raffinierte Kohlenhydrate die genannten Krankheiten erzeugen, diese Ergebnisse finden aber in keiner Vorlesung und keiner medizinischen Zeitschrift Eingang. Dies führt dazu, dass, wenn es auch unglaublich klingt, ein an Ernährungsfragen interessierter Laie viel exaktere Kenntnisse über Zusammenhänge zwischen Nahrung und Krankheiten hat als der hervorragend ausgebildete Arzt. Da ich selbst Arzt bin, sei es mir erlaubt, auf die täglich in der Praxis bestätigte Erfahrung betont hinzuweisen. *Die mangelhafte Ausbildung von uns Ärzten in Ernährungsfragen erklärt, weshalb es zu einer so enormen Verbreitung der emährungsbedingten Zivilisationskrankheiten kommen konnte und weshalb auch die ursächliche Behandlung dieser Erkrankungen mit entsprechender Emährungsberatung im Argen liegt.*

Außer diesem peinlichen Versäumnis auf dem Gebiet der ärztlichen Ausbildung spielt ein anderer Punkt eine nicht geringe Rolle: Es ist der Umstand, dass die Information über Nahrungsfragen fast ausschließlich in der Hand der Nahrungsmittelindustrie und ihr nahestehenden Organisationen liegt. Die Nahrungsmittelindustrie setzt verständlicherweise riesige Beträge ein, um ihre Produkte auf dem Markt abzusetzen. Natürlich ist grundsätzlich nichts gegen Werbung zu sagen. Auswüchse im Wettbewerb sind durch Gesetze eingedämmt. Gesetzlich werden jedoch Werbeaussagen nicht erfasst, in denen die Gesundheitsschädlichkeit verschwiegen wird. Dies gilt in hohem Maße für die Werbung der Zucker- und Süßwarenindustrie. In Medien aller Art wird bei uns in der Bundesrepublik pausenlos mit großem Aufwand Werbung für Fabrikzucker und Süßigkeiten betrieben, wobei sogar der Eindruck erweckt wird, dass diese Produkte für die Gesundheit zuträglich seien.

In pseudowissenschaftlicher Aufmachung wird der Bürger in so raffinierter Weise getäuscht, dass etwaige Zweifel an der Gesundheitsschädlichkeit gar nicht aufkommen. Die Methode hat sich bewährt, wird sie doch von einer Elite von Werbepsychologen beherrscht. Die Zukkerwerbung geschieht häufig in getarnter Form als gesundheitlicher Ratschlag, so dass der Leser glaubt, es sei vorteilhaft, wenn er wirklich viel Zucker genieße, da der Körper zur Energiegewinnung und Erhaltung von Leistung viel Zucker benötigt. Da das Süße gut schmeckt, das heißt mit einer Lustempfindung einhergeht, kommen diese gesundheitlichen Ratschläge dem Verlangen des Menschen entgegen. Auch dieses psychologische Moment wird in die Werbung mit einbezogen.

Der besondere Trick der Irreführung liegt darin, dass tatsächlich jede Körperzelle ständig Traubenzucker (Glucose) benötigt. Diese Traubenzuckermoleküle entstehen aus den kohlenhydrathaltigen Lebensmitteln, das heißt aus Stärke und natürlichem Zucker, der meist in Form von Frucht- und Traubenzucker im Obst und natürlich süßen Lebensmitteln enthalten ist. Der Organismus benötigt jedoch keinen industriell hergestellten, konzentrierten Zucker. Es kommt vielmehr durch den Verzehr von Fabrikzucker zu ernsten Stoffwechselstörungen, da diesen Konzentraten die biologischen Wirkstoffe fehlen, die zur Verwertung der Zuckerstoffe im Organismus notwendig sind.

Um den Unterschied der physiologischen Wirkung von Zucker, wie er in den natürlichen Lebensmitteln vorkommt, und den künstlich hergestellten Zuckerkonzentraten deutlich zu machen, hat es sich bewährt, letztere als Fabrikzucker zusammenzufassen, gleichgültig ob es sich um Rohrzucker, Traubenzucker oder Fruchtzucker handelt. Der Begriff „Fabrikzucker" macht sofort klar, dass ein wesentlicher Unterschied besteht zwischen dem künstlichen Konzentrat und dem natürlichen süßen Lebensmittel. Die Herausarbeitung dieses Unterschiedes ist auch deshalb nötig, weil man üblicherweise unter dem Begriff Zucker immer den Fabrikzucker versteht. Kaum jemand weiß, dass der Organismus anderen Zucker als Fabrikzucker benötigt. Solange der Unterschied nicht bewusst ist, fehlt auch das Verständnis für die Schädlichkeit aller Fabrikzuckerarten.

Die chemische Bezeichnung des gewöhnlichen Haushaltszuckers ist Rohrzucker, unabhängig davon, ob er aus Zuckerrohr oder der Zuckerrübe gewonnen wird. Er ist ein sogenanntes Disaccharid, das heißt ein Zweifachzucker, der aus einem Molekül Traubenzucker und einem Molekül Fruchtzucker zusammengesetzt ist. Traubenzucker und Fruchtzucker sind Einfachzucker (Monosaccharide). Es ist auch kein Unterschied, ob der Zucker braun oder weiß ist. Um die Schädlichkeit aller Fabrikzuckerarten und isolierter Zuckerkonzentrate begreifen zu können, ist es nötig, kurz auf den Kohlenhydratstoffwechsel einzugehen: Für die Umwandlung von Zucker und Stärke in Energie im menschlichen Körper spielt der Vitamin-B-Komplex, besonders das Vitamin B1, eine wichtige Rolle. Um Zucker und Stärke, die beiden Hauptvertreter der Kohlenhydrate, störungsfrei verarbeiten zu können, benötigt der Körper Lebensmittel, die ausreichend Vitamin B1 enthalten. Noch Anfang des 20. Jahrhunderts war in Europa diese Garantie gegeben. Der Bedarf an Vitamin B1 wurde damals durch das Getreide gedeckt, das der Hauptlieferant von Vitamin B1 ist. Damals wurde das Getreide noch als Ganzes zur Herstellung von Brot gemahlen. Da das Vitamin B1 in den Randschichten und im Keim sitzt, die mitgemahlen wurden, enthielten das Brot und die Getreidebackwaren und damit die gesamte Nahrung ausreichend Vitamin B1. Inzwischen haben sich die Verhältnisse radikal geändert, ohne dass diese sich allmählich vollziehende Wandlung der Bevölkerung bewusst wurde. Das heutige Brot und die Backwaren, seien sie aus

Weizen oder Roggen, Gerste oder Hafer hergestellt, sind mit einem Mehl gebacken, das nur noch den Stärkekern, aber nicht mehr den Keim und die Randschichten enthält. Man bezeichnet diese Mehle als Auszugsmehle. Weißmehl ist das Auszugsmehl vom Weizen, Auszugsmehl vom Roggen heißt Schwarz- oder Graumehl. Die Mehle, die noch aus dem ganzen Getreidekorn gewonnen sind, heißen Vollkornmehle.

Der volle Umfang der Gesundheitsschäden, die durch die vitalstoffarmen Auszugsmehle entstehen, wird aber erst deutlich, wenn das Problem im Zusammenhang mit dem anderen raffinierten Kohlenhydrat, dem Fabrikzucker, betrachtet wird. Jede Zuckerart braucht ebenfalls zu ihrer Verwertung im Organismus Vitamine des B-Komplexes, besonders das Vitamin B1.

Die Kombination von Auszugsmehlen und Fabrikzucker ist besonders gefährlich. Da das Vollgetreide der Hauptlieferant von Vitamin B1 ist, führt der Verzehr von Auszugsmehlen an sich schon zu einem Vitamin B1-Mangel. Da nun der Fabrikzucker zu seinem Abbau unbedingt Vitamin B1 benötigt – man bezeichnet ihn deswegen auch als Vitamin-B1-Räuber – verstärkt sich das schon vorhandene Vitamin-B1-Defizit.

Bei Völkern, bei denen es keine Auszugsmehle und keinen Fabrikzucker gibt, gibt es auch keine Zuckerkrankheiten. Wenn aber Eingeborene aus Naturvölkern in die Städte der Weißen kommen, hier zwar ihre Essgewohnheiten beibehalten, aber den geschälten Reis der zivilisierten Weißen essen, dann dauert es etwa 20 Jahre, bis die ersten Fälle von Zuckerkrankheiten auftreten. Man spricht deshalb von der Regel der 20 Jahre, die zur Entstehung des Diabetes nötig sind. Ähnliche Ergebnisse finden sich auch bei Tierfütterungen. Bei Ratten, die mit vitaminarmen, raffinierten Kohlenhydraten gefüttert werden, dauert es etwa 1 Jahr, bis nachweisbare Krankheitserscheinungen auftreten. Ein Rattenjahr entspricht etwa 30 Menschenjahren, obschon solche Vergleiche mit Vorbehalten gelten. Die Krankheiten entsprechen etwa denjenigen, wie wir sie bei den zivilisierten Völkern, die von Fabriknahrungsmitteln leben, als ernährungsbedingte Krankheiten kennen. Dieser lange Zeitraum, der bei einer Fehlernährung verstreicht, bis eine Krankheit nachweisbar ist, verschleiert natürlich den Zusammenhang zwischen Ernährung und Krankheit. In diesem Zeitfaktor liegt auch der Grund, weshalb man diese Zusammenhänge so spät erkannt hat und weshalb auch heute erst wenige Menschen darum wissen.

Der Mechanismus, wie es durch den Verzehr von raffinierten Kohlenhydraten zur Zuckerkrankheit kommt, ist schon lange genau bekannt. Nach dem Verzehr eines kohlenhydrathaltigen natürlichen Lebensmittels kommt es beim gesunden Menschen zu einem leichten Anstieg des Blutzuckers, der nach kurzer Zeit wieder zur Ausgangslage zurückkehrt. Dieser liegt normalerweise bei 80 bis 120 Milligramm/Prozent. Dies gilt zum Beispiel beim Genuss eines Vollgetreidegerichtes wie Vollkornbrot, Frischkornbrei oder einer süßen Frucht.

Ganz anders liegen die Verhältnisse nach dem Verzehr eines Nahrungsmittels, das aus Auszugsmehlen hergestellt wird oder gar zusätzlich Fabrikzucker enthält, wie es zum Beispiel bei Kuchen der Fall ist. Danach kommt es zu einem steilen Anstieg der Blutzuckerkurve. Nach jedem Anstieg des Blutzuckers kommt es als Gegenregulierung zu einem Absinken. Ein flacher Anstieg ist von einem flachen Abfall gefolgt, ein steiler Anstieg von einem steilen Abfall. Im letzteren Fall kommt es meist zu einem vorübergehenden Absinken des Blutzuckerspiegels unter die Norm, einer Unterzuckerung.

Jeder Verzehr eines kohlenhydrathaltigen Lebensmittels bewirkt einen Reiz der Bauchspeicheldrüse (Pankreas). Es kommt zu einer Ausschüttung von Insulin in die Blutbahn. Mit Fabrikzucker gesüßte Speisen bewirken eine vermehrte Reizung der B-Zellen im Pankreas und eine vermehrte Ausschüttung von Insulin ins Blut. Dieser Vorgang ist eine Belastung der Bauchspeicheldrüse, die im Schöpfungsplan der Natur nicht vorgesehen ist. Dieser Stress der Bauchspeicheldrüse tritt nur durch eine Konzentration von Kohlenhydraten ein, wie sie nur in künstlich hergestellten Nährkonzentraten, eben Auszugsmehlen und Fabrikzucker, vorliegt. Findet dieser Vorgang der Bestressung der Bauchspeicheldrüse täglich jahrzehntelang statt, wie es eben bei der zivilisierten Kost der Europäer „normal" ist, so kommt es allmählich zu einer Erschöpfung der Langerhans'schen Inseln, die im Pankreas Insulin produzieren. Das Resultat ist die Zuckerkrankheit.

Der Konsum an Fabrikzucker ist in den europäischen Ländern ständig gestiegen. 1836 betrug zum Beispiel der jährliche Verbrauch pro Kopf in Deutschland 2,5 Kilogramm, 1909 17,5 Kilogramm und 1980 44 Kilogramm. In den anderen europäischen Ländern sind die Zahlen ähnlich, in der Schweiz 43 Kilogramm (1984), in Schweden 53,7 Kilogramm (1980), in China dagegen nur 1,44 Kilogramm. (In der Schweiz wird der Zuckerrübenanbau forciert: Von 850 auf 1 Million Tonnen.)

In der westeuropäischen Welt betrug der tägliche Pro-Kopf-Verbrauch 1980 160 Gramm pro Tag, was einem Jahresdurchschnitt von 51,1 Kilogramm entspricht. Wenn man bedenkt, dass manche Menschen weniger genießen, andere entsprechend mehr, so kommen manche, auch schon Kinder, auf Werte von 200 Gramm täglich. Entsprechend haben es die Schweizer auf 250000 Diabetiker gebracht, in der Bundesrepublik sind es 9–11 Millionen. Die Dunkelziffer mit den latenten Diabetikern liegt wesentlich höher.

Vor dem Hintergrund dieses Wissens erscheint das Verhalten der deutschen Zucker- und Süßwarenindustrie mehr als unverantwortlich, haben diese doch weltweit betrachtet mit ihrer suggestiven Werbung Millionen Kranke und viele Tote auf ihrem Gewissen. Auch das Schweigen vieler Ärzte zu dem gesundheitsschädigenden Verhalten dieser mächtigen und einflussreichen Industrie erscheint trotz der mildernden Umstände der Unwissenheit in einem schlechten Licht. Aus juristischer Sicht liegt ein Sachverhalt vor, der reif ist für den Staatsanwalt: Täter bekannt – kein Kläger.

Da der Fabrikzucker der Hauptverursacher der Zuckerkrankheit ist – die Zunahme der Zuckerkrankheiten geht mit dem gesteigerten Konsum von Fabrikzucker parallel – und da diese Zusammenhänge bekannt sind, erscheint das Werbeverhalten der Zuckerindustrie in besonders makabrem Licht. Obwohl es kein Gesetz gibt, das Werbung für krankmachende Produkte verbietet, ist die Werbung für Süßigkeiten in der einseitigen Form, wie sie geschieht, vom ärztlichen Standpunkt aus unverantwortlich. Um den Kontrast zwischen den gesundheitlichen Gesichtspunkten und den Methoden der Zuckerwerbung bewusst zu machen, seien einige Werbeaussagen der Zuckerindustrie der Bundesrepublik Deutschland als Beispiel angeführt.

Die Werbung wendet sich in der Bundesrepublik in besonderem Umfang an die Kinder. Ein Wettrennen für Kinder mit Kettcars wird zum Anlass für Zuckerwerbung genommen.

Es heißt: ***„So flotte Zuckerflitzer mit Sturzhelm sind als Gewinne ausgesetzt." Das Rennen steht unter dem Motto: Zucker schafft Kraft – komm in Schwung mit Zucker.***

Als Beispiel für irreführende Werbung heißt es: „Was wäre der tägliche Kaffee, was wären die großen und kleinen Gaumenfreuden ohne die köstliche

Süße des Zuckers? Seit es die Menschheit gibt, gehört der süße Geschmack zum guten Geschmack. Zucker wird bei uns aus Zuckerrüben gewonnen und ist daher ein Produkt natürlichen Ursprungs. Für vieles, was das Leben süß macht, ist der Zucker wertvoll – für vielfältigen Geschmack und Genuss, für Leistungskraft und Lebensfreude. Der Mensch liebt Zucker. ***In einer Serie mit dem Titel „Was man über gesunde Ernährung wissen muss" heißt es: „Zucker ist heute ein wertvolles und wichtiges Grundnahrungsmittel. Zucker weckt und erhält auf natürlichem Wege Duft- und Aromastoffe. Vieles wird durch Zucker erst genießbar. Wo bliebe der gute Geschmack ohne diese süße Selbstverständlichkeit? Für vieles, was das Leben süß macht, ist Zucker einfach unverzichtbar."***

„Zucker, eine Kostbarkeit für Könige und Medizin für Kranke." „Nicht nur ein wichtiger Energiespender, sondern ein vielseitiges Lebensmittel ist der heute selbstverständliche Zucker." „ Wer sein Steak pfeffert, darf auch seinen Kaffee zuckern. Sie können es nachschlagen, ein Löffel schwarzer Pfeffer hat genauso viele Kalorien wie ein Stück Würfelzucker: ganze 12." „Kein Mensch wird dick, nur weil er Zucker isst."

„Dem Zucker wird vorgeworfen, er allein sei Schuld an der Karies. Doch kein Zahn wird kariös, nur weil er mit Zucker in Berührung kommt. Es sind die Bakterien." (Woher die Bakterien kommen, wird verschwiegen.)

Mit diesen und ähnlichen Werbesprüchen, die der Unbefangene nicht als Werbung erkennt, werden die Leute manipuliert und die Gefahren des Fabrikzuckers bagatellisiert.

Ist nun jemand an Diabetes erkrankt, so gilt es selbstverständlich als oberste Regel: Strengste Vermeidung von Speisen, die raffinierte Kohlenhydrate, das heißt Fabrikzucker und Auszugsmehle, enthalten. Diese Grundregel gilt für alle Schweregrade der Zuckerkrankheit. Dies ist zugleich die beste Vorbeugung gegen ein Fortschreiten der Erkrankung und gegen die Entwicklung von Komplikationen.

Bei leichten Formen reicht eine Kostform aus, die als vitalstoffreiche Vollwertkost gekennzeichnet ist. Es ist die Grundkost, wie sie für die Behandlung aller ernährungsbedingten Zivilisationskrankheiten nötig ist.

Diese vitalstoffreiche Vollwertkost ist durch folgende Richtlinien gekennzeichnet: **Vier Gruppen von Nahrungsmitteln sind zu meiden:**

1. **Alle Auszugsmehlprodukte.** Dazu rechnen wir Schwarzbrot, Weißbrot und alle sonstigen Gebäcke aus Graumehl und Weißmehl, weiße Brötchen, Zwieback, Kuchen, Nudeln und andere Teigwaren aus Weißmehl, Pudding und geschälter Reis.
2. **Alle fabrikatorisch hergestellten Zuckerarten,** der weiße und braune Rohrzukker, das heißt der tägliche Gebrauchszucker, Traubenzucker, Fruchtzucker, Malzzucker, Milchzucker, Ahornsirup, Apfeldicksaft, Birnendicksaft. sog. Vollrohrzucker, Sucanat, Ur-Zucker, Ur-Süße, Rübensirup, Melasse usw. **Im einzelnen sind dies** alle mit Fabrikzucker künstlich gesüßten Speisen und Getränke, Konditorwaren, Süßigkeiten wie Schokolade, Pralinen, Bonbons, Speiseeis und Marmelade. Von Honig sind nur geringe Mengen und diese nur unter Kontrolle im Einzelfall erlaubt.
3. Alle Säfte aus Obst und Gemüse und gekochtes und eingemachtes Obst. Rohes Obst ist nur in begrenzten Mengen erlaubt; dies gilt besonders für süßes Obst. Die erlaubte Menge ist in jedem einzelnen Fall festzulegen. Säfte sind für den Zuckerkranken deshalb nachteilig, weil sie infolge der beschleunigten Aufnahmegeschwindigkeit einen

raschen Blutzuckeranstieg bewirken. Sie haben den Nachteil, dass sie nicht alle Vitalstoffe enthalten wie das ursprüngliche Lebensmittel und dass sie die Verträglichkeit zum Beispiel von Frischkost und Vollkornprodukten stören.

4. **Fabrikfette,** die durch Raffinationsprozesse (Filtrierung, Härtung, Entsäuerung, Entschleimung, Bleichung und Desodorierung) ihre fettlöslichen Vitamine und ungesättigten Fettsäuren verloren haben. Dazu gehören besonders die Margarinen und die gewöhnlichen Öle.

Vier Gruppen von Lebensmitteln sollten von den Zuckerkranken gegessen werden:

1. Vollkornbrote anstelle der Brote aus Auszugsmehlen. Die Brotmenge braucht beim leichten Grad des Diabetes meist kaum eingeschränkt zu werden. Früher rechnete man den Kohlenhydratgehalt der einzelnen Nahrungsund Lebensmittel beim Zuckerkranken nach Weißbroteinheiten (WBE). Dies zeigt schon, wie wenig die Schädlichkeit raffinierter Kohlenhydrate für den Zuckerkranken bekannt war. Heute wird nach Broteinheiten (BE) gerechnet. In den üblichen Diätvorschriften für Zukkerkranke wird leider nicht genügend auf den wichtigen Unterschied zwi-schen Vollkornbrot, Graubrot und Weißbrot hingewiesen. Man findet daher in den üblichen Diätplänen nur „Brot" ohne Differenzierung angegeben. Die Unterscheidung ist auch deshalb wichtig, weil man statt einer BE aus Grau- und Weißbrot 20 Gramm, bei Vollkornbrot 30 Gramm rechnen kann. Dies bedeutet praktisch, dass der Zuckerkranke vom Vollkornbrot mehr essen kann als von Grau- und Weißbrot, ohne dass es zu einer entsprechenden Belastung des Kohlenhydratstoffwechsels kommt.
2. **Ein Frischkorngericht.** Da das Vollkornbrot infolge Erhitzung beim Backprozess nicht mehr alle Vitalstoffe in der ursprünglichen Menge enthält, ist die Ergänzung durch drei Esslöffel rohen Getreides nötig, aus dem ein schmackhaftes Frischkorngericht bereitet wird. Hier das Rezept: Es wird aus einer einzelnen Getreideart oder aus einer Mischung von **Roggen, Weizen, Gerste und Hirse** hergestellt. Von dieser Mischung werden drei Esslöffel (etwa 50 Gramm) grob geschrotet. Das Mahlen muss jedesmal frisch vor der Zubereitung vorgenommen werden. Nicht auf Vorrat mahlen!
   Das Mahlgut wird mit ungekochtem, kaltem Leitungswasser zu einem Brei gerührt und fünf bis zwölf Stunden stehengelassen. Die Wassermenge wird so berechnet, dass nach Quellung nichts weggegossen zu werden braucht. Durch Zusatz von frischem Obst (je nach Jahreszeit), Zitronensaft, 1 Esslöffel Rahm und geriebenen Nüssen wird der Brei besonders luftig und wohlschmeckend. Es ist ohne Belang, zu welcher Tageszeit dieses Frischkorngericht genossen wird.
3. **Ein wesentlicher Anteil der Nahrung muss aus Frischkost bestehen, also aus unerhitzten Lebensmitteln in naturbelassener Form.** Die Frischkost garantiert die ausreichende Zufuhr der wasserlöslichen Vitamine und der Mineralien in ausgewogenem natürlichem Verhältnis. Wegen des unterschiedlichen Gehalts an Mineralstoffen in den Wurzelteilen **beziehungsweise Blatteilen** der Pflanzen empfiehlt es sich, bei der Zusammenstellung der Rohkostplatten möglichst zwei unter der Erde und zwei über der Erde gewachsene Pflanzenteile auszuwählen.
   Wenn für den Gesunden etwa ein Drittel der Nahrung aus Frischkost bestehen soll (in Form von Salaten aus rohen Gemüsen und rohem Obst – rohes Obst im Frischkornbrei mitgerechnet –, Nüssen und Mandeln), so sollte der Frischkostanteil beim Zuckerkranken

größer sein. Je schwerer die Krankheit und je höher der Kranke seine Gesundheit einschätzt, umso größer sollte der Frischkostanteil sein.

4. Naturbelassenes Fett: Butter und kaltgepresste Öle bilden durch den Gehalt an fettlöslichen Vitaminen und ungesättigten Fettsäuren eine notwendige Ergänzung. Eine Einschränkung der Fette ist nicht nötig.

Alle übrigen nicht genannten Speisen sind erlaubt. Wegen des reichlichen Gehalts an Vitalstoffen, das heißt an Vitaminen, Mineralien, Spurenelementen, Enzymen, ungesättigten Fettsäuren, Aromastoffen und Faserstoffen (sogenannte Ballaststoffe), kann die Frischkost in unbeschränkten Mengen gegessen werden. Das heißt, sie braucht nicht berechnet zu werden. Beobachtungen an Zuckerkranken, die längere Zeit streng nur von Frischkost lebten, haben gezeigt, dass diese Kostform eine Art Heilkost darstellt, da sich dabei eine ständig zunehmende Besserung der Stoffwechsellage einstellt.

Für schwere Fälle von Diabetes, die insulinpflichtig sind, gelten noch einige besondere Regeln. Falls Zustände von Unterzuckerung auftreten, ist grundsätzlich die Insulinmenge zu reduzieren und nicht die Menge der Kohlenhydrate zu erhöhen. Leider wird in der Praxis immer noch das Gegenteil geraten. Bei stark schwankenden Blutzuckerwerten, was häufig beim jugendlichen Diabetiker der Fall ist, ist es günstiger, auf höhere Blutzuckerwerte einzustellen als auf zu niedrige. Oft wird den Kranken vor hohen Werten Angst gemacht, da man früher annahm, die Spätschäden würden durch zu hohen Blutzucker verursacht. Die Spätschäden bei schweren Formen von Diabetes beruhen aber darauf, dass diesen Kranken zu hohe Eiweißmengen verordnet werden. Diese Empfehlung beruht auf einem logischen Trugschluss. Man glaubte, die Einschränkung der Kohlenhydrate durch viel Eiweiß ausgleichen zu können. Leider entspricht diese unlogische Schlussfolgerung der heute noch herrschenden Meinung. Aufgrund dieser Vorstellung ist der Kostplan des Diabetikers, vor allem in schweren Fällen, viel zu eiweißhaltig. Diese Eiweißüberfütterung (Fleisch) ist es, die an den Spätschäden schuld ist und nicht der erhöhte Blutzucker. Die Beweise dafür sind wissenschaftlich einwandfrei belegt.

Der Fleischkonsum ist von 1890 bis 1980 um das Achtfache auf 90 Kilogramm pro Kopf und Jahr gewachsen. Es ist aber nicht nur der Fleischkonsum gestiegen, sondern auch der Verzehr von anderem tierischem Eiweiß: Milch, Joghurt, Quark, Käse, Ei, Fisch und Wurst. Der Zusammenhang zwischen dem Verzehr tierischen Eiweißes und Gefäßerkrankungen ist nicht nur in epidemiologischen Statistiken nachweisbar, sondern auch durch langzeitige ärztliche Beobachtungen.

Die Schlussfolgerung aus diesen Fakten ist, dass jeder Diabetiker – besonders bei einer schweren Form – die tierischen Eiweiße meiden muss. Auf diese Weise sind die Komplikationen und Spätschäden an den Gefäßen und Augen zu verhindern. In diesem Zusammenhang ist der Hinweis wichtig, dass der Mensch mit rein pflanzlicher Kost seinen Eiweißbedarf in garantiert ausreichender Menge decken kann. Die frühere Irrlehre, dass pflanzliches Eiweiß nicht alle essentiellen Aminosäuren enthalte, ist längst gründlich widerlegt. Diese alte Vorstellung sitzt aber noch tief in den Menschen und wird auch noch von Vertretern der herkömmlichen Ernährungsphysiologie aufrechterhalten. Bezüglich des Eiweißes haben die Ernährungsforschungen Kollaths ergeben, dass es von größter Bedeutung ist, ob das Eiweiß nativ oder denaturiert verzehrt wird. Unter nativ versteht man natürliches, nicht erhitztes Eiweiß. Durch Erhitzung verliert das Eiweiß seine Lebendigkeit. Außerdem muss man wissen, dass pflanzliche Nahrungsmittel prozentual mehr Eiweiß enthalten als zum Beispiel das Idealnahrungsmittel Muttermilch, im Durchschnitt 3 Prozent, in Getreide auf das ganze Korn bezogen 9 Prozent, in den Randschichten sogar 14 Prozent. Je größer der unerhitzte Anteil an pflanzlichen Lebensmitteln in einem Kostplan ist, umso weniger braucht man sich um die Eiweißmenge Gedanken zu machen.

Die praktische Schlussfolgerung aus diesen Fakten ist, dass der Zuckerkranke so wenig wie möglich tierisches Eiweiß essen soll, und umso größer soll der Frischkostanteil sein.

Bei den Arzneien, die zur Blutzuckersenkung benutzt werden, handelt es sich vorwiegend um sogenannte Sulfonylharnstoffe. Bei der Forschung des Wirkungsmechanismus stellte man fest, dass diese Arzneien die Insulin produzierenden Zellen der Bauchspeicheldrüse stimulieren, das heißt reizen, was zu vermehrter Insulinausschüttung führt. Diese Reizung ist der Grund, weshalb eine Einnahme der Präparate nicht zu empfehlen ist. Wir haben ja gesehen, dass jahrzehntelange Stimulierung der B-Zellen in den Lanserhans'schen Inseln schließlich zu ihrer Erschöpfung und damit zum Diabetes führt. So muss man annehmen, dass sich die stimulierende Wirkung der Sulfonylharnstoffe auf die B-Zellen über lange Zeit genauso nachteilig auswirken wird. Die Einnahme der Präparate hat aber noch einen weiteren Nachteil: Sie verleitet dazu, die notwendigen Ernährungsvorschriften zu vernachlässigen. Die richtige Ernährung ist aber das A und O der Diabetesbehandlung.

Weitere Kleinschriften von Dr. med Max Otto Bruker

1. Unser täglich Brot und der Zucker als Hauptursache für die modernen Zivilisationskrankheiten
2. Schlank werden ohne Hungerkur
3. Herzinfarkt, Asteriosklerose und Gallensteine sind verhütbar
4. Wie beugt man den ernährungsbedingten Zivilisationskrankheiten vor?
5. Ernährungsbehandlung der Leber-, Galle, Magen-, Darm- und Bauchspeicheldrüsenerkrankungen
6. Butter – ein hochwertiges Lebensmittel?
7. Vom Kaffee und seinen Wirkungen
8. Ärztliches Memorandum zur industriellen Nutzung der Atomenergie
9. Über den Unwert der heutigen Milch
10. Gesund durch richtige Ernährung (LVA-Schrift)
11. Die Story von den 2 »richtigen« Ernährungen
12. Ursachen der ernährungsbedingten Zivilisationskrankheiten (Mörder bekannt – kein Kläger)
13. Fett macht nicht fett (Fett)
14. Bakterien im Frischkornbrei
15. Sie vertragen Vollkornbrot nicht?
16. Krankheiten durch Fabrikzucker
17. Unser täglich Brot – eine tote Nahrung?
18. Wieviel und was soll man täglich trinken
19. Ballaststoffe sind kein Ballast
20. Scheinursachen verschleiern Zusammenhänge
21. Die Ernährung des älteren Menschen
22. Die Deckung des Eiweißbedarfs
23. Vitamin B12
24. Wissenswertes über Säfte
25. Rheuma – ernährungsbedingte Zivilisationskrankheit
26. Zöliakie
27. Das Allergie-Problem
28. Die Zuckerkrankheit –Verhütung und Behandlung
29. Gebissverfall
30. Weil du beim Reaktor wohnst
31. Die Ernährung des Kindes
32. Neurodermitis
33. Der Darmpilzrummel – Fehldiagnose Candida albicans –

Auch komplett als Sammelmappe zum Sonderpreis erhältlich!

Dr. med. Max Otto Bruker

Kleinschrift
Nr. 29

Gebissverfall und Fehlernährung

emu verlag

ernährung • medizin • umwelt

Gebissverfall und Fehlernährung

Dr. med. M. O. Bruker

Die Krankheit von heute
ist nur die Überschreitung
der Naturgesetze von gestern.

Alter persischer Spruch

Das Gebiet der Ernährung ist für die meisten Zahnärzte etwas Fremdes. Dies haben sie aber mit den Ärzten und anderen Spezialisten gemein. Auch in der allgemeinen Medizin sind ernährungsbedingte Zivilisationskrankheiten in ihrer Bedeutung nicht erkannt und nicht bekannt. Zum Verständnis der Problematik ist es unerlässlich, vorweg den Gründen nachzugehen, wie es möglich war, dass Ernährungsfragen in der Medizin so nebensächlich behandelt werden.

Gebissverfall als Symptom der Krise in der Medizin

Auch in der Zahnmedizin gibt es eine Krise. Die Gründe und Erscheinungen sind dieselben wie in der Medizin überhaupt. Der Keim zu dieser Entwicklung wurde schon zu Beginn der Neuzeit gelegt, als die ursprüngliche Universitas durch die sich rasch entwickelnde Naturwissenschaft Fachhochschulen weichen musste. In der Medizin fiel die Entscheidung zu Gunsten der Physik und Chemie. Man war stolz, im Gegensatz zu den Geisteswissenschaften eine „exakte" Wissenschaft zu sein, bei der nur das Wäg- und Messbare der sogenannten Naturwissenschaften galt. Naturwissenschaft war aber nicht die Wissenschaft der Natur, zu der auch das Lebendige gehört, sondern nur noch angewandte Physik und Chemie. Geisteswissenschaften wurden im Gegensatz zur rationalen Physik und Chemie als irrational abgewertet. Man setzte irrational gleich mit unexakt, beachtete aber nicht, dass der Mensch als lebendiges Wesen mit den Methoden von Physik und Chemie nicht vollständig erfasst werden kann. Im Rausch der faszinierenden Entwicklung, der sogenannten Naturwissenschaft, übersah man zu lange die Konsequenzen der weitgehenden Ausklammerung geisteswissenschaftlicher Gesichtspunkte. Im medizinischen Bereich versteht heute noch ein überwiegender Teil seiner Vertreter unter Wissenschaft stillschweigend nur die Naturwissenschaft. Was mit physikalischen und chemischen Methoden nicht erklärbar und nachweisbar ist, wird als unwissenschaftlich abgewertet.

Es liegt auf der Hand, dass am Kranken diese Entwicklung zu einer kritischen Situation geführt hat. Sie ist u. a. gekennzeichnet durch die heutige technisierte und chemisierte Apparatemedizin.

Auch die **Spezialisierung** ist eine weitere Folge dieser Entwicklung. Der Spezialist aber – auch der Zahnarzt ist ein Spezialist – kann lediglich auf einem speziellen Teilgebiet Spitzenleistungen, vorwiegend technischer Art, erzielen; auf diesem Gebiet liegen die Errungenschaften der modernen Medizin, die bewundert werden. Diesen Fortschritten stehen aber erhebliche Nachteile gegenüber. Aldous Huxley hat sie treffend gekennzeichnet: „Die medizinische Wissenschaft hat in den letzten Jahrzehnten so ungeheure Fortschritte gemacht, dass es praktisch keinen gesunden Menschen mehr gibt."

Der Hauptgrund für diese Fehlentwicklung liegt in der sträflichen Vernachlässigung echter Ursachenforschung. So besteht die Therapie heute in überwiegendem Maße in einer symptomatischen Linderungsbehandlung. Man lässt die Krankheiten unbekümmert entstehen und therapiert sie mit großem Aufwand. Die Kostenexplosion im Krankheitswesen ist ein klassisches Merkmal der Krise in der Medizin.

Diese Verhältnisse gelten in vollem Umfang auch für die Zahnmedizin. Als Spezialgebiet hat sie den Zusammenhang mit der Ganzheitsmedizin weitgehend verloren. Die ungenügende Berücksichtigung der eigentlichen Krankheitsursachen führte zu der unaufhaltsamen Zunahme der Zahnkaries, Parodontose und der Gebissanomalien.

Früher bestand in der Zahnmedizin ähnlich wie in anderen medizinischen Spezialfächern noch eine engere Beziehung zur allgemeinen Medizin. Damals war es noch selbstverständlich, dass die Erkrankungen des Gebisses zu den ernährungsbedingten Zivilisationskrankheiten gerechnet wurden. Ernährungsforschung ist in der Medizin ein Stiefkind. Soweit sie betrieben wird, liegt sie nicht in der Hand von Ärzten, sondern von chemisch-analytisch orientierten Physiologen. Diese sind für die herkömmliche Ernährungslehre verantwortlich. So erklärt sich der eigentlich groteske Zustand, dass zahlreiche ernährungsbedingte Zivilisationskrankheiten nicht als solche erkannt, geschweige denn anerkannt sind.

Als ich persönlich vor ca. 50 Jahren anfing, mich mit den Zusammenhängen zwischen Ernährung und Krankheiten zu befassen, waren es vorwiegend **Zahnärzte** und nicht Ärzte, die sich um diese Zusammenhänge kümmerten. Hier begegnen uns Namen wie Price, Roos, Euler, Klussmann, Schnitzer und Åslander. Sie erkannten über ihr Fachgebiet hinaus, dass Krankheiten des Gebisses eine Teilerscheinung einer Erkrankung des Gesamtorganismus sind, deren Ursachen in Fehlernährung liegen. Das Gebiss galt als Gradmesser allgemeiner Gesundheit.

Jahrelang wurde ich von den zahnärztlichen Landesverbänden bei ihren Tagungen zu Vorträgen über Ernährungsfragen gebeten. Auf den Tagungen in Davos gehörten solche Vorträge über Ernährung zum selbstverständlichen Programm.

Heute ist die Situation völlig anders. Altes Wissen ist verschüttet und wird nicht mehr gelehrt. Der Zahnarzt ist nicht mehr ausreichend in die Medizin integriert. Die Schaffung einer biologischen Zeitschrift für Zahnmedizin im Rahmen einer integralen Medizin ist daher ein dringendes Gebot. Dem Verlag, der die Situation erkannt hat, gebührt großer Dank.

Das umfangreiche Wissen der alten Ärzte über Zusammenhänge zwischen Gebiss und Ernährung ist vorhanden; es muss nur wieder vermittelt werden. Neue Forschungen sind eigentlich unnötig.

Epidemiologisch-statistische Forschungsergebnisse

Klassische Untersuchungen und Forschungsergebnisse liegen schon seit Anfang dieses Jahrhunderts vor. Bereits 1913 veröffentlichte der Zahnarzt **Weston A. Price,** Ohio, eine Arbeit über die Schädigung der Zahnbildung bei Kindern. Anhand von Röntgenbildern zeigte er auf, dass sich beim Gebrauch der propagierten Kindernährmittel lange vor dem Durchbruch bleibende Defekte an den Zähnen bilden. Später wies er in gründlichen epidemiologisch statistischen Studien nach, daß Zahngesundheit überall dort vorhanden ist, wo die Völker ihre ursprüngliche natürliche Ernährungsweise beibehalten haben. Seine Forschungsergebhisse sind in zahlreichen Veröffentlichungen niedergelegt. Eine gute Zusammenfassung findet sich in „Gefährdete Menschheit"* vonAlbert von Haller. Es

* zu beziehen über emu-Verlag

darf keinen wissenschaftlich interessierten Zahnarzt geben, der dieses Standardwerk nicht gelesen hat. Damit sind die Arbeiten von Price dem deutschsprachigen Raum zugänglich gemacht.

Zahngesundheit findet sich gleichermaßen bei Naturvölkern am Polarkreis, in der Südsee oder in abgelegenen Tälern der Schweiz. Auf der Suche nach vollkommener Gesundheit bereiste Price die Erde vom Polarkreis bis zu den Tropen. Über Jahrzehnte widmete er sich dieser Forschung und nahm Kontakte auf zu Ärzten, Hygienikern, Anthropologen und anderen Wissenschaftlern aus aller Welt. Aufgrund der Untersuchungsergebnisse der Gebisse konnte er mit Gewissheit sagen, wie weit die untersuchten Personen von Eingeborenenkost oder eingeführten Nahrungsmitteln gelebt haben. Er fand überall Parallelen, bei den Ureinwohnern in Australien ebenso wie bei den Eskimos, Indianern, Maoris oder Südseeinsulanern. Dort, wo die Einflüsse der Zivilisation im Nahrungsbereich fehlten, war der Gesundheitszustand der Bevölkerung hervorragend. Mit zunehmender Veränderung der Verzehrsgewohnheiten lagen Anzeichen einer degenerativen Entwicklung vor: Gebissverfall, Kieferanomalien, Gesichtsveränderungen, schwächliche Konstitution. Die Photographien von Price sprechen eine beredte Sprache. Als Beispiel seien die Verhältnisse auf Neuseeland beschrieben, da sie besonders aufschlussreich sind. Die Fürsorge für die Jugend ist dort vorbildlich. Die meisten Schulen besitzen eigene Zahnkliniken. Alle Kinder werden vom zwölften Lebensjahr an medizinisch betreut. In idealer Weise scheinen alle Voraussetzungen erfüllt zu sein, um die Gesundheit der Kinder sicherzustellen. Price untersuchte die Schuljugend. Von 15332 untersuchten Zähnen waren 3420 von Karies befallen. Das sind 22%. Dieser Prozentsatz stieg auf 50% in jenen Gebieten, in denen ein größerer Wohlstand die am höchsten verfeinerte Zivilisationskost zuließ. Der Anstieg der Zahnkaries war auch hier von veränderten Zahnbögen und anderen Missbildungen begleitet. Aufgrund von Konstitutionsveränderungen hatten die jungen Maorifrauen zunehmend Schwierigkeiten bei den Geburten. Die Kinderzahl war entsprechend zurückgegangen.

H. P. Pickerill hat eine eingehende Untersuchung an Schädeln der Maoris aus der Zeit vor der weißen Besiedlung durchgeführt. Es wurden 326 Schädel untersucht. Von je 2000 Zähnen war nur ein einziger Zahn krank. Die Schädel früherer Generationen zeigten eine vollkommen harmonische Ausbildung aller Teile, breite Zahnbögen, regelmäßig stehende Zähne. Alle Zähne waren erhalten und in gutem Zustand. Bei keinem Schädel fand sich mangelhafte Entwicklung der Kiefer. Bei Bevölkerungsgruppen auf Neuseeland, die in schwer zugänglichen Gebieten lebten, war kein Zahnverfall zu beobachten. Wenn jungen Leuten Zähne fehlten oder sich Spuren von Karies zeigten, erfuhr Price immer wieder, dass sie zeitweilig ihre Heimatorte verlassen oder in der Stadt gewohnt hatten. Weltweit zeigen die Studien von Price dasselbe. Bei Völkern mit ursprünglich intakten Gebissen tritt mit dem Einzug zivilisatorisch veränderter Nahrung Karies auf.

Sie folgt nicht nur zeitlich der Änderung der Essgewohnheiten, indem Fabrikzucker und Auszugsmehle anstelle von Vollkornprodukten in den Speiseplan aufgenommen werden, sondern die Häufigkeit der Karies geht mit dem Umfang des Verzehrs raffinierter Kohlenhydrate parallel. Dies sind die signifikanten Krankheitserscheinungen am Gebiss in der ersten Generation nach Änderung der Nahrung. Erst in der zweiten Generation treten nach Einführung raffinierter Kohlenhydrate Kieferanomalien auf, die sich in Zahnfehlstellungen äußern.

Diese Forschungsergebnisse wurden etwas ausführlicher geschildert, da sie bleibende Bedeutung haben, nachdem in fast allen Völkern seit Jahrhunderten bewährte Formen der Ernährung inzwischen einer denaturierten Zivilisationskost weichen mussten. Heute sind derartige Vergleichsmöglichkeiten kaum mehr gegeben.

Ebenso eindrucksvoll sind die bekannten Forschungsergebnisse von **Pottenger.** Bereits zu einer Zeit, in der noch keine Vitalstoffe entdeckt waren, konnte er bei Fütterungen von Katzen unzweideutig nachweisen, dass durch den Kochprozess eine Veränderung der Nahrung vor sich geht, die nachteilige Wirkungen auf das Gedeihen der Tiere hat. Seine langjährigen Fütterungsversuche an Katzen erstreckten sich über acht Generationen. So konnte er z. B. die degenerative Wirkung einer Kost nachweisen, in der das Fleisch durch Erhitzung zubereitet wurde. Die degenerativen Veränderungen verstärkten sich von Generation zu Generation. Um von Katzen aus der zweiten „defekten" Generation wieder normale Nachkommen zu erhalten, war vier Generationen lang wieder rohe Nahrung notwendig. Wenn ein weibliches Tier 12 bis 18 Monate lang gekochte Diät erhalten hatte, konnte es nie wieder normal entwickelte Junge gebären. Noch nach vier Jahren hatten seine Jungen Gesichts- und Kiefermissbildungen.

Von einzigartigem Wert für den wissenschaftlichen Beweis des Zusammenhangs zwischen Ernährung und Gebisszustand sind auch die gründlichen Forschungen des Zahnarztes **Roos.** Seine Forschungsergebnisse sind in seinem Buch „Kulturzerfall und Zahnverderbnis" niedergelegt. Auch seine vergleichenden Untersuchungen erstrecken sich über 30 Jahre und liefern umfangreiches statistisches Material, aus dem hervorgeht, wie mit der Industrialisierung des abgelegenen Gomser Tals in der Schweiz die Zahnkaries in vorher unbekanntem Umfang auftritt.

Das Gebiss als Gradmesser allgemeiner Gesundheit

Die zeitliche Verzögerung im Auftreten von Krankheiten als Folge bestimmter Kostformen ist ein allgemein gültiges Charakteristikum. Es gilt nicht nur für das Gebiss. Am Gebiss ist es aber ohne aufwendige Untersuchungen direkt erkennbar. Süßigkeiten erzeugen nach relativ kurzer Zeit kariöse Stellen, während der Verzehr raffinierter Kohlenhydrate in Verbindung mit erhitztem Gemüse und Fleisch bei gleichzeitigem Mangel an unerhitzten Lebensmitteln erst nach etwa 20 bis 30 Jahren sich als Parodontose manifestiert. Den krankhaften Veränderungen am Gebiss entsprechen am übrigen Organismus die vielseitigen ernährungsbedingten Zivilisationskrankheiten. Die Ursachen sind für die Krankheiten dieselben, eben eine vitalstoffarme Ernährung über lange Zeit. Zu den klassischen ernährungsbedingten Zivilisationskrankheiten rechnen außer den Gebissschäden

- die Erkrankungen des Bewegungsapparates, die sogenannten rheumatischen Erkrankungen, die Arthrose und Arthritis, Wirbelsäulen- und Bandscheibenschäden
- alle Stoffwechselkrankheiten wie Fettsucht, Zuckerkrankheit, Leberschäden, Gallensteine, Nierensteine, Gicht usw.
- die meisten Erkrankungen der Verdauungsorgane wie Stuhlverstopfung, Gallenblasen-, Bauchspeicheldrüsen-, Dünn- und Dickdarmerkrankungen, Verdauungs- und Fermentstörungen
- Gefäßerkrankungen wie Arteriosklerose, Herzinfarkt, Schlaganfall und Thrombosen
- mangelnde Infektabwehr, die sich in immer wiederkehrenden Katarrhen und Entzündungen der Luftwege, den sogenannten Erkältungen und als Nierenbecken- und Blasenentzündungen äußern

- manche organische Erkrankung des Nervensystems
- sogenannte Allergien
- auch für die Entstehung des Krebses ist die Fehlernährung als wichtige Komponente nachgewiesen.

Die Parodontose kann man als klassisches Stigma zivilisatorischer Ernährung betrachten. Sie ist gekennzeichnet durch chronischen Mangel an Vitalstoffen, d. h. an wasser- und fettlöslichen Vitaminen, Mineralien, Spurenelementen, Enzymen, ungesättigten Fettsäuren, Aromastoffen und Faserstoffen (sogenannten Ballaststoffen). Hier spielen mehr dystrophische und weniger entzündliche Prozesse eine Rolle. Die verschiedenen pathohistologischen Bilder bei der Parodontose weisen auf Störungen in submikroskopischen Mechanismen hin, die sich als Störungen im Chemismus der parodontalen Gewebe zeigen. Es wird von Untersuchungen berichtet, dass bei Personen, bei denen man allgemeine Störungen im Chemismus feststellen kann, sich Veränderungen im Chemismus des Parodontiums zeigen.

Bakterien, saures Mundmilieu und Plaques sind Symptome und keine „Ursache" der Karies

Auch bei der Kariesentstehung sind sowohl endogene wie exogene Faktoren beteiligt. Über die exogenen Faktoren ist so viel geschrieben, dass es nicht nötig ist, dem Zahnarzt ausführlich darzustellen, wie es durch den Verzehr von raffinierten Kohlenhydraten, vor allem von Fabrikzukker, zu Veränderungen des Mundmilieus kommt. Wegen häufiger falscher Schlussfolgerungen aus diesen krankhaften Veränderungen sind einige Erläuterungen nötig. Es ist bekannt, dass Süßigkeiten eine Verschiebung des pH-Wertes des Speichels nach der sauren Seite verursachen. Saurer Speichel geht zugleich mit vermindertem Bindungsvermögen von Säuren einher. Der saure Speichel fördert wiederum eine säuernde Bakterienflora; diese Bakterien produzieren schließlich vor allem in den Zahnbelägen aus den Kohlenhydraten (Auszugsmehle, Fabrikzucker) jene Säuren, die zur Zerstörung der Zahnsubstanz führen. Ganz besonders wichtig erscheint nun der Hinweis, dass weder Veränderungen des Säuremilieus, noch Bakterien, noch Plaques **Ursachen** der Karies sind, sondern bereits Krankheitssymptome, deren Ursache in der Fehlernährung liegt. Diese Verwechslung von Ursache und Folge spielt in den Diskussionen um die Kariesursachen eine bedeutende Rolle. Es ist klar, dassß derjenige, der in den krankhaften Störungen des Mundmilieus die „Ursachen" der Karies sieht, zu anderen prophylaktischen und therapeutischen Ratschlägen kommt als jemand, dem bewusst ist, dass es sich bei den Milieuänderungen im Mund bereits um **Folgezustände** handelt, deren Ursache in der Ernährung liegt.

Schon diese Überlegungen zeigen, dass die Zahnbürste nicht die Lösung des Kariesproblems sein kann, sondern lediglich eine Symptombehandlung darstellt. Sie birgt wie alle symptomatischen Maßnahmen die Gefahr in sich, daß die eigentlichen Ursachen der Erkrankung nicht in ihrem ganzen Ausmaße erkannt und daher nicht beseitigt werden. So kommt dem Zähneputzen lediglich der Wert einer hygienischen Maßnahme zu. Man kann die überbetonte Empfehlung des Zähneputzens insofern als gefährlich bezeichnen, als sie eben von der eigentlichen Ursache ablenkt und bei vielen sogar eine ursächliche Behandlung vortäuscht.

Fehlinformation durch Interessengruppen

Die Verquickung einer symptomatischen Maßnahme (Zähneputzen) mit einer ursächlichen ist vom wissenschaftlichen Standpunkt aus nicht tragbar und irreführend. So erklärt es sich, dass diejenigen, die Interesse daran haben, dass die wahren Ursachen der Zahnkaries nebensächlich und drittrangig behandelt werden, nämlich die Erzeuger kariesverursachender Nahrungsmittel, ihre ganze Macht einsetzen, dass die Nahrungskomponente bagatellisiert und andere Faktoren wie das Zähneputzen überbetont werden. Die Zucker- und Süßwarenindustrie ist ein finanzmächtiger und damit einflussreicher Faktor, der die Information der Bevölkerung beherrscht und über Tarnorganisationen wie z. B. IME (Informationskreis Mundhygiene und Ernährungsverhalten) die Unterrichtung der Zahnärzte steuert. Diese sich wissenschaftlich gebende Organisation beeinflußt in starkem Maße die maßgeblichen Behörden, die Professoren der Universitäten, die Massenmedien, die Krankenkassen und die Zahnärzte. Dies geschah so geschickt, dass die steuernden Hintermänner nicht erkannt wurden.

Besonders krass machte sich die Beherrschung des Informationsmarktes durch wirtschaftliche Institutionen - wenn auch stark getarnt und vom unbefangenen Bürger nicht erkennbar - bei der Fluoridierungspropaganda bemerkbar. So kam es, dass auch ein relativ großer Anteil der Zahnärzte dieser „Aufklärung" erlag. Es war schwer, die pseudowissenschaftlichen Argumente, die von hervorragenden Werbefachleuten verfasst wurden, als wissenschaftlich unhaltbar zu erkennen.

Wäre die Zahnmedizin noch in die Allgemeinmedizin integriert, und würden noch biologische und ganzheitsmedizinische Gesichtspunkte berücksichtigt, so wäre es unmöglich gewesen, die Zahnkaries als Fluormangelkrankheit zu erklären und den Verantwortlichen einzureden, man könne das Kariesproblem durch die Verabreichung eines Medikamentes und durch Zähneputzen lösen, wo doch der Gebissverfall, nicht nur die Karies, sondern auch die Parodontose und die Kiefermissbildungen ein reines Ernährungsproblem sind.

In einer biologischen Zahnmedizin wäre es auch nicht möglich, im Hinblick auf das Gebiss eine Dauermedikation über Jahrzehnte zu propagieren, ohne die Auswirkungen auf den Gesamtorganismus zu berücksichtigen. Was sollte man sagen, wenn die Gynäkologen nur im Hinblick auf den Unterleib hormonelle Dauermedikationen ohne Rücksicht auf den Gesamtorganismus empfehlen würden. Wenn dies zweifellos nicht selten geschieht, so sind die Auswirkungen von Hormonen als körpereigene Substanzen nicht zu vergleichen mit einem Breitbandenzymgift, wie es das Natriumfluorid darstellt. Da zum ungestörten Ablauf aller Stoffwechselvorgänge Enzyme notwendig sind, ist es verständlich, dass das Natriumfluorid als Breitbandenzymgift vielseitige Schädigungen verursacht. Die in der Natur vorhandenen Fluorverbindungen, wie sie z. B. im natürlichen Trinkwasser vorkommen, sind komplexer Natur und können im Vergleich zum synthetischen Natriumfluorid als ungiftig bezeichnet werden. Der häufig vorgenommene Vergleich von Natriumfluorid mit den in der Natur auftretenden fluorhaltigen Substanzen ist daher nicht statthaft.

Es ist hier nicht der Raum, das vielseitige Fluorproblem abzuhandeln. Im Rahmen des Themas musste es jedoch insofern geschehen, als die Diskussion um das Fluorproblem auch im Zusammenhang mit der Drei-Säulen-Theorie so geführt wird, als ob die Zahnkaries nicht einzig und allein ein Ernährungsproblem wäre und durch die Verabreichung von Fluoriden und Zähneputzen verhütbar wäre. Diese Akzentverschiebung ist wissenschaftlich nicht zu rechtfertigen und im Hinblick auf die Gesundheit der Bevölkerung unverantwortlich. Sämtliche Aspekte der Fluoridierung sind in der Dokumentation „Vorsicht Fluor" (emu-Verlags-GmbH, 56112 Lahnstein) dargestellt.

Die Verhütung der Zahnkaries durch vitalstoffreiche Vollwertkost

Alle Gebisserkrankungen sind ernährungsbedingt. Die Karies benötigt zur Entstehung nur relativ kurze Zeit, die Parodontose Jahrzehnte und die Zahnfehlstellungen durch Kieferanomalien mindestens eine Generation.

Das Rezept zur Verhütung dieser Erkrankungen ist selbst in der heutigen Hochzivilisation ohne zu starke Revolutionierung der Küche möglich. Es ist dasselbe Rezept, das alle ernährungsbedingten Zivilisationskrankheiten, wie sie oben angeführt wurden, verhütet oder bei bereits bestehender Krankheit den Verlauf verlangsamt oder zum Stillstand bringt. Die Lösung heißt: Vitalstoffreiche Vollwertkost.

Da die raffinierten Kohlenhydrate, d. h. die Auszugsmehle und alle Fabrikzuckerarten, die Hauptverursacher des Gebissverfalls sind, ist logischerweise ihre weitgehende Vermeidung der wichtigste Rat. Es ist nicht schwer, Weiß- und Graubrot durch Vollkornbrote zu ersetzen. Die Erfahrung zeigt, dass schon nach vier Wochen die Änderung der Geschmacksrichtung erfolgt ist. Es dauert nicht lange, bis die Gefahr, dass der Umgestellte wieder zum minderwertigen Brot aus Auszugsmehlen zurückkehrt, gebannt ist. Vollkornbrote schmecken besser. Der Markt ist reich an vielseitigen Angeboten. Auch die anderen Produkte aus Auszugsmehlen, wie die verschiedenen Teigwaren, stehen in Vollkornqualität zur Verfügung.

Schwieriger als der Übergang auf Vollkornprodukte ist die mehr oder weniger starke Einschränkung des Fabrikzuckers. In Deutschland ist der Verzehr inzwischen auf mehr als 3 Millionen Tonnen jährlich angestiegen. Wenn der Bürger im Durchschnitt täglich 150 g Fabrikzucker in Süßigkeiten und anderen gesüßten Speisen zu sich nimmt, so bedeutet dies, dass manche 500 g und mehr verzehren, da nicht alle auf die Durchschnittsmenge kommen.

Ein teilweiser Ersatz durch Honig kommt nur bei einigen ernährungsbedingten Zivilisationskrankheiten in Frage, nicht jedoch bei Zahnkaries, da er hier infolge der hohen Zuckerkonzentration (etwa 76%-iger Invertzucker) lokal dieselbe Wirkung zeigt wie Süßigkeiten und andere mit Fabrikzucker gesüßte Speisen.

Die praktische Erfahrung hat gezeigt, dass der Übergang auf Vollkornprodukte die Einschränkung der Süßigkeiten erleichtert. Man kann sich diese Beobachtung mit der vermehrten Vitamin-B1-Zufuhr durch Vollkornprodukte erklären, zumal isolierter Zucker vermehrten Vitamin-B1-Bedarf erfordert und so indirekt als Vitamin-B1-Verbraucher wirkt. Der Verzehr von Vollkornprodukten durchbricht den Circulus vitiosus: Zuckerverzehr erzeugt Verlangen nach Süßem und führt zu Vitamin-B1-Verarmung, die durch Auszugsmehle nicht beseitigt werden kann.

Ein weiterer wichtiger Bestandteil der vitalstoffreichen Vollwertkost ist die Frischkost. Etwa ein Drittel der Gesamtnahrung soll aus unerhitztem Gemüse und Obst bestehen. Natürlich kann der Rohanteil auch höher liegen. Die Bedeutung des Frischkostanteils liegt nicht nur in der Zufuhr von Mineralien, Spurenelementen und VItaminen, sondern auch darin, dass es dadurch zu einer Veränderung der Geschmacksrichtung kommt und das Verlangen nach Süßem deutlich abnimmt.

Ein weiterer Nachteil der üblichen Zivilisationskost ist der Mangel an naturbelassenen Fetten. Daher sind die durch Raffination gewonnenen üblichen Öle durch sogenannte kalt geschlagene zu ersetzen: Butter muss an die Stelle von Margarine treten. Schließlich ist die Zivilisationskost durch einen seit ein bis zwei Generationen zunehmenden Verzehr von tierischem Eiweiß gekennzeichnet. Besonders zur Verhütung der Parodontose (ähnlich der Arthrose und Spondylose) ist eine Einschränkung des tierischen Eiweißes nötig, zumal es fast ausschließlich in erhitzter, d. h. denaturierter Form verzehrt wird. Auch diese Umstellung wird erleichtert durch die gleichzeitige vermehrte Zufuhr von hochwertigen pflanzlichen Eiweißen in nativer Form; dies geschieht durch den Frischkostanteil und etwas unerhitzes Getreide als Frischkorngericht nach Kollath. Der Frischkornbrei stellt eine Art Patentlösung dar, mit der eine Zufuhr aller Vitalstoffe garantiert ist. Hier ist sein Rezept:

Rezept für Frischkornbrei

Er wird aus einer einzelnen Getreideart oder aus einer Mischung (z. B. Weizen, Roggen, Hafer, Gerste) hergestellt. Drei Esslöffel Getreide werden durch eine Kaffeemühle oder Getreidemühle grob geschrotet. Das Mahlen muss jedesmal frisch vor der Zubereitung vorgenommen werden. Dabei spielt es keine Rolle, ob die Getreidemühle mit Mahlsteinen oder einem Stahlmahlwerk arbeitet.
Nicht auf Vorrat mahlen!
Das gemahlene Getreide wird mit ungekochtem, kaltem Leitungswasser zu einem Brei gerührt und mehrere Stunden (bis zu zwölf) stehengelassen. Die Wassermenge wird so berechnet, dass nach der Quellung nichts weggegossen zu werden braucht. Dazu geben wir nach ca. 5-12 Stunden frisches Obst, (je nach Jahreszeit), Zitronensaft, 1 Teelöffel Honig (nur manchmal, regelmäßig Honig kann Karies erzeugen), 1 Esslöffel Sahne (schmeckt auch gut mit geschlagener Sahne!), geriebene Nüsse, nach Art des Bircher-Benner-Müslis.
Solange verfügbar sollte man immer einen Apfel hineinreiben und sogleich untermischen. Der geriebene Apfel macht den Frischkornbrei besonders luftig und wohlschmeckend. Diese Zubereitungsart bekommt jedem, auch dem Magen-Darm-Empfindlichen.
Es ist ohne Belang, zu welcher Tageszeit dieser Brei genossen wird.

Zu einer vitalstoffreichen Vollwertkost gehört auch die strikte Vermeidung von H-Mich, da durch die Ultrahocherhitzung (150°) VItamine zerstört werden. Auch eine Einschränkung pasteurisierter Milch ist von Vorteil, was aus den Pottengerschen Katzenversuchen hervorgeht. Die Schäden lassen sich durch die Denaturierung des Milcheiweißes erklären. In seinem Buch „Der Vollwert der Nahrung" hat Kollath die Schäden durch Eiweißdenaturierung in klassischen Fütterungsversuchen nachgewiesen.
Schon diese wenigen Änderungen der Essgewohnheiten würden ausreichen, um einen signifikanten Rückgang der Karies und eine spätere Verringerung der Parodontose zu erzielen.

Hier erwächst dem Zahnarzt eine wichtige Aufgabe, der er sich stellen muss. Er sieht die Schäden durch die Zivilisationskost als Erster und am eindringlichsten, während für den Arzt die ernährungsbedingten Schäden am übrigen Organismus nicht so deutlich erkennbar sind. Jeder Zahnarzt, dem die Bedeutung der Ernährung bewusst ist, müsste es sich zur Pflicht machen, bei jeder Behandlung ein kurzes Wort über die Ursachen der Gebissschäden zu sagen. Es kann von ihm keine aufwendige Ernährungsberatung erwartet werden; aber der unentwegt wiederholte kurze Hinweis aller Zahnärzte bei jedem Patienten und jeder Behandlung, dass Fabrikzucker schädlich ist, daß Vollkornbrot und etwas rohes Obst und Gemüsesalate in den täglichen Kostplan gehören, würde bald Wunder wirken. Ein einmaliger Hinweis ist allerdings ohne nachhaltige Wirkung, das weiß jeder Werbefachmann. Mindestens 17mal muss der Hinweis erfolgen, und nicht von einigen Zahnärzten, sondern von allen.

Mancher Zahnarzt wird es vielleicht vorziehen, jedem Patienten ein kleines Merkblatt in die Hand zu geben, etwa nach folgendem Muster:

Zahnkrankheiten haben Ursachen

Zahnkaries
Parodontose
Zahnfehlstellungen

gehören nachweislich zu den ernährungsbedingten Zivilisationskrankheiten.

Sie sind absolut verhütbar durch geringfügige Änderungen der Essgewohnheiten

Meiden Sie:

Fabrikzuckerarten und damit gesüßte Produkte
Auszugsmehle (Weißmehl, Graumehl) und Produkte daraus
Fabriknahrungsmittel
Schränken Sie den Fleisch- und Wurstverzehr weitgehend ein

Essen Sie täglich

Vollkornbrot, Vollkornprodukte
Frischkost in Form von rohem Gemüse, Obst und Frischgetreide

Alles andere können Sie belassen wie bisher.

Die Gesellschaft für Gesundheitsberatung (GGB), 56112 Lahnstein ist gerne bereit, Ihnen entsprechende Merkblätter kostenlos zu übersenden.

Das ist die einfache Lösung des Kariesproblems.

Literatur

Åslander, A., Tooth Formation in the Light of Plant Nutrition, Westlund & Söner, Boktryckeri ab – Gävle 1958, Schweden

Bruker, M. O., Unsere Nahrung – unser Schicksal, emu-Verlags-GmbH, Ernährung-Medizin-Umwelt, 56112 Lahnstein

Bruker, M. O., Vorsicht, Fluor! emu-Verlags-GmbH, Ernährung-Medizin-Umwelt, 5612 Lahnstein

Euler, H. H., Die Karies-Ätiologie, München 1948

von Haller, Albert, Gefährdete Menschheit, 6. Aufl. 1986, Hippokrates-Verlag, Stuttgart

Kollath, W., Der Vollwert der Nahrung, Haug-Verlag, Heidelberg

Pottenger, Francis M., and Simonsen, D. G., The effect of head-processed food and metabolized vitamin D milk on the dento facial structures of experimental animals. 1946 Am. Journ. Orthodont and Oral Surgery

Price, Weston A., Nutrition and Physical Degeneration, 4. Aufl. Redlands 1945

Proell, Fr., Zahnaufbau und Zahnzerfall in Abhängigkeit von Ernährung, Leipzig 1956

Roos, Adolf, Kulturzerfall und Zahnverderbnis 1962, Medizinischer Verlag Hans Huber, Bern und Stuttgart

Bücher von Dr. M. O. Bruker

Unsere Nahrung – unser Schicksal
Lebensbedingte Krankheiten
Idealgewicht ohne Hungerkur
Stuhlverstopfung in 3 Tagen heilbar
Herzinfarkt, Herz-, Gefäß- und Kreislauferkrankungen
Leber-, Galle-, Magen-Darm- und Bauchspeicheldrüsenerkrankungen
Erkältungen müssen nicht sein
Rheuma – Ursache und Heilbehandlung
Diabetes und seine biologische Behandlung
Biologischer Ratgeber für Mutter und Kind
Allergien müssen nicht sein
Vorsicht Fluor
Zucker, Zucker – krank durch Fabrikzucker
Vollwerternährung/Viruserkrankungen
Der Murks mit der Milch
Cholesterin – der lebensnotwendige Stoff
Krampfadern
u. a. m.

Live-Vorträge von Dr. med. M. O. Bruker auf CD

Laufzeit ca. 60 Min.

Homöopathie
Das Allergieproblem
Kreislaufstörungen, Blutdruck und Kreislauf; Die Wirkung von Kaffee und Tee
Die Kneipp'schen Maßnahmen, Wasser, Licht, Luft, Sonne, Sauna
Erkrankungen der Bewegungsorgane, Rheuma, Arthritis, Arthrose
Die Deckung des Eiweißbedarfs
Lebenskrisen
Der manipulierte Patient
Kann ein Kranker „organisch gesund" sein? Funktionelle Störungen
Sie vertragen Vollkornbrot nicht?
Was macht uns krank? Warum wahre Krankheitsursachen verschwiegen werden
Lebensbedingte Krankheiten (I)
Lebensbedingte Krankheiten (II) Träume / Traumdeutung, Wille, Erkenntnis, Hysterie
Übergewicht
Die Funktion der Haut
Der Zeitfaktor (bei der Entstehung von Krankheiten)
Atomenergie
Lactose-Intoleranz
Säuglingsernährung
Krebs
Der Zucker als Krankheitsfakto

Weitere Kleinschriften von Dr. med Max Otto Bruker

Dr. med. Max Otto Bruker
Dr. rer. nat. W. Herbst

Kleinschrift
Nr. 30

Weil du beim Reaktor wohnst, musst du früher sterben

STOP ATOMENERGIE

ernährung • medizin • umwelt

emu verlag

Vorwort

Diese Schrift entstand 1969, um die Errichtung von Atomkraftwerken zu verhüten. Sie hat an Gültigkeit und Aktualität heute nichts verloren, besonders nach dem GAU von Tschernobyl.

Mai 1986 Dr. med. M. O. Bruker.

An der Schwelle zum Jahr 2000 ist leider anzumerken, dass die Bedrohung durch Atomkraftwerke und Atomwaffen keinesfalls abgenommen hat. Vielmehr versucht die dahinterstehende Lobby durch immer neue Zwecklügen der Bevölkerung ihre berechtigte Angst und Skepsis zu nehmen.

Die Unwirtschaftlichkeit von Atomstrom wird schöngerechnet, indem man die Kosten für die sogenannte „Entsorgung" des Strahlenmülls nicht mit einbezieht und milliardenschwere Subventionen außer acht lässt.

Die „Kinderkrebsstudie", von der damaligen Ministerin Angela Merkel in Auftrag gegeben, ist eine wissenschaftliche Farce und ein Schlag ins Gesicht für alle Betroffenen.

Alte Technologien im neuen Gewand, wie der geplante „europäische" Druckwasserreaktor, gaukeln Sicherheiten vor, die es nicht gibt. Trotzdem wird auf ihre Entwicklung und Zulassung gedrängt. Dies ist ein Eingeständnis für die Mangelhaftigkeit der in Betrieb befindlichen Meiler.

Und im französischen Atomzentrum La Hague warten Tonnen von hochradioaktivem Abfall darauf, in Castor-Behältern die Rückreise anzutreten. Sie werden dann wiederum Tausende von Zivilisten und Polizisten verstrahlen.

Und immer noch gilt: Die Sonne schickt uns keine Rechnung …
Inzwischen hat sich 2011 das Gau in Fukushima ereignet. Die Kanzlerin Angela Merkel musste auf Grund der weltweiten Proteste aus der Atomenergie aussteigen.

Lahnstein, Juli 2018 Ilse Gutjahr-Jung
Ihr emu Verlag

ISBN 3-89189-016-8

7. Auflage 2018

Gesamtherstellung: graphoprint, Koblenz

Das Strahlenrisiko für Anwohner eines Atomkraftwerkes

wird auch durch die beste Strahlengesetzgebung und Strahlenschutzpraxis oder die sorgfältigsten Bewilligungsbedingungen nicht aus der Welt geschafft. Die Mängel in der Schutzpraxis werden selbst bei Normalbetrieb kerntechnischer Anlagen immer besorgniserregender.

Die Schutzpraxis, deren Prinzipien im wesentlichen aus den Kinderjahren der Atomtechnik und aus einer Frühzeit der Strahlenbiologie stammen, ist der inzwischen fortgeschrittenen technischen und strahlenbiologischen Entwicklung nur ungenügend angepasst.

Die Mängel in der Schutzpraxis steigern die Besorgnisse um einen ausreichenden Schutz des Lebens um so mehr, je näher bei Bevölkerungszentren ein Atomkraftwerk errichtet wird. Durch verschiedene kleinere und größere Unfälle an den Reaktoranlagen können sich durch energiereiche Strahlung

unkontrollierte Zusatzbelastungen

ergeben. **Dozent Dr. Walter Herbst** vom Radiologischen Institut der Universität Freiburg sagt u. a. zur Größenordnung der Gefahrenquellen (inhaltlich):

„In einem Reaktor mit einer Leistung von 500 MW[1] sind nach halbjährigem Betrieb radioaktive Spaltprodukte von etwa 400 Millionen Curie[2] angehäuft. Diese Radioaktivität entspricht, ohne Berücksichtigung der Elementezugehörigkeit und Lebensdauer dieser Atomarten, der Radioaktivität von etwa 400 Millionen Gramm Radium, das heißt rund

dem 100000fachen der Radioaktivität aller geförderten Radiumvorräte der Erde.

50 Millionen Curie dieses Spaltproduktgemisches entfallen auf das leicht flüchtige, biologisch besonders kritische Radiojod. Die Menge des Strontiums 90 ist derjenigen aus der Explosion eines nuklearen Sprengkörpers von 5 Megatonnen[3] zu vergleichen. Hinzu kommt eine mehr oder weniger große Menge neutroneninduzierter[4], künstlicher radioaktiver Atomarten. Gewichtmäßig liegt die Toxizität[5] einer Reihe von radioaktiver Atomarten 1 Million bis 1 Milliarde mal höher als die Toxizität unserer stärksten chemischen Gifte.

Zu den biologischen Auswirkungen der beim radioaktiven Zerfall erzeugten energiereichen Strahlung erklärte eine Expertenkommission der Vereinten Nationen:

---

[1] Megawatt = 1 Million Watt

[2] Curie (Ci) = Einheit der Strahlenstärke. Diese Strahlung entspricht ungefähr der von 1 Gramm Radium. 1/1000 Gramm ist die tödliche Dosis.

[3] Megatonne = 1 Million Tonnen.

[4] neutroneninduziert = Neutronen übertragend.

[5] Toxizität = Giftigkeit, Schädlichkeit.

Jede energiereiche Strahlung hat biologische Auswirkungen,

wie klein auch immer ihre Dosis sein mag! Die phänotypische Manifestierung[6] sofortiger oder späterer Gesundheitsschädigungen durch solche primäre Strahleneinflüsse auf den Organismus ist außer von dem Dosisäquivalen[7] der Strahlung auch noch von einer Vielzahl komplexer[8] biologischer Gegebenheiten abhängig. Akute Strahlenschäden sind die Folge einer Einwirkung mittlerer oder höherer Strahlendosen. Sie sind determinierte[9]; innerhalb einer gewissen Schwankungsbreite in der Strahlenempfindlichkeit treten dosisabhängig bei allen Betroffenen typische Symptome des Strahlensyndroms[10] auf.

Im Falle von Ganzkörperbestrahlung reagieren 10 Prozent der Strahlenbelasteten bereits nach 25 bis 60 rem[11] mit Übelkeit und Erbrechen. Etwa 250 rem einer in Körpermitte absorbierten Strahlung führen bei 50 Prozent, 420 bis 700 rem bei 90 Prozent der Betroffenen zum Tode.

Strahlenspätschäden können somatisch[13] nach einer gewissen Latenzzeit[14] Zellen und Organe des Körpers oder aber genetisch[15] zukünftige Generationen,

die Keimzellen, in Mitleidenschaft ziehen.

Solche Spätschäden sind unspezifisch und undeterminiert[16]. Sie können auch durch andere Noxen[17] als durch energiereiche Strahlung ausgelöst werden und treten in einer bestimmten Spontanrate[18] auf. Strahlenbelastung erhöht mehr oder weniger dosisunabhängig die Spontanrate solcher Erkrankungen.

In der Gruppe solcher Spätschäden ist die strahlenbedingte Auslösung von Erbschäden sowie von

bösartigen Neubildungen (Krebs)

der verschiedensten Organe einschließlich Leukämien relativ am besten untersucht. Unter Anerkennung der wissenschaftlichen Problematik notwendiger

---

[6] phänotypische Manifestierung = charakteristische Symptome, die im Erscheinungsbild deutlich werden.

[7] Dosisäquivalent = die gleich wirksame Strahlenmenge.

[8] komplex = ganzheitlich, zusammenhängend, untrennbar.

[9] determiniert = ganz genau bestimmt.

[10] Strahlensyndrom = Summe der Strahlenschäden (etwa).

[11] rem (Roentgen equivalent man) = die Einheitsdosis der Relativen Biologischen Wirksamkeit (RBW), d. h. eine Qualitätsbezeichnung der Strahlen in bezug auf den Körper. Ein rem entspricht einem rad[12] Röntgen-, Gamma oder Elektronenstrahlung (Kathodenstrahlen, Betastrahlen). Biologisch zehnmal so wirksam wie diese sind Alpha-, Protonen- und Neutronenstrahlen. Daher gilt hier die Beziehung. 1 rem = 10 rad.

[12] rad (radiation absorbed dosis) = physikalische Einheit der an einer bestimmten Stelle von einem bestimmten Stoff (organisches Gewebe, Körperteil) durch Einstrahlung aufgefangenen Energie.

[13] somatisch = körperlich die Einzelperson betreffend.

[14] Latenzzeit = Zeitspanne zwischen Ursache und Wirkung, hier: zwischen Bestrahlung und Offenbarwerden eines Schadens.

[15] genetisch = in der Erbmasse verankert.

[16] unspezifisch und undeterminiert = nicht charakteristisch und nicht eindeutig bestimmt (etwa).

[17] Noxe = Gift, Schädlichkeit, schädlicher Stoff.

[18] Spontanrate = Anzahl (der Schäden), die ohne erkennbare Ursache auftritt.

Interpolationen[19] müssen wir annehmen, dass bei den genannten Spätschäden ein Schwellenwert der Dosis (Toleranzdosis)[20] nicht gegeben ist:

Auch kleinste Strahlendosen

können solche Schäden auslösen und sich im Laufe der Zeit, bei nur relativ geringer Erholung zwischen zeitlich auseinanderliegenden Einzelbelastungen, summieren.

Die Möglichkeit der Auslösung einer Reihe weiterer unspezifischer Spätschäden durch energiereiche Strahlung ist bei jeweils spezifischer Ätiologie[21] und Dosisabhängigkeit wissenschaftlich mehr oder weniger gesichert:

körperliche und geistige Schäden am Embryo, Unfruchtbarkeit,

Beschleunigung des natürlichen Alterungsprozesses, Beeinträchtigung der Widerstandsfähigkeit gegen Infekte, Minderung der allgemeinen Vitalität, sowie Schäden, die entstehen, weil der Teilungsvorgang in somatischen Zellen gestört ist.

Quantitative Angaben über die Abhängigkeit der Spätschadensrate von der Strahlendosis wurden in jüngster Zeit

von anerkannten internationalen wissenschaftlichen Organisationen,

wie International Commission on Radiological Protection (ICRP), sowie von der International Atomic Energy Agency (IAEA) vorgelegt. Nach diesen Unterlagen kann die Zusatzbelastung mit jeweils 1 rem zu rund 1000 Fällen zusätzlicher bösartiger Neubildungen (Krebs), darunter 20 Leukämien auf eine Million der Bevölkerung führen. Die Zahl der verdeckt rezessiven[22], bei geeigneter Faktorenkombination erst in späteren Generationen manifest werdenden Erbschäden dürfte bis zum Fünfzigfachen höher liegen.

Für die Anwohner eines störungsfrei arbeitenden Spaltungsreaktors sind akute (sofortige) Schäden im Sinne eines Strahlensyndroms im allgemeinen nicht zu befürchten, wohl aber

Spätschäden, und zwar auch bei Normalbetrieb eines Kernkraftwerkes

Entgegen den Warnungen der international **unabhängigen** Wissenschaft streben die Atomgeschäftsleute für die Anwohner eines Großreaktors die „maximale

---

[19] Interpolation = ein besonderes mathematisches Verfahren, mit dem eine unbekannte, zu errechnende Größe durch Einschalten zwischen zwei bekannten Größen einer gesetzmäßigen Reihe ermittelt wird.

[20] Toleranzdosis = jene Höchstmenge, bis zu der eine Schädigung als ausgeschlossen gilt (oder behauptet und zugemutet wird).

[21] Ätiologie = Lehre von den Ursachen.

[22] verdeckt rezessiv = versteckt wirksam; ein Schaden, der zwar eingetreten ist, vorerst jedoch keine sichtbaren oder spürbaren Folgeerscheinungen zeitigt. Diese treten erst in späteren Generationen auf.

Zulässigkeit" von 0,5 rem im Jahr an. Theoretisch würde, bei voller Ausschöpfung dieser Zusatzbelastung, innerhalb eines 70jährigen Lebens etwa jeder 500. der Betroffenen

zusätzlich an einer bösartigen Neubildung (Krebs) sterben

(einschließlich Leukämie). Ferner würden bereits in der ersten Folgegeneration der in dieser Weise zusätzlich Strahlenbelasteten mehr als 300 Kinder erbgeschädigt und etwa 3000 Fälle von zygotischem Tod[23] zu erwarten sein.

Weitere unkontrollierte Zusatzbelastungen

durch energiereiche Strahlung, die mehr oder weniger hoch über den von den Atominteressenten als „zulässig" bezeichneten Werten liegen, können sich durch verschiedenartige kleinere oder größere Unfälle an den Reaktoranlagen ergeben.

Nicht allzu selten sind sogenannte Störfälle (Kleinstkatastrophen). Als ein Modellfall gilt **Windscale** (1957), wobei 22 000 Ci Radiojod in die Umgebung entlassen wurden. In einem Gebiet von etwa 500 qkm mussten mehr als 1 Million Liter Milch vernichtet werden.

In anderen Fällen kann das aus dem Inneren der Anlage austretende radioaktive Material durch das Schutzgehäuse zurückgehalten werden. Je nach Situation kann es jedoch auch zu Verseuchungsschüben ins Wasser oder (über den Schornstein) in die Atmosphäre kommen. Im angenommenen Falle eines Entweichens von 10 000 Curie Radiojod in die Außenluft könnte es durchaus notwendig werden, die Bevölkerung in einem Raum bis zu 2 Kilometer windabwärts raschestens zu evakuieren, bis zu etwa 10 Kilometer Entfernung eine Teilevakuierung von Kindern durchzuführen und aufwesentlich weitere Entfernung die Milcherzeugung zu beschlagnahmen.

Zu einer Bevölkerungskatastrophe größten Ausmaßes

aber müsste sich ein Unfall in einem Großreaktor auswirken, bei dem bis zu 100 % der flüchtigen Radioaktivitäten, etwa 50 % des Radiojods und etwa 1 % des festen radioaktiven Materials in die Umgebung entlassen und mit den Luftströmungen über weite Strecken transportiert werden.

Die möglichen Ursachen sind ohne Zahl:

verschiedenartige technische Zufälle, wenn auch noch so geringer Wahrscheinlichkeit, menschliches Versagen, Absturz von Flugkörpern, Erdbeben, Sabotage, kriegerische Ereignisse." (Ende der Ausführungen von **Dr. Herbst**.)

---

[23] zygotisch = in der Erblehre die Erstzelle (nach der Teilung oder Befruchtung) betreffend (etwa).

Darum ist der Menschheit das Leben mit der Atomkernspaltung nur dann zumutbar, wenn man ihr nicht immer nur Vorteile und Gewinne vorspiegelt, sondern sie auch

über die unerhörten Gefahren ohne Beschönigung und Zweckoptimismus unterrichtet.

Solche Informationen sind für den Schutz des Lebens unerlässlich. Von den Interessenten aber werden die Gefahren eines Atomkraftwerkes in der Nähe von Bevölkerungszentren nicht nur völlig ausgeklammert, sondern sogar glattweg abgestritten.

Wie soll unter diesen Umständen das Volk und alles Leben auf der Erde geschützt werden können? Ohne rücksichtslose Aufklärung der breiten Volksmassen wird dieses Ziel nie zu erreichen sein. Bisher fehlt der notwendige Druck von unten. Dieses Ziel ist

nur in Zusammenarbeit mit der unabhängigen Wissenschaft

zu erreichen. Unabhängige, d. h. freie Wissenschaft, ist jene, die nicht den Interessen einer Kapital- oder Wirtschaftsgruppe, sondern dem Menschen dient. Sie muss die Grundlagen liefern, und die Organisationen, die dem Lebensschutz dienen, müssen sich bemühen, diese Tatsachen zu verbreiten und ihre Berücksichtigung auf parlamentarischer Ebene anzustreben. Dort, wo Staat und Gesellschaft eine unparteiische, d. h. wahrheitsgemäße Information nicht gewährleisten, werden, wie in den USA, Komitees für die Aufklärung des Volkes über die Gefahren der Kernspaltung einzutreten haben.

Dazu ist es notwendig, die Methoden zu kennen, mit denen die Behörden und die von ihnen beschützten Atomgeschäftsleute die biologischen Belange geschickt auszuklammern und die Gefahren abzuleugnen verstehen. Alle Einwände von biologischer und ärztlicher Seite werden mit Argumenten entkräftet, die dem Sachunkundigen sehr einleuchtend erscheinen können.

Das erste Argument lautet:

Man könne den Fortschritt nicht aufhalten. Würde sich ein Staat nicht an der Energiegewinnung durch Kernspaltung beteiligen, wäre er zum wirtschaftlichen Niedergang verurteilt und nicht mehr wettbewerbsfähig.

Hier liegt der Trick darin, dass unter „Fortschritt" stillschweigend nur der technische Fortschritt verstanden wird. Bei Berücksichtigung anderer Faktoren aber kann er sich durchaus als Rückschritt erweisen.

Ein Leichenzug schreitet auch fort –

bis die Leiche begraben ist. Außerdem bedeutet die Kernspaltung vom Standpunkt der Entwicklung aus keinen Fortschritt, sondern einen Rückfall in die

Frühzeiten der Erdentstehung. (**Kollath:** „Der Mensch oder das Atom“, Hyperion-Verlag.)

Das zweite Argument lautet:

Der steigende Energiebedarf sei in Zukunft nur durch Kernspaltung zu decken. Auch hier liegen mehrere Irreführungen vor. Die Kohlenvorräte der Erde und vor allem der Bundesrepublik reichen selbst bei erheblich gesteigertem Bedarf noch mindestens für 300 bis 400 Jahre, so dass die überstürzte Errichtung von Kernreaktoren damit nicht begründet werden kann, solange die Fragen nach Sicherheit und nach Beseitigung der radioaktiven Abfälle nicht gelöst sind.

Die Ölvorräte decken nach Ansicht der Fachleute den Energiebedarf noch mindestens 150 Jahre. Demgegenüber würden die Uranvorräte bereits in zehn Jahren erschöpft sein, wenn man die gesamte Energie durch Kernspaltung in den unrentablen Uranreaktoren erzeugte. (Die sogenannten „Schnellen Brüter“, die wesentlich wirtschaftlicher arbeiten sollen, benötigen als Brennstoff Plutonium, für dessen Gewinnung aber die „langsamen“ Reaktoren mit Natururan oder angereichertem Uran 235 notwendig sind. Deshalb das zähe Festhalten an dem veralteten Typ des Siedewasserreaktors, z. B. in Würgassen.) Ferner stehen andere

ungefährliche Energiequellen in unerschöpflicher Menge

zur Verfügung, z. B. die Sonnen- und Gezeitenenergie. Es ist also offensichtlich, dass die angebliche Energieverknappung nur ein Vorwand für die überstürzte Umstellung auf Kernspaltung ist (Atomforum).

Schließlich wird der Eindruck erweckt, als sei die Kernspaltung nur deshalb entwickelt worden, um sie als Wärmequelle für Stromerzeugung zu verwenden, und als habe diese Entdeckung unbedingt jetzt stattfinden müssen, um die Menschheit vor dem Niedergang durch in allernächster Zeit bevorstehenden Mangel an Energiequellen zu bewahren. Auch **Prof. Dr. Weizsäcker** hat auf das Unrichtige dieser Darstellung hingewiesen.

Dr. Krämer von der Kernforschungsanlage Jülich sagte in seinem Vortrag „Die Entwicklung der Kernenergie in der BRD“ bereits am 3. September 1969 in Unna: „Das häufig gehörte und leider auch von Fachleuten immer wieder geäußerte Motiv, dass die fossilen Energieträger in absehbarer Zeit erschöpft seien und es daher höchste Zeit sei, neue Energiequellen zu erschließen, ist heute nicht belegbar, um nicht zu sagen falsch.“

Als drittes Argument,

warum die Energiegewinnung durch Kernspaltung selbst auf Kosten der Gesundheit nicht zu umgehen sei, wird die Wirtschaftlichkeit angeführt. In den

Reihen der Betreiber von Kernkraftwerken wird aber offen zugegeben, dass die Kosten für Kernstrom nicht niedriger, sondern höher liegen. Die Behauptung, der Strom werde billiger, war

von Anfang an ein reiner Werbetrick,

der sich als Motor für das Reaktorgeschäft hervorragend bewährt hat. Hören wir, was **Senator Morton** (Kentucky) dazu sagt: „In der Zeit vor dem Zweiten Weltkrieg wurde behauptet, der Strom aus Kernkraftwerken werde so billig, dass es sich nicht einmal lohnen würde, den Verbrauch zu messen. Dies ist der psychologische Ausgangspunkt dafür gewesen, dass der Kongress großzügige Maßnahmen ohne Beispiel zur Förderung der Kernspaltungsenergie beschloss, die man aus dem Wettbewerb mit allen übrigen Energieträgern herausnahm und einem Staatsmonopol (der AEC*) übertrug, das mit Milliarden Dollars und allen Vollmachten ausgestattet wurde. Die riesigen Ausgaben von öffentlichen Geldern sind um so erstaunlicher, als jeder Energiewirtschaftler uns hätte sagen können, dass wir die neue Energiequelle nicht vor den nächsten 50 bis 100 Jahren, vielleicht auch noch später, brauchen werden, bis einige unserer fossilen Quellen auslaufen. Ohne Skrupel hat man damit vielleicht unwiderruflich Kräfte freigemacht, die eines Tages

alles Leben auf unserem Planeten auslöschen

können." In genau derselben Situation stehen wir heute in der Bundesrepublik, obwohl inzwischen feststeht, dass der Atomstrom teurer wird als jeder andere. **Professor Löbl,** Chefberater der RWE (Rheinisch-Westfälische Elektrizitätswerke) spricht öffentlich aus: „Die tatsächlichen Kosten für Strom aus Atomkraftwerken sind höher als von den Herstellern dieser Werke angegeben wird."

Auch **Dr. Krämer** gibt zu, dass „keine Rede von extrem niedrigen Stromerzeugungskosten durch Atomkraftwerke sein kann".

Da nicht mehr abzustreiten ist, dass bei kleinen und mittleren Reaktortypen keine Wirtschaftlichkeit erreicht wurde, kommt

ein neues Täuschungsmanöver

dazu. Man behauptet, dass auch bei dem Kernkraftwerk Würgassen (650 Megawatt), das bisher als größtes Atomkraftwerk Europas bezeichnet wird, natürlich noch keine Rentabilität möglich sei. Diese sei erst bei dreimal so großen Kraftwerken möglich.

Die Unwahrhaftigkeit dieser Behauptung ist beweisbar.

---

* Atomenergiekommission.

Je größere Reaktoren gebaut werden,

1. um so höher sind die Entwicklungskosten (bisher 11 Milliarden DM);
2. um so größer die Gefährlichkeit und damit die Kosten für Sicherheitsüberwachung und Versicherung;
3. um so größer die Menge des Atommülls und damit die Kosten für Transport, Lagerung und Überwachung auf Jahrhunderte hinaus;
4. um so mehr wird Uran verbraucht, dessen Preis infolge des gesteigerten Bedarfs beträchtlich steigen wird;
5. um so mehr Plutonium fällt an, dessen Preis infolge des Überangebotes wesentlich fallen wird.

Damit dürfte sich erweisen, dass auch größte Atomreaktoren nicht rentabel sein können. Dabei spielt weiterhin eine Rolle, dass bei den Stromkosten nur rund ein Drittel auf die Erzeugung entfällt, während die Verteilung (Zuleitung) etwa zwei Drittel ausmacht. Wenn man schließlich weiß, dass zur Anreicherung des Urans 235 riesige Mengen Strom benötigt werden und dass bei den veralteten Reaktortypen (wie Würgassen) nur etwa 1 Prozent Atomenergie zur Wärmeerzeugung ausgenützt wird und 99 Prozent als Atommüll unverwertet bleiben, erscheint das ganze Vorhaben der Wärmegewinnung durch

Kernspaltung als ein Hasardspiel von Verblendeten.

Für die Frage der Rentabilität ist auch die sogenannte Verfügbarkeit von Bedeutung. Je längere Zeit ein Atomkraftwerk stilliegt, um so weniger rentabel ist es. So hat z. B. das Atomkraftwerk Gundremmingen, das Ende 1967 in Betrieb genommen wurde, seine Probe noch nicht bestanden. In drei Jahren hat dieses Werk nur eine fünfzigprozentige Stromlieferbereitschaft erzielt, da Schaufelbrüche infolge Neutronenbestrahlung den Betrieb immer wieder lahmlegten. Für solche Ausfälle hat der Bund eine Bürgschaft von 100 Millionen DM übernommen, von denen in den ersten drei Jahren bereits rund 30 Millionen beansprucht wurden. Und trotzdem wird vor der Öffentlichkeit weiterhin von billigem Strom gesprochen. Die Kosten bezahlt der Steuerzahler vorab um das Mehrfache.

Zu der Frage der Wirtschaftlichkeit sagte **Dr. F. C. Schumacher,** London, in seinem Vortrag über reine Luft und die Energiewirtschaft der Zukunft am 19. Oktober 1967 in Blackpool: „Eine Unternehmung kann wirtschaftlich sein, obwohl sie sich auf ihre Umgebung verheerend auswirkt. Die Wörter ‚wirtschaftlich' und ‚unwirtschaftlich' haben eine unendlich größere Bedeutung angenommen, als ihnen von Rechts wegen zukommt. Sie werden fast als Synonyme für ‚gut und schlecht' oder ‚nützlich und nutzlos' verwendet.

Die modernen Wirtschaftstreibenden sind besonders unfähig,

vorauszudenken und die Abhängigkeit des Menschen von der natürlichen Umwelt zu erkennen. Sie sind daher völlig hilflos gegenüber Kräften, die eine sich steigernde Entartung bewirken. In dem blinden Streben nach sofortigem Geldgewinn hat sich der moderne Mensch nicht nur von der Natur durch die Verstädterung getrennt, er hat auch den Gedanken an ein Leben in Harmonie mit den tausendfältigen Formen des Pflanzen- und Tierreiches, von dem sein eigenes Überleben abhängt, aufgegeben. Dass aber Kernspaltungskraftwerke eine unglaubliche, unvergleichbare und einzigartige Gefahr für das menschliche Leben darstellen, wird nicht in Betracht gezogen und nicht einmal erwähnt.

Derart ist die Religion der Wirtschaft, dass die einzige Frage, welche die Regierung oder die Öffentlichkeit zu interessieren scheint, die ist, ob ‚Es' sich bezahlt macht."

Von den Propagandarednern für Kernreaktoren wird als weiterer Pluspunkt für die „friedliche Kernspaltung" angeführt:

Die Angst der Bevölkerung vor den Kernreaktoren

rühre von dem unstatthaften Vergleich mit der Atombombe her; die Bombe sei natürlich sehr gefährlich, die Kernspaltung für friedliche Zwecke jedoch völlig gefahrlos. Der Laie zieht daraus, wie beabsichtigt, den Schluss, dass es sich bei der Kernspaltung in den Reaktoren um etwas ganz anderes handle, als bei der Atombombe, während in Wirklichkeit der Unterschied nur im zeitlichen Ablauf und in der Abschirmung der Umgebung besteht.

Der Atomphysiker **Prof. Dr. C. F. von Weizsäcker** sagt dazu: „Nicht zu bestreiten ist, dass die Radioaktivität, die in einem Reaktor erzeugt wird, so groß ist, dass, wenn sie durch eine Katastrophe frei in die Umwelt hinausgestreut würde, dieses

in der Tat ein sehr großes Unglück wäre,

denn die Menge an Radioaktivität, die in einem Reaktor vorhanden ist, ist größer als die Menge Radioaktivität, die eine Atombombe verbreitet, und zwar nicht unerheblich größer." Dass die Behauptungen der Bundesregierung, die Reaktoren seien völlig ungefährlich, nur als

Werbespruch für die unwissende Bevölkerung

gedacht sind, ist eindeutig aus folgendem ersichtlich: Auf einer Tagung „Fachgespräch über Standort unabhängiger Kernkraftwerke" am 5. November 1968 hat der Hauptreferent für Reaktorsicherheit im Bundesministerium für wissenschaftliche Forschung, **Dr. Groos,** wörtlich folgende freimütige Kritik zu der noch fehlenden Reaktorsicherheit der bundesdeutschen Konstruktion geäußert:

„Ich meine, wir haben uns bisher immer mit dem Konzept des GAU (des Grüßten Angenommenen Unfalls) zufrieden gegeben. Haben wir jedoch eine solche Freisetzung (von Radioaktivität) in einem Reaktor, dann ist es eine ganze Kette von Funktionen, die koinzidieren müssen, dass nichts nach außen geht. Aber es kann eine Kleinigkeit sein, es braucht nur ein Kabel oder eine Schleuse ein bisschen undicht sein oder irgendetwas nicht ganz funktionieren, dann sieht der GAU ganz anders aus. Wir haben ein Containment* – wir wollen es ganz ehrlich sagen – in der Richtung auf ökonomische Herstellung. Wir haben es aber beladen mit unzähligen Funktionen, die es aktiv erfüllen muss, damit es überhaupt ein Containment ist.

Wir haben aber eigentlich nie den Versuch unternommen, ein Containment anders zu bauen, nämlich, es von allen oder wenigstens von vielen dieser Funktionen zu entlasten. Es würde teurer und wahrscheinlich größer, aber funktionssicher.

Ich meine, die Industrie sollte diese Aufgabe mit staatlicher Unterstützung in Angriff nehmen. Man sollte sich ernsthaft überlegen, ob das nicht besser ist. Ich denke daran, dass die Amerikaner – als sie zum erstenmal vorschlugen, einen Reaktor in New York zu errichten – ein ganz neues Konzept eines Containments auf den Tisch legten, das bei uns einen viel vertrauenerweckenderen Eindruck hinterlassen hat, als manche Reaktorkonstruktionen, die wir heute haben und die (vielleicht) unter dem Zwang, möglichst bald die Wirtschaftlichkeit zu erreichen, stehen.

Diesem Zwang sollten wir nicht unbedingt nachgeben, nachdem wir bereit waren, Milliarden DM in die Kernenergie hineinzustecken. Jetzt stehen wir nur vor der Frage, ob wir nicht noch einige 100 Millionen DM in die Entwicklung stecken sollen, um vom Sicherheitsstandpunkt aus bessere Konstruktionen zu bekommen."

Ein besseres Eingeständnis der nicht ausreichenden Sicherheit von verantwortlicher amtlicher Stelle ist wohl kaum zu denken!

Trotzdem erzählt man der Bevölkerung genau das Gegenteil. Die USA haben bekanntlich genaue Richtlinien für die Entfernung der Kernkraftwerke von Wohnsiedlungen erarbeitet. Falls man sich in der dicht besiedelten Bundesrepublik an diese Richtlinien halten würde, wäre die Errichtung von Kernkraftwerken unmöglich. **Professor Dr. Bechert** sagte dazu, ein Reaktor könne höchstens an die Küste gesetzt werden. Die Bundesregierung geht über diese Richtlinien völlig hinweg. Sie begründet dies damit, dass sie höhere Sicherheiten entwickelt habe. Wie diese aussehen, haben wir in dem oben zitierten Eingeständnis gehört.

Auch die hohen Versicherungssummen

für Kernspaltungsreaktoren stehen in krassem Widerspruch zu den von den Betreibern aufgestellten Behauptungen der völligen Ungefährlichkeit: „Die private Schadensersatzsumme für einen atomaren Unfall wurde auf 500 Millionen DM für den Einzelfall festgelegt. Der Bund ist dabei nur verpflichtet, den Anlageninhaber im Rahmen des Haftungshöchstbetrages von 500 Millionen DM freizustellen, soweit keine Deckung durch Privatversicherung oder Garantieerklärung besteht. Übersteigt der Schaden den Betrag von 500 Millionen DM, so wird

* Containment: Schutzbehälter aus Beton oder (und) aus Stahl).

die zur Verfügung stehende Summe... an die Geschädigten verteilt." (Schreiben des Bundesministeriums für wissenschaftliche Forschung IA 3/5008 51/69 II vom 16. Juni 1969.)

Es wird also sogar mit einem noch höheren Schadensbetrag im Einzelfall bei Atomreaktorunfällen gerechnet!

Zu den in Kernspaltungsreaktoren anfallenden Abfallstoffen nimmt **Dr. Schumacher** wie folgt Stellung: „Ein neues Ausmaß der Gefahr ist ebenfalls gegeben durch die Tatsache, dass radioaktive Elemente, die der Mensch jetzt auf künstliche Weise zusätzlich erzeugt, keinesfalls kurzfristig wieder aus der Welt geschafft werden können. Keine chemische Reaktion, keine physikalische Beeinflussung, allein der Lauf der Zeit reduziert die Strahlung, wenn sie einmal in Gang gesetzt ist, und dieser ‚Lauf der Zeit' kann Jahrtausende dauern. Es gibt nichts, was getan werden kann, als die radioaktiven Substanzen an einen sicheren Ort zu bringen.

Aber kein Ort auf der Erde kann aufgezeigt werden, der sicher ist."

Bis jetzt ist noch kein internationales Übereinkommen über die Lagerung des Abfalls zustande gekommen. Hochgradige Aktivitäten werden weiterhin ins Meer geschüttet, während große Mengen mittlerer und niedriger Aktivitäten in Flüsse oder direkt in den Boden abgeladen werden. Ein Bericht der Atombehörde bemerkt lakonisch, dass die flüssigen Abfälle sich ihren Weg langsam in das Grundwasser bahnen und ihre Radioaktivität ganz oder teilweise chemisch oder physikalisch gebunden im Boden lassen.

Bei der Einlagerung in alten Salzbergwerken fehlt bisher noch jede Erfahrung.

Aus kurzzeitigen Versuchen lassen sich keine sicheren Schlüsse auf die Unterbringung von Hochradioaktivitäten für Jahrhunderte ziehen. Erst Langzeitversuche von Jahrzehnten könnten die notwendige Klarheit bringen. Man spricht in Fachkreisen davon, dass der Atommüll von Zeit zu Zeit in neue Behälter umgelagert werden müsse (weil die Behältnisse in wenigen Jahren zerstrahlt werden), was nur mit Hilfe ferngesteuerter Maschinen möglich ist. Man kann nicht sagen, dass dadurch Vertrauen und Sicherheit gesteigert werden.

Man bedenke die jahrzehntelangen Aufwendungen für die Lagerung, Kühlung und die ständigen Kontrollen, sowie die laufenden Transportkosten über viele Hunderte von Kilometern in Spezialtransportwagen und die damit verbundenen riesigen Ausgaben!

Die beste Waffe der Atomfreunde ist das Atomgesetz und die Strahlenschutzverordnung. Bei allen Hinweisen auf die Gefahren der Reaktoren wird als Trumpf von den Behörden ausgespielt,

die Sicherheitsvorrichtungen der Reaktoren entsprächen dem Atomgesetz.

Dass die gesetzlich erlaubten radioaktiven Mengen beim Normalbetrieb bereits eine erhöhte Mutationsrate* bewirken, haben wir oben gehört. Wollten wir dieses vom Atomgesetz uns zugemutete Opfer großzügig für einen einzigen Reaktor zugestehen, so kann dies niemals für die große Zahl geplanter Reaktoren der Fall sein. Man bedenke, dass nach dem Gesetz der Ausstoß radioaktiver Gase, vor allem von Krypton 85 und von Jod 131, nur deshalb erlaubt wird, weil sie sich rasch mit der Luft vermischen und vom Wind zerstreut werden. Bei der engen Besiedlung der Bundesrepublik bedeutet aber die Errichtung von mehreren Reaktoren eine Überschreitung der vom Atomgesetz festgelegten zulässigen Strahlenbelastung. Nach amtlicher Mitteilung des Forschungsministeriums sind bis zum Jahre 2000 **hundertfünfzig** Reaktoren geplant,

was gleichbedeutend wäre mit der Verhundertfünfzigfachung der durch das Atomgesetz als „unschädlich" erklärten Strahlendosis.

Bis zum Jahre 1980 sollen etwa 50 dieser Reaktoren in Betrieb sein. Dabei erscheint der Hinweis nötig, dass selbst die von der ICRP empfohlenen Höchstgrenzen der Radioaktivität von Experten stammen, die der Atomindustrie nahestehen, interessengebunden sind und daher nicht als freie, d. h. als vertrauenswürdige Wissenschaftler anzusehen sind.

Die Gefahren, die durch Unfälle entstehen,

werden durch den Hinweis auf das Atomgesetz nicht aus der Welt geschafft. Damit kommen wir zu einem weiteren Punkt, der

Bagatellisierung und dem Verschweigen von Unfällen.

Es gibt keine technische Anlage, die auf Dauer völlig unfallfrei arbeitet. Je komplizierter die Anlage, um so größer ist auch die Störanfälligkeit, dazu kommt neben Materialfehlern menschliches Versagen, das an etwa 60 Prozent aller Unfälle schuld ist. Warum soll ein Kernreaktor die einzige Ausnahme von dieser Regel machen?

* Ausmaß der Schädigung der Erbmasse.

Es kann bei Kernspaltungsreaktoren keine Sicherheitsgarantie geben!

Deshalb sagte der Direktor des Atomkraftwerkes Gundremmingen, **Dr. Weckesser,** auf einer Jahresversammlung der Großkesselbesitzer. „In der Kerntechnik haben wir eine **Sicherheits-Philosophie** erarbeitet."

Auf den Einwand, dass es keine absolute Sicherheit gebe, wird häufig entgegnet, dass man ja auch nicht die Abschaffung des Autos verlangen könne, weil Unfälle vorkommen. Es ist klar, dass dieser Vergleich unzulässig ist. Die Benützung des Autos ist in das Belieben des einzelnen gestellt, den Auswirkungen eines Kernkraftwerkes aber kann er sich nicht entziehen. Es kann ihm gegen seinen Willen aufgezwungen sein. Zudem ist auch der schlimmste Autounfall

nicht mit den Folgen eines Rektorunfalles zu vergleichen.

Noch ein dummdreister Vergleich wird häufig gebraucht, mit dem der Bevölkerung weisgemacht werden soll, wie unbegründet ihre Furcht vor Atomkraftwerken ist: Der Vergleich mit der ersten Eisenbahn. Auch dort habe es ängstliche Leute gegeben, die vorausgesagt haben, dass die hohen Geschwindigkeiten gesundheitsschädlich seien. So wenig wie dies eingetroffen sei, könne auch kein Schaden durch Kernkraftwerke entstehen. Wer diesen Vergleich anführt, beweist, dass er die Besonderheit der Gefahren durch Strahlung noch nicht begriffen hat oder **in unfairer Weise** die Unwissenheit der Bevölkerung ausnützen will.

Von den Behörden wird immer wieder die „große Sicherheit" der Kernkraftwerke gepriesen und damit begründet, dass nach dem Atomgesetz eine viel größere Sicherheitsvorsorge gefordert und auch durchgesetzt werde als bei allen anderen technischen Anlagen. Aber dies ist

kein Beweis für größere Sicherheit;

denn jeder Ingenieur weiß, dass ein großer Aufwand von zahllosen zusätzlichen Sicherheitsvorrichtungen den Betriebsablauf nicht sicherer macht, sondern ihm die Narrensicherheit der einfachen Konstruktionen nimmt. Bei allen anderen technischen Anlagen ist eine solche vielfache Sicherheitsvorsorge nicht nötig, weil die Unfallfolgen begrenzt sind. Dagegen sind die Folgen eines Reaktorunfalles mit Sicherheit **nicht** abzugrenzen. Sie können vielmehr ungeheure Ausmaße annehmen. Auch das

Kühlwasserproblem großer Kernkraftwerke ist noch nicht gelöst.

Kernkraftwerke benötigen doppelt soviel Kühlwasser wie Kohle- oder Ölkraftwerke. Diese doppelte Wassermenge wird stark erwärmt (und radioaktiv verseucht) in den Fluss zurückgegeben. **Professor La Mont Cole,** Inhaber des Lehrstuhls für Ökologie an der Cornell-Universität Ithaka, New York, hat in einem Artikel

„Sauerstoffnot durch technologischen Fortschritt“

(Nr. 26/29 „Wissenschaft und Medizin“) daraufhingewiesen, dass bei Kernreaktoren das ökologische Gleichgewicht des Flusswassers jäh zerstört wird. Im US-Senat wurde vor kurzem der mit Gutachten untermauerte Antrag eingebracht: Die US-Regierung möge solange

keine Lizenzen für Kernkraftwerke mehr erteilen,

bis die Folgen aus der Wärmeverschmutzung der Gewässer eindeutig abgeklärt seien.“ Demgegenüber sind am Rhein auf einer Länge von 50 Kilometer bei rund drei Millionen Einwohnern vier Kernkraftwerke hintereinander mit rund 5000 Megawatt geplant!

In einer Schweizer Zeitung wurde behauptet, die Gegner von Atomkraftwerken würden nachgewiesenermaßen von der Konkurrenz der Atomenergie, z. B. der Kohle- oder Ölindustrie, finanziert. Das Schlimme an dieser Sache ist lediglich, dass dies leider nicht zutrifft; denn dann wäre eine viel umfangreichere und gründlichere Aufklärung der Bevölkerung möglich.

Es wäre zu wünschen, dass die Kohle- und Ölindustrie sich an einer sachlichen Aufklärung über die Probleme der Kernspaltung beteiligt. Infam ist es hingegen, wenn von den Atomgeschäftsleuten die Behauptung ausgestreut wird, die Aufklärung über die Gefahren der Reaktoren würde

von den Sowjets finanziert.

Auch daran ist kein wahres Wort. Damit will man das hohe Verantwortungsbewusstsein entwerten, aus dem heraus die Atomgegner den verbrecherischen Irrsinn der Kernspaltung bekämpfen, um die Menschheit und das gesamte Leben auf der Erde zu retten. Einem entschlossenen Gegner könnte nichts mehr erwünscht sein, als wenn die westliche Welt mit Hilfe vieler Atomreaktoren ihre Erbmasse endgültig zerstört und sich damit in wenigen Generationen – auch ohne Krieg – zum Aussterben verurteilt.

Weiterhin versucht die Atomindustrie, die Einwände gegen Atomkraftwerke dadurch zu entkräften, dass sie die Gegner als „naturwissenschaftliche Laien“ bezeichnet, deren Niveau sich jeder seriösen Diskussion entziehe. **Dr. Max Thürkauf,** Professor für physikalische Chemie an der Universität Basel, nimmt dagegen Stellung, indem er darauf hinweist, dass die Atomgeschäftsleute sich zwar als Wissenschafter betrachten, aber im besten Fall Techniker sind. Er sagt: „Anwendung wissenschaftlicher Methoden ist noch lange keine Wissenschaft. Zur Wissenschaft bedarf es des Denkens. Denken ist viel mehr als Mathematik und Mathematik viel mehr als Rechnen. Das Nachdenken über die Methoden der Physik würde zu einer Zurückhaltung ihrer Anwendung führen.

Das aber wäre ein schlechtes Geschäft.

Deshalb sind beim Atomgeschäft nicht Wissenschafter gefragt, denn die würden über die angewendeten Methoden nachdenken. Vielmehr sind Wissenschaftler, d. h. Wisser gefragt, die die Methoden um des Geschäftes willen anwenden. Diejenigen unter ihnen, die behaupten, die Atomkraftwerke seien nicht gefährlich, sind nicht nur Wisser, sondern Besserwisser. Denn zum Wissen fehlt die Erfahrung.

Seriöse Wissenschaft rät zur Zurückhaltung

bei der Anwendung von Atomkernspaltung. Es sind also nicht nur wissenschaftliche Laien, die den maßlosen Bau von Atomkraftwerken mit tiefster Besorgnis verfolgen, auch große Wissenschafter (Physiker) warnen zur Vorsicht. **Max Born,** Nobelpreisträger für Physik, **Walter Heitler,** Träger der Max-Planck-Medaille, und **Linus Pauling,** Nobelpreisträger für Chemie und Frieden, gehören dazu."

Diese wenigen Punkte, die aus der Praxis der Fronterfahrung stammen, sollen genügen, um zu zeigen, wie dringend notwendig es ist,

dieses Wissen ins Volk zu tragen

und die Taktik des Gegners bloßzustellen, um ihr richtig begegnen zu können. Dozent **Dr. Manstein,** Detmold, hält es für notwendig, zur Förderung dieser Ziele eine Eingabe an den Interparlamentarischen Ausschuss und einzelne Bundestagsabgeordnete zu richten. Er macht folgende Vorschläge:

1. Die bisherigen Erfahrungen beim Aufbau von Kernkraftwerken haben viele **Lücken im Atomgesetz** aufgezeigt. Die dadurch für die Bevölkerung erwachsenden Gesundheitsrisiken und Schäden werden von Verwaltung und Industrie in unzulässiger Weise verniedlicht oder als nichtbeachtenswert vernachlässigt.

2. Das bisherige Genehmigungsverfahren benachteiligt **das Mitspracherecht der betroffenen Bevölkerung.** Es widerspricht demokratischen Spielregeln und grundsätzlichen Bestimmungen, dass Einsprüche erst dann gehört werden, wenn bereits so viele Investitionen getätigt sind, dass **wirtschaftlicher Druck** eine wirklich freie Entscheidung beeinträchtigt oder verhindert.

3. Es ist bisher unterlassen worden, breiten Bevölkerungskreisen allgemein verständliche Informationen über die Erfahrungen bei dem Betrieb von Kernspaltungskraftwerken zu geben, insbesondere genaue, nachprüfbare Einzelheiten über die Systematik von Umgebungsuntersuchungen mit Berücksichtigung der zahlreichen organischen Verbundsysteme.*

4. Es muss gefordert werden, dass **vor** jedem Ankauf von Gelände und Grundstücken zum Zwecke der Errichtung von kerntechnischen Anlagen alle einschlä-

---

* d. h. die Speicherung und Summierung der Radioaktivität in der lebenden Substanz (Plankton, Pflanze, Tier, Mensch).

gigen Fachleute zur eingehenden Stellungnahme aufgefordert werden. Im Interesse des ausreichenden Schutzes der Bevölkerung ist aber der **Schwerpunkt auf die Fächer Hydrobiologie, Landwirtschaft und Ernährungsphysiologie, Ökologie sowie besonders Radioökologie, Geologie und Naturschutz zu legen.**

5. Über die Ergebnisse der Untersuchungen und bestehenden Meinungsverschiedenheiten sind wissenschaftliche Konferenzen abzuhalten, bei denen die Bevölkerung als Zuhörer zugelassen werden muss. Erst wenn volle Klarheit über die Gefahrenrisiken und die möglichen Vorteile eines Reaktorbetriebes erzielt worden ist, darf in **Übereinstimmung mit den Anwohnern**** eine Entscheidung ergehen.

** Ein Reaktorunfall mit Austritt radioaktiver Substanzen kann Evakuierungen bis zu 500 km Tiefe erzwingen (Bundeskriminalamt, Wiesbaden).

Weitere Kleinschriften von Dr. med Max Otto Bruker

1. Unser täglich Brot und der Zucker als Hauptursache für die modernen Zivilisationskrankheiten
2. Schlank werden ohne Hungerkur
3. Herzinfarkt, Asteriosklerose und Gallensteine sind verhütbar
4. Wie beugt man den ernährungsbedingten Zivilisationskrankheiten vor?
5. Ernährungsbehandlung der Leber-, Galle, Magen-, Darm- und Bauchspeicheldrüsenerkrankungen
6. Butter – ein hochwertiges Lebensmittel?
7. Vom Kaffee und seinen Wirkungen
8. Ärztliches Memorandum zur industriellen Nutzung der Atomenergie
9. Über den Unwert der heutigen Milch
10. Gesund durch richtige Ernährung (LVA-Schrift)
11. Die Story von den 2 »richtigen« Ernährungen
12. Ursachen der ernährungsbedingten Zivilisationskrankheiten (Mörder bekannt – kein Kläger)
13. Fett macht nicht fett (Fett)
14. Bakterien im Frischkornbrei
15. Sie vertragen Vollkornbrot nicht?
16. Krankheiten durch Fabrikzucker
17. Unser täglich Brot – eine tote Nahrung?
18. Wieviel und was soll man täglich trinken
19. Ballaststoffe sind kein Ballast
20. Scheinursachen verschleiern Zusammenhänge
21. Die Ernährung des älteren Menschen
22. Die Deckung des Eiweißbedarfs
23. Vitamin B12
24. Wissenswertes über Säfte
25. Rheuma – ernährungsbedingte Zivilisationskrankheit
26. Zöliakie
27. Das Allergie-Problem
28. Die Zuckerkrankheit –Verhütung und Behandlung
29. Gebissverfall
30. Weil du beim Reaktor wohnst
31. Die Ernährung des Kindes
32. Neurodermitis
33. Der Darmpilzrummel – Fehldiagnose Candida albicans –

Auch komplett als Sammelmappe zum Sonderpreis erhältlich!

Dr. med. Max Otto Bruker

Kleinschrift Nr. 31

Die Ernährung des Kindes

emu verlag

ernährung • medizin • umwelt

Die Ernährung des Kindes

Dr. med. M. O. Bruker

Grundsätzlich sollte die Ernährung, was die Zufuhr der notwendigen Nährstoffe und biologischen Wirkstoffe betrifft, in allen Lebensaltern dieselbe sein. Dies gilt auch für den Säugling; er macht nur insofern eine Ausnahme, als er noch keine Zähne hat und auf eine Nahrung in trinkbarer Form angewiesen ist.

Den besten Anhaltspunkt dafür, wie groß der Gehalt an Nährstoffen, nämlich Eiweiß, Fett und Kohlenhydraten, sein soll, bietet uns die Muttermilch. Man darf wohl sicher annehmen, dass in dem Lebensmittel, das von der Natur für den Säugling bestimmt ist, nicht nur alle Nährstoffe, sondern auch alle notwendigen (essentiellen) biologischen Wirkstoffe, die sogenannten Vitalstoffe, in ausreichender Menge und in optimalem Verhältnis zueinander vorhanden sind. Wir brauchen also nur die Muttermilch chemisch zu analysieren und haben damit einen untrüglichen Hinweis für das, was der menschliche Organismus an einzelnen Stoffen in seiner Nahrung benötigt. Im Prinzip gilt dasselbe natürlich auch für alle Säugetiere. Die Milch der einzelnen Säugetierarten ist ähnlich wie die Muttermilch zusammengesetzt, aber doch je nach Tierart in der Menge der einzelnen Nährstoffe und ihrer Verhältnisse zueinander etwas verschieden. Man spricht von artspezifischem Eiweiß. Wenn die Zeit des Säugens zu Ende ist, fressen die im Freien lebenden Tiere die Nahrung, die für das erwachsene Tier spezifisch ist; für den Menschen gilt grundsätzlich dasselbe. Das Tier ist jedoch instinktgebunden, während dies für den erwachsenen Menschen nicht mehr gilt, der in der Wahl seiner Nahrung durch zahlreiche Einflüsse seiner Umgebung beeinflusst ist. Es sind hauptsächlich wirtschaftliche Einflüsse, die, als gesundheitliche Ratschläge getarnt, zu den heute üblichen Ernährungsgewohnheiten geführt haben.

Die Idealnahrung des Säuglings ist die Muttermilch. Darüber gibt es keine Diskussion. Probleme entstehen erst, wenn die Mutter nicht stillen kann und zu künstlicher Ernährung gezwungen ist. Die Bemühungen gehen selbstverständlich dahin, die künstliche Ernährung so sehr wie möglich in der Zusammensetzung der Muttermilch anzupassen.

Der übliche und häufigste Ersatz für Muttermilch ist die Kuhmilch. Sie ist der Muttermilch gegenüber etwas reicher an Fett und Eiweiß. Dies führt zu der Empfehlung, die Kuhmilch zu verdünnen. Dadurch wird jedoch der Kohlenhydratanteil der Milch, der Milchzucker, entsprechend geringer. Dies wird wiederum üblicherweise ausgeglichen durch die Beigabe von künstlichem Zucker oder etwas Honig oder einem sogenannten dritten Kohlenhydrat, einem Stärkeanteil aus Getreide. Gewöhnlich wird dieser Kohlenhydratanteil in Form von industriell gefertigten Nährpräparaten, den sogenannten Kindermehlen, zugegeben. Hier beginnt die erste gesundheitsschädliche Einflussnahme. Denn diese Präparate bestehen zum größten Teil aus Auszugsmehlen. Dies sind Mehle, die nicht mehr alles enthalten, was in dem ursprünglichen Getreidekorn vorhanden ist. Es fehlen die Randschichten und der Keim. Diese enthalten aber notwendige biologische Wirkstoffe, Vitamine, besonders Vitamin B1, Mineralien, Spurenelemente, Enzyme, ungesättigte Fettsäuren, Aromastoffe und Faserstoffe (sog. Ballaststoffe). Diese biologischen Wirkstoffe werden heute mit dem Sammelbegriff „Vitalstoffe" zusammengefasst. Die Auszugsmehle sind also vitalstoffarme Produkte. Sie sind die Ursache für zahlreiche Erkrankungen im Säuglings- und Kleinkindesalter. Es kommt zu verringerter Widerstandskraft, heute als Immunschwäche bezeichnet, gegenüber Infektionserregern.

Die logische Konsequenz aus diesen Fakten ist die Forderung, die Auszugsmehle durch Vollkornmehle zu ersetzen. Diese Forderung ist in der sogenannten Frischkornmilch erfüllt.

Hier ist ihr Rezept:

Frischkornmilch
Trinkmenge pro Flasche ca. 120 g
20 g Vollgetreide
40 g Wasser
60 g Rohmilch

Als Getreide kommt Weizen aus biologischem Anbau in Frage. Es kann auch Gerste, Hafer, Naturreis oder eine Mischung verschiedener Getreidearten genommen werden. Hafer läßt sich allerdings nicht auf jeder Mühle **mehlfein** mahlen.

Das Korn wird unmittelbar vor der Zubereitung **mehlfein** gemahlen und mit der angegebenen Wassermenge 5-8 Stunden oder über Nacht eingeweicht. Es macht nichts, wenn das Mehl eine Stunde kürzer oder länger eingeweicht steht. Dafür verwenden Sie am besten eine Glas- oder Porzellanschüssel, die ausschließlich für die Säuglingsnahrung genommen und mit einem Teller oder Tuch abgedeckt wird. Nach der Quellzeit wird dieser Getreidebrei mit 60 g Rohmilch vermischt, in eine Saugflasche gefüllt und im Wasserbad auf Trinktemperatur erwärmt. Eventuell kann eine Messerspitze Honig beigemischt werden.

Säuglinge, die mit dieser Frischkornmilch ernährt werden, gedeihen besonders prächtig. Mangelkrankheiten sind ausgeschlossen, und die Infektanfälligkeit ist sehr gering. Lediglich beim Übergang von einer vorher üblichen Kost mit Auszugsmehlen können vorübergehend Verdauungsbeschwerden auftreten, die aber harmlos sind. Die Stuhlentleerungen sind bei einer vitalstoffreichen Ernährung immer häufiger als bei üblicher Zivilisationskost; dies gilt auch für die Frischkornmilch. Der Darm hat sich jedoch meist spätestens in 14 Tagen auf die neue Kostform umgestellt. Dies gilt übrigens für jede Koständerung im Säuglingsalter. Man sollte daher nicht so häufig Koständerungen vornehmen. Wenn solche jedoch notwendig sind, so sollen vor einer erneuten Änderung mindestens 14 Tage vergangen sein, bis die Darmflora sich jeweils angepasst hat. Bei einer reinen Ernährung mit Muttermilch findet sich z. B. im Stuhl nur eine Keimsorte, der Bazillus bifidus. Erst bei Zufütterung von Kuhmilch und anderen Zulagen kommt es jeweils zu einer Veränderung der Darmflora, wobei eine Vielzahl von anderen Bakterien auftreten. Mit veränderter Nahrung ändert sich auch der Nährboden für bestimmte Bakterien.

Überholte Theorien von Vertretern der herkömmlichen Ernährungsphysiologie

Nun werden von verschiedenen Seiten zahlreiche Einwände gegen die Frischkornmilch vorgebracht. Sie stammen nicht nur aus dem Lager der Hersteller der fertigen Nahrungspräparate für Säuglinge, sondern auch aus Kreisen der herkömmlichen Medizin. Wir Ärzte sind ja an der Universität in Ernährungsfragen so gut wie gar nicht ausgebildet. So kommt es, dass die Empfehlungen der Kinderärzte den Vorstellungen der herkömmlichen Ernährungsphysiologie (alte Ernährungslehre) entsprechen. Es ist eben Tradition, dass der Säugling Auszugsmehle bekommt. So stößt die Empfehlung, Auszugsmehle durch Vollkornmehle zu ersetzen, nicht nur auf Widerstand von Seiten altherkömmlicher Gewohnheiten, die mit Emotionen besetzt sind, sondern auch von Seiten der herkömmlichen Ernährungswissenschaft und nicht zuletzt von Seiten der Nahrungsmittelindustrie. Erschwerend für den Durchbruch einer vitalstoffreichen Vollwerternährung im Säuglingsalter ist der Umstand, dass zwischen manchen Vertretern der üblichen Ernährungslehre und der Nahrungsmittelindustrie enge Verflechtungen bestehen, wobei ein Teil wechselseitig den anderen stützt. Dabei ist der Einfluss der Nahrungsmittelindustrie, die um ihren Marktanteil kämpft, vorrangig. In ihrer Hand liegen ja die Mittel für eine umfangreiche Werbung für Nährpräparate.

Die Einwände, die von medizinischer Seite gegen Frischkorngerichte erhoben werden, gipfeln in erster Linie darin, dass der Magen und Darm des Säuglings noch nicht auf Speisen aus vollem Korn eingerichtet sei. Es wird behauptet, dass der Magen und Darm Vollkornmehle nur in erhitzter Form verarbeiten könne. Nun wissen wir aber aus der Ernährungsphysiologie, dass für die Verdauung von erhitztem Eiweiß, erhitztem Fett und erhitzten Kohlenhydraten dieselben Enzyme notwendig sind wie für die Spaltung dieser Nährstoffe in unerhitzter Form. Da aber unerhitzte Lebensmittel noch Eigenenzyme enthalten, ist die Verdauung unerhitzter Speisen sogar leichter als die von erhitzten. Ein Blick in das Tierreich bestätigt dies tausendfältig. Denn die Tiere verzehren von Anfang an die Lebensmittel in unerhitzter Form. Bei ihnen sind genauso wie beim Menschen die Enzyme zur Verdauung von Eiweiß, Fett und Kohlenhydraten vom ersten Tag an bereitgestellt. Denn auch die Nährstoffe der Milch (Eiweiß, Fett, Kohlenhydrate) müssen ja sofort verdaut werden. Es handelt sich also um eine reine Schreibtischtheorie, dass erst ab 6. Monat die entsprechenden Enzyme vom Organismus geliefert würden und vorher eine Verdauung z. B. des Getreides in roher Form nicht möglich sei. Schließlich ergibt ja auch die Untersuchung des Stuhls beim Säugling, dass die Nährstoffe nicht unverdaut abgehen; würden sie nicht verdaut, könnte der Säugling ja nicht gedeihen, was er aber in Wirklichkeit hervorragend tut.

Bei genauer Prüfung angeblicher Unverträglichkeit der Frischkornmilch stellt sich außerdem nicht selten heraus, dass die Richtlinien nicht genau beachtet wurden. Oft werden noch Anteile der vorherigen Kostform beibehalten oder es werden nicht erlaubte Nahrungsmittel wie Fabrikzuckerarten oder Honig oder andere Präparate aus der „Reformecke“ zugefüttert.

Wenn das Prinzip unseres großen Ernährungsforschers Kollath gilt „Lasst die Nahrung so natürlich wie möglich“, so ist nicht einzusehen, warum dieser Grundsatz für den Säugling nicht gelten soll. Er bestätigt sich ja auch darin, dass die Muttermilch die optimale Nahrung darstellt. Sie ist eben die natürlichste Nahrung.

Der Grundsatz, die Nahrung so natürlich wie möglich zu lassen, wird auch in der Frischkornmilch verwirklicht: Statt Auszugsmehle Vollkornmehle und diese möglichst nicht in erhitzter, sondern in unerhitzter Form. Dasselbe sollte auch für den Milchanteil gelten. Es ist jedoch heute praktisch sehr schwierig, unerhitzte Milch direkt vom Bauern zu erhalten. Aus Angst vor (harmlosen) Bakterien besteht ja Pasteurisierungszwang. Aber auch durch diese Kurzzeiterhitzung kommt es zu einer Denaturierung des Eiweißes. Das Lebendige stirbt bekanntlich bei einer Erhitzung über 43°. Die chemische Zusammensetzung des Eiweißes der Milch und jedes anderen Lebensmittels ändert sich zwar durch Erhitzung nicht, die biologische Wertigkeit wird jedoch herabgesetzt, was im biologischen Bereich durch Fütterungsversuche nachweisbar ist.

Das lymphatische Kind

Ein ganz anderes Kapitel ist es jedoch, dass viele Kinder, vor allem die sogenannten lymphatischen, auf das artfremde Eiweiß der Kuhmilch mit Erkrankungen reagieren. Schon auch deshalb ist der Ersatz der Muttermilch durch Kuhmilch keine ideale Lösung, sondern eben eine Notlösung. Viele Kinder reagieren auf Kuhmilch mit Ausschlägen, Ekzemen, die neuerdings als „Neurodermitis" bezeichnet werden. Dass es das artfremde Eiweiß der Kuhmilch ist, wird dadurch deutlich, dass der Ausschlag beim Übergang vom Stillen zur Kuhmilch auftritt, oft schon bei ganz kleinen Mengen. Die lymphatischen Kinder reagieren auf Kuhmilch oft mit Vergrößerung der Lymphknoten, z. B. der Gaumen- und Rachenmandeln, und mit vermehrter Infektanfälligkeit, sogenannten Erkältungen. Läßt man die Milch bzw. den Eiweißanteil (Quark und Käse) aus der Nahrung weg, so bilden sich die vergrößerten Mandeln wieder auf normale Größe zurück. Die sogenannten Erkältungen werden weniger und bleiben aus, wenn zusätzlich auch der Fabrikzucker gemieden und die Auszugsmehle durch Vollkornprodukte ersetzt werden.

Bei Kleinkindern ist das Problem sehr leicht zu lösen: Man streicht die Kuhmilch ersatzlos. Dies erscheint vielen Eltern unmöglich, da man gewohnt ist, dass bei Kindern die Milch einen wichtigen Anteil der Ernährung ausmacht. Kinder aber, die ohne Kuhmilch aufgezogen werden, gedeihen besser. Dies gilt natürlich vor allem für die sogenannten lymphatischen Kinder. Nochmals ein Blick ins Tierreich läßt es verständlich erscheinen, warum ein Kind ohne Kuhmilch besser gedeiht. Der Mensch gehört in die Gruppe der Säuger. Aber kein im Freien lebendes Säugetier trinkt nach der Säuglingszeit noch Milch. Wenn das Stillen als Überbrückungszeit aufgehört hat, fressen die Tiere das, was die Natur für sie als Nahrung bereitstellt. Sie trinken keine Milch mehr, schon gar nicht solche einer anderen Art. Man stelle sich vor, eine Kuh könne nicht gedeihen ohne die Milch des Löwen, ein Löwe müsste Milch des Elefanten und der Elefant Milch der Giraffe trinken, um zu gedeihen. Dem Menschen aber wird eingeredet, ein Kind könne nicht gedeihen, wenn es nicht behandelt würde wie ein Kalb. Die Milch der Kuh ist ursprünglich für das Kalb und nicht für den Menschen bestimmt. Wenn trotzdem manche Kinder die Kuhmilch gut vertragen, so können sie diese ja genießen. Am Prinzip, das wir in der Natur vorfinden, ändert sich dadurch nichts.

Was tun wir nun mit Säuglingen, die nicht gestillt werden können und die Kuhmilch nicht vertragen? Für diese ergibt sich als Ausweg die Mandelmilch. Sie kann sehr leicht selbst hergestellt werden. Man zerkleinert enthäutete süße Mandeln und verrührt sie mit einem Mixer/Rührstab und etwas Wasser bis zur flüssigen Konsistenz (ca. 10 g Mandeln auf 100 g Wasser).

Sojamilch schmeckt nicht gut. Die im Handel erhältliche Sojamilch wird deshalb mit Fabrikzucker gesüßt und ist erhitzt. Sie zählt zu den minderwertigen Präparaten und ist daher nicht zu empfehlen.

Wie lange sollte gestillt werden?

Es steht noch die Frage an, wie lange gestillt werden bzw. wann mit der Zufütterung begonnen werden soll.

Wie lange nun ein Säugling gestillt werden soll bzw. werden kann, richtet sich nach der Stillfähigkeit und den Wünschen der Mutter. Manche Mutter, die gut stillen kann, bleibt bei dieser bequemen Nahrungsverabreichung acht Monate und länger. Dagegen ist nichts einzuwenden. In meiner ärztlichen Tätigkeit als Berater von geistesschwachen Kindern erlebte ich, dass manche bis zu zwei Jahren voll gestillt wurden. Der Grund lag darin, dass die Umstellung auf die Nahrungsaufnahme mit dem Löffel infolge der verzögerten geistigen Entwicklung erschwert war. Aus arabischen Ländern liegen mir mündliche ärztliche Berichte vor, wonach dort teilweise bis zum 12. Lebensjahr gestillt wurde. Es bestehen also keine strengen Regeln für die Zeit des Abstillens. Im Durchschnitt beginnen viele Mütter, auch wenn sie gut stillen können, etwa im 4. Monat mit Zufütterung z. B. von Möhren und Gemüsesäften und von Erwachsenennahrung in Breiform, sobald das Kind Nahrung vom Löffel nimmt. Mit Erwachsenenernährung ist selbstverständlich eine biologisch vollwertige vitalstoffreiche Ernährung gemeint.

Der Übergang zur festen Nahrung

Das Erscheinen der Zähne ist dann zugleich der Zeitpunkt, dass das Kind vom Brei auf eine Nahrung übergeht, die gekaut werden muss. Auch dieser Zeitpunkt ist individuell verschieden.

Wenn nun der Säugling das Säuglingsstadium verlassen hat und beginnt, feste Nahrung zu sich zu nehmen, wird seine Ernährung grundsätzlich dieselbe sein wie die des Erwachsenen. Es bleibt also lediglich darzustellen, wie die Nahrung des Erwachsenen aussehen sollte. Derzeit besteht sie bei den meisten Menschen in den zivilisierten Völkern aus einer nicht gesunderhaltenden Kost, die wir als **vitalstoffarme Zivilisationskost** bezeichnen können. Leider werden die meisten Kinder nach der Säuglingszeit auf diese übliche Erwachsenenkost umgestellt. Dies ist schlimm, weil dadurch der Keim gelegt wird zu den zahlreichen späteren ernährungsbedingten Zivilisationskrankheiten, von denen aber manche bereits sich im Kindesalter bemerkbar machen. Ideal wäre es, wenn beim Kleinkind gleich mit einer gesunden Ernährung begonnen würde, der vitalstoffreichen Vollwerternährung.

Die vitalstoffreiche Vollwerternährung ist dadurch gekennzeichnet, dass sie nicht nur alle Nährstoffe in ausgewogenem Verhältnis enthält, sondern auch die biologischen Wirkstoffe, die sogenannten Vitalstoffe, die der Organismus benötigt, um die Nährstoffe richtig verwerten zu können. Genauso wichtig ist es aber auch, dass die gesundheitsschädlichen Nahrungsmittel von Anfang an so weitgehend wie möglich vermieden werden.

Die Nahrungsmittel, die gemieden werden sollen, sind in erster Linie alle Fabriknahrungsmittel, und diejenigen, die gegessen werden sollten, sind Lebensmittel und vollwertige Nahrungsmittel.

Im Einzelnen sind unter Fabriknahrungsmitteln vorwiegend Auszugsmehle, alle Fabrikzuckerarten und Fabrikfette gemeint. Unter Auszugsmehlen versteht man Mehle, die nicht mehr aus dem ursprünglich ganzen Getreidekorn hergestellt sind, sondern bei denen die Randschichten und der Keim entfernt wurden und die nur den Stärketeil enthalten. Das Auszugsmehl vom Weizen heißt Weißmehl, das des Roggens Graumehl. Die daraus hergestellten Brote sind das Weißbrot und Graubrot, das in manchen Gebieten auch Schwarzbrot genannt wird, und die vielen aus Weißmehl hergestellten Back- und Teigwaren wie Kuchen, Nudeln, Pudding usw.

Unter Fabrikzuckerarten sind zu verstehen der weiße Haushaltszucker, brauner Zucker, Fruchtzucker, Traubenzucker, Malzzucker, Milchzucker, Rübensirup, Ahornsirup, Apfeldicksaft, Birnendicksaft, sogenannter Vollrohrzucker, Ursüße, Sucanat, Melasse u. a. m.

Anstelle der Produkte aus Auszugsmehlen sind Vollkornprodukte zu verwenden, Vollkornbrote, Vollkorngebäcke, Vollkornnudeln, Vollreis usw. Da auch beim Backen von Vollkornerzeugnissen durch die Hitze gewisse Verluste an Vitaminen entstehen, ist zum Ausgleich ein Getreidegericht notwendig, das noch nicht erhitzt ist, der sogenannte Frischkornbrei. Sein Rezept kann ähnlich sein wie das ursprünglich von Bircher-Benner angegebene Müsli. Da aber neuerdings auch industriell gefertigtes Fertigmüsli angeboten wird, ist der Hinweis besonders wichtig, dass das Fertigmüsli ein Frischkorngericht nicht ersetzen kann. Das Wesentliche ist die jeweils **frische** Zubereitung.

Hier ist das Rezept:

Frischkornbrei

Er wird aus einer einzelnen Getreideart oder aus einer Mischung (z. B. Weizen, Roggen, Gerste) hergestellt. Drei Esslöffel Getreide werden durch eine Kaffeemühle oder Getreidemühle grob geschrotet. Das Mahlen muss jedesmal frisch vor der Zubereitung vorgenommen werden. Dabei spielt es keine Rolle, ob die Getreidemühle mit Mahlsteinen oder einem Stahlmahlwerk arbeitet.

Nicht auf Vorrat mahlen!

Das gemahlene Getreide wird mit ungekochtem, kaltem Leitungswasser zu einem Brei gerührt und mehrere Stunden (bis zu zwölf) stehengelassen. Die Wassermenge wird so berechnet, dass nach der Quellung nichts weggegossen zu werden braucht. Nach etwa fünf bis zwölf Stunden wird dieser Brei genussfähig gemacht durch Zusatz von frischem Obst (je nach Jahreszeit), Zitronensaft, 1 Teelöffel Honig (nur manchmal, regelmäßig Honig kann Karies erzeugen), 1 Esslöffel Sahne, geriebenen Nüssen, nach Art des Bircher-Benner-Müslis.

Solange verfügbar, sollte man immer einen Apfel hineinreiben und sogleich untermischen. Der geriebene Apfel macht den Frischkornbrei besonders luftig und wohlschmeckend.

Es ist ohne Belang, zu welcher Tageszeit dieser Brei genossen wird.

Der Frischkostanteil der Nahrung soll mindestens $^{1}/_{3}$ ausmachen, was beim Gesunden ausreicht, um den Vitalstoffbedarf zu decken. Beim Kranken muss der Anteil entsprechend erhöht werden. Die Frischkost besteht aus rohen Gemüsen, z.T. in Salatform und aus rohem Obst. Bei der Auswahl der Gemüse empfiehlt sich, sowohl Pflanzenteile zu verwenden, die in der Erde (Wurzeln) gewachsen sind, wie solche, die oberhalb der Erde als Blätter (grüner Salat, Spinat, Kohl usw.) und Früchte (Tomaten, Gurke usw.) gewachsen sind. Sie sollten zur Mahlzeit möglichst zwei unter und zwei über der Erde gewachsene Teile zubereiten.

Die übrige Nahrung kann wie üblich aus gekochten oder gebackenen Speisen bestehen.

Fleischverzehr aus ethischer Sicht

Von großem gesundheitlichen und ethischen Wert wäre es, wenn das Kind von vornherein ohne Fleisch, Fisch und Wurst ernährt würde. Es soll dadurch lernen, dass diese erhitzten tierischen Nahrungsmittel minderwertig sind und nicht den Wert besitzen, der ihnen in der Erwachsenenwelt fälschlicherweise zugesprochen wird. Das Kind soll aber auch von Anfang an gelehrt werden, dass der Mensch kein Tieresser ist wie die Raubtiere, sondern die Pflanzen seine eigentliche Nahrung sind. Die Tiere sind Geschöpfe, die nicht dazu da sind, gegessen zu werden. Wenn dies von klein an gehandhabt würde, könnte eine friedfertigere Generation von Menschen heranwachsen. Der hohe ethische Wert des Vegetarismus wäre so dem Kind frühzeitig bewusst. Es gibt viele Kinder, die nur deshalb Fleisch essen, weil die Eltern sie dazu anhalten, z. T. sogar zwingen, weil sie annehmen, dass Fleisch zur Deckung des Eiweißbedarfs nötig wäre. Deshalb ist es besonders wichtig zu betonen, dass der Verzehr von tierischen Produkten zur Deckung des Eiweißbedarfs absolut unnötig ist. Ein Teil der pflanzlichen Nahrung muss dann allerdings unerhitzt genossen werden, um den Bedarf an nativem Eiweiß zu decken.

Was das Eiweiß betrifft, so benötigt der Mensch wesentlich weniger, als man früher angenommen hat. Den genauesten Anhaltspunkt dafür liefert uns die Muttermilch. Sie enthält nur ca. 2 % Eiweiß. Mit dieser geringen Menge gedeiht der Säugling hervorragend. Er verdoppelt z. B. sein Gewicht in einem 3/4 Jahr. Wir müssen diese Eiweißmenge als optimal ansehen. Benötigte der Organismus größere Eiweißmengen, würde sicher die Milch einen höheren Eiweißgehalt haben. Die meisten Pflanzen enthalten etwa 3% Eiweiß, das Getreide wesentlich mehr, 8–13%, Weizenkeime sogar 35 %. Dies bedeutet, dass zur Deckung des Eiweißbedarfs tierisches Eiweiß unnötig ist. Die Forschungen Prof. Kollaths brachten grundlegend neue Erkenntnisse, dass wesentlich wichtiger als die Eiweißmenge die Eiweißqualität ist. Dabei ist entscheidend, ob das Eiweiß nativ (lebendig) ist oder denaturiert. Durch Erhitzung wird das Eiweiß denaturiert, was einen Verlust an biologischer Wertigkeit bedeutet. Die im Freien lebenden Tiere fressen ja die Nahrung unerhitzt, so dass bei den Pflanzenfressern eine ausreichende Zufuhr von nativem Eiweiß garantiert ist. Dasselbe gilt im Prinzip für den Menschen: Beim Verzehr von Frischkost ist die Deckung des Bedarfs an nativem Eiweiß gesichert.

Es sei besonders vermerkt, dass bei vegetarischer Ernährung kein Vitamin B12-Mangel auftritt, wie oft fälschlicherweise behauptet wird. Die Quelle von Vitamin B12 sind Kleinlebewesen, z. B. Bakterien, die bei einer gesunden Darmflora B12 erzeugen. Es ist nachgewiesen, dass der B12-Gehalt im Blut bei strengen Vegetariern dieselben Werte aufweist wie bei Fleischessern.

Schließlich noch ein Wort zu den Säften

Man sollte die Kinder frühzeitig daran gewöhnen, dass sie das Obst in roher Form und nicht als Säfte oder in gekochter Form genießen. Saft ist ein Teilnahrungsmittel, der nicht mehr alle Vitalstoffe enthält wie das ursprüngliche Lebensmittel. Wenn aber bei geselligem Zusammensein anstelle von alkoholischen Getränken Saft gereicht wird, so kann selbstverständlich der Saft getrunken werden. Ebensowenig ist natürlich später z. B. bei Saft- und Fastenkuren gegen Verwendung von Säften etwas einzuwenden.

Die geschilderte vitalstoffreiche Vollwerternährung bildet eine sichere Basis für die körperliche Gesundheit des Kindes und die Vermeidung von ernährungsbedingten Zivilisationskrankheiten. Sie ist aber auch eine wichtige Basis für eine Erziehung gemäß den Lebensgesetzen.

Ausführliche Literatur:

Biologischer Ratgeber für Mutter und Kind
ISBN 978-3-89189-011-0

Der Murks mit der Milch
ISBN 978-3-89189-045-5

emu-Verlag, Lahnstein

Dr. med. Max Otto Bruker

Kleinschrift Nr. 32

Neurodermitis

(früher chronisches Ekzem benannt)

emu verlag

ernährung • medizin • umwelt

Neurodermitis

(früher chronisches Ekzem benannt)

Dr. med. M. O. Bruker

Der Begriff „-dermitis“ soll besagen, dass es sich um eine Entzündung der Haut (derma = Haut) handelt. Die Endung „-itis“ wird im medizinischen Sprachgebrauch immer für Entzündung benützt. Bei den meisten Hautausschlägen handelt es sich jedoch um den Ausdruck von Stoffwechselstörungen und nicht von Entzündungen, so dass die Bezeichnung „-dermitis“ meist nicht exakt ist, obwohl nun fälschlicherweise plötzlich alle Ekzeme als Neurodermitis bezeichnet werden. Auch der Begriff „Neuro-“ trifft für viele Ekzeme nicht zu. Er passt für diejenigen Erkrankungen, die früher als konstitutionelles bzw. endogenes Ekzem bezeichnet wurden. Sie sind z. B. gekennzeichnet durch die Lokalisierung symmetrisch in beiden Ellbeugen oder Kniekehlen. Dieses symmetrische Auftreten weist auf eine nervale Komponente, d. h. Beteiligung des Nervensystems, hin. Nur für solche Sonderfälle ist die Bezeichnung Neurodermitis zutreffend. Die frühere Bezeichnung konstiutionelles bzw. endogenes Ekzem sollte zum Ausdruck bringen, dass es Menschen mit bestimmten Anlagen (Konstiution) sind, die zu solchen Ausschlägen neigen.

Wenn es sich nun auch eingebürgert hat, zu allen Ausschlägen Neurodermitis zu sagen, so ist diese diagnostische Bezeichnung für viele Ekzemfälle nicht zutreffend.

Hautkrankheiten hat es schon zu allen Zeiten gegeben, am häufigsten waren die Hautausschläge, die sogenannten Ekzeme (ek-zem = Aus-schlag). In den letzten Jahren hat es sich eingebürgert, nicht mehr von Ekzemen zu sprechen, sondern von Neurodermitis. Es ist nicht mehr up to date, ein Ekzem zu haben, heute hat man eine Neurodermitis.

Die Haut ist ein wichtiges Regulations- und Ausscheidungsorgan. Man spricht auch von einer Hautatmung. Wenn ein Mensch zwei Drittel seiner Haut verliert, z. B. durch eine Verbrennung oder Verbrühung, so stirbt er. Die Haut ist also nicht nur der Abschluss des Körpers nach außen, sondern hat auch wichtige Funktionen, so dass es erlaubt ist, von einem Hautorgan zu sprechen. Viele Behandlungsmaßnahmen, vor allem im Bereich der Naturheilverfahren, kommen zur Wirkung über die Haut. Voll- und Teilbäder mit und ohne Zusätze von arzneilich wirkenden Stoffen aus Heilpflanzen und viele Einreibemittel wirken über die Haut durch den Gehalt an arzneilichen Stoffen.

Die wichtige Rolle der Haut als Regulations- und Entgiftungsorgan erkennt man am besten am Säugling und Kleinkind. Wird der Säugling überfüttert oder falsch ernährt, zeigen sich die ersten krankhaften Reaktionen auf der Haut und den Schleimhäuten des Darms. Er bekommt Ausschläge auf der Haut oder Durchfälle bzw. Verstopfung. Da der Säugling meist nur mit Milch ernährt wird, werden die Ausschläge in dieser Zeit als Milchschorf bezeichnet. Selbst bei der idealen Ernährung mit Muttermilch kann der Säugling auf dem behaarten Kopf eine Krustenbildung bekommen, wenn er mehr trinkt, als der Organismus verarbeiten kann. Er gleicht die Überfütterung über die Haut aus. Diese Ausscheidung beschränkt sich dann meist auf die Kopfhaut, während die Haut des übrigen Körpers frei bleibt.

Beim Übergang von Muttermilch zur Fütterung mit Kuhmilch kommt es dann oft zu Hautausschlägen am ganzen Körper, also zu einem Ekzem. Dies zeigt ganz generell, dass das Kind mit der Kuhmilch nicht fertig wird und versucht, durch Ausscheidung über die Haut einen Ausgleich zu schaffen. Man bezeichnet deshalb treffend diese Ausschläge, solange der Säugling nur mit Milch ernährt wird, als Milchschorf. Die Mlilch besteht bekanntlich aus Fett, Eiweiß, Kohlenhydraten, Vitaminen und Mineralstoffen. Derjenige Anteil, mit dem der Organismus nicht fertig wird, ist das Eiweiß. Wir sprechen bei der Kuhmilch von artfremdem Eiweiß, im Gegensatz zum arteigenen Eiweiß der Muttermilch. Es ist also immer der Eiweißanteil, auf den der Organismus mit Krankheit reagiert, nicht der Fett- bzw. Kohlenhydratanteil, wie manchmal fälschlicherweise angenommen wird.

Welche wichtige Rolle das artfremde Eiweiß spielt, ist ja z. B. bei Bluttransfusionen erkennbar. Es ist nicht möglich, das menschliche Blut bei einer Blutübertragung durch tierisches Blut zu ersetzen, und selbst menschliches Blut ist nicht ohne Gefahr zu verwenden, wenn nicht die Blutgruppen passend sind. Auch diese Vorgänge spielen sich im Bereich des Eiweißes ab.

Wenn ein Säugling beim Übergang auf Kuhmilch einen Hautausschlag bekommt, so besteht natürlich die einfachste Behandlung im Weglassen der Kuhmilch. Wenn sie durch Mandelmilch ersetzt wird, heilt der Ausschlag sofort ab.

Die Herstellung der Mandelmilch ist einfach. Dazu werden ca. 10 g Mandelpüree mit 100 g Wasser gemischt. Die geschälten, süßen Mandeln (10 g = etwa 6-7 Stück) werden auf einer sehr feinen Reibe (z. B. Muskatreibe, die nur dafür genommen wird) gerieben und mit 100 g Wasser verrührt. Ungeschälte Mandeln lässt man 2-3 Minuten im heißen Wasser liegen und zieht dann die Haut ab. Die Mandelmilch ist eine Emulsion, die der Kuhmilch sehr ähnlich sieht.

Bei Unverträglichkeit des artfremden Eiweißes der Kuhmilch wird man natürlich möglichst rasch auf eine vitalstoffreiche Vollwerternährung übergehen. Anfangs werden die Frischgemüse in Form von Säften verabreicht, aber möglichst bald dann in Breiform zugefüttert. Als erstes Gemüse ist der Möhrensaft bzw. der feingeriebene Möhrenbrei bekannt. Das Vollgetreide wird in Form eines Frischkornbreies verabreicht. (Rezept s. S. 5).

Das Wesentliche ist hierbei lediglich, dass die Milch wegen ihres Gehalts an artfremdem Eiweiß gemieden wird und durch eine vitalstoffreiche vollwertige Ernährung ersetzt wird.

Wenn das Kind kein Säugling mehr ist, sondern bereits breiige oder feste Nahrung zu sich nehmen kann, ist es sehr einfach, die Kuhmilch wegzulassen. Die Ernährung entspricht dann der vitalstoffreichen Vollwertkost eines Erwachsenen.

Nun ist in der Bevölkerung die Meinung weit verbreitet, dass ein Kind ohne Milch nicht gedeihen könnte. In Wirklichkeit gedeiht es aber ohne Milch sehr viel besser. Wenn wir hier einen Vergleich mit anderen Säugetieren – der Mensch gehört in die Gruppe der Säuger – heranziehen, so müssen wir feststellen, dass alle im Freien lebenden Säugetiere nur in der Säuglingszeit mit der Muttermilch ernährt werden, bis das Junge fähig ist, die Nahrung des erwachsenen Tieres zu sich zu nehmen. Die Periode des Stillens stellt lediglich eine Überbrückungszeit bis zur Erwachsenenernährung dar. Kein Säugetier trinkt aber nach der Säuglingszeit noch Milch einer anderen Art. Es wirkt direkt lächerlich anzunehmen, dass ein Reh nach der Säuglingszeit nur gedeiht, wenn es Milch einer Kuh bekommt oder eine Kuh auf die Milch eines Elefanten und ein Elefant auf die Milch der Giraffe usw. angewiesen wäre.

Lediglich beim Menschen wird behauptet, ein Kind benötige Milch einer Kuh, um zu gedeihen.

Da die Neurodermitis vorwiegend ein Problem des artfremden Eiweißes ist, besteht die Basis der Behandlung auf einer strikten Vermeidung von tierischem Eiweiß. Dies bedeutet bei dem Kind, das kein Säugling mehr ist, eine absolut strenge Vermeidung von Milch, Joghurt, Ouark, Käse, Eiern, Fleisch, Fisch und Wurst.

Hier tritt bei der Beratung sofort die ängstliche Frage auf, ob das Kind dann ausreichend mit Eiweiß versorgt ist. Zur Deckung des Eiweißbedarfs sind tierische Eiweiße absolut unnötig. Durch die herkömmliche Ernährungsphysiologie, die wir auch als alte Ernährungslehre bezeichnen könnten, hat sich in der breiten Bevölkerung die Meinung festgesetzt, als wären zur Deckung des Eiweißbedarfs pflanzliche Lebensmittel nicht ausreichend, da die pflanzlichen Eiweiße gegenüber den tierischen nicht vollwertig wären. Diese Vorstellung, die schon längst als Irrlehre erkannt ist, ist ein wesentliches Hindernis für die Gestaltung einer vollwertigen Ernährung. Es muss daher mit allem Nachdruck betont werden, dass alle pflanzlichen Eiweiße vollwertig sind, d. h. alle essentiellen Aminosäuren enthalten. Die Vollwertigkeit eines Eiweißes ist durch ihren Gehalt an Aminosäuren bestimmt. Es ist für die heutige Chemie eine Kleinigkeit, dies nachzuweisen. Dabei stellt sich eben heraus, dass gegenüber den früheren Vorstellungen auch alle pflanzlichen Eiweiße alle essentiellen Aminosäuren enthalten. Diese gesicherte Tatsache vereinfacht den Ernährungsplan eines Menschen, der frei von tierischem Eiweiß leben muss, ganz erheblich.

Was die Deckung des Eiweißbedarfs betrifft, ist es nicht nur notwendig zu wissen, dass die pflanzlichen Eiweiße auch alle essentiellen Aminosäuren enthalten, sondern dass noch eine andere Entdeckung eine mindestens ebenso wichtige Rolle spielt, nämlich, ob das Eiweiß nativ ist oder denaturiert. Bei der Erhitzung des Eiweißes kommt es zu einer Strukturveränderung des Eiweißmoleküls. Prof. Kollath, der bedeutendste Ernährungsforscher der modernen Zeit, hat in grundlegenden wissenschaftlichen Untersuchungen nachgewiesen, dass das Gedeihen von Tieren entscheidend davon abhängt, ob sie mit nativem oder denaturiertem Eiweiß gefüttert werden. Unter nativem Eiweiß versteht man unerhitztes natürliches Eiweiß. Durch Erhitzung verliert das Eiweiß seine Lebendigkeit, es wird denaturiert. Bei Fütterung von Ratten mit Kasein (Milcheiweiß), das bei 73° mit Alkohol extrahiert war, kam es zu degenerativen Erkrankungen, die weitgehend Ähnlichkeit hatten mit degenerativen Erkrankungen des Menschen, während die Ratten bei Fütterung mit Kasein, das bei 34° mit Äther extrahiert war, gesund blieben.

Für die Ernährung des Menschen bedeutet dies, dass er einen Teil seiner Nahrung in unerhitzter Form zu sich nehmen muss. Dies ist nicht nur wichtig, um den nötigen Vitaminbedarf zu decken, sondern eben auch, um mit nativem Eiweiß versorgt zu sein. Die Raubtiere fressen ja ihre Beute roh, ebenso wie die im Freien lebenden Pflanzenfresser die Nahrung unerhitzt zu sich nehmen. Für den Menschen, der ja üblicherweise die Tiere und ihre Produkte nicht roh verzehrt, ergibt sich notwendigerweise ganz von selbst die pflanzliche Nahrung in roher Form als Quelle des nativen Eiweißes.

Die Ernährung des Neurodermitiskranken, der kein tierisches Eiweiß essen darf, muss daher notwendigerweise zu einem relativ großen Teil aus unerhitzter pflanzlicher Nahrung bestehen, die wir als Frischkost bezeichnen. Je größer

Rezept für Frischkornbrei

Er wird aus einer einzelnen Getreideart oder aus einer Mischung (z. B. Weizen, Roggen, Gerste) hergestellt. Drei Esslöffel Getreide werden durch eine Kaffeemühle oder Getreidemühle grob geschrotet. Das Mahlen muss jedesmal frisch vor der Zubereitung vorgenommen werden. Dabei spielt es keine Rolle, ob die Getreidemühle mit Mahlsteinen oder einem Stahlmahlwerk arbeitet.

Nicht auf Vorrat mahlen!

Das gemahlene Getreide wird mit ungekochtem, kaltem Leitungswasser zu einem Brei gerührt und mehrere Stunden (bis zu zwölf) stehengelassen. Die Wassermenge wird so berechnet, dass nach der Quellung nichts weggegossen zu werden braucht. Dazu geben wir nach ca. 5-12 Stunden frisches Obst, (je nach Jahreszeit), Zitronensaft, 1 Teelöffel Honig (nur manchmal, regelmäßig Honig kann Karies erzeugen), 1 Esslöffel Sahne, (schmeckt auch gut mit geschlagener Sahne!) geriebene Nüsse, nach Art des Bircher-Benner-Müslis.

Solange verfügbar, sollte man immer einen Apfel hineinreiben und sogleich untermischen. Der geriebene Apfel macht den Frischkornbrei besonders luftig und wohlschmeckend. Diese Zubereitungsart bekommt jedem, auch dem Magen-Darm-Empfindlichen. Es ist ohne Belang, zu welcher Tageszeit dieser Brei genossen wird.

der Frischkostanteil, umso größer der Behandlungserfolg, oder anders ausgedrückt: Je schwerer die Krankheit ist, umso größer muss der Frischkostanteil der Nahrung sein. Dazu gehören nicht nur Pflanzenteile, die über der Erde gewachsen sind, sondern auch Wurzelteile, die in der Erde wachsen. Ebenso wichtig ist, dass ein Teil des Vollgetreides in unerhitzter Form verzehrt wird, am besten als sogenannter Frischkornbrei.

Das Getreide wird niemals in Form von Auszugsmehlen, sondern immer als Vollkornprodukt, d. h. als Vollkornbrot und Gerichten aus vollem Korn verwendet. Die Auszugsmehle, die nicht mehr die Randschichten und den Keim des Getreides enthalten, bestehen nur noch aus Stärke. Die Vollkornprodukte enthalten noch die Randschichten und den Keim, in dem sich wichtige Vitalstoffe finden, d. h. wasserlösliche und fettlösliche Vitamine, Mineralien, Spurenelemente, ungesättigte Fettsäuren, Fermente, Aromastoffe und Faserstoffe (sogenannte Ballaststoffe).

Außer der bereits erwähnten Enthaltung von tierischem Eiweiß und Auszugsmehlprodukten ist die Vermeidung von allen Fabrikzuckerarten notwendig. Unter Fabrikzuckerarten versteht man den gewöhnlichen weißen und braunen Verbrauchszucker (Haushaltszucker), der chemisch aus Rohrzucker besteht, ferner industriell hergestellter Traubenzucker und Fruchtzucker, Milchzucker, Malzzucker, Ahornsirup, Rübensirup, Birnendicksaft, Apfeldicksaft, Melasse, Vollrohrzucker, Sucanat, Ursüße, Urzucker usw.

Die Empfindlichkeit der einzelnen Menschen auf Ernährungsfehler ist natürlich verschieden. Ich habe Patienten behandelt, die angaben, schon nach einer kleinen Menge von Fabrikzucker Hautjucken verspürt zu haben. Man kann dies als Frühsymptom eines Ekzems auffassen.

Selbstverständlich kann auch gekochtes Gemüse und Obst wie üblich gegessen werden. Es ist unnötig, wie man oft hört, Obst wegen der Obstsäuren zu meiden. Die Obstsäuren wirken im intermediären Stoffwechsel nicht als säurebildend, sondern als basenbildend. Wenn nach Verzehr von Obst Juckreiz bzw. ein Ausschlag auftritt, so beruht dies auf der Verwendung von Insektiziden, die auf den Baum gespritzt worden sind. Es ist daher nicht nur beim Obst, sondern auch bei den Gemüsen wichtig, dass möglichst Produkte aus biologischem Anbau verwendet werden. Es gibt empfindliche Patienten, die geradezu als Testperson dafür verwendet werden können, ob die Lebensmittel mit Bioziden behandelt wurden.

Was die Fette betrifft, so muss die Nahrung zur Deckung des Bedarfs an fettlöslichen Vitaminen naturbelassene Fette enthalten. Vitamin A, D, E und K gelten auch als Hautschutzvitamine. Sie sind relativ hitzebeständig und kommen in der Butter, in Sahne und sogenannten kaltgepressten Ölen vor. Aus diesem Grund sind Öle und Fette, zu deren Herstellung Raffinationsverfahren notwendig sind, zu meiden. Bei der Hydrierung und Umesterung gehen nicht nur die fettlöslichen Vitamine, sondern auch die ungesättigten Fettsäuren verloren. Dies gilt für die gewöhnlichen Haushalts- und Salatöle, die Margarinen, die gehärteten Fette wie Palmin.

Was die Erährung betrifft, soll nochmals kurz zusammengefasst werden, was zu meiden ist:

Tierisches Eiweiß

Auszugsmehlprodukte

alle Fabrikzuckerarten

durch Raffinationsmethoden gewonnene Öle und Fette

Ein gewisser Anteil von Lebensmitteln soll in roher Form als Gemüse und Obst verzehrt werden.

Ein besonders wichtiges Kapitel ist die äußere Behandlung von Hautausschlägen. Je rascher alle Salben und Öle weggelassen werden, um so schneller kommt es zur Heilung der Ausschläge. Dies ist ein besonders schwieriges Kapitel, da die Patienten sich oft lange sträuben, auf Salben zu verzichten. Denn meist enthalten die Salben Nebennierenrindenhormone (Cortisone, Corticoide), die nicht nur den Juckreiz stillen, sondern auch vorübergehend das Ekzem zur Abheilung bringen. Dass es sich dabei nicht um eine echte Heilung handelt, ist daran zu erkennen, dass der Ausschlag und der Juckreiz bei Weglassen von Cortison rasch wieder auftritt.

Es gibt eine Reihe von Salbengrundlagen (Lanolin, Vaselin, Euzerin), die bei längerer Anwendung zu Unverträglichkeit führen, was zur Unterhaltung des Ekzems führt. Wenn die Salben jedoch Cortison oder andere Juckreiz stillende Medikamente enthalten, kann der ekzemerzeugende Effekt der Salbengrundlage unterdrückt werden. Deshalb ist zur völligen Heilung eines Ausschlags das Weglassen der örtlichen Behandlung unerlässlich. Die Angst des Patienten, ohne äußere Behandlung nicht auszukommen, sitzt oft so tief, dass der Patient nicht wagt, auf die äußere Anwendung zu verzichten. Manchmal ist dies aber der Grund, weshalb es nicht zur völligen Heilung kommt. Von richtiger Heilung kann man aber nur sprechen, wenn der Ausschlag ohne Anwendung äußerer Mittel nicht mehr auftritt.

Bei schon lange bestehenden chronischen Ekzemen sind häufig noch eingreifendere Heilmaßnahmen notwendig. Hier hat sich z. B. das Fasten bewährt. Es kann eine so gründliche Beseitigung der Stoffwechselstörungen bewirken, dass dadurch auch hartnäckige Erkrankungen zur Heilung kommen. Die Dauer des Fastens ist meist nicht von vornherein festzulegen, sondern vom Verlauf abhängig. Schon kurz dauernde Fastenzeiten von acht Tagen können etwas erreichen; meist ist aber in schwereren Fällen mehrwöchiges Fasten notwendig. Für die Dauerheilung ist aber entscheidend, was nach der Fastenkur gemacht wird. In den ersten Wochen sind die oben gegebenen Richtlinien (Vermeidung von tierischem

Eiweiß, Fabrikzucker, Auszugsmehlen, Fabrikfetten, Verzehr von Vollkornprodukten und Frischkost) notwendig; am besten ist zunächst reine Frischkost.

Während des Fastens sind täglich Darmeinläufe zu empfehlen. Am besten soll eine Fastenkur unter Anleitung eines darin erfahrenen Arztes durchgeführt werden. Bei späterer Wiederholung ist eine ärztliche Aufsicht nicht mehr nötig, wenn der Patient selbst schon die nötige Erfahrung gesammelt hat.

Als zusätzliche Arzneibehandlung empfiehlt sich die homöopathische. Dazu ist jedoch ein in Homöopathie erfahrener Behandler notwendig, da sich die Auswahl des spezifischen homöopathischen Medikaments nicht nach dem Krankheitsnamen Neurodermitis bzw. Ekzem richtet, sondern von der Konstitution und den sogenannten Modalitäten abhängig ist. Unter Modalitäten versteht man die Besonderheiten, ob z. B. eine Verschlimmerung oder Besserung in der Wärme oder Kälte, morgens oder abends eintritt, ob es sich um eine Person handelt, die hell- oder dunkelhaarig ist, zu Fettansatz oder zur Magerkeit neigt usw. usw. Diese Besonderheiten sind zur Wahl des richtigen homöopathischen Arzneimittels notwendig, deshalb ist es nicht möglich, hier ein für jede Person passendes Arzneimittel anzugeben.

Zusammenfassend soll noch einmal betont werden, dass bei entsprechender Behandlung jedes Ekzem (Neurodermitis) heilbar ist.

Literaturhinweise:

Allergien müssen nicht sein
978-3-89189-033-2

Biologischer Ratgeber für Mutter und Kind
978-3-89189-011-0

Der Murks mit der Milch
978-3-89189-045-5

alle erschienen im emu-Verlag Lahnstein

Weitere Kleinschriften von Dr. med Max Otto Bruker

1. Unser täglich Brot und der Zucker als Hauptursache für die modernen Zivilisationskrankheiten
2. Schlank werden ohne Hungerkur
3. Herzinfarkt, Asteriosklerose und Gallensteine sind verhütbar
4. Wie beugt man den ernährungsbedingten Zivilisationskrankheiten vor?
5. Ernährungsbehandlung der Leber-, Galle, Magen-, Darm- und Bauchspeicheldrüsenerkrankungen
6. Butter – ein hochwertiges Lebensmittel?
7. Vom Kaffee und seinen Wirkungen
8. Ärztliches Memorandum zur industriellen Nutzung der Atomenergie
9. Über den Unwert der heutigen Milch
10. Gesund durch richtige Ernährung (LVA-Schrift)
11. Die Story von den 2 »richtigen« Ernährungen
12. Ursachen der ernährungsbedingten Zivilisationskrankheiten (Mörder bekannt – kein Kläger)
13. Fett macht nicht fett (Fett)
14. Bakterien im Frischkornbrei
15. Sie vertragen Vollkornbrot nicht?
16. Krankheiten durch Fabrikzucker
17. Unser täglich Brot – eine tote Nahrung?
18. Wieviel und was soll man täglich trinken
19. Ballaststoffe sind kein Ballast
20. Scheinursachen verschleiern Zusammenhänge
21. Die Ernährung des älteren Menschen
22. Die Deckung des Eiweißbedarfs
23. Vitamin B12
24. Wissenswertes über Säfte
25. Rheuma – ernährungsbedingte Zivilisationskrankheit
26. Zöliakie
27. Das Allergie-Problem
28. Die Zuckerkrankheit –Verhütung und Behandlung
29. Gebissverfall
30. Weil du beim Reaktor wohnst
31. Die Ernährung des Kindes
32. Neurodermitis
33. Der Darmpilzrummel – Fehldiagnose Candida albicans –

Auch komplett als Sammelmappe zum Sonderpreis erhältlich!

emu Verlags- und Vertriebs GmbH · Dr.-Max-Otto-Bruker-Straße 3 · 56112 Lahnstein · www.emu-verlag.de

Dr. med. Max Otto Bruker

Kleinschrift Nr. 33

Der Darmpilzrummel

– Fehldiagnose Candida albicans –

ernährung • medizin • umwelt

emu verlag

Der Darmpilzrummel

– Fehldiagnose Candida albicans –

Dr. med. M. O. Bruker

Es ist schon fast peinlich, dass ich immer wieder darauf hinweisen muss, dass wir Ärzte während des Studiums nicht ausreichend in Krankheitsursachen ausgebildet werden. So ist zum Beispiel nicht bekannt, dass zahlreiche Krankheiten durch chronischen Vitalstoffmangel verursacht sind. Da dieses Wissen fehlt, kommt es oft zu grotesken Erklärungen der Krankheitsentstehung. Zur Zeit ist „Candida albicans" die Modeerklärung für zahlreiche Beschwerden, die zu den Vitalstoffmangelkrankheiten zählen.

So kann man in einer Veröffentlichung lesen, dass folgende Beschwerden eventuell durch Candida verursacht seien:

1. Jucken an Augen oder Nase
2. Verstopfung
3. Blähungen
4. Missmutigkeit
5. Gedächtnisstörungen
6. Juckreiz am After
7. Schleimhautentzündungen im Nasen- und Rachenraum
8. Sehstörungen – Probleme durch doppeltes Sehen
9. Hautausschläge
10. Belegte Zunge
11. Allergische Reaktionen
12. Nahrungsmittelunverträglichkeiten
13. Empfindlichkeit gegen Haushaltschemikalien
14. Starke Müdigkeit
15. Schlafstörungen bei Frauen
16. Juckreiz an den Schamlippen
17. Starker Scheidenausfluss
18. Häufige Blasenentzündungen
19. Häufiger Harndrang, verbunden mit dem Gefühl, die Blase nicht ganz entleeren zu können
20. Unterleibskrämpfe

Fälschlicherweise werden diese und ähnliche Beschwerden als Candidiasis gedeutet. Selbstverständlich kann man es sich im wissenschaftlichen Bereich nicht so einfach machen.

Weise ich den besorgten Patienten, der mit solchen „Befunden" in die Sprechstunde kommt, darauf hin, dass bei jedem Menschen Candida albicans vorhanden ist – auf der Haut, Schleimhaut, im Kot –, kommt sofort die Antwort: „Ja, aber bei mir ist ein außergewöhnlich starker Befall festgestellt worden."

Kaum eine Arztpraxis verzichtet heute auf die „modern" gewordene Stuhluntersuchung. Das bringt natürlich nicht nur Geld, sondern auch den Eindruck, dass man sich um den Patienten besonders gründlich kümmert.

In jedem Stuhl wird selbstverständlich Candida albicans gefunden, denn dieser Pilz ist ubiquitär. Er kommt also überall vor, nicht nur beim Kranken, sondern auch beim Gesunden.

Die sogenannte Darmflora besteht aus:

1. Nahrungsresten
2. Bakterien
3. Hefen
4. Pilzen.

Sollte bei einer Untersuchung kein Candida albicans gefunden werden, wurde nicht gründlich genug untersucht. Der Pilz – ich wiederhole – ist ubiquitär, kommt also überall vor, natürlich besonders im Kot.

Bakterien nicht im Darm, sondern im Darminhalt!

Wenn nun von einem Labor/einer Arztpraxis auf Grund der Stuhlprobe gesagt wird: „Sie haben Pilze im Darm", so ist dies irreführend. Wo genau im Darm befinden sich die Pilze bzw. Bakterien? Normalerweise finden sich Bakterien nur im Dickdarm, während der fünf Meter lange Dünndarm steril, d. h. bakterienfrei ist. Wenn von Pilzen und Bakterien im Darm – gemeint ist also immer der Dickdarm – gesprochen wird, so ist unter Darm dabei immer der Darminhalt, also der zu verdauende Speisebrei gemeint, niemals das Organ Darm selbst.

Die Wand des Darmrohrs besteht aus Muskelschichten, die außen längs und innen ringförmig verlaufen. Sie bewirken die vom Willen unabhängige peristaltische Bewegung, mit der die Speisen bewegt und weiterbefördert werden. Außen ist der Darm von einer dünnen Serosaschicht überzogen und innen mit einer Schleimhautschicht bekleidet. Dieses Darmrohr selbst ist sowohl im Dünndarm- wie im Dickdarmbereich selbstverständlich völlig bakterienfrei – genauso wie andere Organe, z. B. Leber, Herz, Lunge und Niere.

Nur bei einer Entzündung des Darms finden sich auf der Darmschleimhaut Krankheitserreger, z. B. beim Typhus die entsprechenden Salmonellenerreger oder bei einer geschwürigen Dickdarmentzündung (Colitis ulcerosa) Entzündungserreger. Dies sind jedoch schwere Erkrankungen.

Das gesunde Organ Darm enthält natürich keine Bakterien. In der Darmlichtung aber, in dem sich der Speisebrei befindet, sind im Dickdarmbereich massenhaft Bakerien verschiedener Art und Pilze vorhanden, die man zusammenfassend als Darmflora bezeichnet. Das Organ Darm ist also völlig frei von Bakterien und Pilzen. Die Darmflora, in der sich Bakterien, Pilze und Hefen befinden, findet sich also lediglich im Darminhalt, niemals in der Darmwand.

Viele Patienten, denen gesagt wird, ihr Darm enthalte Pilze, meinen fälschlicherweise, das Organ Darm sei von Pilzen befallen, während doch die Pilze wie die Bakterien sich natürlich nur in der Darmlichtung befinden, also im Speisebrei, nicht aber im Darmorgan selbst.

Bei der Annahme, dass Pilze und Bakterien das Darmorgan selbst befallen, handelt es sich also um ein arges Missverständnis. Häufig entsteht dies dadurch, dass auf Grund einer Stuhluntersuchung dem Menschen gesagt wird, sein Darm sei von Pilzen und Bakterien befallen, während dies doch lediglich den untersuchten Kot betrifft. Man muss wissen, dass sich auch bei einem gesunden Menschen selbstverständlich Bakterien, Pilze und Hefen im Speisebrei des Dickdarms befinden. Daraus ist natürlich keinerlei Rückschluss auf die Gesundheit des Darms bzw. des Menschen zu ziehen.

Darmflora

Die Zusammensetzung der Darmflora ist abhängig von dem, was der Mensch in den letzten Monaten gegessen hat. Je nach Kostzusammensetzung ändert sich auch nach einiger Zeit seine Darmflora. Wenn beispielsweise ein Mensch reichlich Fabrikzuckerarten isst, so gelangen auch Reste davon trotz der Verdauung im Dünndarm in den Dickdarm. Diese Zuckerreste stellen dann einen guten Nährboden für bestimmte Bakterien dar. Gelangen keine leicht vergärbaren Kohlenhydratreste in den Dickdarm, so finden entsprechende Bakterien keinen Nährboden, während andere Bakterien, die von Eiweißresten leben, sich entsprechend vermehren.

So kann man sagen, dass die jeweilige Darmflora durch die Kostform geprägt ist, die in der letzten Zeit genossen wurde. Ändert sich die Kostform, ändert sich in jedem Fall entsprechend die Darmflora.

Wirkung von Colipräparaten nur kurzfristig

Man hört manchmal, dass ein Mensch dadurch krank würde, dass er eine fehlerhaft zusammengesetzte Darmflora habe. Dies ist natürlich nicht richtig; denn die Darmflora ist ja das Resultat der jeweiligen Nahrung. Eine „falsche" Darmflora wäre also das Resultat einer „falschen" Ernährung. Nicht die Darmflora ist also in dem Fall Krankheitsursache, sondern die Nahrung, die zu einer entsprechenden Darmflora führt. Daraus geht auch hervor, dass als Medikamente zugeführte Bakterien, die die Darmflora beeinflussen sollen, z. B. Symbioflor II, nur so lange die Darmflora beeinflussen, als sie verabreicht werden. Anschließend stellt sich zwangsweise wieder die Darmflora ein, die der jeweiligen Nahrung entspricht. Bei der Verabreichung von Colipräparaten gelangen diese nur in den Dickdarm, wenn sie in Kapseln eingenommen werden, da sie sonst durch den Magensaft und die Verdauungssäfte des Dünndarms verdaut, also unwirksam gemacht werden.

Werden die Bakterien in Kapseln verabreicht, die erst in den unteren Dünndarmabschnitten durch Verdauung aufgelöst werden, so gelangen die Bakterien, wie gewünscht, in den Dickdarm. Auf die Dauer kann aber die Bakterienflora des Dickdarms nicht durch vorübergehende Bakterienpräparate beeinflusst werden. Eine sichere Steuerung der Darmflora ist nur durch entsprechende Ernährung möglich.

Gibt es keine Candidiasis?

An dieser Stelle ist vom hochgespielten Pilzbefall im Darm die Rede gewesen. Das heißt nicht, dass Candida albicans, der – wie bereits erwähnt – ubiquitär ist, nicht auch in krankhafter Form auftreten kann. Wenn die allgemeine Widerstandskraft bei Schwerkranken und Sterbenden nachlässt, sie eventuell keine feste Nahrung mehr zu sich nehmen können, bleibt die natürliche Mundreinigung durch Kauen aus. Dann kann sich bei solchen Patienten der Pilz verbreiten, was an weißen Belägen im Mund-Rachen-Raum sichtbar ist. In der Medizin heißt dieser Befall Soor.

So kann Soor sich auch bei Intertrigo entwickeln, das heißt, wenn Haut auf Haut liegt. Dies kommt bei Übergewichtigen mit überhängender Bauchdecke vor oder bei Frauen mit übergroßen Brüsten. Bei mangelnder Hautpflege kann sich der Pilz dann dort ausbreiten, verschwindet aber sofort bei entsprechender Pflege. Das intertriginöse Ekzem entwickelt sich aber nicht durch den Pilz, sondern der Pilz stellt eine sekundäre Infektion durch mangelnde Hautpflege dar. Wird die Berührung von Haut auf Haut dadurch verhindert, dass eine Mulleinlage dazwischengelegt wird, dann kann sich auch kein Soor entwickeln.

Wenn beispielsweise bei Frauen die normale Scheidenflora (nach Döderlein) durch generelle Antibiotikabehandlung gestört ist, kann sich als Folge davon der Candidapilz ebenfalls vermehren (Candidiasis). Dies gilt auch für andere Fälle. Der Pilzbefall ist dann die Folge vorausgegangener Behandlung mit Antibiotika.

Schlussbetrachtung

Zusammenfassend soll nochmals betont werden, dass auf der Schleimhaut des Dickdarms selbst sich keine Bakterien und Pilze ansiedeln, sondern dass diese nur im Speisebrei, d. h. im Kot, anzutreffen sind. Unterbleibt eine Stuhluntersuchung, so ist auch eine solche Fehldeutung, dass der Darm von Pilzen befallen sei, unmöglich. Man kann daraus die einfache Schlussfolgerung ziehen, dass eine Stuhluntersuchung auf Bakterien und Pilze unnötig ist, wenn sich der Mensch richtig ernährt.

Unter richtiger Ernährung ist in diesem Zusammenhang eine Kostform gemeint, die frei ist von raffinierten Kohlenhydraten, d. h. Auszugsmehlen und Fabrikzuckerarten, bei der etwa ein Drittel der Gesamtkost aus Frischkost besteht, die naturbelassene Fette und relativ wenig tierisches Eiweiß enthält. Dies sind die Kennzeichen einer vitalstoffreichen Vollwertkost. Wer sie genießt, kann zeitlebens auf eine bakteriologische Stuhluntersuchung verzichten. Ausgenommen sind natürlich akute Erkrankungen an Ruhr (Dysenterie), Amöbenruhr in den Tropen, Cholera und schwerste Erkrankungen des Organismus, die aber nicht zum Thema gehören.

Damit ist auch die Gefahr, dass jemand durch die Fehldiagnose „Pilzbefall" beunruhigt wird, beseitigt.

Literaturnachweis:
Dr. med. M. O. Bruker/Ilse Gutjahr
Keine Angst vor Bakterien
155 Seiten, gebunden
ISBN 978-3-89189-210-7

4/2017 gr